KB213210

학습자중심 수업을 위한

# 교육방법 및 교육공학

이인숙 한승연 임병노 이지연 이현우 이은배 지음

문음사
도서출판

# 머리말

「학습자중심 수업을 위한 교육방법 및 교육공학」을 집필 중이던 2020년 상반기는 아무도 예상하지 못했던 코로나바이러스로 인한 세계 유행병, 소위 '코로나 팬데믹'Corona19 Pandemic 사태로 총체적 혼란을 겪었고 교육계는 그 혼란의 중심에 있었던 듯하다. 초등학생이 된다는, 대학생이 된다는 꿈에 한껏 들떠 있던 입학생들은 제대로 된 등교 한 번 못해본 채 2학기를 맞게 되는 '정말' 슬픈 전대미문의 사태에 직면하고 있다. 팬데믹으로 인해 공교육 전반에 차질이 발생하였고 학습손실의 가능성에 교육 혼란은 가중되어 왔다.

그러나 대면교육이 전면적으로 불가능한 상황에서 실시간과 비실시간의 이러닝을 통한 '사회적 거리두기'social distancing 교수-학습의 운영은 오히려 '교육공학'적인 교육 접근의 가치를 재확인하게 되는 계기가 되었다. 또한 '사회적 거리두기' 교육의 경험은 교육계가 학습자중심과 자기주도적 학습의 중요성을 제대로 학습하는 기회이기도 했다.

「학습자중심 수업을 위한 교육방법 및 교육공학」은 최근 교직분야에서 강조하고 있는 학습자중심과 자기주도적 학습을 가능하게 하는 역량을 갖춘 교사 양성에 초점을 두고 각 장을 구성하였으므로, 앞으로 오랫동안 예비교사 교육에 값진 교재로 사용할 수 있을 것으로 기대한다. 그뿐 아니라 학습자중심과 자기주도적 학습환경의 설계를 가능하게 하는 다양한 교수설계 이론과 테크놀로지의 활용 모델, 이를 적용한 실제 사례들을 제공하여 이 교재로 학습을 할 경우에는 공교육 뿐 아니라 기업교육, 대학교육, 평생교육 등 다양한 맥락에서 교육전문가로서 역량을 발휘할 수 있도록 배려하였다.

이 책은 13장으로 구성되었다. '제1장. 교육공학이란?'은 17세기의 경험주의 교육사상을 출발로 하여 미국에서 발전한 현대적 의미의 교육공학의 역사를 시대별로 살펴보고 있다. '제2장. 교육공학의 기초'는 교육공학의 이론이 형성되고 현재의 위치를 정립하는 데 핵심 역할을 하였던 체제이론, 커뮤니케이션이론과 학습이론을 교육공학과의 연계성 측면에서 논의하고 있다.

'제3장. 교수체제개발모형'은 ADDIE 모형, Dick & Carey 모형, Kemp 모형, 래피드 프로토타이핑 모형, SAM 모형, Pebble-in-the-Pond 모형을 논의하고 있다. '제4장 교수설계 이론'은 우선 교수 및 교수설계의 개념을 정리한 후 전통적인 교수설계 이론으로 Gagné와 Briggs, Merrill, Keller의 이론을 소개하고 있다.

'제5장. 역량중심 교육 패러다임과 과정중심 평가'는 역량중심 교육 패러다임과 학습자의 성장과 변화를 강조하는 과정중심 평가에 대해 살펴보고 있다. '제6장. 학습자중심 수업'은 학교 교육에서 학습자의 역량을 함양하기 위한 수업방법의 주요 유형으로 플립러닝, 문제기반학습, 그리고 협동학습을 소개한다.

'제7장. 교수매체'는 메시지 설계의 원리, 교수매체의 개념과 기능, 다양한 유형의 교수매체, 그리고 교수매체의 선정 및 활용모형을 다루고 있으며 미디어리터러시와 미디어교육의 중요성 역시 논의하고 있다. '제8장. 수업콘텐츠 설계원리'는 메시지 설계의 이론적 기초, 시각자료의 설계 원리, 디지털 콘텐츠 설계원리를 제시한다.

‘제9장. 테크놀로지 활용 수업’은 관련 기반 기술, 다양한 온라인 학습방식의 개념과 사례, 게임/시뮬레이션/시뮬레이션게임, 가상/증강/혼합현실의 개념과 교육사례, 인공지능과 빅데이터를 이용한 학습분석학을 다룬다. ‘제10장. 효과적인 테크놀로지 활용’은 테크놀로지를 활용하는 수업을 설계할 때 지침이 될 기저 이론과 윤리적 실천을 소개한다.

‘제11장. 교수학습지도안 작성과 개발’은 수업을 효과적으로 진행하기 위해 고려해야 하는 단계와 활동에 대한 요소와 개발의 실제를 다룬다. ‘제12장. 수업의 실행과 수업컨설팅’은 교사가 갖추어야 하는 핵심적인 역량으로서의 마이크로티칭과 현장중심 접근방법으로서의 수업컨설팅을 소개한다.

‘제13장. 다양한 맥락에서의 교육공학’은 초·중등교육 이외의 기업교육, 대학교육, 평생교육 분야에서 교육공학이 어떤 역할을 하고 있는지를 살펴본다.

이 책은 새로운 패러다임을 반영하면서 견고한 이론적 토대와 실천을 위한 지침을 담아내기 위해 여섯 명의 저자가 토론을 통해 서로의 경험과 전문성을 나누고 의견을 조절해가면서 만들어낸 결과물이다. 저자로서, 학자로서 공동저술 작업을 한다는 것은 단독 작업과 비교할 수 없을 정도로 도전적인 일임은 분명하다. 그러나 혼자의 작업에서는 기대하기 어려운 많은 것을 배울 수 있는 과정이기에 함께 해준 저자들에게 서로를 대표해서 감사의 마음을 전하고자 한다.

그리고 이 책을 출간하도록 힘써주신 문음사의 조복자 사장님, 장후녕기획실장님께 감사 인사를 전한다.

**2020년 8월**

**저자 이인숙, 한승연, 임병노, 이지연, 이현우, 이은배**

# 차례

# 차 례

# 차례

# 교육공학이란?

교육공학은 17세기에 경험주의 교육철학관을 기반으로 하여 나타났으나 현대 교육공학의 역사는 1920년대 후반에 과학의 발전과 함께 미국에서 시작되었다. 테크놀로지의 발전과 관련 분야 이론의 유입을 통해 시각교육, 시청각교육, 시청각교육통신, 초기 교수공학 그리고 현재와 같은 교육공학으로 변천하고 성장해온 것으로 정리할 수 있다.

## 제1절
# 교육공학의 역사와 정의

### 1. 경험주의 사상적 기초

교육공학 역사학자인 Saettler(1990)는 교육공학의 출발을 17세기의 철학자이자 교육자인 코메니우스Comenius의 경험주의 사상에서 그 기초를 찾고 있다. 코메니우스는 추상적인 형태인 언어를 중심으로 이루어진 교육과는 반대로 감각적 직관을 중요시하여 학습이란 사물과 감각을 통해 이루어지기 때문에 언어보다는 사실을, 규칙보다는 사례를 중시해야 한다고 주장하였다. 1658년에 코메니우스가 첫 출간한 '세계도회'Orbis Sensualis Pictus는 제시된 시각자료를 통해 자연의 다양한 대상과 사물의 추상적 특징과 차이점을 구별하면서 정확하고 실천적 지식을 학습하도록 도움을 주는데 목적이 있었던 최초로 그림을 교과서에 넣은 책으로 알려져 있다 [그림 1-1].

**[그림 1-1]** 그림 세계도회(Orbis Sensualis Pictus) CC BY-SA 3.0, https://commons.wikimedia.org/w/index.php?curid=9806407

## 2. 시각교육

미국에서 언어중심의 교육방법에서 탈피해 구체적인 경험을 높여주는 시각교육운동은 1923년 시각교육국(Division of Visual Education)이 조직되면서 시작되었다. 이 시대에 시각교육은 추상적 개념을 구체화하기 위해 시각자료를 보조물로 사용하였고 교과과정에 시각자료의 활용을 촉진하였다. 그러나 시각교육 시대는 현대 교육공학에서처럼 자료의 설계, 개발, 제작, 평가의 측면에서 체제적으로 접근하지는 못하였고 자료를 보조로 활용하는 데 그쳤다.

「교과과정의 시각화」Visualizing the Curriculum에서 Hoban과 동료들(1937)은 시각자료와 교과과정의 통합을 시도하였다[그림 1-2]. 시각화된 자료를 내용의 구체성 정도에 따라 분류하고 목표화시킴으로써 구체성의 개념과 경험의 일반화에 대한 중요성을 강조하였다.

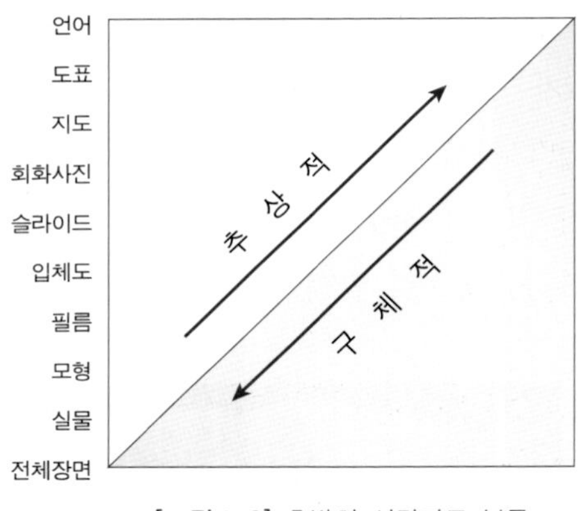


**[그림 1-2]** 호반의 시각자료 분류

Hoban과 동료들이 강조한 시각화된 교재의 장점과 특징은 다음과 같다.

① 생생한 경험을 제공한다.

② 학습내용을 명확하게 제시하여 추상적인 개념의 이해를 돕는다.

③ 복잡한 자료를 단순화시켜준다.

④ 멀리있는 경치나 현상, 과거의 사건 등을 현실적으로 제시하여 지리적, 공간적 제한을 극복시켜준다.

## 3. 시청각교육

시청각교육 시대는 1930년대 말부터 등장한 음향녹음, 축음기, 유성영화에 힘입어 시각교육에 청각적인 요소를 통합하게 되면서 시작되었다. 영화, 슬라이드 녹음, 라디오, 텔레비전 등 시청각교재와 교구를 통합하여 활용한 시청각교육은 특히 제2차 세계대전 중 군대에서 단기간에 다수의 군인과 전문 기술자를 효율적으로 훈련시키기 위하여 군사교육 현장에 도입됨으로써 그 효과를 발휘하였다. 공학이 발달하면서 시청각교육은 더욱 발전하게 되었다. 이에 따라 1947년 미국의 「시각교육국」은 「시청각교육국」Division of Audio-visual Education으로 명칭을 바꾸고 확대 개편하였다.

시청각교육은 시각교육에서 좀더 발전하였으나 여전히 시청각교재를 독립적인 교수자료가 아닌 교사에게 부여된 보조물로 간주하였고, 관련 이론들은 결과로서의 효과를 중요시하고 교수학습 과정은 간과하였다는 평가를 받고 있다.

시청각교육이 대두되면서 여러 이론들이 제기되었는데 가장 대표적으로는 Edgar Dale의 '경험의 원추'Cone of Experience 모형이 있다[그림 1-3]. 이 모형은 교수자료가 지니고 있는 구체성과 추상성을 기준으로 학습의 경험과 효과를 분석하고 있다. 경험의 원추와 같은 모형은 복잡한 관계를 지나치게 단순화한 점은 있으나 교수매체와 방법의 특성과 이러한 매체들이 유용하게 사용되는 방법을 분석하는 데 실용적인 안내를 제공하고 있다.

Dale은 Hoban의 개념을 확장시켜 시청각교재가 제공하는 구체적 경험의 정도에 따라 교재를 분류하여 원추의 하부에서 상부로 올라갈수록 구체적인 것보다 추상적인 것이 높아지고, 상부에서 하부로 내려올수록 구체성이 높아지는 것으로 설명하였다. 특히 개념형성은 '직접적, 목적적 경험'에서 '관찰에 의한 경험'을 통해서 보고 들으며, 언어에 의한 상징화과정을 거쳐 일어난다는 것이다.

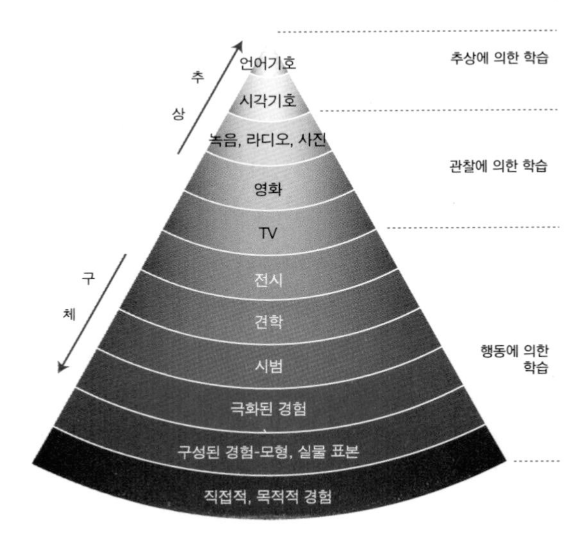


[그림 1-3] Dale의 경험의 원추(1969)

Dale의 경험의 원추에 따르면 교수매체가 추상적이면 추상적일수록 구체성이 높은 교수매체에 비해 적은 시간에 많은 정보를 전달할 수 있다. 즉 시간적 효율성이 높음을 말해주고 있다. 만약 학생이 견학을 통해 정보를 얻게 되면 학습에 필요한 시간이 많게 되는 반면, 영화나 녹음 등의 자료를 사용하거나, 더 추상성이 높은 언어적 기호를 사용한 교재를 사용하게 되면 적은 시간에 더 많은 학습이 일어난다.

그렇다고 경험의 원추 모형에서 추상성이 높아질수록 학습이 어려워지는 것은 아니며, 교재는 학습자의 지적 능력이나 경험에 비추어 선택하는 것이 적절하고, 반드시 원추의 아래 단계인 직접적 경험부터 시작해야 하는 것을 의미하지도 않는다. 따라서 교수매체를 선정할 때는 학생의 준비상태, 능력,

흥미에 따라 어느 정도의 구체성과 추상성을 가질 것인지를 적절하게 판단하여야 한다.

## 4. 시청각커뮤니케이션 시대

교육공학은 커뮤니케이션이론Commnication Theory [1]과 초기 형태의 체제(system) 개념이 도입되면서 시청각커뮤니케이션Audio-visual Communication이라는 패러다임을 맞게 된다. 한마디로 시청각커뮤니케이션이란 교수매체를 효과적으로 이용하여 학습자가 지니고 있는 능력을 최대한 개발시킬 수 있는 커뮤니케이션 방법을 의미한다.

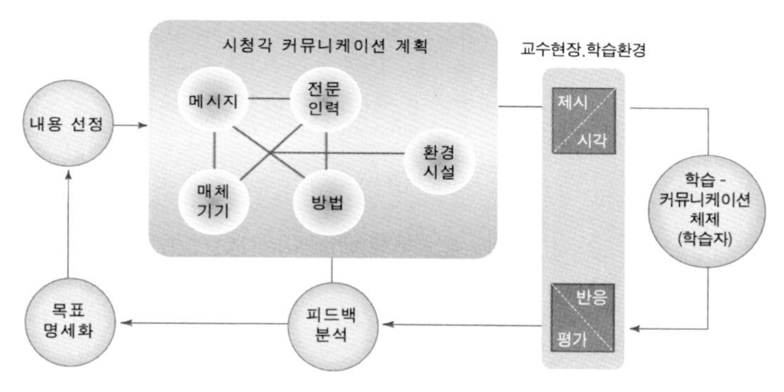


[그림 1-4] 시청각과 교육커뮤니케이션 과정의 관계
Donald P. Ely, ed. 1963; Saettler(1990)에서 재인용

[그림 1-4]에서 보듯이 시청각커뮤니케이션 계획의 주요 기능은 메시지, 매체-기기, 전문인력, 방법, 환경 등의 요소를 포함하는 것으로 보았다(Donald P. Ely, ed, 1963). 즉 시청각커뮤니케이션 시대에 이르면 교육공학의 핵심 영역은 전달되는 학습내용으로서의 메시지, 학습내용을 전달하는 교재나 교구인 매체와 기기, 메시지를 제공하고 수업을 실시하고 매체활용 등을 보조하는 전문인력, 효과적인 교수학습이 실시되는 데 필요한 구체적인 절차

1) 커뮤니케이션이론의 영향은 2장 2절 참조.

로서의 방법, 그리고 환경은 교수학습의 장에서 능률적인 학습이 이루어질 수 있도록 시설, 교구, 물리적 요인 등 제반 상황을 정리, 준비하는 업무를 포함하는 환경시설을 포함하는 것으로 보았다.

한편, 학습자를 교육공학 과정의 필수요소라고 보고 학습자의 반응과 평가라는 요소를 포함시킴으로써 학습이론으로부터 새로운 개념을 도입시켰다. 학습자의 반응과 평가를 통한 피드백의 분석, 목표의 명세화, 내용의 선정 등을 통해 시청각커뮤니케이션 과정이 역동적이고 상호작용적인 체제임을 나타내고 있다. 그러나 시청각커뮤니케이션 설계의 주요 기능들과 이들 요소들을 하나의 체제 안에 모두 포함시키지 않고 있어 체제접근 개념을 완전히 적용하지는 못하고 있다.

## 5. 교육공학 시대

교육공학의 현재 개념은 그 이론체계와 연구가 발전하여 초기 교수공학, 교육공학, 교수공학으로 패러다임과 명칭의 변화를 거치면서 모든 요소들 간의 상호관계를 명확하고 결합력 있게 제시하고 있다.

### 1) 초기 교수공학(1970년 정의)

시청각커뮤니케이션 개념은 행동과학이론, 체제이론[2] 및 교수개발^Instructional Development^ 이론 등이 도입되면서 교수공학의 개념으로 변형되었다. 이 새로운 패러다임에 따라서 1970년 미국의 시청각교육국^DAVI^은 그 명칭을 현재와 같은 AECT^Association for Educational Communications and Technology^로 바꾸었다.

교수공학에 대하여 AECT^미국교육공학회^가 1970년에 내린 정의는 다음과 같다.

> 교수공학은 인간학습과 커뮤니케이션이론에 기반을 두고 특정한 학습목표에 따라 교수-학습의 모든 과정을 설계하고 실행하고 평가하는 체계적 방법이며, 더 효과적인 교수를 이끌어내기 위하여 인적 자원과 비인적 자원을 적절히 결합하여 사용하는 체계적 방법이다.

2) 체제이론의 영향은 2장 1절 참조.

**행동과학이론(행동주의 학습이론):** 행동과학이론에서 교수공학의 기초가 된 이론은 특히 행동주의 학습이론[3]이다. 특히 Skinner의 행동주의 학습이론은 조작적 조건형성이나 강화이론 등 행동수정에 기초한 개별화 학습을 위한 프로그램학습자료Programmed Instruction의 개발이나 교수기계Teaching Machine([그림 1-5] 참조) 개발의 기본원리가 되었다.

Skinner에 따르면 효과적인 학습을 위해서는, 학습할 정보량을 조금씩 단계적으로 제시하여 학습자의 이해를 돕고 학습결과를 즉시 알려주어 학습자가 자신의 학습결과를 확인할 수 있도록 하고, 학습자를 개별적으로 지도하여 학습 진도가 학습자의 학습능력에 따라 진행되도록 해야 한다.

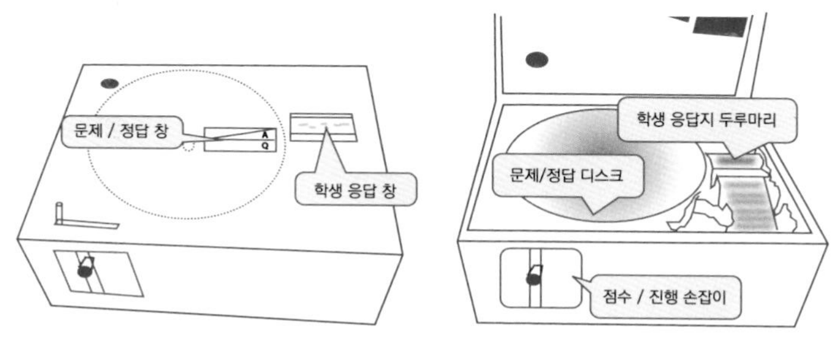


[그림 1-5] Skinner의 교수기계(Teaching Machine)

**체제적 접근과 교수개발:** 교수과정을 체계적으로 적용하려는 체제적 접근과 더불어 교수개발 분야가 탄생하게 된다. 시청각커뮤니케이션의 형성에 영향을 주었던 초기의 체제개념이 산물/결과를 강조했다면 후기 체제개념은 '과정'을 강조하게 된다. 과정을 강조한 체제적 접근은 교수목표의 설정으로 시작하여 교재선택 및 개발, 교수방법 선택, 평가자료 개발 등의 단계를 거쳐, 학습결과가 교수목표와 비교 평가되어 피드백에 따라 체제의 수정이 행해지도록 한다.

체제적 접근은 교수개발 운동에 따라 더욱 활기를 띄게 되었다. 교수개발

3) 행동주의 학습이론의 영향은 2장 3절 참조.

은 교수/수업에 관련된 각 구성요소 및 그 요소들을 사용하는 관리기능과 교수체제를 설계, 제작, 평가, 적용하는 데 체제적으로 접근하는 것이다. 이 시기에 소위 ADDIE 모형을 비롯한 다양한 교수체제개발[ISD] 모형이 소개되어 현장에 활용되기 시작하였다.

### 2) 교육공학 (1977년 정의)

1977년 미국교육공학회[AECT]에서는 교육공학의 영역을 교육관리기능, 교육개발기능, 학습자원 그리고 학습자의 네 요소로 구성하여 통합적으로 접근하고 있다.

> 교육공학이란 인간학습에 포함된 모든 문제점을 분석하여 이에 대한 해결책을 고안하고 실행하며 평가, 관리하기 위하여 사람, 절차, 이념, 장치 및 조직을 포함한 복합적이고 통합된 과정이다.

이 정의는, 교육공학이 인간학습에 관련된 문제들을 고민하는 이론이며 동시에 이 문제를 해결하는 실천 분야'임을 명시하고 있다. 나아가서는 '교육공학의 이론과 지적 기술, 실제 적용을 실행하려는 조직적인 노력으로 구성되어 있는 하나의 '전문직'임을 명시하고 있는 것이 새로운 점이라 할 수 있다.

이 무렵부터 '전문직'으로서 교수설계를 담당하는 직무인 교수설계자[Instructional Designer]라는 직업군이 미국에서 일반화되기 시작하였다. 그리고 특히 1980년 이후는 복합적이고 통합된 과정인 교수체제설계[ISD] 모형[4)]들이 다양하게 개발되어 활용되던 시기였다. IBM, Motorola, Arthur Anderson 등 국제적인 대기업들도 자체 조직문화에 부합하는 교수체제개발모형을 개발하여 내부 인력개발에 활용하기 시작하였다.

---

4) 교수체제설계(ISD)모형은 제3장 제1절 참조.

### 3) 교수공학(1994년 정의)

1990년 무렵에는 컴퓨터, 비디오, 인터넷통신을 통합한 새로운 테크놀로지가 사회 전반에 퍼졌고 교육현장에도 적용되게 된다. 한편, 교육공학 분야의 이론에도 행동주의이론이 주도하던 1977년도에 비해 인지주의를 반영한 교수공학의 적용, 수행공학Perfomance Technology, 구성주의 등 새로운 이론과 사조가 대두되면서 교육공학의 이론 형성과 현장 적용에서 많은 발전을 하게 된다. 이처럼 이론과 테크놀로지의 급격한 변화를 반영하여 AECT는 1994년 학회의 '정의 및 용어 위원회'와 공동연구를 통해 다음과 같이 교육공학의 정의를 재정립하기에 이르렀다.

> 교수공학이란 학습을 위한 과정과 자원의 설계, 개발, 활용, 관리 및 평가에 관한 이론과 실제이다.

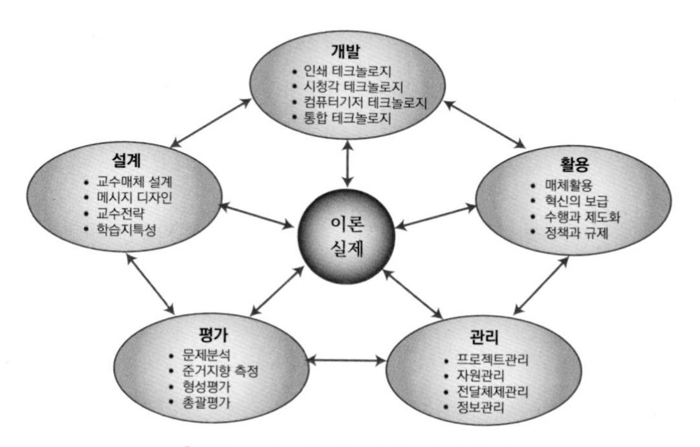


[그림 1-6] 교육공학 영역 간의 관계

1994년 정의에는 교수공학의 영역을 설계 영역, 개발 영역, 활용 영역, 관리 영역, 평가 영역으로 구분하고 있다. [그림 1-6]는 교육공학[5]의 다섯 가

5) 본서에서는 교육공학과 동등한 개념으로 정의된 '교수공학' 대신에 우리에게 보다 익숙하고 포괄적인 개념으로 사용되어 온 '교육공학'을 공동 용어로 사용키로 한다.

지 영역과 각 영역의 하위범주를 나타낸 것이다. 이러한 분류 구조는 교육공학 분야에서 업무 관련 의사소통을 효과적으로 수행하는 데 있어 중요한 틀을 제공해 왔다. 또한 이 다섯 가지 영역들은 [그림 1-6]에서 보듯이 선형적인 관계가 아닌 상호보완적인 성격을 지님을 보여주고 있다.

이 1994년도의 정의와 교육공학의 이론/실천 영역의 구분은 2008년도에 AECT가 재정의를 공식 발표하기까지 폭넓게 인용, 활용되었을 뿐 아니라, 재정의가 발표된 이후 현재까지도 국내의 많은 교재들이 교육공학의 정의와 영역을 소개할 때 이 1994년도의 영역구분을 중심으로 소개하는 것은 흥미로운 현상으로 보인다.

### 4) 교육공학(2008년도 정의)

교육공학이 학문과 실천 분야로서 형성되고 발전하는 데 가장 주도적인 역할을 해온 학회로서 미국교육공학회[AECT]는 현재도 교육공학의 본질과 정의를 재조명하는 지속적인 노력을 해오고 있다. 2008년도에 출간한 '교육공학의 정의'(Januszewski & Molenda, 2008)에서 밝힌 것이 2020년 현재까지 가장 최근의 입장이며, 다음과 같다.

> 교육공학은 적절한 과학기술적인 과정과 자원을 창안, 활용, 관리함으로써 학습을 촉진하고 수행을 향상하기 위해 연구하고 윤리적으로 실천하는 학문이다.

2008년도의 정의를 1994도의 정의와 비교할 때 특히 눈여겨 볼 세 측면의 변화는 다음과 같다(이인숙, 2020).

첫째, 1994년도의 정의에서 교육공학의 관심대상은 '학습'이지만 2008년도에는 교육공학은 '학습'의 촉진 뿐 아니라 '수행'을 향상시키는 것을 추구하는 연구와 실천 분야임을 밝히고 있다. 본 정의의 맥락에서 수행은 습득한 능력을 사용하고 적용하는 학습자의 능력을 일컫는다.

둘째, 1994년도에 교육공학의 영역을 '설계, 개발, 활용, 관리 및 평가'로 구분한 반면, 2008년도는 '창안, 활용, 관리'로 구분하고 있다. 이런 압축된 영역의 제시는 '평가' 분야가 더 이상 별개의 연구 및 실천의 영역으로 보기 어려우며 그 대신 '평가'는 설계, 개발, 활용, 관리에 포함되어 발생됨을 확실히 한 것으로 보인다.

셋째, 1994년의 '설계'와 '개발' 대신에 '창안'이라는 영역만을 제시하면서 설계와 개발 영역은 모두 무엇인가를 만들어내는 즉 '창안'의 영역이면서 설계와 개발은 인위적으로 구분하기 어려운 상호연계성이 매우 높은 분야임을 확실히 해주고 있다.

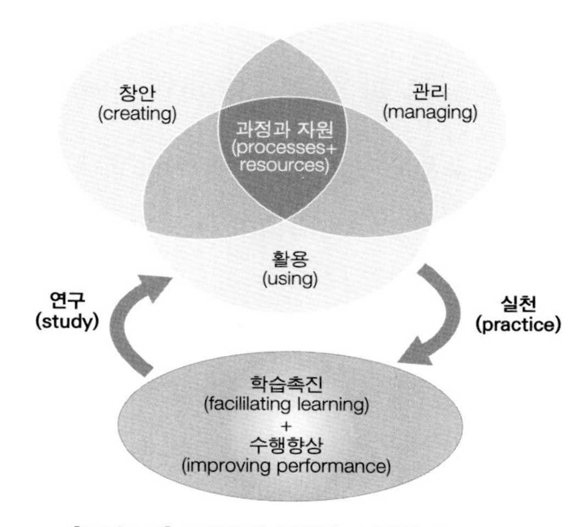


[그림 1-7] 교육공학 정의에 포함된 주요 요소

위와 같은 영역 구분의 변화는 창안, 활용, 관리에 대한 개념적인 부연설명 부분(Januszewski & Molenda, 2008)에서 잘 나타나고 있다.

창안: '창안'은 설계와 개발이 어떤 접근법에 기반을 두느냐에 따라 다양한 활동을 포함할 수 있다. 체제접근의 경우는, 예를 들어 교수문제의 분석, 해결책의 설계와 개발, 각 단계에서 이루어지는 평가와 수정에 대한 결정, 그리고 해결책의 실행 등을 위한 절차들을 포함할 수 있다. 한편 설계와 개발

과정은 교수자료와 학습환경을 창안하는 데 사용되는 아날로그와 디지털 테크놀로지의 영향을 받게 된다.

활용: 활용은 학습자나 교수자가 적절한 과정과 자원(방법과 자료)을 선택하는 시점에서 시작된다고 볼 수 있다. 현명한 선택은 기존 자원이 대상자와 목적에 적합한지를 결정하는 자료평가에 기초를 두고 있다.

관리: 합리적인 관리를 위해서는 프로그램 평가 역시 필요한데, 결과를 모니터링하기 위한 품질관리 척도와 관리 과정의 지속적인 개선을 가능하게 하는 품질보증 척도가 여기에 포함된다.

## 6. 한국의 교육공학 역사[6)]

### 1) 시청각교육운동의 시작과 계몽 (1945년-1960년)

- **한국전쟁과 시청각교육운동**: 1945년에서 1950년대에는 미군정기와 한국전쟁을 겪으면서 교사들이 자발적으로 일으킨 '영화교실운동'을 중심으로 '시청각교육운동'이 시작
- **관련 단체 증가와 시범시청각교육원 설치**: '한국시청각교육위원회'(1951) 발족과 '시청각교육신문'(1952)발간, 이화여자대학교 사범대학에 '시청각교육' 강좌(1952) 개설

### 2) 시청각교육의 연구와 보급 (1961년-1970년)

- **문교부의 정책**: 문교부(현재의 교육부)에 '시청각교육과'(1961) 신설, 시범시청각교육원이 문교부 '중앙시청각교육원'(1963)으로 발전
- **대학의 시청각교육과 설치**: 이화여자대학교 사범대학에 '시청각교육과'(1962) 설립

6) 한국교육공학의 역사 1단계-5단계까지 내용의 출처: 김정예(1994). 한국 교육공학의 역사적 고찰. 박사학위논문, 이화여자대학교.

### 3) 교육공학 개념의 도입과 교육방송의 발전 (1971년-1980년)

- 문교부가 **'시청각교육진흥방안'**(1969)을 추진
- 1960년대 말부터 **'교육공학'의 개념이 도입**되면서 한국교육개발원/교육방송(1972)설립, 방송통신대학(1972) 설치

### 4) 교육공학의 발전과 컴퓨터교육의 도입 (1981년-1990년)

- 한양대학교 사범대학 교육공학과(1983) 설립
- 한국교육공학연구회(1985) 창립 (현재의 한국교육공학회의 모체가 됨)
- 정부가 1985년부터 학교 컴퓨터교육을 강화하기 시작, 한국교육개발원 내 '컴퓨터교육연구센타'(1988) 설치

### 5) 컴퓨터교육보급과 멀티미디어 개념의 도입 (1991-1995)

- 초중등학교의 교육방법 개선과 함께 컴퓨터교육이 확산, 멀티미디어 개념도입
- 교육부의 다양한 컴퓨터교육 시범사업 운영

### 6) 이러닝의 도입, 확산 그리고 변화 (1996년-현재)

- 1996년 9월에 한국교육학술정보원(당시 한국교육개발원 산하의 교육공학연구본부)이 국내 최초의 컴퓨터 네트워크를 통해 교육 관련 정보를 제공한 교육정보 종합서비스망인 '에듀넷' 개통
- '에듀넷' 서비스를 기점으로 이러닝이 공교육에 본격적으로 도입
- 그 후 모바일학습, 유비쿼터스 학습, 스마트러닝, 에듀테크로 진화, 발전하면서 최첨단 테크놀로지와 학습-교수이론의 시너지를 통한 지속적인 성장을 하고 있음.
- 교육공학의 발전 과정을 요약하면 [그림 1-8]과 같음.

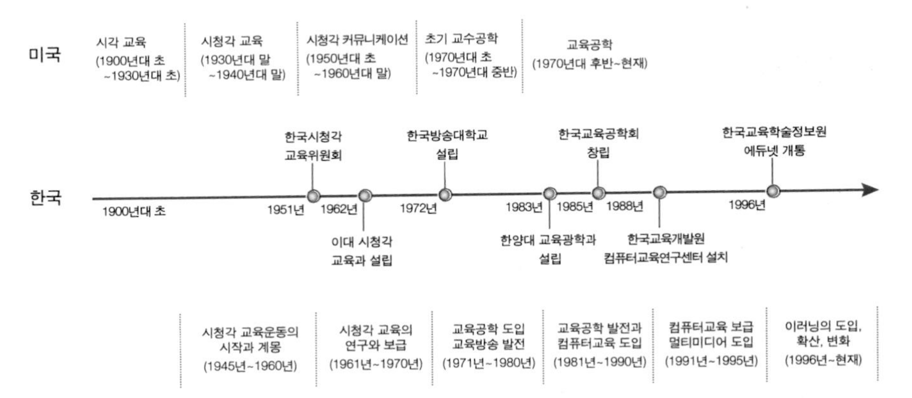


[그림 1-8] 교육공학의 발전 과정

## 탐구문제

1. 2030년대에 교육(교수-학습)을 주도할 대표적 테크놀로지들을 예상해보고 이들 테크놀로지가 주도하는 시대에 적합한 '교육공학'의 역할과 정의를 재규명 해보시오. (이때 본인의 입장을 지원할 수 있는 근거도 추가로 기술하기)

2. 한국교육공학회(Korean Society for Educational Technology)의 역사와 학회가 하는 주요 역할, 행사, 출간물 등을 조사, 발표하시오.

# 교육공학의 기초

교육공학이 20세기 초반의 시각교육 형성으로부터 현재의 교육공학으로 성장하는데 있어 초기에 특히 많은 영향을 준 학문영역은 체제이론, 커뮤니케이션이론, 행동주의 학습이론이다. 그후에도 학습이론은 인지주의, 구성주의로 패러다임 전환을 하면서 교육공학에 큰 영향력을 발휘하고 있다.

## 제1절
# 체제이론과 교육공학

### 1. 체제이론(System Theory)

루드위크 폰 버탈란피Ludwig von Bertalanffy는 환원주의 과학관의 한계를 간파하고 총체성과 역동적 상호작용의 관점에 초점을 둔 간학문으로서 일반체제이론General Systems Theory이라는 개념을 소개하였다. 일반체제이론은 그 후에 소개되는 다양한 체제이론과 방법론의 근간이 되며 자연과학, 인문·사회과학, 공학, 의학 등 여러 학문 분야에서 철학, 이론, 방법론으로 성장하여 확산되어 왔다.

체제란 '특정 목적을 달성하기 위하여 상호작용하는 요소들의 집합체로서, 동일한 목적을 위하여 공동의 노력을 통해 합리적인 전체를 형성하며 기능적이고 조직적인 형태를 조성해나가는 각 부분들의 질서정연한 결합체'이다.

체제를 분류하는 방식은 다양할 수 있으나 가장 기본적으로 자연계Natural System와 설계된 체제Designed System로 구분한다. 자연계는 우주, 인간, 생물 등을 포함한다. 이에 비해 설계된 체제Designed System는 인간이 자연계를 반영하여 만들어낸 사회체제Social System(예를 들면 교육, 정치, 지역사회, 교통, 정보 등 사회의 요구를 충족시키기 위해 만들어진 구조들)와 인공체제Artificial System(컴퓨터, 교통통신시스템, 상하수도시스템)가 대표적인 것이다.

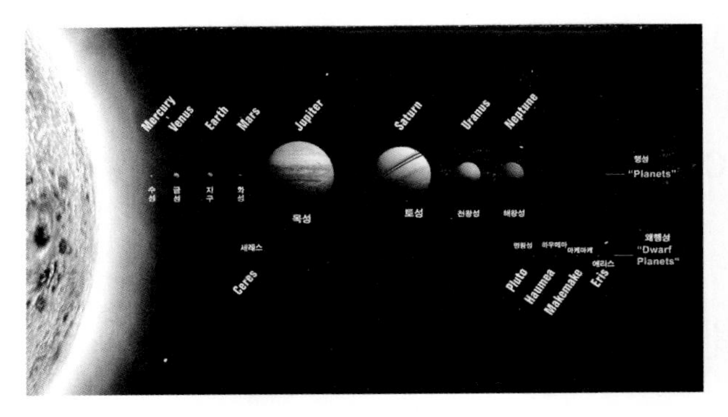


[그림 2-1] 자연계(Natural System)의 예

By Farry, Asfreeas - Edit of wikipedia:Image:Planets2006.jpg. Original was at: http://sse.jpl.nasa.gov/planets/index.cfm, 퍼블릭 도메인, https://ko.wikipedia.org/w/index.php?curid=534339

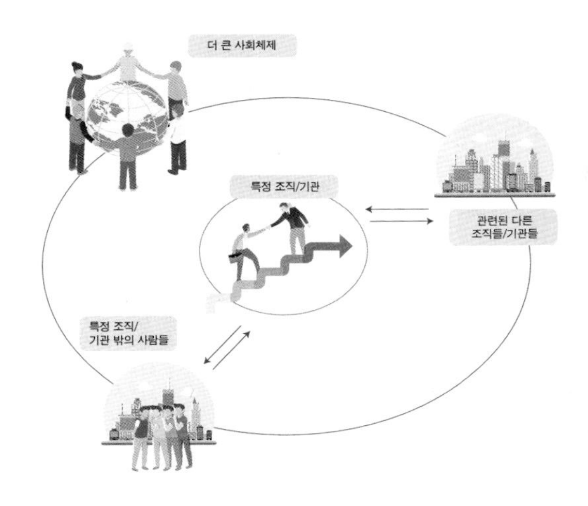


[그림 2-2] 사회체제의 예

체제는 각 부분들의 상호관계를 기초로 하여 형성되기 때문에 어떤 한 부분에 변화가 일어난다면 그것은 다른 모든 부분이나 혹은 체제의 전체에 변화를 초래하는 관계에 있음으로 체제의 전체성을 강조한다. 그러므로 체제의 기본 개념은 독립적 또는 개별적 요소나 부분, 이 부분들 간의 상호작용적 관계, 이 상호관계의 결합에 의한 전체성과 구조적 틀 등을 내포하고 있다.

## 2. 일반체제이론[1)]

일반체제이론은 다음과 같이 체제의 본질을 규명하는 몇 가지 개념을 제시해주고 있다.

1) **총체성**Wholeness: 자연계나 인간이 디자인한 사회시스템과 인공시스템은 공통적으로 통일되고 지속적인 법칙을 지닌 하나의 통일된 전체이다. 그리고 체제의 속성은 그 하위의 요소들이나 하위체제들이 가진 속성들의 단순한 합이 아니라, 총체제의 속성을 보인다.

예를 들어 인간이 심장, 손, 발 등을 가진 존재이지만 한 인간을 생명체로 규명해 주는 것은 각각의 부위가 아니라 이들의 통일된 하나의 전체이다. 가족, 학습공동체, 기업 등과 같은 사회체제 역시 그들의 정체성과 기능성은 하나의 전체로서만 이해될 수가 있다.

2) **개방성**Openness과 **경계**Boundary: 우주, 인간, 생물 등의 유기적 생물체나 인간이 만들어낸 체제는 폐쇄된 우주 속에 존재하는 것이 아니며, 투과성을 지닌 경계를 통해 그들의 환경과 정보, 에너지, 물질을 교환하는 개방성을 가지고 있기 때문에 해체되지 않고 존재할 수 있는 것이다.

'교육공학개론' 수업을 예로 들어보자. 학생, 교사, 교과서, 교실, 온라인 학습플랫폼 등등의 각 하위 '체제'가 '경계'를 이루어 즉 독립적으로 수업 상황에 존재하지만 동시에 학생은 교사와 의사소통을 한다든지 온라인학습플랫폼에 들어가 토론을 하는 등 다른 하위체제 요소와의 관계가 '개방성'을 가지고 있기 때문에 '교육공학개론' 수업이라는 하나의 체제가 유지되고 진행되는 것이다.

3) **역동성**Dynamics: 체제의 기능은 발현Emergence의 본질을 가지고 있으며 그 이유는 체제의 각 부분은 적어도 하나의 다른 부분과 상호작용하기 때문이다. 즉 체제의 기능은 체제를 구성하는 요소 간의 관계성에서 나타나는 것이

---

1) 일반체제이론의 ISD 적용은 이 책의 제3장 참조.

지 특정 부분이나 어느 하위집단의 행동 속에서 나타나는 것이 아니다. 그리고 체제의 복잡성이 높아질수록 이런 특징이 두드러진다. 복잡한 체제일수록 하위요소들의 수도 많아질 것이며 그들의 상호관계성도 복잡해지기 때문에 예상된 과정이나 결과가 나타나기보다는 예상하기 어려운 역동성과 발현성을 보이는 경향이 커질 것이다.

예를 들면 15주간의 '교육공학개론' 수업에서 나타나는 과정과 결과가 미리 예측하는 데로 나타날 것을 보장해주기 어려운 역동적 본질을 지닌다. 그리고 '교육학과'에서 개설되는 여러 개의 교육공학 관련된 교과목의 설계와 운영은 그 복잡성이 더 높아지기 때문에 향후 어떤 과정과 결과가 나타날 것인지에 대한 예측 가능성은 더 떨어지며 역동성 역시 더욱 높아질 것이다.

4) **피드백**Feedback: 체제의 피드백에는 두 가지의 다른 유형인 '음(-)'의 피드백과 '양(+)'의 피드백이 있다고 전제한다. 그리고 음의 피드백과 양의 피드백이 적절하고 균형있게 작동할 경우에 체제는 그 목적대로 작동할 수 있다.

음의 피드백은 체제가 프로그램된 혹은 스스로 결정한 목적이나 상태에서 멀어질 경우 통제메커니즘이 수용할 수 있는 반경 내로 되돌아오도록 그 체제를 수정하는 개념이다. 이런 매커니즘을 통해, 음의 피드백은 변화되는 방향을 거부하거나 거꾸로 대항하여 평형을 유지하거나 체제를 안정시키게 된다. 음의 피드백은 안정적이고, 적응적이며, 목적추구적인 체제를 유도한다. 예를 들면, 에어콘이 동일한 온도를 유지하거나 자동차가 지속적으로 일정한 속도를 지탱하도록 하는 피드백이다.

양의 피드백은 실제 상태가 변화되는 방향으로 강화하도록 작용하여 성장이나 감소를 지속시키는 데 기여하게 된다. 따라서 양의 피드백 순환의 고리는 체제를 그 이전의 상태 혹은 평형으로부터 멀어지는 상태를 발생시키며, 양의 피드백의 순환고리가 그냥 방치된다면 체제의 파멸이나 와해를 초래할 수도 있다. 예를 들면, 에어콘이 지속적으로 온도를 낮추는 쪽으로 작동하거나 자동차가 지속적으로 가속되도록 피드백이 작동한다면 실내온도는 심각한 수준으로 낮아지고 자동차는 통제불가능한 속도로 인해 위험을 초래하는 상황이 벌어질 것이다.

5) **상호연계성**Inter-connectivity: 모든 것은 모든 것에 연결되어 있다는 상호연계성의 세계관은 모든 체제는 고립되어 움직이는 것이 아니라 상호의존, 상호연결되어 있으며 그 인과관계가 선형적이 아님을 암시하고 있다. 이 개념은 실제로 이해하기 아주 쉬울 수도 있다. 예를 들면 '교육공학개론'의 교수학습 과정에서 A라는 학생이 B라는 학생에게 도움을 제공하기도 하지만 그 반대의 영향도 발생할 것이며 서로 간에 영향을 주기도 한다. 교수자는 학생의 반응에 따라 그에 적합한 피드백을 제공하고 그 피드백에 대해 개인 학생과 학생집단이 반응하는 등 그 상호관련성과 상호연계성은 상당히 복합적이고 역동적인 본질을 보인다.

6) **합목적성**Teleology: 합목적성은 체제들과 체제를 구성하는 하위체제들이 서로 다른 위치에서 출발하거나 다른 방법을 사용하더라도 동일한 종점에 도달할 수 있는 체제의 능력을 일컫는 말이다(Bertalanffy, 1956). 이 합목적성의 능력은 체제가 지닌 자기통제성과 자기생산성Autopoiesis을 통해 적응을 할 수 있기 때문이다. 합목적성의 개념은 인적관리와 조직관리에 결정적으로 중요한 함의를 지닌다.

한편 이 합목적성의 개념은 단 하나의 길이 있는 것이 아니라, 변화하는 환경 조건에 따라 다양한 옳은 길이 있을 수 있다는 것을 보여 주기도 한다. 따라서 특정한 목적을 달성하기 위해 단일의 전략이나 방법을 처방하고 그것의 실행에 지나치게 얽매일 필요가 없으며, 오히려 그러한 문제해결 방식은 비현실적일 수 있음을 시사해준다.

## 제 2 절
# 커뮤니케이션이론과 교육공학

### 1. 매체발달과 커뮤니케이션이론

커뮤니케이션에 관한 이론적 분석은 사회과학자들이 인간사회 현상을 탐색하는 과정에서 시작되었다. 그 중 '매스' 커뮤니케이션이론은 매체가 발달하면서 대중사회에서 매체가 어떻게 작용하고 사회 안의 개인에게 어떠한 영향을 미치는지에 관해 이해할 필요가 증가하면서부터 시작되었다.

매스커뮤니케이션과 교육공학은 기본적으로 동일한 매체를 사용하고 있기 때문에 매스커뮤니케이션의 개념은 교육공학 분야에서도 공통적으로 그 나름의 위치를 차지하게 되었다. 예를 들면, 텔레비전의 영향에 관한 연구는 교수 텔레비전과 매스커뮤니케이션의 두 영역과 모두 관련되어 있다.

#### 1) 일방향적 커뮤니케이션모형

Shannon과 Weaver(1949)는 초기 형태의 직선적 커뮤니케이션 과정을 도식화하였고, Shannon & Schramm(1964)는 이 개념적 모형에 커뮤니케이션 중에 무엇이 일어나는가를 명확하게 설명하기 위하여 [그림 2-3]과 같이 피드백의 개념과 경험 중복되는 장[field]을 추가하였다.

경험의 장은 개인이 지각하고 인식하고 전달하는 모든 사건을 말하며, 언어, 문화적 배경, 교육 등을 포함한다. 전달은 송신자의 경험과 수신자의 경험이 중복된 영역 안에서 일어난다. 만약 메시지가 송신자와 수신자가 공동으로 가지고 있는 것에 근거하지 않은 채 준비된다면, 전달은 성공적으로 일어나지 않을 것이다.

이 모형은 커뮤니케이션을 정보의 원천과 송신자, 신호, 수신자로 이루어진 선형적이면서 동시에 일방향적인 과정으로 설명하고 있다. 커뮤니케이션을 방해하는 요소로는 여러 가지의 메시지가 동시에 전달되는 과정에서 수신자에게 필요한 메시지를 구분하기 어렵게 작용하는 무질서 또는 잡음이 있을 수 있다. 초기 시청각교육 분야에서 활동하였던 교육공학자들은 Shannon과 Weaver(1949)의 커뮤니케이션이론이 자신들이 하고자 하는 것을 설명하는데 적절하다고 인식하게 되었다.

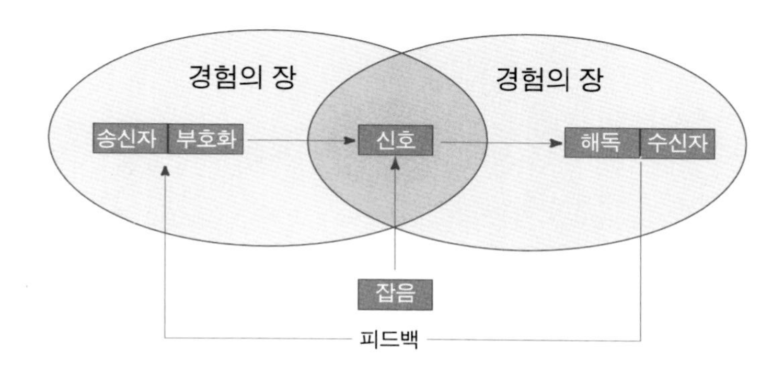


[그림 2-3] Shannon & Schramm 모형의 커뮤니케이션 과정(1964)

### 2) 역동적 커뮤니케이션이론

커뮤니케이션모형 중에서 특히 교육공학의 개념형성에 유용하게 반영되었던 것은 Berlo(1963)의 'S-M-C-R 모형'으로 알려져 있다. 이 모형에서는 커뮤니케이션 과정의 중심이 매체가 아닌 인간이라는 것을 강조하였다. Berlo의 모형([그림 2-4])은 송신자Sender, 메시지Message, 채널Channel, 수신자Receiver간의 순환적인 관계를 묘사하여 흔히 SMCR 모형이라고 불렸다. 결과적으로 커뮤니케이션모형은 교수학습 과정의 역동적인 관계를 종합적으로 분석, 연구하는 학문으로 발전시키는 데 기여하였다.

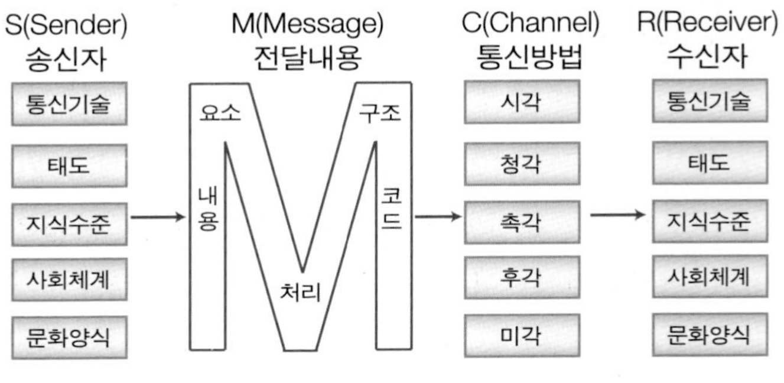


**[그림 2-4]** Berlo의 S-M-C-R 모형

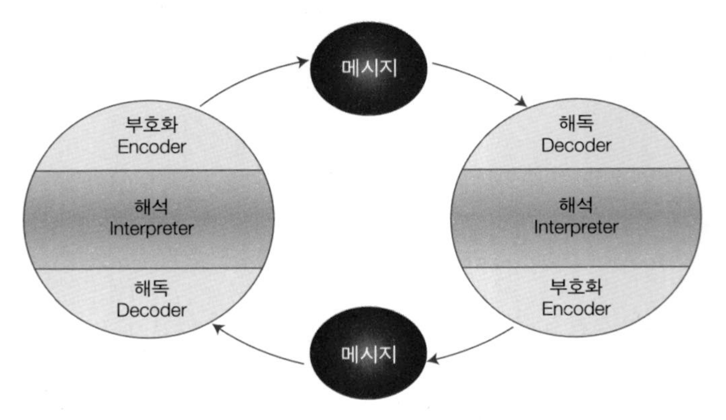


**[그림 2-5]** Schramm의 상호작용적 커뮤니케이션모형

*Human Communication Theory and Research: Concepts,Contexts, and Chanllenges* (2nd ed.) by R. L. J. Heath & Bryant. 2000. p.66

한편 Shannon과 Weaver의 연구를 확장하여 Schramm이 제시한 모형[그림 2-5]은 송신자, 수신자, 해독 등 기존의 모형에서 나타나는 요소들을 기본적으로 제시하고 있지만 커뮤니케이션의 송신자와 수신자 간의 지속적이고 역동적인 상호작용적 특성, 송신자와 수신자, 개인과 집단의 경험 및 문화적 배경이 메시지의 해독에 미치는 영향 등을 인식하게 해주고 있다.

## 2. 커뮤니케이션이론과 교육공학의 융합

커뮤니케이션이론과 교육공학을 융합하려는 최초의 조직적 시도는 1953년도에 미국시청각교육국(DAVI)에서 「Audio - Visual Communication Review」라는 학술지를 발간한 것이다. 초기의 「AV Communication Review」에서는 커뮤니케이션의 속성에 관한 논의를 강조하였다.

그리고 1963년에 「교육분야에서 시청각과정의 변화하는 역할: 정의와 용어」The Changing Role of the Audiovisual Process in Education: Definition and a Glossary of Related Terms의 발간과 함께 또다른 전환점을 맞이하게 된다. 이 논문에는 '시청각커뮤니케이션'으로 변화된 새로운 공식 정의가 포함되어 있다. 이것은 단순한 명칭의 변화라기보다는 구체적인 경험을 제공하기 위한 시청각매체에 대한 강조에서 교수학습 과정에서 발생하는 커뮤니케이션 전체과정을 강조하는 관점으로 전환되었음을 입증하고 있다.

### 1) 거시적 관점의 커뮤니케이션이론의 영향

1957년 Westley와 MacLean은 의사결정자Gatekeepers의 역할을 포함한 커뮤니케이션모형을 발표하였다. 이들의 모형은 인간 간의 커뮤니케이션, 매스커뮤니케이션, 그리고 피드백이 커뮤니케이션 과정에 있어 어떤 역할을 하는가를 설명하였다(Westley & MacLean 재인용; Burgoon & Ruffner, 1978). 한편 여론선도층Opinion leaders의 역할은 일반 커뮤니케이션 과정, 특히 혁신Innovation의 보급을 목적으로 하는 커뮤니케이션에서 중요한 역할을 하는 것으로 부각되어 왔다.

이와 같이 거시적인 관점의 커뮤니케이션이론은 교육공학 정책이나 서비스를 운용하는 조직이나 기관의 성공적 실행과 제도화 관련된 분야에 이론과 실천면에서 영향을 주었다. 1994년 AECT에서 재정립한 '교수공학' 정의에서 제시된 영역에서는 이것을 '실행'과 '제도화'로 지칭하였다.

### 2) 미시적관점의 커뮤니케이션이론의 영향[2)]

지각, 주의집중 및 통제 등과 관련된 커뮤니케이션 연구는 특히 미시적 관점의 교수설계 분야에서 관심을 받아왔다. 이 분야의 연구는 전통적으로 매체 디자인과 개발에서 핵심적 역할을 했으며 오늘날에는 스크린 디자인, 탁상출판desktop publishing, 그리고 멀티미디어 교수설계와 같은 새로운 테크놀로지에 영향을 미치고 있다. 더욱이 미시적 설계에 있어서는 시각적 사고, 시각학습, 시각커뮤니케이션 등에 관한 연구가 근본적으로 중요하다.

시각적 사고이론Visual thinking theory은 교수자료의 제작에 있어서 시각적 설계를 어떻게 할 것인지를 결정하는 데 유용하다. 시각적 사고는 영상을 조직하는 능력을 요구하는데, 영상은 선, 형태, 색상, 질감, 혹은 구성 등의 시각적 요소를 포함하고 있다.

시각적 학습이론은 시각디자인에 초점을 두고 적용되었고, 모든 유형의 매체매개 수업에 통합된다. 이러한 점에서 미학의 원리는 개발 과정의 기본이 된다(Schwier, 1987). Heinich, Molenda와 Russell(1993)은 시각디자인 예술의 핵심요소(선, 형태, 질감, 색상)와 미적 디자인의 원리(배열, 균형, 그리고 통합)를 제시하였다. 그러나 이 밖에도 여러 다른 시각 디자인 요소와 원리들이 있다.

시각 커뮤니케이션의 원리 역시 교수 자료의 개발에 있어 기본 방향을 제공한다. 시각 커뮤니케이션 원리는 그래픽 디자인이나 편집과 같은 과정에 대한 지침으로 사용된다(Petterson, 1993; Wilows & Houghton, 1987).

---

2) 미시적 커뮤니케이션이론의 적용은 이 책의 제8장 참조.

## 제 3 절
# 학습이론과 교육공학

학습이론은 인간의 학습현상을 설명하기 위한 원칙을 체계화한 것으로 인간이 어떻게 새로운 지식과 기술, 태도를 익히는지, 그로 인하여 어떠한 행동의 변화가 일어나는지를 설명하고 예측한다. 그 이론 중에서 특히 교육공학의 발전에 기여한 것은 행동주의이론과 인지주의이론, 그리고 구성주의이론이다. 이러한 이론들은 교수이론과 교수설계 이론에 이론적 토대를 제공해주며, 교육공학의 핵심영역인 '학습의 촉진과 수행의 향상을 위한 창안, 활용, 관리' 전반에 걸쳐 영향을 미치고 있다.

## 1. 행동주의 학습이론

행동주의 학습이론은 초기 교육공학의 발전에 지대한 영향을 미쳤으며 현재까지도 많은 교육공학적 원리들이 행동주의 학습이론에 근거를 두고 있다. 행동주의 학습이론은 다음의 몇 가지 기본 원리를 전제로 한다.

① 학습은 관찰 가능한 행동의 변화로 정의하고 학습자의 내적 인지과 정보다는 관찰 가능한 결과로서의 행동에 초점을 맞추고 있다.

② 환경이 행동을 형성한다고 본다. 따라서 환경을 적절히 조절하면 학습도 의도한 대로 조절이 가능하다고 본다. 따라서 학습의 통제권은 학습자가 아니라 외부환경에 있다고 보고 환경을 변화시키거나 통제함으로써 인간의 행동을 변화시키려고 노력한다.

③ 학습의 근본적인 원리는 자극과 반응 간의 연합이다. 여기서 자극은 학습자가 감각기관을 통해 환경에서 얻는 모든 것을 의미하며 반응이란 자극에 의하여 야기되는 행동을 말한다.

### 1) 파블로브의 고전적 조건화

고전적 조건화 이론은 러시아의 생리학자인 Pavlov(1849~1936)에 의하여 정립되었다. 그는 개 실험을 통하여 학습은 학습자가 자극과 반응을 연결함으로써 발생한다는 것을 증명하였다. 이 경우 습관의 형성과 학습의 일차적 수단은 자극과 반응의 '근접'이다. 그는 체계적이고 과학적인 방법으로 외부 환경을 변화시킴으로써 학습을 유도할 수 있으며 그 결과는 예측 가능하다는 것을 보여주었다. 학습에 대한 이러한 접근을 고전적 조건화 또는 파블로프식 조건화라고 부른다.

### 2) 손다이크의 연합주의이론

한편, Thorndike(1874~1949)는 학습이란 '일련의 시행착오의 과정을 통해 특정한 자극과 반응이 결합되어 발생한다'고 하였다. 파블로프의 이론을 발전시켜 자극-반응 연합으로서의 학습에서 보상의 중요성을 제기한 것이다. 이런 연합이 어떻게 일어나는지에 대한 학습법칙을 제공하고 있는 데 '효과의 법칙'Law of Effect과 '연습의 법칙'Law of Exercise이 그것이다.

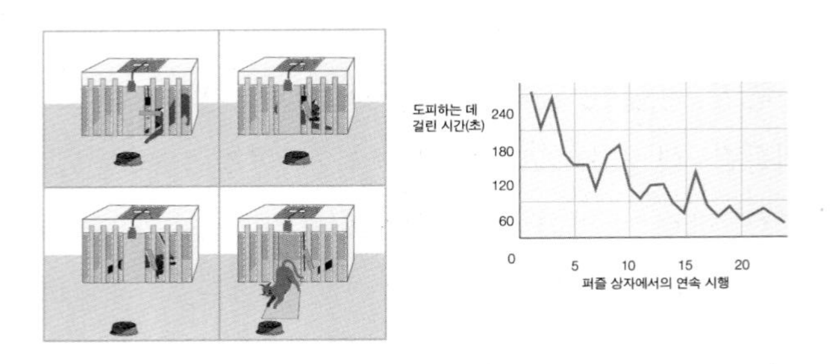


**[그림 2-6]** Thorndike의 퍼즐상자실험 (https://4MsqFgsUsOo)
(고양이가 문을 열고 나오는데 걸리는 시간측정: 반복할수록 시간이 감소)

**효과의 법칙:** 학습은 시행착오의 과정을 통해 어떤 반응이 만족스러운 결과를 수반했을 때는 그 반응은 반복하고 그렇지 않으면 그 반응은 감소하게 된다.

**연습의 법칙:** 자극과 반응의 연합은 꾸준한 반복을 통해 강화되는 현상을 설명하고 있다. 효과의 법칙과 연습의 법칙은 조작적 조건화를 통한 강화이론을 주장한 스키너[Skinner]를 비롯하여 초기 교육공학의 교수이론에 큰 영향을 주었다.

### 3) 스키너의 조작적 조건화와 강화이론

Skinner(1904~1990)는 파블로브의 고전적 조건화 이론을 확장하여 「조작적 조건화 이론」을 제시하였다. '스키너상자'로 잘 알려진 실험을 통해 밝힌 '조작적 조건화'는 유기체가 먼저 어떤 행동을 하면 이를 강화하여 그러한 행동의 빈도가 높아지도록 하는 것이므로 '강화이론'[Reinforcement Theory]이라고도 한다.

어떤 행동은 그 행동이 일어난 이후에 제공되는 강화물의 유무에 따라 증가 또는 감소한다고 본다. 이때 강화는 행동의 결과를 조절하고 통제함으로써 행동의 발생빈도와 강도를 증가시키는 것으로서 학습자가 만족할 만한 강화물을 제공하는 정적강화와 싫어하는 요인을 제거해주는 부적강화가 있다.

### 4) 행동주의 심리학이 교육공학에 미친 영향

행동주의 학습이론은 초기 교육공학의 발전에 지대한 영향을 미쳤으며 현재까지도 복잡성이 약한 학습목표의 교수설계에 효과적인 원리로서 꾸준히 적용되고 있다. '강화' 개념과 '행동목표', '단계적 학습', '반복학습', '개인차' '효과의 법칙' 등은 '프로그램수업'과 '티칭머신'이 1960년대에 등장하는 데 직접적인 기여를 하였다(Saettler, 1998).

행동주의 학습이론이 교수설계에 주는 전략적 의미는 다음과 같다.

① 교수는 관찰 가능하고 측정할 수 있는 결과를 도출하도록 설계되어야 한다. 즉 학습자에게 기대하는 명백한 목표에 근거하여 실시되어야 한다.
② 학습자에 대한 사전검사를 강조한다. 사전검사에 따라 학습자가 완전학습을 할 수 있도록 일련의 교수학습 활동을 계열화하여야 한다.
③ 학습정보는 작은 묶음으로 제시되어 단계적으로 학습하도록 해야 하며 학습자가 학습에 성공적인 행동을 보인 경우 강화되어야 한다.
④ 학습자가 학습하는 동안 개인차를 인정해야 하며 이에 적절한 피드백을 통해 수업을 교정하고 진도를 추적 관리하여야 한다.
⑤ 학습자의 학습은 측정되어야 하며 요구수준에 도달하지 못한 학습자에게는 기대수준에 도달할 때까지 동일한 또는 유사한 수업을 통해 학습하도록 해주어야 한다.

## 2. 인지주의

1970년 말이 되면 미국심리학계에서 스키너적 행동주의는 주류에서 밀려나고 인지심리학 혹은 정보처리이론 관점이 새롭게 확산되었다. 이 영향을 받아 교육공학계에도 인지심리학 관점의 접근이 나타나게 된다. 일찍이 1960년 말에 이미 Bruner(1966)는 학습에 인지적 접근의 역할을 구체적으로 논의하였고, 그 후 Merrill과 그의 동료들(1981), Reigeluth(1983)는 교수설계에 인지이론을 어떻게 접목할 수 있는지를 보여주고 있다(Saettler, 1998).

인지주의 학습이론의 주요 관심은 학습자 내부의 인지과정, 즉 학습자가 어떻게 정보를 받아들여서 처리하는지에 있다. 따라서 학습이란 학습자가 외적 자극에 수동적으로 반응하는 것이 아니라 정보를 처리하기 위해 능동적으로 사고하고 문제를 해결하는 것으로 이해한다. 그러나 행동주의와 마찬가지로 인지주의 역시 기본적으로 지식은 객관적으로 존재하므로 교수자가 지식을 학습자에게 전달 가능하다는 전제를 가진다.

### 1) 정보처리 이론

컴퓨터 과학의 발전과 더불어 인지현상에 대한 연구는 더욱 가속화되었는데 일련의 인지이론가들은 인간의 인지과정 구조를 설명하기 위하여 컴퓨터의 정보처리 과정([그림 2-7])을 비유로 활용하였다.

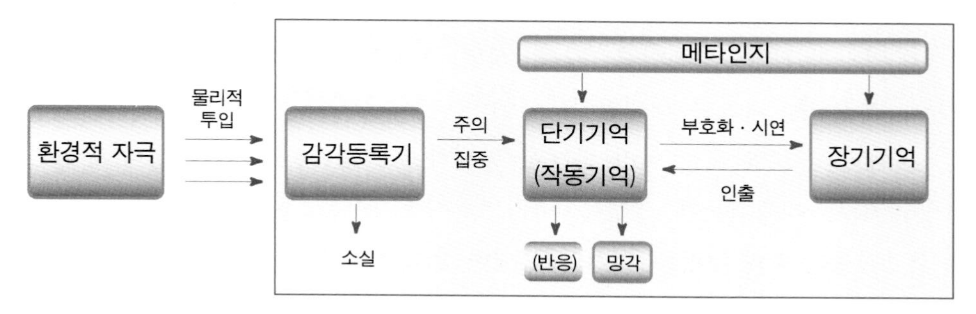


[그림 2-7] 정보처리이론에서 본 인간의 정보처리 과정

#### 감각등록기sensory register

학습자가 환경으로부터 감각수용기관을 통해 정보를 최초로 저장하는 곳으로 4초 이내의 매우 짧은 시간 동안만 정확하게 기억한다.

#### 단기기억short-term memory

단기기억 장치는 약 20-30초 정도 동안 약 7(±2)개의 정보 단위를 저장할 수 있다. 이 능력을 확장할 수 있는 방법으로는 정보분할chuncking(각 정보 단위의 크기를 늘리는 것)과 시연rehearsal(계속적으로 반복해서 외우는 것)이 있다. 책을 읽거나 생각하고 문제를 풀 때 새로운 정보와 학습된 정보가 섞이는 장소이므로 작동기억이라고도 한다.

### 장기기억long-term memory

장기기억 장치는 정보를 영구적으로 기억할 수 있는 곳이다. 장기기억에 저장되는 과정을 의미적 부호화라고 부른다. 정보를 유의미하고 목적 지향적으로 연결된 의미망으로 변형시켜야 장기기억에 저장할 수 있다.

일반적으로 정보처리 모형은 정보저장, 인지적 과정, 메타인지의 세 가지 중요한 구성요소를 가지고 있다(Eggen & Kauchak, 2001).

① 정보저장: 감각기억, 단기기억, 장기기억 등 정보를 저장하는 곳을 의미한다.

② 인지적 과정: 주의집중, 지각, 시연, 부호화, 인출 등 인간이 정보를 처리하는 과정을 의미한다.

③ 메타인지: 인지적 처리 과정을 통제하고 조정하는 특별한 형태의 인지로, 지각하는데 영향을 미치고, 작동기억을 통한 정보의 흐름과 조정을 도와주며, 기억전략에 대한 지식과 통제를 제공한다.

## 2) 정보처리이론이 교육공학에 미친 영향

정보처리이론을 비롯한 인지주의 학습이론은 교수설계 영역의 발전에 많은 영향을 미쳤다. 가장 큰 영향은 교수설계의 초점을 외부환경에서 '학습자'로 바꾸게 한 점이다. 교수설계의 초기 단계에서 학습자의 선행지식이나 관심 등에 대한 분석을 통해 학습자 수준과 능력 분석을 강조하게 된 것은 이러한 변화를 반영한 것이다.

또한 주의집중과 선택적 지각, 선행지식, 유의미성, 정보의 약호화, 정교화, 활성화의 개념을 포함하는 인지처리과정에 대한 이해를 가능하게 하였다. 인지적 교수학습 원리와 전략으로는 기억술, 정보를 의미있는 덩어리로 나누는 정보분화Chunking, 은유법, 약호화와 정교화 전략의 활용, 구구단과 같이 특정 기능을 자동화하기, 선행조직자 활용하기, 시연(계속적으로 반복해서 외우거나 연습), 또는 메타인지활용 등이다.

위와 같은 교수전략과 방법을 적용한 대표적인 인지적 교수설계모형은 Gagné의 아홉가지 수업활동모형Nine Events of Instruction 3), Merrill의 구성요소 전시이론Componet Display Theory 4), Reigeluth의 정교화이론Elaboration Theory 등을 들 수 있다.

## 3. 구성주의

구성주의는 지식의 본질, 인간의 세계에 대한 이해 등에 대해 행동주의나 (절대적) 인지주의와는 상이한 철학적 입장을 가지고 있다. 또한 행동주의와 인지주의가 학습이 이루어지는 과정에 대해 심리학적 측면에서 접근하고 있는데 반하여 구성주의는 '지식이란 무엇이며 어떻게 구성되는지에 대한 인식론' 규명에 더욱 관심이 있다.

구성주의 학습이론의 핵심이 되는 두 가지 기본 전제는 다음과 같다.

① 지식이 외부에 객관적으로 존재하는 것이 아니라 인간에 의하여 의미가 부여되는 것이며, 학습은 능동적으로 의미를 구성하는 과정이라고 보고 있다. 다른 말로 하자면 지식은 인식의 주체에 의해 구성되는 주관성을 지닌다.

② 지식은 맥락적으로 형성되므로 지식은 맥락 속에서 익혀야 하고 따라서 학습환경의 중요성이 강조된다. 그러므로 실제 세계에서 접할 수 있는 실제적인 과제를 부여하고 풍부한 학습환경을 제공해서 학습자가 능동적으로 문제해결을 할 수 있도록 해야 한다.

구성주의 학파 내에서도 지식구성 과정에 영향을 미치는 요소에 대해 의견을 달리하는 다양한 학설이 존재하고 있다. 그 중에서 인간과 환경의 상호관계에서 볼 때 개인의 내부에 있는 인지적 처리과정에 초점을 두는 인지적

---

3) Gagné의 '아홉 가지 수업활동모형'은 이 책의 **제4장. 교수설계 이론**에서 구체적으로 다루고 있음.

4) Merrill은 2013년에 최근의 인지이론을 접목하여 '교수의 으뜸원리'(first principles of instruction) 교수설계 모형을 새롭게 제시하였다. '교수의 으뜸원리'는 이 책의 **제4장. 교수설계 이론**에서 구체적으로 다루고 있음.

구성주의Cognitive Constructivism와 지식구성의 사회적 요인에 초점을 두는 사회적 구성주의Social Constructivism로 크게 구별할 수 있다.

인지적 구성주의가 지식의 구성을 전적으로 개인적인 것으로 이해하여 개인의 주관성을 강조하는 반면, 사회적 구성주의는 지식 구성을 개인 내면의 인지적 작용과 사회·문화적인 상호작용이 통합된 결과로 이해하여 개인들이 사회적 합의를 통하여 동일한 이해에 도달할 수 있음을 보여주었다.

### 1) 인지적 구성주의

인지적 구성주의는 Piaget의 이론에서 발전한 것으로 개인의 인지처리 과정에 초점을 두고 있다. Piaget의 인지발달이론에 의하면 인간의 인지발달은 생득적 요인인 성숙과 더불어 동화와 조절의 과정을 거치면서 능동적으로 발달해간다.

인간은 평형화를 유지하려는 본능을 가지고 있으며 평형화는 동화와 조절이라는 두 가지 활동을 통하여 이루어진다. 즉, 평형화는 인지구조를 형성하고 재구성하는 인지발달의 핵심과정이다.

동화란 개인이 새로운 정보나 경험을 접할 때 그 정보와 경험을 자신이 가지고 있는 스키마(인지구조)로 해석하여 자기화하는 것을 말한다. 이때 인지구조는 우리가 세계를 이해하고, 반응하기 위해 사용하는 지식이나 절차, 관계를 의미한다. 그러나 조절은 새로운 정보나 경험이 자신의 인지구조와 충돌할 때, 즉 자신이 가지고 있는 지식이나 경험으로 전혀 이해하지 못하거나 모순될 때 개인은 원래의 인지구조를 변형하고 그 변형이 생긴 이유에 대해 설명해주는 과정이다([그림 2-8]).

다시말해 인지발달이란 기존의 인지구조와는 모순이 없는 새로운 정보나 경험을 기존의 인지구조에 동화시키고, 기존의 인지구조로 해석할 수 없을 때는 기존의 도식을 변경/조절하면서 끊임없이 인지구조를 확장시키는 과정이다. 동화와 조절의 과정은 인간이 수동적으로 지식을 습득하는 것이 아니라 능동적으로 지식을 내면화시키는 과정이며 인지적 구성주의는 인간의 이러한 인지적 활동이 지식 구성에 핵심적인 역할을 한다고 보고 있다.

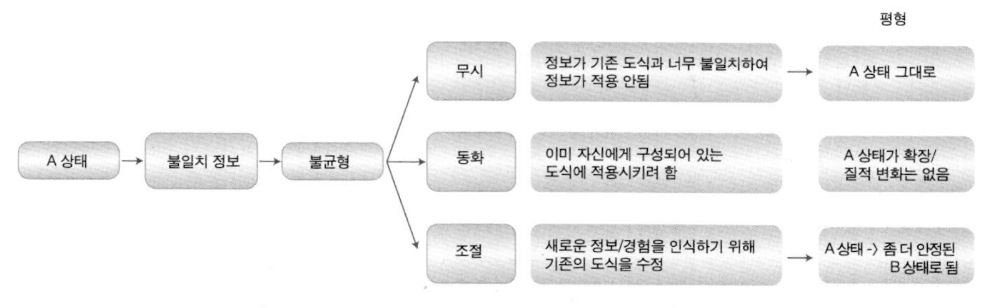


[그림 2-8] Piaget의 동화와 조절을 통한 평형화

### 2) 사회적 구성주의

사회적 구성주의는 러시아의 심리학자인 Vygotsky의 발달심리이론에 기초를 두고 있으며 지식구성의 사회적 요인에 초점을 두고 있다. 사회적 구성주의에서는 인간의 인지적 발달은 사회적 상호작용이 내면화되면서 이루어진다고 본다. Vygotsky는 인간은 타인과의 관계에서 영향을 받으며 성장하는 사회적 존재이며 개인의 인지적 발달은 사회적 상호작용의 결과라고 보고 있다.

Vygotsky에 따르면 인간발달의 3대 요인은 ① 사람 사이에 일어나는 사회적인 요인, ② 관습/문화/역사에 의해 일어나는 문화-역사적 요인, ③ 개인/유전적인 개인적 요인이다. 그 중에서 사회적 요인이 가장 주목받는 요인이며 인간의 의식에 중요한 영향을 미치는 요인으로서의 환경, 발달과 학습의 촉진제로서의 사회환경, 사회적으로 유의미한 활동을 강조하고 있다.

Vygotsky는 근접발달영역Zone of Proxiaml Development; ZPD 이론을 통하여 아동의 발달에 미치는 사회적 상호작용의 중요성을 주장하고 있다. 근접발달영역이란 아동이 스스로는 문제를 해결할 수 없지만 교수자나 뛰어난 동료의 도움을 받으면 성공할 수 있는 영역을 말한다. 이는 아동이 이미 잘 알고 있는 영역과 어떠한 도움을 받아도 이해하지 못하는 영역 사이에 위치하고 있으며 근접발달영역에 속하는 부분에 대하여 교수자는 과제해결의 단서를 제공하거나, 다른 관점을 제공하거나, 세부사항을 기억할 수 있도록 도와주거나 격려하는 등 성장을 위한 발판이 되는 도움(스케폴딩)을 제공할 필요가 있다.

스캐폴딩은 건축학에서 건물을 짓는 과정에서 사람, 장비, 자재 등을 올려 작업을 할 수 있도록 임시로 설치한 가시설물을 의미한다. 스캐폴딩은 기둥과 대비되는 개념으로 기둥은 건물을 지탱해주는 중요한 구조물[support]인데 반해 스캐폴딩은 건축이 완료된 후에는 제거되는 임시 구조물이다. 교육학 측면에서 스캐폴딩은 학습자가 스스로 지식의 구조를 지탱할 수 있는 기둥을 만들어 갈 수 있도록 더 잘 아는 누군가가 임시로 제공하고 지식의 구조가 완성된 후에는 제거되지만, 그래도 지식의 구조는 유지할 수 있는 도움을 비유한다. 즉, 스캐폴딩[Scaffolding]이란 궁극적으로 아동이 자신의 힘으로 문제를 해결할 수 있을 때까지 제공되는 도움을 말한다.

근접발달영역 이론은 인지발달이 사회적 상호작용의 결과임을 강조하고 있으며 아동의 인지발달에 교사나 유능한 동료의 역할이 매우 중요함을 보여주고 있다. 다음의 [그림 2-9]은 근접발달 영역에서 교수자나 동료가 어떻게 도울 수 있는지를 보여주고 있다.

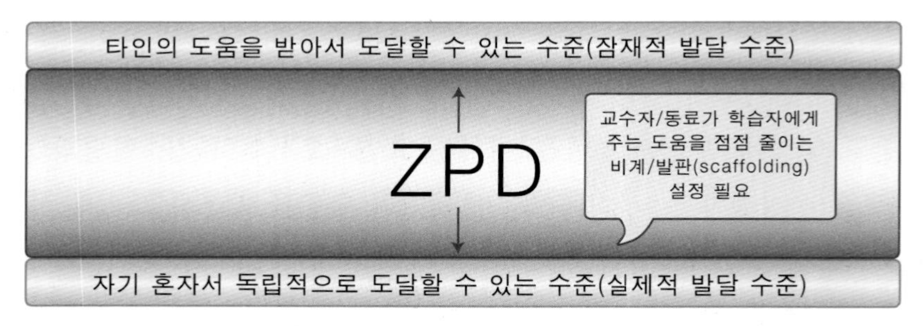


[그림 2-9] Vygotsky의 근접발달영역

### 3) 구성주의가 교육공학에 미친 영향

구성주의 학습이론이 반영된 교수설계 이론이나 모형은 대표적으로 문제기반 학습(PBL)[5], 플립러닝[6], 협동학습,[7] 인지도제학습Cognitive Apprenticeship Learning, 목표기반시나리오학습Goal-based Scenario 등이 있다. 구성주의 관점에서 볼 때 이 모형들의 공통점은 다음과 같다(이인숙, 1996을 변형).

① 상황적인 학습환경을 강조한다. 실제와 거리가 있는 것을 지양하고 상황적인 문제상황을 제공하도록 교수설계를 하는 데 초점을 둔다.

② 사회적인 학습환경을 강조한다. 학습은 본질적으로 사회적 과정이라는 전제로 학습공동체 안에서 다른 학습자나 전문가와의 교류를 통해 개별 학습자가 기존 지식을 확인하거나 재구성하고 때로는 완전히 새로운 형태의 지식을 구성할 수 있도록 도와준다.

③ 성찰적이고 구성적인 학습환경을 강조한다. 학습이 유의미하려면 학습자 자신이 성찰을 통해 자신의 경험을 재구성해야 하므로 학습과정에서 지속적으로 반성과 성찰을 실천하도록 유도한다.

---

5) 문제중심학습은 이 책의 **제5장. 학습자중심 수업설계와 운영의 실제**에서 자세히 다루고 있음

6) 플립러닝은 이 책의 **제5장. 학습자중심 수업설계와 운영의 실제**에서 자세히 다루고 있음

7) 협동학습은 이 책의 **제5장. 학습자중심 수업설계와 운영의 실제**에서 자세히 다루고 있음

## 탐구문제

1. 구성주의에서 강조하는 '스케폴딩' 전략의 예를 들어보시오. 이때 구체적인 학습목표와 학습자를 결정하고 해당 맥락에 부합되는 스케폴딩전략을 제시하도록 합니다.

2. 행동주의, 인지주의, 구성주의를 비교, 정리하시오.

# 교수체제개발모형

교수[instruction]는 “학생들이 어떤 목적을 습득하도록 지원하는 사건의 정교한 배열을 의미한다” (Driscoll, 2005, p.23). 우리는 교수, 즉 일반적으로 수업을 통해서 학습자들이 구체적인 지식, 스킬, 태도를 습득하기를 기대하며, 이러한 학습자의 내적인 과정을 지원하기 위해 외적인 활동을 정교하게 배열하는 것을 교수설계[Instructional Design; ID]라 한다 (Gagne, Briggs & Wager, 1988).

광의의 교수설계[Instructional Design; ID]는 학습과 교수의 원리들을 사용하여 효과적인 교육 프로그램을 계획하고 개발하는 성찰적인 과정으로 보는 관점(Gustafuson & Branch, 2007, Smith & Ragan, 2005)과 특정한 내용과 학습자를 대상으로 바람직한 지식, 기술, 태도와 같은 성과를 창출할 수 있는 최적의 교수활동을 처방하는 과정(Reigeluth, 1983)이라는 두 가지의 관점으로 나눌 수 있다(Richey, Klein, & Tracy, 2011). 즉, 전자는 교육훈련 프로그램을 개발하는 분석(A), 설계(D), 개발(D), 실행(I), 평가(E)의 전 과정을 포괄하는 개념으로서의 교수체제개발[Instructional Systems Development;ISD]을 다루고 있다면(Dick & Carry, 1978; Dick, Carey, & Carey, 2009; Morrison, Ross, & Kemp, 2007), 후자는 ISD의 주요 하위과정 중의 하나인 설계 부분에 특화되어 있는 협의의 교수설계[Instructional Design; ID]라고 할 수 있다.

본 장에서는 교수체제개발[ISD] 모형에 대해서 살펴보고, 협의의 의미에서의 교수설계[ID] 모형들은 다음 장에서 살펴보고자 한다. 본 장의 1절에서는 교수체제개발모형의 기본이라 할 수 있는 ADDIE 모형, Dick & Carey 모형, Kemp의 모형 등을 먼저 살펴보고, 2절에서는 앞에서 제시한 교수체제개발모형의 효율성을 높이면서도 효과성을 유지하기 위해 새롭게 제시되고 있는 래피드 프로토타이핑[Rapid Prototyping] 모형, SAM[Successive Approximation Model], Pebble-in-the-Pond 모형을 소개한다.

제 1 절
# 기본적인 교수체제개발모형

교수설계 분야의 학자들은 그동안 효과적이고 효율적인 수업을 설계하기 위해 다양한 교수설계절차 및 설계 모형들(Dick & Carey, 1996; Gagné, Briggs, & Wager, 1992; Morrison, Ross, Kalman, & Kemp, 2011)을 개발하였다. 이들의 모형은 구성요소나 진행절차 등 몇 가지 측면에서는 약간씩 다르지만 기본적인 요소나 절차에서는 모두가 매우 비슷하다.

본 절에서는 대표적인 교수체제개발모형으로 ADDIE 모형, Dick & Carey 모형, Kemp 모형을 소개한다. 교수설계자들은 주어진 교육환경과 여건에 맞춰 적절한 모형을 선택하여 적용하는 것이 필요하다.

## 1. ADDIE 모형

다양한 교수설계절차 및 설계 모형들은 약간의 차이를 보이면서도 분석Analysis, 설계Design, 개발Development, 실행Implementation, 평가Evaluation 등의 기본적인 요소를 공통적으로 포함하고 있다 (Molenda, Pershing, & Reigeluth, 1996). ADDIE 모형은 이 다섯 가지 요소들의 앞 글자를 딴 모형으로 처음 소개되었을 때는 선형적linear인 접근이었으나 이후 체제적 관점에서 순환반복형의 과정으로 발전하였다 ([그림 3-1 참조]).

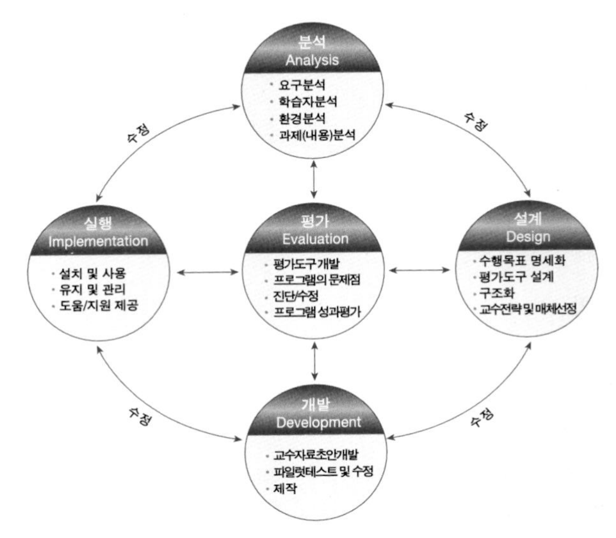


[그림 3-1] ADDIE 모형 (Gustafson & Branch (2007)를 수정·보완함.)

### 1) 분석

분석 단계에는 요구분석, 학습자분석, 환경분석, 과제(내용)분석이 포함된다. 진행되는 단계들은 분석의 결과에 기초해서 이루어지기 때문에 분석이 전 과정에서 중요한 역할을 차지한다.

#### ① 요구분석

요구[needs]란 바람직한 수준과 현재 수준의 차이[gap]를 의미한다. 요구분석은 이러한 차이가 존재하는지 그리고 만약 존재한다면 그 차이의 근본원인이 무엇인지를 찾아가는 과정이고, 요구분석의 결과로 교수적 혹은 비교수적 처방의 목적이 정해진다. 여기서 교수적 처방은 교육프로그램 혹은 수업을 의미한다.

#### ② 학습자분석

요구분석을 통해 교수적 처방이 필요한 경우, 교수적 처방의 대상이 되는 학습자에 대한 세부적인 정보가 필요하다. 교수설계에 있어서 고려되어야 하는 학습자의 중요한 특성으로는 인지적, 생리학적, 정서적, 그리고 사회적 특성이 있다(Smith & Ragan, 1999). 즉, 학습자의 학습동기, 학습유형, 선수지식 수준 등이 설계의 방향을 설정하는데 중요한 영향을 미치며, 최근에는 테크놀로지 활용 능력도 중요하게 고려되어야 한다.

#### ③ 환경분석

교육프로그램의 설계에 앞서 활용 가능한 자원과 제한 사항 등을 확인하는 것을 환경분석이라고 하며, 여기서 환경은 수업환경, 수행환경, 개발환경을 포함한다.

학습환경은 학습이 이루어지는 환경, 즉 수업환경을 의미한다. 수업이 진행되는 강의실의 크기, 학생 수, 활용 가능한 매체, 기자재, 학습 시간 등이 포함된다. 예를 들면 최근 부각되고 있는 협동학습을 설계하고자 한다면 수업환경이 협동 학습이 가능한 환경인지가 우선 확인될 필요가 있다.

수행환경은 학습을 통해 습득한 지식, 스킬, 태도를 활용하게 되는 실생활의 맥락을 의미한다. 수행환경에 대한 분석은 학습한 것을 실생활로 전이시킬 수 있도록 학습하는 지식, 스킬, 태도의 맥락을 학습자에게 제공하기 위함이다.

개발환경은 교수적 처방, 즉 교육프로그램을 설계하고 개발하는 환경을 의미하는데, 활용 가능한 자원, 즉 시간, 예산, 장비, 인력 등에 대한 분석을 포함한다. 교사의 경우 수업을 준비하기 위해 가용한 시간, 예산, 학교의 지원 등을 고려하여야 하고, 전문적인 교수설계자의 경우, 프로젝트의 가용한 예산과 지원 인력, 프로젝트 기간 등을 고려하여야 한다.

#### ④ 과제분석

요구분석을 통해 도출된 교육프로그램의 목적을 달성하기 위해 필요한 학습내용의 요소와 단위들을 구조화하고 계열화하는 과정이다. 과제분석을 통해 교육프로그램 혹은 수업에서 무엇을 가르쳐야 할지를 정확하게 파악할 수 있다. 과제분석은 최종 교수목적 분석과 그 목적을 성취하기 위한 하위기능 분석으로 이루어진다.

### 2) 설계

설계 단계는 분석의 결과에 기초하여 학습목표 진술, 평가 계획, 교수-학습전략/방법/매체 선정 등이 이루어진다. 설계는 건물을 짓기 전에 설계도blueprint를 그리는 것처럼 수업의 설계도를 그리는 과정으로 교사의 경우 산출물로 교수-학습지도안[1]을 만들어내게 된다.

#### ① 학습목표 진술

학습목표objectives는 교수목적을 측정 가능하고 관찰 가능한 수준으로 구체화한 것이다. 이 학습목표는 설계의 방향을 정해주고, 전체 교육활동의 일관성을 유지할 수 있게 해주며, 교육내용/방법/매체 선정의 근거가 되고, 평가의 준거가 되기 때문에 교수체제개발 맥락에서 매우 중요한 역할을 한다. 학습목표는 일반적으로 Mager(1984)가 제시한 학습자Audience, 목표 행동Behavior, 수행 조건Condition, 준거Degree를 명시적으로 포함해서 진술한다.

#### ② 평가계획 수립

학습목표가 결정이 되면 이 학습목표가 측정이 가능한 목표인지를 확인하고 학습자가 이 학습목표를 성취했다는 것을 확인할 수 있는 평가에 대한 계획을 세우는 것이 필요하다. 학습목표 진술 이후 바로 평가계획을 고려하는 이유는 이 과정에서 학습목표가 성취가 필요한 목표인지, 혹은 성취 가능한 목표인지를 확인하여 학습목표를 수정하는 기회를 갖기 위함이다. 평가계획에는 언제, 누가, 어디서, 무엇을, 어떻게 평가할 것인가가 포함되어야 한다.

#### ③ 교수-학습 전략/방법/매체 선정

평가계획 수립을 통해 학습목표와 평가 간의 일관성을 확보한 후, 학습목표

1) 제11장 교수학습지도안 작성과 개발 참조.

를 효과적, 효율적, 매력적으로 성취시키기 위한 학습경험을 선정하고 조직해야 한다. 학습경험을 조직하는 데는 거시적 수준에서 프로그램 전체의 학습경험을 구조화하고 계열화하고, 미시적 수준에서 개별 모듈 또는 단위수업의 구체적인 수업활동을 결정하게 된다. 이 단계에서는 과제분석을 통해 도출된 학습내용을 구조화하고, 학습목표 달성을 위한 적절한 교육방법을 선정하고, 교수자와 학습자의 상호작용을 위한 매체를 선택하는 과정이 포함된다.

### 3) 개발

개발은 설계과정에서의 결과물을 수업 혹은 교육프로그램에서 사용하게 될 실물을 만드는 단계이다. 실제 교수-학습 상황에서 교수자가 사용하게 될 매뉴얼, 학습자가 사용할 학습자료, 유인물, 활동지, 평가도구, 매체 등의 초안을 만들고, 시범 적용 혹은 평가를 통해 수정하여 완성하게 된다. 설계 단계에서 전략/방법/매체 등이 결정이 되었어도 개발의 과정에서 보다 효과적인 방식들이 도출되면 설계를 수정하고 다시 개발하는 것도 가능하다. 예를 들면 교사의 경우 수업에서 활용하게 될 학습자료와 활동지를 제작하고 매체자료를 탐색하여 준비하는 과정이 포함되며, 교육훈련 프로그램의 경우에는 교강사 매뉴얼, 교안, 교재 등이 제작된다. 이러닝 콘텐츠의 경우 콘텐츠 개발에 많은 시간과 예산이 소요되는 점을 고려하여야 한다.

### 4) 실행[2)]

실행 단계는 실제로 수업 혹은 교육프로그램을 실시하는 단계로 설계에 맞춰 진행하고 제작된 개발물을 목적에 맞게 사용하는 것이 중요하다. 또한 개발된 교수학습자료를 유지하고 개선하는 과정도 포함된다.

교육프로그램이 실행되는 과정에서 필요한 도움과 지원도 고려될 필요가 있다.

2) 제12장 수업의 실행과 수업컨설팅 참조.

### 5) 평가

설계 과정에서 수립된 전반적인 평가계획에 따라 개발 과정에서 제작된 평가도구를 사용하여 계획된 대로 평가를 실시하고 평가 데이터를 수집하고 분석한다. 여기서 평가는 먼저 학습자가 학습목표를 성취했는지를 확인하는 학습자 평가와 학습자 평가에 기초해서 교육프로그램(혹은 수업)이 효과적이었는지를 확인하는 프로그램 평가로 구성된다. 프로그램 평가를 통해 교육프로그램을 어떻게 개선해야 할지를 도출하고 이를 다음 설계에 반영하여야 한다.

## 2. Dick과 Carey의 교수체제설계 모형

Dick과 Carey의 체제적 교수설계 모형(2009)은 전 세계의 교수설계자들에게 많이 알려져 있으며 교수설계 초보자용, 특히 예비교사 교육에도 자주 소개되고 있다. 이 모형은 제안된 그대로 적용할 수도 있고, 혹은 특정 과제에 따라서 변경하여 적용할 수 있도록 융통성 있게 개발되었다.

[그림 3-2]의 교수설계 모형은 모두 10단계로 구성되어 있다. 이에 관해서 간단히 살펴보면 다음과 같다.

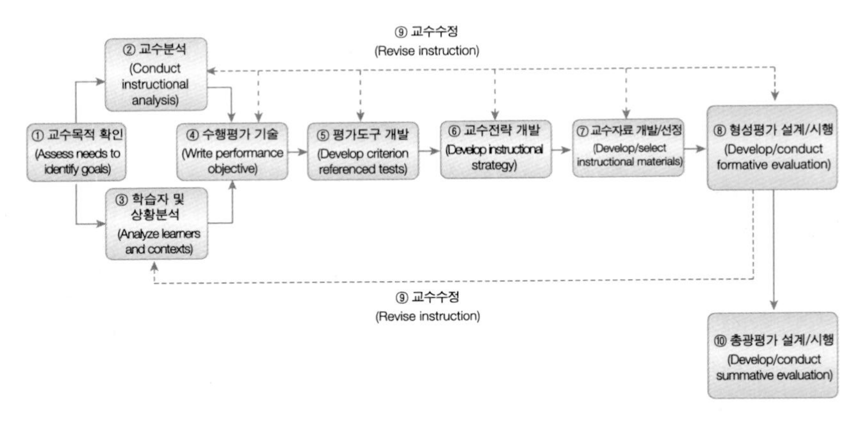


[그림 3-2] Dick과 Carey 모형 (Dick, Carey, & Carey, 2009)

1) **교수목적의 결정**: 이 모형의 첫째 단계는 교수프로그램을 모두 마쳤을 때 학습자가 숙달하기를 바라는 지식과 기술, 태도, 즉 최종목적을 결정하는 단계이다. 이 교수목적은 분석한 목적 목록, 수행 분석, 요구 분석, 학습자가 학업 중 어려움을 겪은 실제 경험, 현장실무자 분석, 기타 새로운 교수 프로그램에 대한 요청사항 등에서 도출될 수 있다.

2) **교수 분석**: 최종 학습목적을 성취하기 위해 학습자가 배워야 할 학습의 유형을 결정하고, 학습자가 그 학습과제를 학습하기 위해서 필요한 하위 기능 및 그 학습을 하는 데 필요한 학습절차 등이 분석되고 결정된다.

3) **학습자 및 상황 분석**: 수업이 시작될 때 특정 학습을 하기 위해 학습자가 반드시 갖추고 있어야 할 선수지식 즉 출발점 행동과 교수활동을 설계하는데 중요하게 고려해야 하는 학습자의 특성을 규명한다. 이와 동시에 학습환경과 성취한 학습과 수행이 실제로 사용될 환경과 상황도 분석하게 된다.

4) **학습·수행목표 진술**: 학습과제 분석의 결과와 학습자 특성의 분석결과를 기초하여 학습이 끝났을 때 학습자가 성취해야 할 학습과 수행 목표들을 구체적으로 진술한다.

5) **평가도구개발**: 앞 단계에서 설정된 학습·수행목표에 대응하는 평가문항과 도구를 개발함으로써 학습자의 성취 수준 또는 학습결과를 측정할 수 있도록 준비하여야 한다. 평가도구의 유형은 객관적 시험, 실시간 수행, 태도 측정, 포트폴리오 등 다양한 것이 가능하다.

6) **교수전략개발**: 앞서 실시한 5개 단계에서 수집한 정보를 기초로 목표를 성취하도록 교수과정에서 사용할 전략을 규명하게 된다. 교수전략에는 동기유발 전략, 학습내용 제시 전략, 적극적 학습과 참여와 평가, 피드백, 실제 상황에 새로 학습한 능력을 연결시키는 사후적용활동 등이 고려된다. 그리고 교수전략은 그동안의 학습에 관한

연구결과와 이론, 학습자를 몰입시키기 위해 사용될 매체의 특징, 학습자용 지침, 그리고 가르쳐야 할 내용, 수업을 받을 학습자들의 특성에 기초를 두고 개발한다.

7) **교수자료 개발 및 선정**: 앞 단계에서 개발한 교수전략에 따라 교수 프로그램을 실제로 만드는 단계이다. 이 교수 프로그램이란 수업활동에 활용될 모든 자료를 말하며, 교사안내서, 학생용 독서목록, 파워포인트자료, 사례연구물, 비디오, 컴퓨터용 멀티미디어 자료, 웹페이지, 동영상 자료 등을 포함한다. 수업자료 그리고 교수매체는 학습목표와 내용, 학습자의 특성을 고려해 선정 또는 개발한다. 새로운 자료의 개발 여부는 목표별 학습유형, 기존의 관련 자료의 이용 가능성 등에 따라 결정된다.

8) **형성평가 설계 및 시행**: 실시 앞 단계까지 개발이 완료된 교수 프로그램은 형성평가를 통해 그 결과를 검토하고 필요한 곳을 수정·보완한다. 이 형성평가는 보통 세 종류의 평가가 이루어지는데 일대일평가, 소집단평가, 그리고 현장평가 등으로 이루어진다.

9) **교수 프로그램의 수정**: 개발의 마지막 단계(그리고 교수설계의 반복되는 주기의 첫 단계)는 교수프로그램의 수정이다. 형성평가 결과에 의하여, 학습목표를 달성하는 데 있어서 학습자가 어려움을 겪은 점을 확인하여 수업상의 잘못된 곳을 수정한다. 또한 이 평가결과에 기초하여 학습과제 분석의 타당성과 학습자의 출발점 행동 및 학습자 특성에 대한 가정을 재검토하고, 학습목표가 적절히 진술되고 평가문항이 타당하게 개발되었는지, 또한 교수전략이 효과적이었는지를 통합적으로 검토·수정함으로써 더욱 효과적인 교수프로그램을 완성한다. 그러나 실제로 교수설계는 모든 분석, 설계, 개발, 평가작업이 완료될 때까지 수정작업의 착수를 미루는 것이 아니라 오히려 그 전 단계에서 파악한 점을 기초로 수정작업을 꾸준히 해나간다.

10) **총괄평가 설계 및 시행**: 총괄평가는 개발된 교수 프로그램의 효과를 검증하는 것이 목적이다. 총괄평가는 보통 교수설계자와 그 팀 구성원 이외의 외부 평가자에 의해서 실시된다. 그러므로 엄격히 말해서 총괄평가는 교수설계 전 과정의 밖에 있다고 할 수 있다.

## 3. Morrison, Ross, Kalman, Kemp의 교수체제설계 모형

Morrison, Ross, Kalman, Kemp (2013)의 모형은 체제적 관점이 가장 명확히 반영된 교수체제설계 모형 중 하나이다. Kemp가 1980년대에 초기 모델을 제안한 이후 다양한 상황에서 적용, 평가, 수정되어 현재는 제 7판(2013)에 이르게 되었다. 이 모형은 교수문제의 규명으로 시작되는 아홉 가지의 교수설계 요소를 반복적이고 비선형적으로 구성한 특징이 있다.

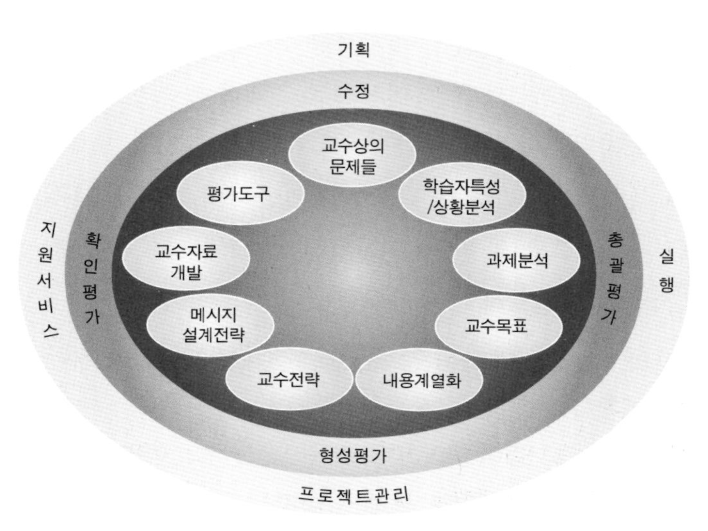


[그림 3-3] Morrison, Ross, Kalman, Kemp(2013)의 교수체제설계 모형

### 1) 교수문제

교수설계의 첫 단계는 주로 교수설계를 요청한 고객이나 교육대상자들이 해결하고자 하는 학습요구나 수행문제를 찾아내고 규명하는 일이다. 교육적으로 접근, 해결할 수 있는 문제라면, 다음 단계(업무/과제/내용 분석)를 통해 목적 분석으로 문제를 명확히 진술하게 된다. 만약에 수행상의 문제가 직무관련 도움을 통해 쉽게 해결할 수 있다면 오히려 직무보조물이나 서비스 개발을 시작해야 한다.

### 2) 학습자 특성과 상황 분석

학습자 분석과 상황 분석은 교수를 설계하거나 실행 하려면 필수로 요구되는 것으로, 이 정보는 향후 설계 과정에서 다루어질 사항들을 결정하는 데 많은 도움을 준다.

① 예상되는 훈련 필수요건, 준비사항, 기간 등의 훈련조건과 업무나 목적 분석의 결과를 고민하면서 교수결과물에 가장 부합하는 학습자 특성을 규명할 필요가 있다.

② 학습자 특성의 세 범주는 일반 특성(성, 나이, 문화, 민족성), 특수한 특성(교수프로그램에 참여하기 위해 반드시 필요한 사전 기능), 그리고 학습유형(선호하는 학습방법들) 등이다.

- 학습자의 학습유형에 대한 정보는 교수설계에 적용하기 위한 유용한 정보를 제공한다.
- 학사정보는 학습자들이 이미 받은 교육이나 훈련의 범위와 질을 알려준다.
- 관찰, 인터뷰, 질문지법을 통해 학습자의 개인적인 이해와 사회적인 특성들을 알 수 있다.
- 정규교육 시스템 밖의 학습자들은 다양한 문화적 배경의 학습자, 성인학습자, 학습 장애인들을 포함하는데 이 같은 학습자들의 특성은 교수설계를 계획할 때 고려해야 한다.

③ 상황분석은 교수설계와 교수실행 시에 영향을 줄 환경적인 요소들에 대한 정보를 제공한다. 상황분석 시 수정되는 정보의 대표적인 것은 다음과 같다.

- 학습자의 향후 필요한 정보접근성 유무나 정도
- 학습자의 일상적 시간 일정 등

### 3) 과제분석

과제분석은 학습자가 목표를 성취하도록 도와주기 위해 교수프로그램에 포함해야 할 지식과 절차가 무엇인지 판단하기 위해 필요하다. 분석한 내용은 목표를 규명하고 교수전략을 설계하며, 평가도구를 개발하거나, 교수프로그램을 고안할 때 이용하게 된다.

학습할 내용의 유형[3](학습목표/결과의 유형)이 다르다면 기본적으로 다른 분석기법이 필요하다. 즉, '주제' 분석방법은 사실, 개념, 원리의 교수를 위한 필수적인 규칙을 규명하기 위해 사용되며, '절차' 분석은 개별적인 단계, 단서, 단계수행의 순서를 규명하기 위한 과제분석에 적용된다. '중요한 사건' 분석은 대인관계와 같은 태도와 관련된 학습내용을 규명하는데 적합한 기법이다. 그러나 대부분의 교수설계 프로젝트는 여러 유형의 학습목표가 혼재되어 있기 때문에 복수의 분석기법을 활용하게 될 것이다.

### 4) 교수목표

교수목표는 학습자가 하나의 교수 단원을 완료했을 때 기대되는 바를 알려주며, 그래서 목표는 정확하고 명확하게 표현되어져야 한다. 학습자나 교수자 양자에게 모두 중요한 역할을 한다. 즉, 목표는 학습자들이 자신의 학습을 계획하며 평가를 준비하는 데 도움을 주며, 교수자가 교수를 계획하거나 평가도구를 고안하는 데 유용한 지침을 제공해 준다.

---

3) 제4장 교수설계 이론 중 Gagné의 교수설계 이론 참조

## 5) 내용의 계열화

일단 과제분석을 마치고 교수목표를 기술하면, 학습내용을 제시하기 위한 가장 적절한 계열화를 결정하는 교수설계 작업을 시작하게 된다. 한편 Posner와 Strike(1976)는 실제로 목표와 관련된 대상이나 사건이 어떻게 위치하거나 일어나는지, 개념과 다른 개념들과의 관계, 학습자의 요구나 흥미가 어떻게 발현되는지 등에 기초하여 세 가지 계열화 전략을 제시하고 있다.

① 관련 대상이나 사건의 상대적 위치에 따른 계열화: 화초를 꽃에서부터 뿌리로 내려가면서 순차적으로 설명하기, 인쇄된 주사를 어떻게 놓는지를 순서적 단계로 설명하기, 다양한 유형의 포도주를 가르칠 때 백, 적, 핑크 등 색상에 따라 무리지어 설명하기 등이다.

② 개념 간의 관계에 따른 계열화: 집단의 특성을 먼저 가르치고, 그 집단의 구성원들을 소개하는 흐름으로 가르치기, 예를 먼저 소개한 후 명제를 제공하기, 구체적이고 단순한 개념을 먼저 다룬 후 추상적이거나 복잡한 개념으로 진행하기, 평균의 개념을 소개한 후 표준편차의 개념을 다루기 등이다.

③ 학습자의 요구나 흥미에 따른 계열화: 정수 덧셈을 가르치고 난 후 소수 덧셈을 가르치기, 가장 익숙한 정보를 소개한 후 점차 낯선 정보로 진행하기, 더 쉬운 것으로 시작하여 점점 더 어려운 것으로 진행하기, 가장 학습자의 흥미를 얻기 좋은 주제나 과제로 시작하기, 특정 과제나 주제를 가르치기 전에 학생이 적합한 발달단계에 도달해 있는지를 확인하기 등이다.

## 6) 교수전략

이 단계에서는 각각의 교수목표를 실제로 프로그램 속에 구체적으로 포함시키는 전략을 설계하는 것이다. 교수전략은 이전 단계에서 구체화한 내용 계열화의 결과를 구체적인 교수-학습자료로 개발하기 위한 지침을 제공한다.

교수전략을 설계하는 것은 전체 과정에서 가장 중요하면서 창의적 노력이 필요한 단계이다.

### 7) 교수 메시지 설계

일단 교수전략 설계를 완료하면, 학습내용을 학습자에게 어떻게 제시할 것인지에 집중할 수 있는 준비가 된 것이다. 이 교수 메시지 설계 단계에서 나오는 산출물은 크게 두 가지로서, 사전 교수전략과 메시지 설계 계획이다.

① 사전 교수전략: 사전검사, 목표, 개관, 선행조직자의 네 가지 유형이 있다. 이들 사전 교수전략은 학습자를 학습내용으로 잘 유도하기 위해 쓰일 수 있는 전략인데, 학습자 특성을 특히 고려하여 결정할 필요가 있다.

② 메시지 설계 계획: 텍스트 구조를 결정하고 필요한 그림을 결정하고 배열을 해보는 단계를 포함한다.

### 8) 교수자료 개발

교수자료 개발은 앞서 작업한 교수설계 계획을 실제로 적용하는 것이다. 교수설계자는 학습자에게 학습내용을 정확하게 전달할 수 있는 방법, 개발과정, 규명된 교수문제와 목표에 일관되게 초점을 둠으로써 개발하는 교수물이 학습의 문제를 해결해 줄 수 있는 기능을 가질 수 있도록 해야 한다.

### 9) 학습성취 평가도구 개발

평가도구의 선택과 개발은 평가할 학습의 유형(지식, 기술과 행동, 태도)과 평가질문을 재검토하는 것에서 시작된다. 선다형, 참/거짓, 관계짓기형과 같은 객관식 평가는 점수를 매기기가 편하다. 그러나 이것의 단점이자 한계는 재인 수준의 학습과 상대적으로 낮은 수준의 학습을 평가한다는 것이다. 단답형 평가는 재인보다는 회상의 사정에 있어 선다형에 비해 장점을 가지고 있다. 단답형, 논술, 문제해결과 같은 답변구성 검사는 적용·분석·종합과 같은 높은 수준의 학습을 평가할 수 있으나, 신뢰성(객관성)있는 평가가 어렵다. 수행의 평가는 과정과 결과에 초점이 맞춰져 있다.

기능과 행동을 평가하는 수단은 직접평가, 자연적으로 발생한 사건 분석, 수행 등급화, 일화에 대한 분석, 간접적인 확인표[checklist] 사용, 포트폴리오 평가, 발표력 평가 등이 가능하다.

태도는 직접 평가되지 않고 학습자의 언어적 보고와 행동을 통해 추론하며 태도를 평가하는 일반적인 수단으로 일화에 대한 분석, 행동 관찰, 질문지법, 인터뷰 등이 활용될 수 있다.

학습과 수행은 복잡한 과정이기 때문에 평가자는 한 가지 평가도구에만 의존하지 말고 다양한 평가도구를 사용해, 풍부하고 더욱 신뢰할 만한 교수 결과물을 얻어야 한다. 평가도구 개발 시, 평가 질문과 더불어 현실적인 장애요소, 예를 들면 자원의 사용 가능 여부, 학습자나 평가 상황에 대한 접근성, 비용 등이 반드시 고려되어야 한다.

평가유형으로서 형성평가는 총괄평가와 확인평가에 비해 교수를 실시한 후의 태도나 행동을 측정하는 데 주로 이용된다, 총괄평가와 확인평가는 지식과 기능을 평가하는 데 초점이 맞춰져 있다. 따라서 선택, 개발한 평가도구는 반드시 타당하고 정확하게 관리되어야 한다.

### 10) 평가(형성·총괄·확인)의 수행

교수설계 프로젝트의 평가는 교수 단원이나 교과목의 성공 여부에 대한 정보를 제공하는 데 이용된다.

① 형성평가: 교수프로그램의 개발기간 중에 교수 과정, 산출물, 교과목의 운영에 초점을 맞추어 이루어진다. 일대일 방식, 소집단 방식, 현장 방식으로 연속적으로 시도되는 이 세 단계는 교수 프로그램의 개선에 초점을 두고, 이를 위해 단계가 진행되면서 점점 더 많은 학습자를 대상으로 평가를 실시하게 된다.

② 총괄평가: 교과목이 끝난 후에 교수목표가 얼마나 성취되었는가의 정도를 사정하는 목적을 가진다. 여기서 기대되는 측정은 프로그램의 효율성이며, 목표를 완수하는 데 걸리는 시간과 실제로 성취한 목표의 수 비율을 수치화한다. 프로그램 비용은 개발비용과 운영비용을 판단하여 평가하게 되는데, 교수비용지표는 학습자 또는 피훈련자당 총 비용이다.

③ 확인(사후) 평가: 교과목이 끝나고 일정 시간이 흐른 뒤에도 교수목표가 얼마나 유지되었는가에 관심을 둔다. 직업현장에서 필요한 기초적인 기능, 지식, 능력 수행이 중요한 결과물이고, 훈련의 적절성, 조직 구성원의 역량, 조직에 미친 혜택 등을 포함해야 한다.

### 11) 프로젝트 기획과 관리

교수설계자의 역할은 개발시간과 여건, 교수전달형태, 가용한 자원 등에 따라 영향을 받게 된다. 모든 교수설계 프로젝트 과정은 문제를 해결해야 하는 고객, 내용전문가, 교수설계자 등을 포함하게 되는데 이들 관련자들과 그들의 요구사항, 역할 등을 파악하지 않는다면 프로젝트 개발과 실행에 문제를 야기하게 될 것이다.

### 12) 교수 운영

개발된 교수설계물이 채택될 것인지의 여부는 혜택, 경쟁력, 성과의 가시성이 어떻게 인식되느냐 혹은 교수를 실제로 실행할 수 있는 가능성에 달려있다. 한 교과(교수설계물)의 운영을 계획할 때, 시설, 설비, 이동, 숙박, 식사제공 계획 등을 포함하도록 유의한다. 교수설계자는 종종 교육자료의 포장, 보관, 운반에 대한 책임도 지게 된다. 교수프로그램의 스케줄을 잡고 교수자 대상의 훈련을 실시하는 것도 중요한 단계이다.

## 제 2 절
# 대안적 교수체제개발모형

앞 절에서 소개된 보편적 교수체제개발모형들은 ADDIE 모형을 기초로 교육훈련 프로그램의 개발 과정을 각 단계별로 구체적인 활동들을 제시하여 교수설계자 혹은 교사가 개발 절차를 적용할 수 있도록 도와주었다. 그러나 교수체제개발모형이 제시하고 있는 단계들이 너무 복잡하고 시간이 오래 걸린다는 문제점들이 나타났고, 빠르게 변화하는 고객 혹은 학습자의 요구를 적시에 대응하기 위해 교수설계의 과정을 효과적이고 효율적으로 단순화시키고 기간을 단축하려는 노력들이 시도되었다(Allen & Sites, 2012; Tripp & Bichelmeyer, 1990).

본 절에서는 이러한 대안적 교수체제개발모형으로 래피드 프로토타이핑 모형[rapid prototyping model], SAM[successive approximation model], Pebble-in-the-Pond 모형을 소개한다.

## 1. 래피드 프로토타이핑[rapid prototyping] 모형

프로토타입은 실제 제작에 들어가기 앞서 작동 가능한 형태로 만든 최종 산출물의 시제품을 의미하며, 그 의미에 기초해서 계속적인 테스트를 통해 문제점을 개선하여 보다 완전한 최종 산출물을 만들 수 있게 도와준다, 래피드 프로토타이핑은 기존의 교수체제개발모형과는 다르게 “프로젝트 초기에 교수 혁신에 대한 분석, 설계, 개발, 평가의 과정을 도와주기 위해 교수 산물의 작동 모형[working model]을 개발하는 것”이다(Jones & Richey, 2000, p. 63).

보편적인 교수체제개발 과정에서는 실제 사용자인 고객 혹은 학습자와 개발자 간의 요구와 설계에 대한 합의가 개발이 거의 끝나가는 시점에서 이루어지게 되어 재개발 혹은 전폭적인 수정이 이루어지는 경우들이 있다. 래피드 프로토타이핑 모델은 전형적으로 설계자와 고객이 전체 프로젝트 진행과정에 팀으로 참여하도록 하며, 프로그램 설계 초기 단계에서부터 최종 결과물의 형태로 프로토타입을 개발하여 설계자와 고객이 최종 산출물의 핵심적인 요소에 대해 합의할 수 있도록 한다.

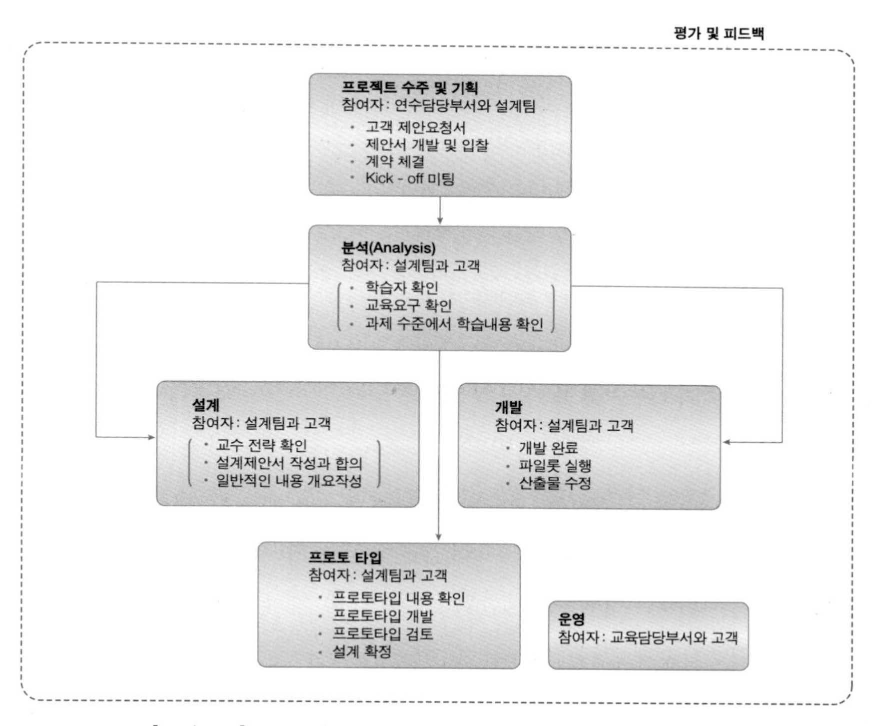


**[그림 3-4]** Jones와 Richey(2000)의 래피드 프로토타이핑 모형

Jones와 Richey (2000)가 제안한 래피드 프로토타이핑 모형은 기존의 교수체제개발ISD 모형에 기초하고 있으나 설계와 개발이 반복적 순환적으로 진행되며 프로토타입의 개발과 수정 및 보완을 포함하고 있다. [그림 3-4]에서

분석, 설계, 프로토타입, 개발이 서로 중첩되어 있어 동시에 순환적으로 진행되는 것을 보여준다. 괄호 안에 있는 과제와 화살표로 연결된 과제들은 동시에 진행됨을 의미하는데, '과제 수준에서 학습내용 확인'은 분석, 설계, 프로토타입, 개발의 네 단계에서 동시에 수행된다는 것을 의미한다. 고객이 참여하는 평가와 피드백이 전체 프로젝트 수행 과정에 적용된다.

래피드 프로토타이핑 모형의 장점은 프로토타입을 사용함으로써 모든 설계 과정에서 목표를 강조하게 되며, 고객 혹은 학습자를 포함해서 프로젝트와 관계된 모든 이해당사자들이 진행 과정 전반에 걸쳐 목표에 합의할 수 있도록 도와준다. 특히, 각 단계와 관련된 역할들을 구체화하여 제시하여 효율적인 프로젝트 관리가 가능하도록 하고 있다. 더욱이 전통적인 방식으로 진행되는 전형적인 프로젝트에 비해 보다 짧은 기간 내에 결과물을 성취할 수 있는 방법이기도 하다.

## 2. SAM successive approximation model

교수체제개발 과정을 효율화하기 위해 제안된 또 다른 대안적 모형으로 SAM successive approximation model이 있다.

SAM successive approximation model의 명칭에는 두 가지의 핵심적인 개념이 포함되어 있다. 먼저 'successive (연속적인)'는 과제가 미리 정해진 수준에 따라 수행되고 반복된다는 것을 의미한다. 두 번째 핵심개념인 'approximation (근사)'은 어떠한 설계도 완벽하지 않고, 완벽할 수도 없다는, 그래서 항상 개선이 가능하다는 것을 인정한다. 따라서 Successive Approximation은 완벽하지는 않겠지만 완벽에 가까운 근사치를 달성하려는 반복적인 시도라고 할 수 있다. 이렇듯 SAM은 ADDIE 모형의 선형적인 특성과 다르게 보다 순환적인 절차로 되어 있고, 설계 프로젝트의 복잡성에 따라 [그림 3-5]에 제시된 기본형 모델인 2단계 SAM과 확장형 모델인 3단계 SAM이 있다 ([그림 3-6] 참조).

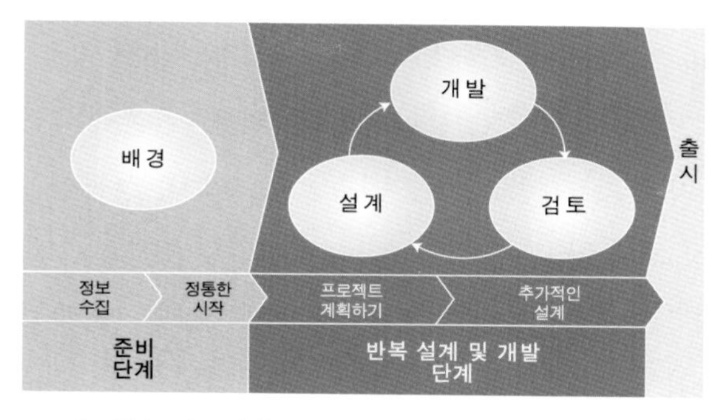


[그림 3-5] 2단계 Successive Approximation 모형

[그림 3-5]에 제시된 2단계 SAM은 매우 간단한 기본 반복 순환 프로세스로 소규모 프로젝트에 매우 효과적이다. 예를 들면 개인 또는 소규모의 팀이 함께 일하는 경우, 혹은 소프트웨어 프로그래밍이나 비디오 제작과 같은 전문 기술을 가진 인력을 필요로 하지 않을 때 잘 적용된다. 2단계는 (1) 준비 단계: 정보수집과 프로젝트 개시를 위한 착수 회의와 같은 정통한 시작과 (2) 반복 설계 및 개발 단계로 되어 있다 (Allen, 2018).

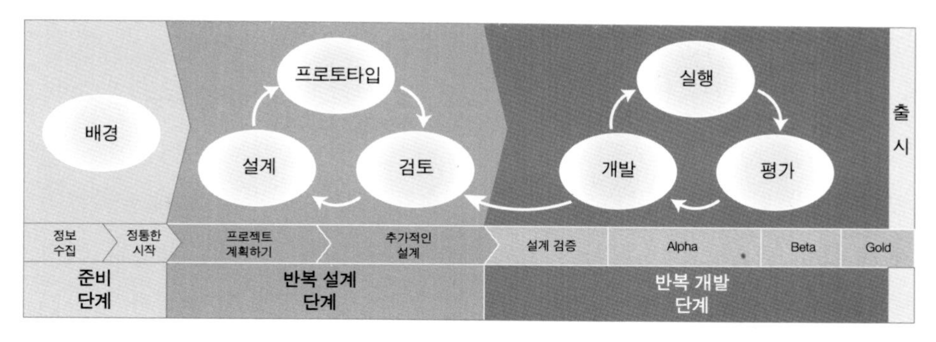


[그림 3-6] 3단계 Successive Approximation 모형

2단계 SAM을 확장한 3단계 SAM은 준비, 반복 설계 및 반복 개발의 세 가지 프로젝트 단계에 걸쳐 여덟 개의 반복적인 교수 설계 절차로 구성되어 있다 ([그림 3-6] 참조).

1) 준비 단계[preparation phase]: 신속하게 배경지식과 정보를 수집하는 과정

- 정보수집[information gathering]: 성과향상을 위해 기존에 기울였던 노력과 결과, 관련 자료, 스케쥴/예산, 법규, 프로젝트 성공을 판단하는 기준 등에 대한 정보 수집
- 정통한 시작[savvy start]: 설계팀과 이해관계자들이 함께 수집된 정보를 검토하고 핵심 아이디어를 도출하기 위한 활동이다. 정통한 시작은 검토-설계-프로토타입-검토의 반복적인 과정으로, 이 과정에서 다양한 아이디어와 선호도가 드러나고, 더 필요한 정보들이 명확해 지고, 매력적인 설계 전략들이 부각된다. 이에 기초한 대강의 프로토타입을 도출하고 결정

2) 반복 설계 단계[iterative design phase]: 대략적인 설계안을 작성하는 과정으로 설계, 프로토타입, 검토의 절차가 순환적으로 진행된다.

- 프로젝트 계획[project planning]: 정통한 시작에서 도출된 설계에 기초해서 예산, 리스크, 스케쥴, 업무범위, 품질 관리, 필요한 커뮤니케이션 과정 등 전체적인 기준을 계획.
- 추가설계[additional design]: 프로토타입을 개발한 뒤 지속적으로 검토하고 피드백

3) 반복 개발 단계[iterative development phase]: 개발, 실행, 평가를 함께 수행. 이 단계는 설계 검증으로 시작하여 알파(초기 검증), 베타(후속 검증)를 거쳐 골드(최종 결과물)로 마무리된다. 모든 절차에서 지속적으로 분석과 평가가 진행되고 수정이 필요한 경우 예산과 기간의 범위 안에서 수시로 수정된다.

SAM의 장점은 환경 변화에 맞춰 요구의 변화를 교육프로그램에 빠르게 반영할 수 있다는 점이다. 또한 교수체제개발 전 과정에 걸쳐 지속적인 분석과 평가가 진행되어 큰 오류없이 프로젝트를 진행할 수 있고, 이해관계자들과의 협업이 가능하여 유연하게 요구에 대응이 가능한 모형이다.

## 3. Pebble-in-the-pond 모형[4)]

Pebble-in-the-Pond 모형은 Merrill의 교수의 으뜸 원리[5)]를 실행하기 위한 모형으로, 교수가 발생하는 환경으로서 연못[pond]을 메타포로 활용하고, 조약돌[pebble]은 학습자가 연못의 맥락에서 해결할 수 있어야 하는 문제를 의미한다. 문제 조약돌을 교수 연못에 던지는 것은 교수설계 과정을 위한 시발점으로서의 역할을 하게 된다. 첫 번째 물결을 구성하는 교수 산출물은 문제의 실례와 그 문제가 어떻게 해결될 수 있는 지를 시연하는 프로토타입이다. 두 번째 물결은 동일한 유형의 문제를 전개[progression]하는 것이다. 두 번째 물결을 구성하는 교수 산출물은 진행 중인 각 문제에 대한 추가 시연 혹은 적용이다. 세 번째 물결은 해당 문제 부류에서 문제를 해결하기 위한 구성요소 스킬이다. 세 번째 물결을 구성하는 교수 산출물은 구성요소 스킬에 대한 시연 및 적용으로서, 이 구성요소 스킬들은 문제가 전개되어 나가는 맥락에서 학습된다. 네 번재 물결은 증대 전략[enhance strategies]이며, 문제의 시연과 적용에 덧붙여 구조적 프레임워크 및 동료 학습자 간 상호작용으로 구성된다. 다섯 번째 물결은 설계 완결하기이며, 인터페이스, 네비게이션, 보조 학습 자료 등에 대한 최종 설계를 포함한다. 여섯 번째 물결은 평가로서, 자료 수집, 형성평가, 프로토타입 수정 등을 포함한다.

Pebble-in-the-Pond 모형은 기존의 ISD 모형에 비해 다소 제한적이다. 이 모형은 전체 교수개발 절차에서 교수설계 단계를 특히 강조하고 있으며, 독립적인 코스에 특히 적용된다. 기존의 ISD 모형과 비교해서 Pebble-in-the-Pond 모형에는 삭제된 단계들이 있다. Pebble-in-the-Pond 모형에서 연못은 전단 분석을 통해 이미 교수 프로그램을 통해 해결할 수 있는 문

---

4) Pebble-in-the-Pond 모형에 대한 내용은 임규연, 김영수, 김광수, 이현우, 정재삼 (역) (2014). 교수의 으뜸원리. Merrill (2013). First principles of instruction: Identifying and designing effective, efficient, and engaing instruction.의 11장. 교수설계를 위한 Pebble-in-the-Pond 모형의 내용을 재구성함.

5) 제4장. 교수설계 이론 참조

제가 있음을 가정한다. 또한 내용 영역 및 교수 목적은 전단 분석front-end analysis 혹은 그 밖의 타당한 방법을 통해 이미 규명되었다고 가정한다.

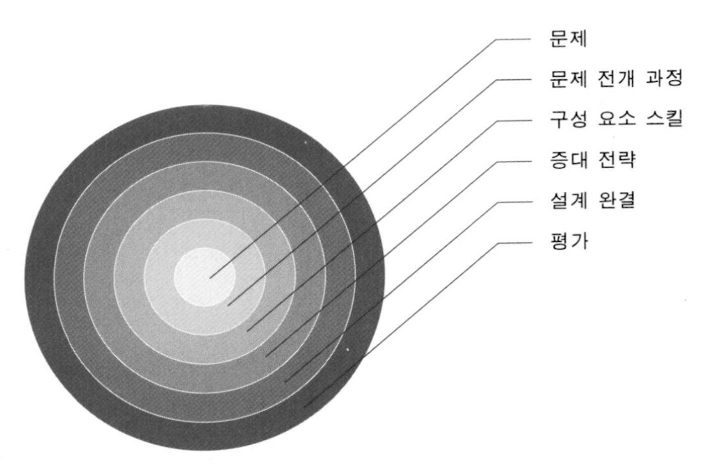


[그림 3-7] 교수설계를 위한 Pebble-in-the-Pond 모형 (Merrill, 2013)

Pebble-in-the-Pond 모형은 개발보다는 설계 모형에 해당된다. 이는 개발, 실행 및 총괄평가 단계는 고려되지 않았다는 의미다. Pebble 모형은 기능형 프로토타입의 개발은 다루고 있으나 멀티미디어 자료 개발 및 기타 개발 관련 이슈들은 포함하지 않는다. 기능형 프로토타입은 최종 개발을 위한 모형으로도 활용이 가능하다. 짧게 말해서, Pebble 모형은 학습자가 속해 있는 맥락에서 해결해야 하는 문제로 구성된, 교수적인 연못에서 출발한다. 이 모형은 맥락, 내용, 학습 대상자, 교수목적을 규명하는 것에서 시작된다. 그리고 개발, 실행 및 총괄평가를 위한 명세서로서의 역할을 하는 기능형 프로토타입으로 마무리된다.

### 1) 문제 설계하기

전통적인 ISD는 초기에 교수목표를 구체화하는 것을 강조한다. 이러한 접근의 문제는 교수목표가 지식 그 자체보다는 지식에 대한 추상적인 표상에 대한 것이라는 점이다. 때로는 실제 내용에 대한 명세가 ISD의 '개발' 단계에 이르러서야 확정되기도 한다. 많은 교수설계자는 의미있는 학습목표를 설계 초기에 기술하는 것을 어려워한다. 초기에 작성된 목표들이 개발이 시작된 이후에 삭제되거나 최종적으로 개발될 내용에 맞추어 수정되는 경우가 종종 있다.

Pebble-in-the-Pond 모형은 내용에 대한 추상적 표상(학습목표)보다는 가르칠 내용(해결해야 할 전체 문제)이 무엇인지에서 시작하기 때문에 이러한 문제를 피할 수 있다. Pebble-in-the-Pond 모형은 설계자가 이미 (자세한 목표가 아닌) 교수목적 및 학습 대상자를 규명했다고 가정한다. 첫 번째 단계인 조약돌은 학습자가 학습을 마친 후 해결할 수 있게 되는 전체 문제와 관련된 사례를 구체화하는 것이다. '구체화하다[specify]'는 단어의 의미는 문제에 대한 정보가 아니라 문제에 대한 완전한 사례[a complete instance of a problem]가 규명되어야 한다는 것이다. 문제에 대한 완전한 사례는 학습자에게 제공된 정보, 그리고 문제가 해결됨으로써 변형되는 정보를 포함한다. 문제에 대한 사례를 구체화하는 가장 좋은 방법은 해당 문제를 해결하는 단계를 하나씩 자세히 보여 주는 것이다.

### 2) 문제의 전개 설계하기

교수 프로그램의 목적을 달성하기 위해 문제를 명세화한 후, 연못의 다음 물결은 과제 수행에 요구되는 구성요소 스킬의 복잡도, 난이도 혹은 개수를 점차 증가시켜 나갈 수 있는 문제를 제시하는 것이다. 각 문제에 대해서는 조건, 해결책 그리고 문제해결 단계를 반드시 명시해야 한다. 이후 각각의 문제해결을 위한 구성요소 스킬을 규명해야 한다. 이 구성요소 스킬들은 학습자가 문제를 해결한 후 교수목적이 요구하는 지식과 스킬을 습득하였는지를 확인하기 위해 점검해야 한다. 문제가 전개되는 가운데 필요한 지식과 스킬이 포함되지 않는다면 새로운 문제를 추가하거나 혹은 현재 존재하는 문제를 보완해야 한다.

문제 중심 접근에서 초기에 제시되는 문제는 학습자에게 시연되어야 한다. 학습자가 하나의 문제를 해결하고 다음 문제로 넘어감에 따라 학습자는 해당 문제의 더욱 많은 부분을 해결해야 한다. 각 문제의 시연 및 적용을 설계함으로써 전체 문제들의 명세표가 완성된다. 즉, 처음 한 두 문제에 대한 시연 설계하기, 그다음 한 두 문제에 대하여 시연과 적용을 함께 적용하기, 나머지 문제의 적용 설계하기가 필요하다.

### 3) 구성요소 스킬을 위한 교수설계하기

연못의 세 번째 물결은 과제들이 전개되는 과정에서 각 과제를 완료하기 위해 요구되는 구성요소 스킬에 대한 교수 프로토타입을 설계하는 것이다. 문제 전개를 설계함에 있어서 각각의 문제에 요구되는 구성요소 스킬을 고려해야 하는데, 이는 모든 구성요소 스킬을 가르치고 있는지 확인해야 하기 때문이다. 문제 전개의 장점 중 하나는 하나의 문제에서 다루었던 구성요소 스킬이 다음 문제에서도 다루어진다는 것이다. 이러한 상황에서는, 처음에는 해당 스킬을 시연하고 그 다음에 그 스킬의 적용을 적용해 볼 수 있는 기회를 제공하는 것이 가능해진다. Pebble 모형의 이 단계에서 각 문제에 필요한 각각의 구성요소 스킬이 규명된다. 이후 특정 스킬을 언제 처음 가르칠지 결정하기 위해 이 스킬 차트를 점검한다. 이 물결에서의 다음 활동은 각각의 구성요소 스킬에 대한 시연 및 적용 프로토타입을 준비하는 것이다.

### 4) 교수전략의 증대 설계하기

Pebble 모형의 처음 세 개 물결의 결과는 코스웨어의 기능형 프로토타입으로서, 각 문제를 위한 시연 및 적용 전략, 그리고 해당 문제를 해결하기 위해 요구되는 구성요소 스킬을 위한 시연 및 적용 전략을 포함한다. 교수설계 연못의 나머지 물결은 $e^3$[6]품질을 증대시킴으로써 이러한 교수전략을 세밀히 조정한다.

---

6) $e^3$: effective(효과적), efficient(효율적), engaging(매력적)

### 5) 교수설계 완결하기

Pebble 모형의 다음 물결은 프로토타입을 평가, 개발 및 실행하기 위한 최종 형태로 만드는 것이다. 이 시점에서 가장 먼저 고려해야 할 사항은 네비게이션의 문제를 해결해서 오점이 없도록 만드는 것이다. 네비게이션은 학습자가 교수 프로그램 내의 이곳에서 저곳으로 이동할 수 있도록 해 주는 장치다. 아무리 훌륭한 교수전략을 사용했다 하더라도 네비게이션이 비효과적이면 학습동기를 낮추고 학습을 방해할 수 밖에 없다. 학습자는 자신이 어디에 있는지 쉽게 파악할 수 있어야 하며, 코스의 전체 메뉴로 빠르게 돌아올 수 있어야 한다. 네비게이션은 무슨 일이 벌어지는지에 대해서 분명히 보여줄 수 있도록 가능한 한 명확해야 한다.

### 6) 사정과 평가 설계하기

Pebble 모형의 마지막 물결은 적절한 자료 수집 절차를 설계하고 형성평가를 실시하며 프로토타입을 보완하는 것이다. 적용 전략을 검토하여 구성요소 스킬이나 문제해결에 있어서 학습자의 역량이 드러나는 곳이 어디인지 규명하고 프로토타입을 활용하여 이와 관련된 자료를 수집한다. 프로토타입을 시범적으로 운영하고, 프로토타입을 수정·보완하여 개발을 위한 준비를 마친다.

## 탐구문제

1. ADDIE 모형, Dick & Carey의 교수체제설계 모형, Morrison, Ross, Kalman, Kemp의 교수체제설계 모형을 비교하여, 공통된 특징과 차이점을 분석하시오.

2. 기본적인 교수체제개발모형과 대안적 교수체제개발모형을 비교하고, 대안적 모형이 갖는 장단점을 설명하시오.

제4장

# 교수설계 이론

제3장에서 교수설계Instructional Design; ID를 광의의 의미에서 교수 체제개발ISD과 협의의 교수설계ID의 두 관점으로 제시하였다. 본 장에서는 최적의 교수활동을 처방하는 과정(Reigeluth, 1983)으로서의 교수설계ID 관점에서 교수설계 이론의 특징을 살펴보고, 전통적인 교수설계 이론으로 Gagné와 Briggs의 이론, Merrill의 교수의 으뜸원리, Keller의 ARCS 이론을 소개하고 있다.

## 제1절
# 교수설계 이론이란

교수란 '학습을 촉진할 목적으로 시도하는 모든 것'이며, 강의나 직접교수법과 같은 좀 더 전통적 교수 관점뿐 아니라 구성주의적 방법과 자기교수법을 포함하고 있다(Reigeluth & Carr-Chellman, 2009). Reigeluth와 Carr-Chellman (2009)에 따르면 교수설계 이론이란 '인간의 학습과 발달을 촉진시키는 보다 나은 방법에 관해 명확한 지침을 주는 이론'이다. 이때 학습과 발달에는 인지적, 정서적, 사회적, 신체적, 정신적인 것들이 포함될 수 있다.

요컨대, 교수설계 이론은 '설계 지향적'이며, 수업의 '방법'과 그 방법이 사용되거나 사용되지 않아야 할 '상황'을 알려주며, 수업의 방법들은 더욱 간단한 방법들로 '나눠질' 수 있으며, 그 방법들은 '개연적'이다. 교수설계 이론의 이러한 각각의 특징을 좀 더 자세히 살펴보면 다음과 같다.

### 1) 설계 지향적 이론이다

교수설계 이론은 설명 지향적이라기보다 설계 지향적(목표 지향적)이다. 교수설계 이론은 인과관계나 자연현상의 흐름을 설명하는 기술적^descriptive 이론과는 달리, 주어진 목표를 가장 잘 달성하기 위해서 어떤 방법을 사용해야 하는지에 관한 지침을 제공한다는 점에서 본질적으로 처방적^prescriptive이다. (그러나 수업 중 행해져야 하는 지극히 세부적인 사항까지 규정하고, 변화를 주는 것을 허용하지 않는다는 의미에서 완전히 처방적이지는 못하다.)

설계 이론은 실천가에게 다른 목적들을 달성하기 위해서 사용될 방법들에 관해 직접적인 지침을 주는 것이 목적이다. 반면에 기술적 이론은 현상으로부터 나온 결과에 관한 심층이해를 제공하는 것이 목적이다. 기술적인 이론 역시 실천가에게 유용하다. 왜냐하면 어떤 설계 이론이 작용하는 이유에 관해 이해하고, 또한 적합한 설계 이론이 없는 상황에서 실천가 자신의 설계 이론을 만들어내도록 도와줄 수 있기 때문이다.

### 2) 방법과 상황의 제공

교수설계 이론은 적어도 두 가지 요소를 요구한다. 인간의 학습과 발달을 촉진하기 위한 방법, 그리고 그 방법을 사용하는 때와 그렇지 않은 때를 구분 짓는 기준(상황)이다. 교수설계 이론의 중요한 특징은 제공하는 방법이 보편적이라기보다는 상황적이라는 점이다. 어떤 교수 상황에서든지 교수가 발생할 수 있는 조건과 교수를 통해 달성 가능한 기대교수결과expected instructional outcomes라는 두 가지의 주된 양상이 있다([그림 4-1] 참조).

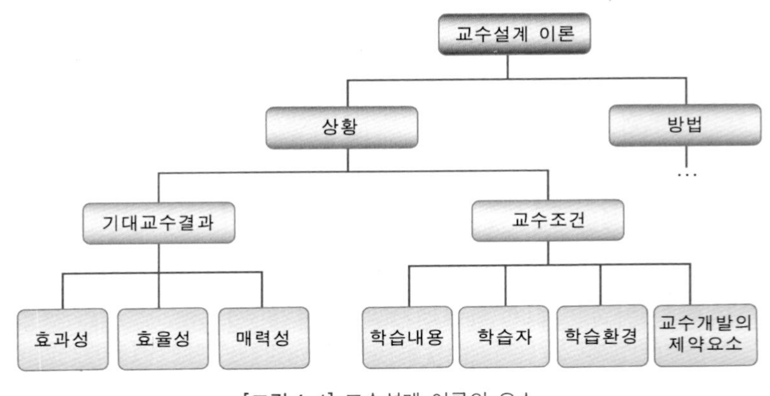


[그림 4-1] 교수설계 이론의 요소

#### ① 교수조건

교수조건은 어떤 방법으로 기대결과에 가장 이상적으로 도달할 수 있는지에 대해 영향을 미칠 수 있다.

- 학습내용의 특성(예: 이해와 기술의 습득은 다르게 학습)
- 학습자의 특성(예: 사전지식, 학습전략, 동기)
- 학습환경의 특성(예: 집에서 혼자, 학교에서 26명의 학생이, 기업에서 소규모 팀이)
- 교수개발 제약요소들의 특성(예: 교수의 계획과 개발에 투입할 수 있는 시간과 재정)

② 기대교수결과

교수의 두 번째 주된 측면은 기대된 교수결과이다. 이것은 학습목표와는 다른 의미로서 기대되는 세부 학습들이 포함되지 않는다. 대신에 기대된 교수결과에는 교수를 통해 원하거나, 필요로 하는 효과성, 효율성, 매력성의 정도가 포함된다.

- 효과성은 교수활동의 질에 관한 문제로서, 학습목표에 도달하는 정도로서 판단한다. '기준'이라는 용어는 효과성을 말하기 위해 종종 사용된다. 예를 들면 직각삼각형에서 $a^2+b^2=c^2$을 사용하여, 10개 실생활의 문제 중 8개를 일정 시간 내에 풀어 보라고 하는 것이다.
- 효율성은 투입시간 대비 교수나 교수의 비용 등을 통해 본 효과성을 말한다. 예를 들면 위에서 언급된 기준에 학생들이 도달하는 데 걸리는 시간을 들 수 있겠다. 즉, 직각삼각형에서 $a^2+b^2=c^2$을 사용하여, 10개의 실생활의 문제 중 8개를 정확히 풀어 보라고 했을 때, 세 시간의 교수학습 시간이 걸렸는지 열 시간이 걸렸는지에 따라 효율성이 다를 것이다.
- 매력성은 학습자가 학습을 즐기는 정도이다. 예를 들면 학습 주제에 대해 추가적인 학습을 받을 수 있는 곳을 학습자들이 물어본다면 그 수업이 매력적이라고 판단할 수 있을 것이다.

보통 세 가지 기대결과(효과성, 효율성, 매력성)는 균형을 이룰 필요가 있다. 교수활동이 더 효과적이길 원한다면, 때로는 더 많은 시간과 비용이 투입되어야 하겠지만 동시에, 효율성은 떨어질 수 있다. 간혹 교수활동이 더 매력성(동기부여)을 갖추길 원한다면, 효율성이 떨어질 수 있다.

### 3) 세분화된 방법들로 구성

모든 교수설계 이론에서 교수방법은 좀 더 세분화된 방법들로 나누어져 교수자들에게 지침을 제공하게 되며, 각 방법이 다른 식으로 실행될 수 있고 그러므로 다른 구성요소들로 이루어져 있다는 점에서 요소적이다. 또한, 어떤 방법이든지 그 방법이 반드시 만족시켜야 하는 준거를 제공할 수 있다. 이 준거들은 일반적인 방법의 부분이나 종류는 아닌데, 가령 문제중심학습에서 시나리오를 설계할 때 '현실성'을 준거로 삼는 것이 그 경우이다.

### 4) 개연적 방법들

교수방법의 또 다른 특성은 개연성이다. 즉, 이들 방법이 기대된 교수와 학습결과를 보장하지는 못한다는 것이다. 단지 기대결과가 나타날 확률을 높이는 것이다. 이것은 교수활동의 방법에 영향을 미치는 요소(상황, 변수)들이 많기 때문이다. 아마도 교수방법을 의도된 상황에 정확히 맞춰서 개발하기란 거의 불가능할 것이다. 하지만 교수설계 이론의 목표는 기대결과(종종 비용효과성도 포함하여) 도달 가능성을 가장 높게 확보하는 것이다.

### 5) 가치기반

목표(설계)지향적이며 목표를 달성하기 위한 방법의 적합성을 강조하는 설계 이론이 던지는 주요한 시사점은 설계 이론에서 가치가 중요한 역할을 한다는 것이다. 설계 이론에 있어서 가치(혹은 철학)는 두 가지 측면에서 특히 중요하다.

먼저, 가치는 추구해야 할 목표를 결정하는 데 중요한 역할을 한다. 교수 상황에서 이해관계에 있는 모든 사람들이 그 가치에 합의할 필요가 있다.

둘째로, 목표가 주어졌을 때 거의 대부분의 경우 목표도달을 위해 하나 이상의 방법이 사용될 수 있다. 어떠한 방법이 최선인지는 방법을 판단하는 기준에 따라 달라질 수 있고, 이러한 기준은 관련자들의 가치를 반영한다.

## 제2절 전통적 교수설계 이론 탐색

### 1. Gagné의 교수설계 이론

Gagné와 Briggs(1979)는 정보처리이론에 기초를 두어 "학습이란 환경으로부터의 자극을 새로운 능력을 획득하는데 필요한 정보처리의 여러 단계들로 변경시키는 일련의 인지 과정이다"라고 하였다(p. 43). 학습이란 새로운 정보가 장기기억에까지 저장될 때 가능하며, 이 장기기억 속에 저장되는 정보는 다양한 형태로 존재한다. Gagné(1972/2000)는 이런 다양한 형태의 학습(학습된 능력, 학습력이란 용어를 사용하고 있음)의 유형을 언어정보, 지적기능, 인지전략, 운동기능, 태도로 분류하였다.

한편 Gagné와 Briggs에 의하면 교수[instruction]란 "학습자의 학습결과에 직접적으로 영향을 미치는 모든 종류의 노력"을 의미하며 그렇기 때문에 학습과 교수는 불가분의 관계를 갖는다. 또한 "교수설계란 단순히 무엇을 가르칠 것인가에 대한 계획이 아니라 학습자가 어떻게 학습하는지에 대한 이해를 기반으로 어떻게 학습의 조건을 충족시킬 것인가에 대한 계획 과정이다"라고

하였다(p. 43). 그들 이론의 핵심은 '학습의 조건이 만족될 때 의도한 결과가 일어날 수 있다'는 것이다. 그리고 교수를 학습의 여러 내적인 단계들을 돕기 위해 설계된 외적인 일련의 활동들이라고 정의하고, 교수의 아홉 가지 활동[events1)]을 교수설계 모형으로서 제안하고 있다.

### 1) 학습의 유형

Gagné는 Bloom(1956)의 인지적, 정의적, 심동적 학습분류 체계를 발전시켜 인간이 학습해야 할 다섯 가지 능력을 언어정보, 지적기능, 인지전략, 운동기능, 그리고 태도로 제시하였다. 이것들은 결국 학습의 결과 혹은 교수목표가 될 것인데 각각의 학습된 능력은 서로 다른 '학습의 조건'을 요구하며 서로 다른 '방법'으로 학습되어지기 때문에, 학습된 능력을 다양한 유형으로 분류하는 것은 교수설계 이론에서 매우 중요하다.

〈표 4-1〉 학습의 다섯 가지 유형

| Bloom의 교육목표 | 학습유형 | | 수행 |
|---|---|---|---|
| 인지적 영역 | ① 언어 정보 (verbal information) | | • 특정 사실, 명칭, 정보에 대한 지식<br>• '지적기능' 유형의 학습을 하는 데 기초<br>예) 특정 국가의 수도 이름 기억 |
| | ② 지적기능 (intellectual skills) | | • 학습자가 사실, 명칭, 정보를 실제로 사용하고 적용할 수 있도록 하는 것<br>예) 삼각형의 넓이 내는 공식을 적용해서 실제로 삼각형의 넓이를 구할 수 있는 능력 |
| | | 변별 | • 두 가지 사물이 같은지 다른지를 구분 |
| | | 구체적 개념 | • 이름이나 독특한 속성에 따라 사물을 분류 |
| | | 정의된 개념 | • 구성 개념들을 기억 |
| | | 법칙(원리) | • 두 개 이상의 개념을 포함하고 있는 절차적 조작을 실제로 시범해 보이는 기능 |
| | | 고도의 법칙 (문제해결) | • 결론에 도달하기 위하여 두 개 이상의 원리를 결합하여 활용하는 능력 |

1) events of instruction을 통상 '교수사태'로 번역하고 있으나, 사태가 갖는 부정적인 어감을 고려해서 교수활동으로 번역한다 (강명희 외, 2017).

| | | |
|---|---|---|
| | ③ 인지 전략 (cognitive strategy) | • 학습과정, 사고과정 및 학습행동을 규제 관리하는 학습자 내부의 조직전략<br>• 한 단위의 수업에서 학습되기 어려우며 오랜 기간에 걸쳐 습득 |
| 심동적 영역 | ④ 운동 기능 (motor skills) | • 명확하고 세부적으로 제시된 행동을 신체적으로 실행<br>예) 자전거 타는 법 |
| 정의적 영역 | ⑤ 태도 (attitudes) | • 개인이 어떤 사람, 사물 또는 상황에 대하여 긍정적 또는 부정적인 성향을 나타내는 것<br>예) 자기존중의 태도, 타인에 대한 존중심 |

### 2) 학습의 조건

Gagné는 앞서 소개한 다양한 유형의 학습결과를 성취하기 위해서는 각기 다른 학습 조건이 제공되어야 한다고 하였다. 그가 제시한 학습의 조건은 크게 '내재적' 조건과 '외재적' 조건으로 구분된다.[2] 쉽게 말하자면 내재적 조건은 학습자가 수업에 들어오기 전에 이미 갖추고 있는 '선수학습능력'이나 학습을 하는 과정에서 학습자 내부에서 일어나는 일련의 정보처리과정이라 할 수 있다.

#### 학습의 내재적 조건

학습의 내재적 조건은 학습자의 '선수학습능력'과 학습자 내부의 '인지과정'의 측면을 의미하며, 다음에 이어질 학습에 필수적이거나 보조적인 역할을 하게 된다.

##### ① 선수학습능력

선수학습능력은 학습이 성공적으로 일어나기 위하여 필요한 것이다. 예를 들어 '구체적인 개념' 학습을 위해서는 관련된 학습 대상의 '분류'에 대해 기억

2) Gagné가 말한 학습의 '내재적 조건'은 위의 두 번째 항목(학습자의 특성)에 포함되어 있으므로, 교수조건에 해당한다. 그러나 Gagné가 소개하고 있는 개념인 학습의 '외재적 조건'은 (Reigeluth가 분류한 개념의 틀에 따르면) 교수조건이 아니라 교수방법에 해당한다.

해내야 할 수도 있다. '언어정보' 학습은 학습자가 새로운 정보와 관련되어 있는 '맥락'을 회상할 수 있을 때 촉진되며, '인지전략' 학습은 사전에 학습한 지적기능 (예를 들면 관련된 '법칙'과 '개념'들을 기억하기)에 기초를 두고 있다. 이들은 대부분 필수적인 선수학습능력이다. 보조적 선수학습능력이란 예를 들면 학습에 대한 자신감 같은 것을 말한다.

### ② 인지 과정

Gagné는 학습의 인지 과정을 〈표 4-2〉와 같이 아홉 가지 단계로 설명하고 있다. 학습자의 내적인 인지 과정은 그 기능에 따라 첫째는 학습준비, 둘째는 기술·정보 획득, 셋째는 학습의 전이이다.

〈표 4-2〉 학습의 내재적 과정

| 단계 | | 학습의 내재적 과정 |
|---|---|---|
| 학습 준비 | • 학습자가 새로운 학습과제를 수행하기 위해 준비하는 단계 | ① 학습자가 자극을 수용할 수 있도록 주의(민감화)<br>② 학습결과에 대한 기대감 형성<br>③ 장기기억 항목들을 활동기억 상태로 재생(회상) |
| 정보 획득 | • 학습과정의 중심이 되는 부분으로 많은 시간과 노력을 필요 | ④ 학습하게 되는 자극들의 선택적 지각<br>⑤ 의미 있는 정보의 저장<br>⑥ 학습결과를 나타내기 위한 재생과 반응<br>⑦ 학습결과에 대한 확신감을 주기 위한 강화 |
| 학습 전이 | • 학습자가 새로 학습한 정보나 지식을 다양한 상황에 적용하고 일반화 | ⑧ 자극에 의한 재생<br>⑨ 새로운 상황에 행동을 일반화 |

## 학습의 외재적 조건

학습의 내재적 조건이 학습의 각 유형에 따라 다르듯이 학습의 외재적 조건도 학습의 유형에 따라 다르다. 학습이 일어나기 위해 필요한 대표적인 외재적 조건은 학습의 유형에 따라 〈표 4-3〉과 같다.

〈표 4-3〉 학습의 유형에 따른 외재적 조건

| 학습유형 | | 외재적 조건 |
|---|---|---|
| ① 언어 정보 | | • 학습자에게 의미 있는 맥락에서 정보를 제시 |
| ② 지적 기능 | 변별 | • 동일한 정보와 상이한 정보를 제시하는 상황을 반복하여 피드백 제공, 분류의 특징에 강조를 둠 |
| | 구체적 개념 | • 사례[example]와 비사례[non-example]를 올바르게 구별하여 보는 연습의 기회를 제공, 개념의 구성요소를 제시하거나 개념의 정의를 언어로 표현할 기회를 줌 |
| | 정의된 개념 | |
| | 법칙(원리) | • 학습자가 법칙을 적용해보도록 함 |
| | 고도의 법칙(문제해결) | • 새로운 문제를 제시함, 문제해결을 위한 새로운 법칙을 제시 |
| ③ 인지전략 | | • 주어진 문제에 대한 새로운 해결책을 창안해 낼 수 있도록 여러 차례의 연습을 해 볼 기회를 제공 |
| ④ 운동기능 | | • 해당 운동기능을 연습해 볼 수 있어야 하고 수행의 정확성에 대해 즉각적인 피드백을 제공받는 것이 중요 |
| ⑤ 태도 | | • 직접적 혹은 간접적 경험의 기회가 주어져야 하고 학습자의 선택에 따른 강화가 제시되어야 함 |

### 3) 교수설계의 원리

Gagné와 Briggs의 교수설계 이론은 학습의 다섯 가지 유형과 학습의 내·외적 조건에 관한 학습 이론에 기초를 두고 효과적, 효율적 학습을 위한 구체적 전략을 제시하고 있다. 이들의 교수설계원리를 교수내용의 선택, 교수내용의 계열화, 그리고 수업의 설계를 제안하고 있는 교수활동에 관하여 소개하면 다음과 같다.

#### 교수내용의 선택

어떤 내용을 선택하여 가르칠 것인지 결정할 때에 고려해야 할 것은 선수학습능력과 교수목표이다.

① 선수학습능력

학습자의 선수학습능력 정도는 가르칠 교수내용의 선택에 많은 영향을 미치며, 필수적 요소와 보조적 요소의 두 유형이 있다. 첫째, 필수 선수학습요소는 학습자가 학습목표에 도달하려면 미리 학습해두어야만 하는 하위 기능을 말한다. 둘째, 보조 선수학습요소는 학습을 촉진시키는데 유용하기는 하나 필수적인 것은 아니다. 이 요소가 있다면 학습자가 더 쉽고 빠르게 학습할 수 있게 되는데 학습자가 느끼는 교과목에 대한 자신감과 같은 긍정적 태도를 예로 들 수 있다.

② 교수목표의 설정

교수목표는 무엇을 가르칠 것인가를 구체적으로 제시하는 역할을 하는데, 교수목표를 명확하고 객관적으로 관찰될 수 있는 수행용어로 진술할 때 활용가치가 높고 의사소통도 용이하다.

- 교수목적instructional goals의 설정: 교수의 '목적'은 학습자가 한 차시나 과를 끝마쳤을 때 어떤 능력을 가지게 될 것인지를 진술한 것으로서 수업 중에 행할 구체적 활동들은 포함되지 않는다. 교수목적은 목표보다 일반적인 표현으로 진술된다.
- 교수목표instructional objective의 진술: 교수목적의 추상성에 비해 교수 목표는 명확하고 구체적인 수행적 용어로 기술하여 교수의 내용과 결과를 분명히 전달할 수 있어야 한다. 명확히 진술된 목표는 의사소통을 용이하게 할 뿐만 아니라 교수내용과 교수전략을 선택하고 학습결과를 정확하게 평가할 수 있도록 해준다.

Gagné와 Briggs는 학습될 능력을 나타내는 동사가 목표설정에 중요하다고 주장하고 학습의 다섯 가지 범주에 맞추어 적절한 동사들을 예를 들어 소개하고 있다.(〈표 4-4〉 참조)

〈표 4-4〉 학습능력과 적절한 동사와 목표진술의 예

| 능력 | | 동사 | 예 |
|---|---|---|---|
| ① 언어 정보 | | 진술하다, 나열하다, 말한다[states] | 1932년 대통령 선거운동에서 주요한 논쟁점을 구두로 진술한다. |
| ② 지적 기술 | 변별 | 식별하다, 구분하다[discriminates] | 불어의 발음 'u'와 'ou'를 대비함으로써 식별한다. |
| | 구체적 개념 | 파악한다[identifies] | 대표적인 식물의 뿌리, 잎, 줄기를 이름 붙임으로써 파악한다. |
| | 정의된 개념 | 분류한다[classifies], 정의를 내리다 | 정의를 사용함으로써 '가족'의 개념을 분류한다. |
| | 법칙(원리) | 증명하다[demonstrates], 문제를 풀다 | 구두로 진술된 예를 풀이함으로써 양수·음수의 덧셈을 증명한다. |
| | 고도의 법칙(문제해결) | 생성하다[generates] | 적용법칙들을 통합함으로써 공포의 상황에서 인간의 행동을 나타내는 문장을 생성한다. |
| ③ 인지적 전략 | | 창조하다[originates] | 온실가스 확산의 모델을 적용함으로써 대기오염을 줄이는 해결책을 구안한다. |
| ④ 운동 기술 | | 실행하다[executes] | 차를 차도로 우회전 진입하는 운전 기술을 실행한다. |
| ⑤ 태도 | | 선택한다[chooses] | 여가활동으로서 테니스를 선택한다. |

### 교수내용의 계열화

Gagné와 Briggs의 교수설계 이론은 무엇을 가르칠 것인가 뿐만 아니라 어떤 순서로 가르칠 것인가? 즉, 교수의 계열화에 관해 철저한 학습의 위계를 제시함으로써 그 지침을 제공하였다. 교수 계열화에 대하여 학습내용의 단위 크기에 따른 수준별 계열화와 학습의 위계에 따른 계열화 측면에서 설명하고 있다.

#### ① 수준별 계열화

계열화의 첫 번째 단계는 개별 교과나 교과과정을 단위로 하며, 두 번째는 단원 수준으로, 세 번째는 차시 수준에서, 네 번째는 하나의 학습능력을 단위로 교수를 계열화하는 것이다.

첫 번째 수준의 개별 교과나 교과과정 계열화에서는 단원 학습에 필요한 선행조건으로서의 지적기능과 언어정보는 미리 학습되도록 하고, 점차 고차원적인 내용을 다루는 단원이 학습되도록 제시한다. 일단 교과의 목적, 목표를 파악한 후 그에 따른 교과별 단원들을 확인하며 단원별 목적 및 목표들이 구체화되고 계열화된다. 두 번째 수준에서는 단원의 목표들을 구체적인 성취행동목표로 진술하게 되는데 이 목표는 교수의 결과이면서 과제분석에 적절한 수준의 것이어야 한다. 세 번째 수준은 각 단원별로 필요한 차시 수업을 설계하며 하나의 레슨 속에는 하나의 학습능력을 가르치도록 설계한다. 그리고 마지막으로 하나의 학습능력을 단위로 그 안에 교수를 계열화한다.

### ② 학습의 위계

Gagné와 Briggs에 의하면 학습 위계의 구성은 위계적인 본성을 가지고 있는 지적기능(변별, 개념, 법칙, 문제해결) 영역에서만 가능하다. 따라서 학습의 위계적 분석은 지적기능을 기초로 하여 수행되는데, 지적기능 영역의 학습은 선수학습요소들과 그들 간의 상호관계가 위계적으로 도식화될 수 있다. [그림 4-2]가 예시로서 이 그림에서 맨 위에 최종적으로 성취해야 할 기능이 위치하게 되고 그 아래에 필수적인 선수학습능력들이 모두 차례로 제시되게 된다.

지적기능의 학습위계는 학습자가 선수학습능력들을 완전히 습득하지 못하였을 경우에는 선수학습능력들을 먼저 학습해야 함을 강조하고 있다.

이 학습위계의 구조도는 교수목표를 분석해내는 과제분석 과정에서 실제로 많이 활용되고 있다. 대부분 교수 계열화를 결정할 때 아래쪽에 위치한 선수학습능력이나 하위학습능력을 먼저 학습하고 점차 고차의 상위기능을 학습하도록 하는 학습 계열화가 일반적이다. 학습의 위계는 최근 들어 관심이 높아지고 있는 개별화 수업과 완전학습 설계를 위한 필수적인 요소이다.

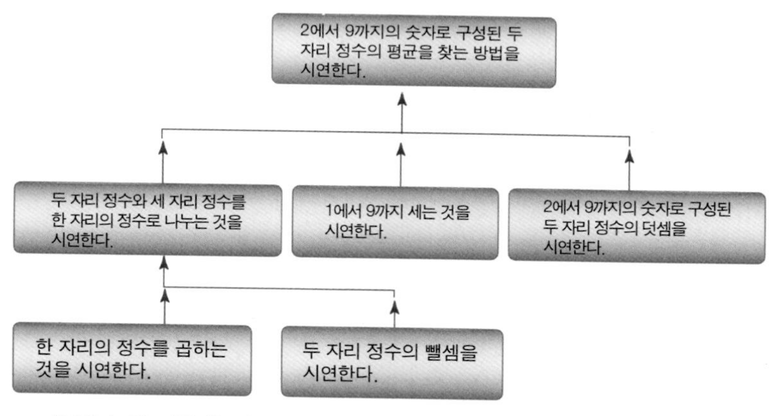


[그림 4-2] 지적기능에 대한 부분적 학습위계의 예(Gagné & Briggs, 1979)

## 교수활동

교수설계는 결정된 교수목적과 목표를 효과적으로 성취시키기 위한 교수-학습방법을 구안하는 것이 주된 역할이다. Gagné-Briggs는 체제적 설계의 관점에서 학습자의 내재적 인지 과정에 맞추어 아홉 가지의 외재적 교수활동을 계열화하여 제시하고 있다. 이들 아홉 단계의 교수활동events of instruction은 단위수업안을 설계하는 데 구체적이고 유용한 모형이다.

Gagné-Briggs가 제시하고 있는 내재적 학습과정과 각 학습과정이 효과적으로 일어나도록 도와주는 외재적 교수활동은 〈표 4-5〉와 같다. 교수활동은 '단위수업의 전개 절차'를 말하는 것으로 Gagné-Brigs(1979)는 아홉 단계의 교수활동을 수업전개의 필수조건으로 제안하고 있다. 결국 학습결과는 학습자의 지적 사고과정을 촉진시키기 위한 교수활동들을 어떻게 조직해 주느냐에 따라서 달라진다는 것이다. 아홉 단계의 교수활동을 구체적으로 살펴보면 다음과 같다.

〈표 4-5〉 내재적 학습과정에 따른 외적 교수활동의 설계절차

| 단계 | 내재적 학습과정 | 외재적 교수활동 |
|---|---|---|
| 학습 준비 | ① 학습자가 자극을 수용할 수 있도록 주의(민감화)<br>② 학습결과에 대한 기대감 형성<br>③ 장기기억 항목들을 활동기억 상태로 재생(회상) | 1단계: 학습자의 주의획득<br>2단계: 학습자에게 목표제시<br>3단계: 선수학습요소의 회상 |
| 기술정보 획득 | ④ 학습하게 되는 자극들의 선택적 지각<br>⑤ 의미 있는 정보의 저장<br>⑥ 학습결과를 나타내기 위한 재생과 반응<br>⑦ 학습결과에 대한 확신감을 주기 위한 강화 | 4단계: 자극자료의 제시<br>5단계: 학습안내를 제공<br>6단계: 수행행동을 유도<br>7단계: 수행행동에 대한 피드백 제공 |
| 학습 전이 | ⑧ 자극에 의한 재생<br>⑨ 새로운 상황에 행동을 일반화 | 8단계: 수행평가<br>9단계: 파지 및 전이를 높이기 |

① 학습자의 주의를 획득하기

모든 학습활동의 출발점에서는 첫 번째로 신경 써야 할 것이 앞으로 진행될 다른 교수활동이 적절하게 일어날 수 있도록 학습자의 주의를 얻는 것이다. 학습자의 주의를 끄는 가장 좋은 방법은 학습자의 흥미나 호기심을 유발하는 일이다. 이것은 자극의 형태와 제시방법을 바꿈으로써 가능한데 예를 들면 동기유발 신체움직임, 음성의 변화나 시각적 매체사용 등을 통해서 가능하다.

② 학습자에게 목표 제시하기

학습자는 학습의 과정에서 자신에게 기대되는 것이 무엇인지를 알아야 한다. 학습자에게 목표를 분명히 인식시켜 주는 것은 학습자에게 학습의욕을 유발시켜 주고, 학습자 스스로 기대하는 성취 수준을 향하여 목표 성취를 위한 계획 수립을 가능하게 하여 준다. 그러나 단순히 학습목표를 학습자에게 제시하는 것만으로는 부족하고, 그 학습목표가 왜 중요한지를 설명해 주어야 한다. 학습목표는 학습의 방향을 제시해 줄 뿐만 아니라 평가의 기준으로 활용된다.

### ③ 선수학습요소의 회상을 자극하기

이 단계는 이미 학습한 지식이나 기능 중에서 새로운 목표를 학습하는 데 도움이 되거나 필요한 사항을 회상해 내도록 자극하는 단계이다. 여기서 선수학습요소란 설정된 교수목표를 달성하기 위해서 학습위계상 학습자가 사전에 가지고 있어야만 되는 지식이나 기능을 뜻한다. 선수학습내용을 적절하게 재생하고 상기하도록 하는 외적자극은 새로운 학습을 촉진시켜 주게 된다.

### ④ 자극자료를 제시하기

실제로 본 학습이 시작되는 첫 단계로서 '자극자료'란 교수목표와 관련된 교과학습내용 및 교과학습을 보조해 주는 정보나 자료를 말한다. 교과학습내용을 제시할 때 고려해야 할 점은 학습자의 정보처리능력, 과제의 양, 과제의 난이도 등이다. 또한 학습자의 선택적 지각이라는 내적 인지 과정을 돕기 위하여 자극자료가 다른 것들과 분명하게 구분되는 특징을 가지고 있어야 하며 이때 메시지 디자인의 원리를 효과적으로 사용해야 한다.

### ⑤ 학습안내를 제공하기

네 번째 활동인 자극자료를 제시하기에서 주어진 학습의 자극을 학습자에게 보다 의미 있게 만들려고 노력하는 단계가 학습안내 제공 활동이다. 학습안내를 제공할 때는 학습자의 인지구조 또는 정보처리유형에 따라 학습자의 사고와 탐구를 자극하기 위한 질문, 단서나 암시, 시범 등이 다음 단계인 수행행동으로 연결될 수 있도록 제공되어야 한다.

### ⑥ 수행행동을 유도하기

학습자들이 학습한 내용을 바탕으로 학습목표에 도달할 수 있도록 연습의 기회를 제공하는 단계이다. 학습목표를 성공적으로 달성하려면 학습자가 해당되는 행동을 수행하는 것이 필요하다. 여기서는 학습자가 명확하게 행위를 수행하도록 하는 것이 중요하다.

### ⑦ 수행행동에 대한 피드백 제공하기

이 교수활동에서는 학습자의 수행행동에 대하여 적절한 피드백을 주는 단계이다. 요구된 수행에 대한 반응의 정확성 여부와 정도에 관한 피드백이 뒤따를 때 성취행동은 강화된다. 교수의 과정에서는 학습내용과 관련하여 정답 여부 피드백, 설명적 피드백, 교정적 피드백 등을 제공할 수 있으며, 이 피드백은 학습자가 수행을 교정할 수 있도록 하여야 한다.

### ⑧ 수행을 평가하기

학습자들이 수업을 통하여 설정한 학습목표를 달성하였는지를 확인하는 단계이다. 교수자는 학습자에게 이전 단계에서 수행행동을 연습하고, 피드백을 통해 수행을 교정할 기회를 제공한 후 학습자들을 평가해야 한다.

### ⑨ 파지 및 전이를 높이기

교수활동은 수행평가가 끝이 아니라 학습자가 학습한 내용을 오랫동안 기억하고 학습한 내용을 다른 상황에 적용할 수 있도록 파지와 전이를 높여주어야 한다. 파지와 전이를 높이기 위해서는 학습자가 잘못 반응한 과제나 문항을 다시 해결해 보도록 하거나 복습을 시키거나 학습한 개념이나 원리를 검토해 보도록 예시자료를 제공해 주거나 문제해결 상황을 제공해 주는 방법 등을 사용할 수 있다.

이상에서 살펴본 아홉 가지의 교수활동은 모든 수업의 과정에서 반드시 포함시켜야만 되는 것은 아니다. 즉 학습자의 특성이나 학습과제 혹은 수업맥락에 따라서 일부의 교수활동을 생략할 수도 있으나, 내재적 학습과정을 고려했을 때 순서가 바뀌는 것은 바람직하지 않다.

## 2. Merrill의 교수의 으뜸원리

Merrill(2013)은 많은 교수 이론과 모형들을 검토해서 일련의 처방적 교수설계 원리들을 요약하였는데, 그 원리들은 가장 효과적인 학습 산출물과 환경은 문제 중심이어야 하고, 학습자는 뚜렷하게 구분되는 학습의 네 단계, 즉 ① 사전 경험의 활성화, ② 스킬의 시연, ③ 스킬의 적용 그리고 ④ 실제 활동에서 이들 스킬을 통합하는 과정에 참여하여야 한다는 것이다.

Merrill은 이러한 원리들을 교수의 으뜸원리first principles of instruction라 하고, 이 교수의 으뜸원리를 설명하고 관련짓기 위한 개념적 프레임워크로 [그림 4-3]을 제시했다. 이 프레임워크는 시계방향으로 교수의 네 단계 순환 과정—활성화, 시연, 적용, 통합—을 제시하고 있다. 문제[3] 중심 원리는 교수의 순환 과정이 실제 세상의 문제들을 해결하기 위한 학습 맥락이나 실제 세상의 과제를 수행하는 데 있어 가장 효과적이라는 것을 시사하고 있다.

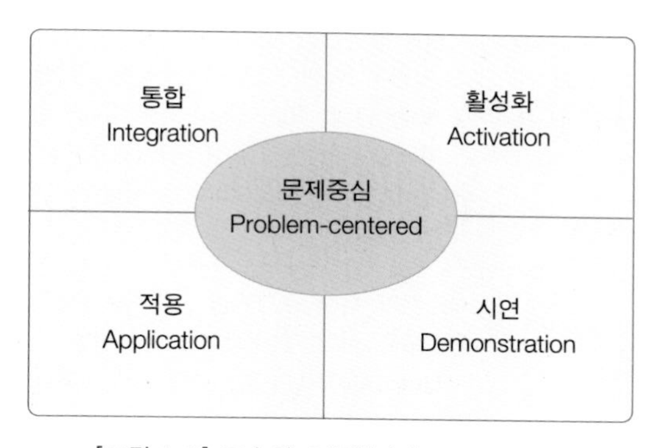


[그림 4-3] 교수의 으뜸원리 (Merrill, 2013)

Merrill이 제시한 교수의 으뜸원리와 각각의 교수활동은 〈표 4-6〉에 요약하여 제시하였다.

3) 문제problem와 과제task 사이에 차이가 있으나, 이 이론에서 Merrill은 문제라는 용어를 해결되어야 할 복잡한 문제와 수행되어야 할 복잡한 과제 두 가지 모두를 지칭하는 데 사용하고 있다.

〈표 4－6〉 교수의 으뜸원리와 교수활동

| | 원리 | 교수활동 |
|---|---|---|
| 문제 중심 | 학습은 학습자가 실제 세상 문제에 대한 맥락 속에서 스킬을 습득할 때 촉진된다. | 문제 중심 접근은 학습자에게 전반적으로 복잡한 특정 문제를 제시하는 것, 성공적인 문제해결에 대한 시연, 문제에서 요구되는 각각의 구성요소 스킬과 관련된 정보의 시연과 적용을 추가하여 제공하는 것, 그리고 학습자에게 이러한 구성요소 스킬이 어떻게 문제에 적용되는가를 보여 주는 것 등을 포함한다. |
| 활성화 | 학습은 학습자가 새로운 지식의 기초가 되는 기존 지식과 스킬을 활성화할 때 촉진된다. | 활성화란 단지 학습자가 사전 경험을 회상하도록 돕거나 적절한 경험을 제공하는 것 이상으로, 멘탈모형[4]들을 자극하고, 학습자가 자신의 기존 지식에 새로운 지식을 통합할 수 있도록 멘탈모형을 변형할 수 있도록 하는 것이다. |
| 시연 | 학습은 학습자가 배워야 할 스킬에 대한 시연을 관찰하였을 때 촉진된다. | 시연이란 어떻게 정보가 특정 상황에 적용되는가를 보여 주는 것으로, 즉 문제 전체 혹은 부분에 대한 하나 혹은 다수의 예제 시범을 일컫는다.<br>① 일관성: 촉진하고자 하는 스킬의 유형과 일관되어야 한다<br>② 학습 안내: 학습자에게 정보를 처리하는 것과 특정 상황에서 이루어진 시연의 중요 요소에 주의를 기울이도록 한다<br>③ 멀티미디어: 멀티미디어는 처방된 교수활동을 적절히 실행해야 한다. |
| 적용 | 학습은 학습자가 문제를 해결하기 위해서 새로 습득한 스킬을 적용하였을 때 촉진된다. | 학습자가 특정 문제들을 해결하는 데 학습한 지식과 스킬을 사용하도록 한다. 학습자가 도전의식을 느끼게 하되 지나치게 도전적이어서 학생의 멘탈모형으로는 문제를 해결할 수 없을 정도가 아닌 새로운 적용 문제를 제시해야 한다<br>① 일관성: 학습은 습득하여야 할 스킬 유형과 일치하여 이에 대한 적용이 이루어졌을 때 촉진된다.<br>② 피드백: 피드백을 제공하여 수행을 개선하여야 한다.<br>③ 코칭: 코칭은 학습자가 적용 과정에서 적절한 정보를 선택하는 것과 학습자가 문제를 해결하기 위해 사용해야 할 사전 지식을 회상하게 하는 것, 문제를 해결하는 데 도움을 주는 멘탈 프레임워크를 사용하는 것 등을 지원할 수 있다. |
| 통합 | 학습은 학습자가 자신이 새로 습득한 스킬에 대해 성찰하고, 토론하고, 옹호할 때 촉진된다. | 새로운 아이디어에 대한 성찰, 토론 그리고 옹호는 어떤 면에서 학습자가 이러한 스킬을 유지하고 향후 이를 적용하는 것이 용이한 상황에서 새로운 스킬을 통합하도록 돕는다.<br>① 동료 간 협력과 동료 간 비평: 학습자로 하여금 자신이 습득한 것을 동료와 공유하고 옹호하도록 요구한다. |

4) 멘탈모형은 실제 세상의 어떤 현상과 이것이 어떻게 작동할 것인가에 대한 내적 표상이다 (Mayer, 1992)

## 3. Keller의 ARCS 이론

Keller(1983)의 ARCS 이론은 특정 단위 교수학습 과정에서 고려하여야 할 활동과 자료를 구체적으로 처방하는 미시적 교수설계 이론이다. 동기에 관한 각종 이론 및 연구를 종합하여 체계화시킨 이론으로서 교수-학습 상황에서 학습동기를 유발시키고 유지시키기 위한 동기 설계의 전략을 제공하였다.

이 ARCS 이론은 학습동기를 유발시키고 유지시키기 위하여 가장 중요한 변인들, 즉, 주의attention를 집중시키고, 학습자의 장·단기의 홍미와 학습할 내용의 관련성relevance을 확인시키고, 학습자에게 새로운 학습에 대한 자신감confidence을 갖도록 하며, 학습과제를 성공적으로 수행한 결과에 따라 만족감satisfaction을 갖도록 해주는 등 네 영역의 전략요소를 포함한다. 이 네 영역의 전략은 세 가지 하위 범주로 세분화하였고 동기 요소들을 유발하고 유지시키는 데 필요한 전략과 기법을 소개하고 있다.

### 1) 주의(A)

학습이 발생하려면 우선 학습자가 학습해야 할 내용에 주의를 기울여야 한다. 따라서 교수-학습 상황에서 학생이 주의를 집중하도록 하는 것은 교수자가 해야 될 첫 번째 일이다.

학생이 주의를 기울이도록 하는 최선의 방법은 학습내용(자극)을 적절히 변화시켜 주는 것이다. 주의력을 유발·유지시켜 주는 일은 학습자의 호기심을 환기시키는 것이라고 말할 수 있으며, 호기심의 유발은 수업활동의 구성과 전개에 있어서 필요조건이다. 학습자의 주의를 끌고 유지하기 위한 하위 전략은 다음과 같다.

- 지각적 주의환기: 학습자가 예상하지 않았던 자극 혹은 개념적 갈등을 제시하여 호기심과 주의력을 높임

• 탐구적 주의환기: 학습자를 보다 탐구적인 과정에 몰입하게 함으로써 더욱 심화된 수준의 호기심을 유발하고 유지
• 다양성: 교수의 요소들을 변화시킴으로써 학습자의 흥미를 유지

### 2) 관련성(R)

관련성이란 학습과제와 학습활동이 학습자의 다양한 흥미에 부합되면서도 학습자에게 의미가 있고 가치가 있음을 뜻한다. 일단 학습자의 주의력이 유발된 후에는 개인적 필요성이 지각되어야만 학습동기는 계속적으로 유지될 것이다. 관련성에는 결과와 과정의 두 가지 측면이 있다. 결과의 측면은 교수의 내용이 학습자 자신의 장래에 어떤 중요한 목적을 달성하는데 도움이 된다고 인지할 때 높은 학습동기를 유지하게 될 것이라는 주장이다. 한편, 과정측면은 학습자의 필요충족을 추구하는 교수방법에서 찾아볼 수 있는 것으로 학습의 과정이 성취 욕구를 충족시켜 준다면 학습동기가 높아질 것이다. 관련성을 높이는 하위 전략은 다음과 같다.

• 친밀성: 학습자가 이미 알고 있거나 가지고 있는 지식, 정보, 기술, 가치 및 경험에 기반을 두고 새로운 과제를 제시
• 목적 지향성: 학습목표가 학습자 자신의 미래에 중요성이나 실용성이 있다고 인식되도록 하여야 함
• 필요나 동기와의 부합성: 학습자의 필요나 동기와 부합되는 교수방법으로 학습의 관련성을 높일 수 있음

### 3) 자신감(C)

학습동기는 학습자가 학습과제를 성공적으로 마칠 수 있을 것이라는 신념을 갖게 될 때 유발된다. 즉, 학습에 대한 자신감 요인이다. 학습자에게 적정 수준의 도전감을 주면서 노력에 따라 성공할 수 있다는 자신감을 심어 주는

것이 높은 동기유발 및 유지의 요소가 된다. Keller는 성공에 대한 기대감을 높일 수 있는 하위 전략을 다음과 같이 제시하였다.

- 학습의 필요조건 제시: 학습자에게 수행의 필요조건과 평가기준을 제시하여 학습자가 학습과제를 성공적으로 수행해 나갈 수 있는 자신감을 형성
- 성공의 기회 제공: 학습자가 재미도 느끼고 너무 어려워 성공의 기회가 전혀 없다고 느끼지 않는 수준의 적절한 도전감을 제공
- 개인적 조절감 증대: 학습자에게 학습활동을 적절히 통제할 수 있도록 기회를 줄 때 학습에 대한 자신감은 증가되고 유지

### 4) 만족감(S)

학습자의 노력의 결과가 자신의 기대와 일치하고 자신이 그 결과에 만족한다면 학습동기는 계속 유지될 것이며, 학업수행에도 긍정적 영향을 미친다. 학습행위에서의 만족감은 학습자의 자신감, 주의집중, 장기목표와 학습활동과의 관련성 파악 등의 자기관리 기능 및 인지전략을 개발시켜 준다.

- 자연적 결과 강조: 학습자의 내적 동기를 유지시키려는 것으로 수업의 끝에 습득된 지식을 적용해 볼 수 있는 상황을 제공
- 긍정적 결과 강조: 학습자의 성공적인 학습결과에 대하여 긍정적 피드백이나 보상을 줌으로써 만족감을 느끼고 바람직한 행동을 유지하도록 함
- 공정성 강조: 학습자의 학업수행에 대한 판단을 공정하게 함과 동시에 성공에 대한 보상이나 강화가 기대한 대로 주어져야 함.

다음 〈표 4-7〉은 지금까지 살펴본 Keller의 ARCS 이론에서 네 가지 동기요소와 각 요소 내의 하위 전략들을 요약하여 제시한 것이다(Keller & Suzuki, 1988).

〈표 4-7〉 동기요소와 하위전략(Keller & Suzuki, 1988)

| 요소 | 전략 | 방법 |
|---|---|---|
| 주의환기 및 집중 | A1 지각적 주의환기 전략 | ① 시청각효과의 활용<br>② 비일상적인 내용이나 사건 제시<br>③ 주의분산의 자극 지양 |
| | A2 탐구적 주의환기 전략 | ① 능동적 반응유도<br>② 문제해결활동의 구상 장려<br>③ 신비감의 제공 |
| | A3 다양성 전략 | ① 간결하고 다양한 교수형태 사용<br>② 일방적 교수와 상호작용적 교수의 혼합<br>③ 교수자료의 변화추구<br>④ 목표-내용-방법의 기능적 통합 |
| 관련성 | R1 친밀성 전략 | ① 친밀한 인물 혹은 사건 활용<br>② 구체적이고 친숙한 그림 활용<br>③ 친밀한 예문 및 배경지식 활용 |
| | R2 목적지향성 전략 | ① 실용성에 중점을 둔 목표 제시<br>② 목적지향적인 학습형태 활용<br>③ 목적의 선택가능성 부여 |
| | R3 필요나 동기와의 부합성 강조 전략 | ① 다양한 수준의 목적 제시<br>② 학업성취 여부의 기록체제 활용<br>③ 비경쟁적 학습상황의 선택가능<br>④ 협동적 상호학습상황 제시 |
| 자신감 | C1 학습의 필요조건 제시 전략 | ① 수업의 목표와 구조 제시<br>② 평가기준 및 피드백 제시<br>③ 선수학습능력의 판단<br>④ 시험의 조건 확인 |
| | C2 성공의 기회 제시 전략 | ① 쉬운 것에서 어려운 것으로 과제 제시<br>② 적정수준의 난이도 유지<br>③ 다양한 수준의 시작점 제공<br>④ 무작위의 다양한 사건 제시<br>⑤ 다양한 수준의 난이도 제공 |
| | C3 개인적 조절감 증대 전략 | ① 학습의 끝을 조절할 수 있는 기회 제시<br>② 학습속도의 조절 가능<br>③ 원하는 부분으로 재빠른 회귀가능<br>④ 선택가능하고 다양한 과제와 난이도 제공<br>⑤ 노력이나 능력에 성공귀착 |
| 만족감 | S1 자연적 결과 강조 전략 | ① 연습문제를 통한 적용 기회제공<br>② 후속학습상황을 통한 적용 기회제공<br>③ 모의상황을 통한 적용 기회제공 |

| 요소 | 전략 | 방법 |
|---|---|---|
| 만족감 | S2 긍정적 결과 강조 전략 | ① 적절한 강화스케줄 활용<br>② 의미 있는 강화 제공<br>③ 정답을 위한 보상강조<br>④ 사려 깊은 외적보상<br>⑤ 선택적 보상체제 활용 |
| | S3 공정성 강조 전략 | ① 교수목표와 내용의 일관성 유지<br>② 연습과 시험내용의 일치 |

## 탐구문제

1. 교수란 무엇이며 교수설계란 무엇인지 설명하시오. 이때 교수설계 이론들이 공통적으로 가지고 있는 특징을 포함하여 정리하시오.

2. 기술적 이론과 설계지향 이론의 예를 각각 한 가지 찾아 제시하고 이 두 이론의 특징을 비교 분석하시오.

3. 교수설계 이론이 목표(설계) 지향적이며 목표를 달성하기 위한 방법의 적합성을 강조하고 있기 때문에 가치 지향적이라고 한다. 가치 지향적인 교수설계의 특징 때문에 경험할 수 있는 사례를 주위의 교수설계 전문가와 면담하여 찾아보시오.

4. Gagné의 아홉 가지 수업활동과 Merrill의 교수의 으뜸원리를 유사점과 차이점 중심으로 분석해보시오. (표나 그림으로 표현해보는 것도 좋을 것임)

5. 교수설계물(수업설계물) 사례를 선정하여 Gagné의 아홉 가지 수업활동과 Keller의 ARCS 이론의 요소를 분석해 내고, 이 두 교수설계 이론이 균형있게 반영되었는지 여부를 평가하시오.

# 역량중심 교육 패러다임과 과정중심 평가

'제4차 산업혁명시대'로 대변되는 미래사회와 교육환경의 변화에 대비하기 위해 세계적으로 당면한 교육 문제를 극복하고 미래 인재를 양성하기 위한 노력이 활발히 이루어지고 있다. 이 장에서는 교수자가 전달하는 지식을 습득하는 수동적 교육에서 학습자 스스로 지식을 체득하는 능동적 학습으로의 변화를 소개하고, 미래사회에서 성공적인 삶을 살아가기 위해 학습자가 갖추어야 할 능력에 대한 고민에서 출발한 역량중심 교육 패러다임과 학습자의 성장과 변화를 강조하는 과정중심 평가에 대해 살펴보기로 한다.

# 제 1 절
# 역량중심 교육 패러다임

1990년대 말 OECD가 수행한 DeSeCo Definition and Selection of Competencies 프로젝트를 기점으로 "개인이 성공적인 삶을 살아가고 사회가 잘 기능하기 위해서는 어떤 능력을 갖추어야 하며, 학생들에게 이러한 역량을 키워줄 수 있는 교육은 어떤 모습이어야 할까?"라는 질문은 급변하는 사회적, 기술적 환경과 불확실한 미래에 대비하기 위한 인재양성 전략을 마련하고자 세계 여러 나라들이 공통적으로 고민해오고 있는 질문이다. 특히 최근 몇 년간 인공지능(AI)과 빅데이터의 급부상으로 기존 인터넷을 통한 사람 간의 연결은 물론 사람과 사물, 사물 간 연결 등 지능화된 연결을 통한 지능화된 연결을 통한 제4차 산업혁명시대 사회와 산업의 재구조화에 대비하기 위해, 국내에서도 대학입시 위주의 지식중심 교육 패러다임에서 '창의·융합인재' 양성을 위한 역량중심 교육 패러다임으로의 전환을 가속화하기 위한 사회적 논의와 정책적 시도들이 활발히 진행되고 있다.

## 1. 미래사회의 변화와 21세기 학습자의 핵심역량

미래사회에 예상되는 다양한 구조적 변화로 인해 새롭게 당면하게 될 고용·교육·환경·복지 등 심각한 사회문제를 해결할 수 있는 인재를 양성하기 위하여 OECD, UNESCO, 세계경제포럼 WEF 등 여러 국제기구들은 기존의 교수자가 전달하는 지식을 습득하는 수동적 교육 패러다임에서 학습자 스스로 지식을 체득하는 능동적 학습 패러다임으로의 전환을 강조하고 있다.

〈표 5-1〉 미래사회에 예상되는 다양한 구조적 변화에 따른 교육환경 변화

| | 미래사회의 구조적 변화 | 교육환경의 변화 |
|---|---|---|
| 인구 구조 | • 저출산 및 고령화<br>• 국내 인구이동과 지역사회 인구구조 변화<br>• 이주배경, 새터민 학생 수 증가 | • 학령인구 및 학급당 학생 수 감소<br>• 고교 졸업자 수 대비 대학입학정원 역전현상<br>• 학교시설의 유휴화, 과밀학급 및 폐교<br>• 사회취약계층 교육복지·평생교육 수요증가 |
| 경제 · 기술 · 산업 구조 | • 경제 양극화<br>• 고용환경의 불안정성<br>• 융합형 직업의 출현<br>• 모바일·웨어러블 기기와 클라우드, 사물 인터넷, 빅데이타, 인공지능으로 사이버 물리 시스템이 실현되는 초연결 사회<br>• AR, VR, 홀로그램 등 과학기술에 기반한 새로운 직업 탄생<br>• 인공지능, 로보틱스, 블록체인 등 기술 발달로 인한 산업패러다임 변화 | • 직업교육 체계 혁신(특성화고, 마이스터고, 전문대, 일반대 등)<br>• 시공간의 제약에서 벗어난 다양한 학습형태<br>• 정보소외계층 교육격차<br>• 교육지출 비용의 양극화(교육기회의 불균형과 불평등 초래)<br>• 학생, 학급, 교사, 학교 관련 학습데이터의 축적과 활용<br>• AR, VR, 홀로그램 등을 활용하는 교육 방법의 필요성<br>• 변화된 산업 패러다임에 부응하는 교육 패러다임의 필요성 |
| 사회 · 문화 · 환경 | • 글로벌화에 따른 다문화사업 진입 (문화교류/충돌 확대)<br>• 경제적, 기술적 양극화<br>• 환경오염, 기후변화 등 급격한 환경 변화 | • 학습복지체계 구축 (평생학습, 직업훈련 등)<br>• 지역 평생학습지원 체제 구축<br>• 사회적 통합과 문화적 감수성 강조<br>• 교육 접근성 확대<br>• 다목적 실내 공간 설계 (야외활동을 대체할 실내 공간 설계/개선 필요) |

교육부, 한국교육정보원(2017), 한국직업능력개발원(2015) 재구성

〈표 5-2〉 미래사회가 요구하는 직무 및 학습자 역량 연계

| 미래 직무 역량 | | OECD (2015) | UESCO (2011) | WEF (2018) |
|---|---|---|---|---|
| 사고력 | 복잡한 문제해결 | ● | ● | ● |
| | 비판적 사고 | ● | ● | ● |
| | 창의성 | | ● | ● |
| | 인지적 유연성 | ● | ● | ● |
| 실행능력 | 판단과 의사결정 | ● | ● | ● |
| | 대인관리 | ● | ● | ● |
| | 타인과의 협조 | ● | ● | ● |
| | 협상 | ● | ● | ● |
| 인성 | 정서지능 | | ● | ● |
| | 서비스 지향성 | | ● | ● |
| **미래 학습자 역량** | | **CCR[1] (2015)** | **싱가포르 교육부 (2015)** | **교육부 (2015)** |
| 지식 | 학문적 지식 | ● | ● | |
| | 간학문적 지식 | ● | ● | |
| | ICT 기술 활용 | | | ● |
| 사고력 | 비판적 사고 | ● | ● | |
| | 문제해결능력 | | ● | |
| | 창의력 | ● | | ● |
| 실행능력 | 의사소통 | ● | ● | ● |
| | 협업 | ● | ● | |
| | 자기주도 및 자기제어 | ● | ● | ● |
| | 목표설정 | ● | | |
| | 계획과 실행 | | ● | |
| 인성 | 태도, 가치 | ● | | ● |
| | 윤리의식, 시민의식 | ● | ● | |
| | 정서적 안정, 감수성 | ● | | ● |

이지연, 이은배, 강지혜(2018) 재구성

학습자가 무엇을 얼마나 알고 있는가를 강조하는 지식중심 교육 패러다임에서 학습자가 자신이 알고 있는 지식을 활용하여 무엇을 할 수 있는가를 강조하는 역량중심 교육 패러다임으로의 전환과 함께 다시 주목을 받고 있는

1) CCR(Center for Curriculum Redesign): 4C(창의력, 의사소통 능력, 비판적 사고, 협업능력)로 대표되는 21세기 핵심역량을 제안한 미국의 비영리 교육연구기관(https://curriculumredesign.org/)

역량[competencies]은 본래 특정 직업 분야에서 자신에게 주어진 직무를 성공적으로 수행하기 위해 필요한 능력을 의미하는 것으로, 학습이 종료된 시점에서 학습자가 도달해야 할 수행목표[performance objective]를 중심으로 교수·학습 프로그램과 평가도구를 개발하는 체제적 교수설계를 강조해온 교육공학 분야에서 새로운 개념은 아니다. 최근에는 이러한 역량을 단순히 직무수행에 필요한 지식이나 기술로 보지 않고, "특정한 맥락에서 기술·태도 등을 포괄하는 다양한 심리·사회적 자원을 동원하여 복잡한 요구를 충족하는 능력"으로 재정의하고(OECD, 2005), 위 〈표 5-2〉와 같이 미래사회에 다양한 직업군에서 요구되는 직무역량과 학습자가 갖추어야 할 핵심역량[core competencies 2)]을 연계하여 이를 교육과정과 접목하려는 움직임이 활발해지고 있다.

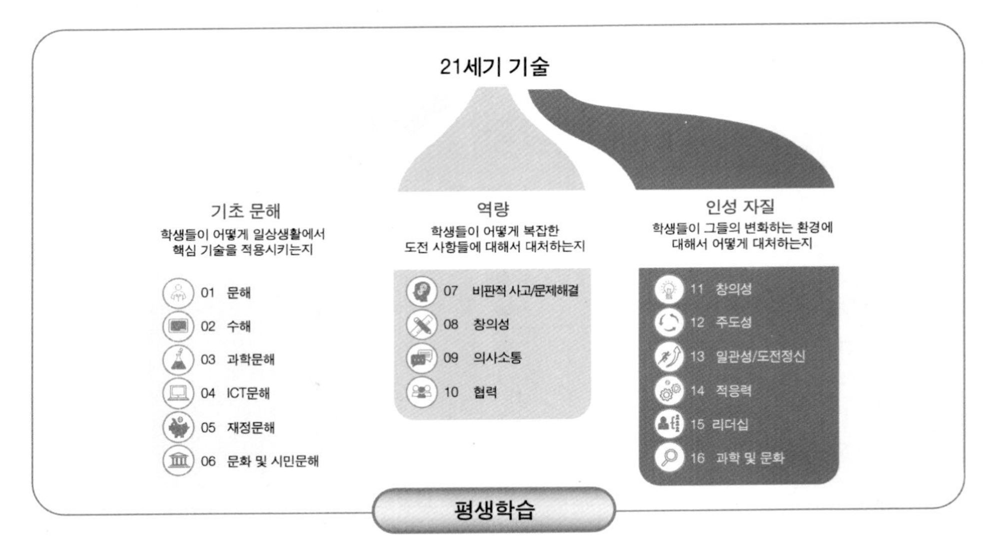


[그림 5-1] 학습자가 갖추어야 할 21세기 핵심기술

WEF(2017), 국가평생교육진흥원(2016)에서 재인용

2) 조직구성원 모두가 반드시 갖추어야 할 최소한의 공통 필수역량(Dubois, 1993)

〈표 5-3〉 세계 각국 교육과정에 포함된 핵심역량(예시)

| 구분 | 교육과정에 포함된 핵심역량 | |
|---|---|---|
| 영국의 6가지 핵심 기능 | 1) 의사소통<br>2) 수의 응용<br>3) 정보통신기능<br>4) 타인과의 협력<br>5) 학습과 수행의 향상<br>6) 문제해결 | |
| 독일 브레멘의 행동 역량 | 1) 개인적 역량 2) 사회적 역량 3) 방법적 역량 4) 기초 학습 역량 | |
| 대만의 10가지 핵심역량 | 1) 자기 이해와 잠재능력의 추구<br>2) 감상과 표현 창의력<br>3) 진로 개발과 평생학습<br>4) 의사표현 소통과 공유<br>5) 존중·배려·팀 작업<br>6) 문화적 소양과 국제이해<br>7) 기획 조직 실천<br>8) 정보기술의 활용<br>9) 적극적 탐구와 학습<br>10) 독립적 사고와 문제해결 | |
| 캐나다 퀘벡의 범교과 역량 | 1) 지적 역량<br>2) 방법론적 역량<br>3) 개인적·사회적 역량<br>4) 의사소통 관련 역량 | |
| 뉴질랜드의 5대 핵심역량 | 1) 사고력<br>2) 언어와 상징 텍스트의 활용<br>3) 자기관리<br>4) 타인과 관계 맺기<br>5) 참여와 기여 | |
| 호주 빅토리아주의 8대 역량 | 신체적·개인적·사회적 학습 | 1) 건강과 체육 교육<br>2) 대인관계 발달<br>3) 개인적 학습<br>4) 시민성 |
| | 간학문적 학습 | 5) 의사소통<br>6) 디자인, 창의성, 공학<br>7) 정보통신기술<br>8) 사고력 |
| 호주 뉴사우스 웨일즈의 5대 핵심역량 | 1) 정보의 수집, 분석, 조직 능력<br>2) 정보와 아이디어의 교환능력<br>3) 활동의 계획 및 조직 능력<br>4) 조직에서 함께 일하는 능력<br>5) 문제 해결력 | |
| 캐나다 앨버타의 핵심역량 | 1) 학습하는 방법을 아는 능력<br>2) 비판적으로 사고하는 능력<br>3) 복잡한 문제를 규명하고 해결하는 능력<br>4) 정보 관리 능력<br>5) 혁신능력<br>6) 기회창출 능력<br>7) 다양한 리터러시를 적용하는 능력<br>8) 타인과 의사소통을 원활하게 하고 협력하는 능력<br>9) 글로벌적·문화적인 이해 능력<br>10) 직업 및 생애 능력을 규명하고 적용하는 능력 | |
| 독일 함부르크의 핵심역량 | 범교과적 역량 | 1) 자아 역량<br>2) 사회적-의사소통 역량<br>3) 학습방법 활용 역량 |
| | 교육언어 구사역량 | 교과교육을 통해 습득되어야 하는 언어 역량 |
| | 교과 역량 | 1) 사회학적 분석 능력<br>2) 관점 및 역할습득<br>3) 갈등해결능력<br>4) 정치적-도덕적 판단 능력<br>5) 참여 능력 |

김경자 외(2015) 재인용

이에 싱가포르와 호주, 뉴질랜드 등 세계 각국은 역량기반 교육과정의 도입과 대대적인 교육혁신을 위한 다양한 정책을 내놓고 있으며(〈표 5-3〉 참조), 우리나라도 모든 학생들이 인문·사회·과학기술에 대한 기초 소양을 함양하여 인문학적 상상력과 과학기술 창조력을 갖춘 창의융합형 인재로 성장할 수 있도록 교육의 근본적인 패러다임을 전환하고자 「2015 개정 교육과정」을 도입하였다(교육부, 2016).

〈표 5-4〉 2015 개정 교육과정이 제시한 6대 핵심역량

| 핵심역량 | 정의 | 하위요소(예시) |
|---|---|---|
| 자기관리 능력 | 자신의 삶, 학습, 건강, 진로에 필요한 기초적 능력 및 자질을 지속적으로 계발·관리하고, 변화하는 사회에 유연하게 적응하며 살아갈 수 있는 역량 | 자아정체성 확립, 자기 통제(절제), 여가 선용, 건강관리, 기초학습능력, 자기주도적 학습능력, 합리적 경제생활, 기본 생활 습관, 진로개발능력 등 |
| 공동체 의식 | 지역, 국가, 지구촌의 구성원으로서 요구되는 가치와 태도를 수용, 실천하고, 지역적, 국가적, 세계적 차원의 다양한 문제해결에 적극적으로 참여하여 자신의 역할과 행동에 책임을 지며, 다양한 환경에서 다양한 사람들과 원만한 관계를 형성·유지하여 효과적·협력적으로 상호 작용할 수 있는 역량 | 시민 의식, 준법정신, 환경의식, 윤리의식, 봉사정신, 규범 및 질서의식, 협동, 갈등 관리, 리더십 등 |
| 의사소통 능력 | 다양한 상황에 적합한 언어, 상징, 텍스트를 활용하여 자신을 효과적으로 표현하고, 타인의 말과 글을 올바르게 이해하고 대처하는 역량 | 말하기, 듣기(경청), 쓰기, 읽기, 텍스트 이해, 타인 이해 및 존중, 배려 등 |
| 창의·융합 사고능력 | 해당 분야의 전문지식과 소양을 토대로 새롭고 의미 있는 결과나 아이디어를 산출해내고, 자신이 학습하거나 경험한 것을 다양한 현상에 융합적으로 활용할 수 있는 사고 역량 | • 창의적 사고기능(인지적 능력): 유창성, 융통성, 독창성, 정교성, 유추성 등<br>• 창의적 사고성향(정의적 특성): 민감성, 개방성, 독립성, 과제집착력, 자발성 등<br>※ 융합적 사고: 창의적 사고기능과 사고성향을 활용하여 서로 다른 분야의 지식과 기술들을 융합하여 의미 있고 새로운 것을 산출하는 사고 능력 |
| 정보처리 능력 | 학습과 삶 등에서 직면하게 되는 문제를 해결하기 위하여 다양한 정보와 자료를 수집, 분석, 평가, 분류, 조직함으로써 자료와 정보에 내재된 의미를 올바르게 파악하고, 적절한 매체를 활용하여 정보와 자료를 효과적으로 처리함으로써 합리적으로 문제를 해결할 수 있는 역량 | 논리적·비판적 사고를 통한 문제 인식/정보 수집·분석·활용 등을 통한 문제해결 방안의 탐색/해결 방안의 실행·평가/매체 활용능력 등 |
| 심미적 감성능력 | 다양한 가치에 대한 개방적 태도를 바탕으로 현대사회에서 발생하는 복잡한 인간 현상에 대해 공감적으로 이해하고, 깊이 있는 성찰과 창의적인 상상력을 발휘하여 삶의 질 향상과 행복 창출에 적극적으로 동참할 수 있는 역량 | 문화적 감수성·다원적 가치 존중·공감·상상력 등 |

교육부, 한국교육과정평가원, 한국창의재단(2015)

2015 개정 교육과정은 우리나라 국가수준 교육과정으로는 처음으로 역량의 개념을 도입하여 미래사회가 요구하는 핵심역량을 '자기관리 역량', '지식 정보처리 역량', '창의적 사고 역량', '심미적 감성 역량', '의사소통 역량', '공동체 역량' 의 6가지로 규정하고(<표 5-4> 참조), 핵심개념 중심의 교육내용 재구조화 및 학습량 적정화를 통해 개념과 원리 중심의 심층적 학습과 교과 특성에 맞는 다양한 학생 참여형 수업을 활성화하고, 학생의 변화와 성장을 지원하는 과정중심 평가를 강화하고자 하였다.

이밖에도 핵심역량 함양을 위한 능동적인 학습을 강조하고 있는 여러 교육전문단체 및 기관들이 공통적으로 제안하고 있는 미래 역량중심 교육 패러다임의 핵심 키워드를 살펴보면 아래 <표 5-5>와 같다.

<표 5-5> 미래 역량중심 교육 패러다임의 핵심 키워드

| 분류 | 핵심 키워드 | 미네르바 스쿨 (2014) | NGLC[3] (2018) | OECD Education 2030 (2018) | P21[4] (2007) |
|---|---|---|---|---|---|
| 목표 | 창의적 문제해결 | ● | ● | ● | ● |
| | 세계시민 | ● | | ● | ● |
| 성취 기준/ 평가 | 역량기반 | ● | ● | ● | ● |
| | 보편적 완전학습 | ● | ● | ● | ● |
| | 과정중심 평가 | ● | ● | ● | ● |
| 교육 과정 | 학습자중심, 개별화, 맞춤형 | ● | ● | | ● |
| | 융합적, 유연한 운영 | ● | ● | | ● |
| | 인성, 감성, 공감 | | ● | ● | ● |
| | 지역연계를 통한 다양한 경험 | | ● | ● | ● |
| 교육 방법 | 프로젝트 ·문제중심 학습(PBL) | ● | ● | ● | |
| | 협동학습 | ● | ● | ● | ● |
| 교육 공간 | ICT 기술을 활용한 다양한 교수법 | ● | ● | ● | ● |
| | ICT 기술을 활용한 미래형 학습공간 | ● | ● | | |
| | 학습공간의 확장 | ● | ● | ● | |

이지연, 이은배, 강지혜(2018)

3) NGLC(Next Generation Learning Challenges): 공교육 혁신을 위한 학교와 지역공동체의 노력을 보다 전문적이고 체계적으로 지원하기 위해 설립된 미국의 비영리 교육단체(https://www.nextgenlearning.org/)

4) P21(Partnership for 21st Century Skills): 21세기 핵심역량에 기반한 역량중심 교육과정의 도입과 테크놀로지의 활용을 위한 미국 전역과 전 세계의 학교들을 지원하기 위해 민·관·학 협력으로 설립된 비영리 교육단체(https://www.battelleforkids.org/networks/p21)

일찍이 Remy(1978)는 "무엇인가를 잘 할 수 있는 능력을 뜻하는 역량은 개인의 과제수행을 통해서 드러난다"라고 설명한 바 있다(김경자 외, 2015, p.59)에서 재인용). 교육을 통해 학습한 지식, 기술, 태도와 가치를 활용할 수 있는 능력과 이러한 능력을 발휘하는 행동으로 역량을 설명하고 있는 OECD Education 2030의 개념틀([그림 5-2])을 통해서도 알 수 있듯이, 역량중심 교육 패러다임은 교사가 가르치고자 하는 지식보다는 학생이 배운 것을 활용하여 드러내는 수행을 강조한다. 그런데 수행을 통한 역량강화는 학습자의 적극적인 참여와 지식의 적용 및 재구성을 촉진할 수 있는 학습자 중심 수업설계와 운영을 전제로 한다는 점에서 교육공학 분야에 시사하는 바가 크다고 할 수 있다.

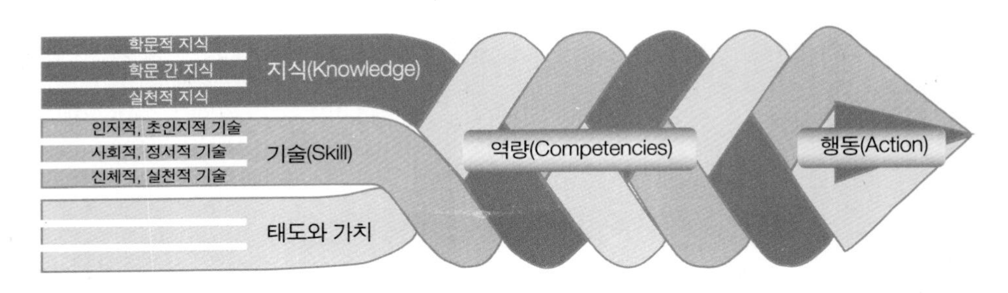


[그림 5-2] OECD Education 2030 개념틀

1956년 Bloom이 수업을 통해 학습자가 도달할 수 있는 인지적 영역의 성취 수준을 '지식-이해-적용-분석-종합-평가'의 6가지로 구분하여 제안한 이래, Bloom의 교수목표 분류체계Bloom's Taxonomy는 '특정 지식과 기술, 태도를 습득할 수 있도록 학습자의 내적인 과정을 지원하기 위한 외적 활동을 정교하게 배열하는' 체제적 교수설계의 과정을 안내하는 중요한 지침으로 활용되어 왔다. 기존의 지식중심 교육 패러다임에서는 학습자의 적극적인 참여와 고차원적 사고를 요구하는 종합, 평가보다는 상대적으로 단순하고 일방적인 지식과 이해에 초점을 맞추어 수업이 이루어지는 경우가 많았으나, 급변하는 미래사회의 복잡한 문제를 해결하기 위한 창의적이고 융합적인 사고와 일상

에서의 문제해결을 강조하는 역량중심 교육 패러다임을 반영하여 Anderson과 Krathwohl(2001)은 아래 [그림 5-3]과 같이 '기억하다-이해하다-적용하다-분석하다-평가하다-창조하다'라는 학습자의 수행을 중심으로 수정된 교수학습 분류체계를 제안하였다.

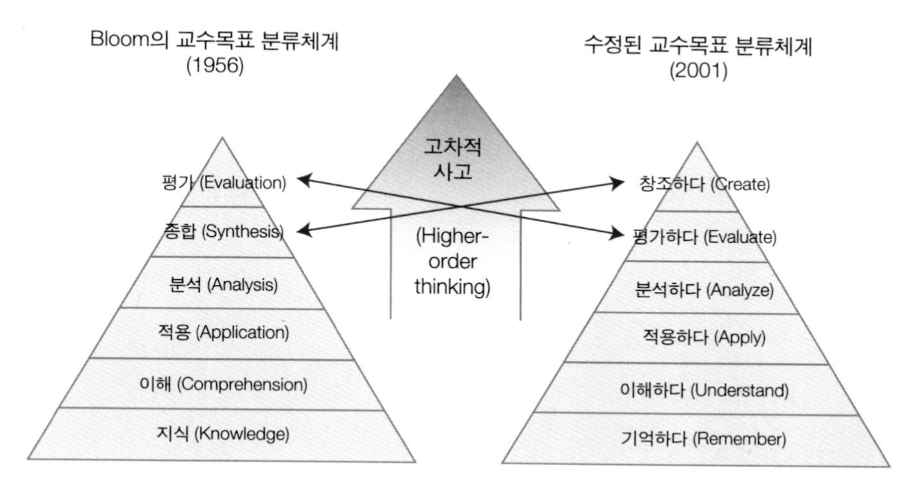


**[그림 5-3]** Bloom의 교수목표 분류체계 원본(1956)과 수정본(2001) 비교

AI, 빅데이터 등 혁신적 테크놀로지의 발달로 나날이 지능화되고 있는 디지털 학습환경에서는 기존 교실환경에서는 시도해보기 어려웠던 다양한 교육적 실험을 통해 교수자와 학습자, 학습자 간 상호작용을 극대화하는 것이 가능하다. 이에 가상현실<sup>Virtual Reality</sup>, 시뮬레이션과 같이 다양한 테크놀로지를 활용한 학습환경에서 고차원적 사고를 요하는 학습과제와 활동을 지원하기 위해 Bloom의 교수학습 분류체계를 재해석하고 혁신적 교수·학습 방법과 전략을 제안하려는 노력도 활발하게 진행되고 있다([그림 5-4] 참조).

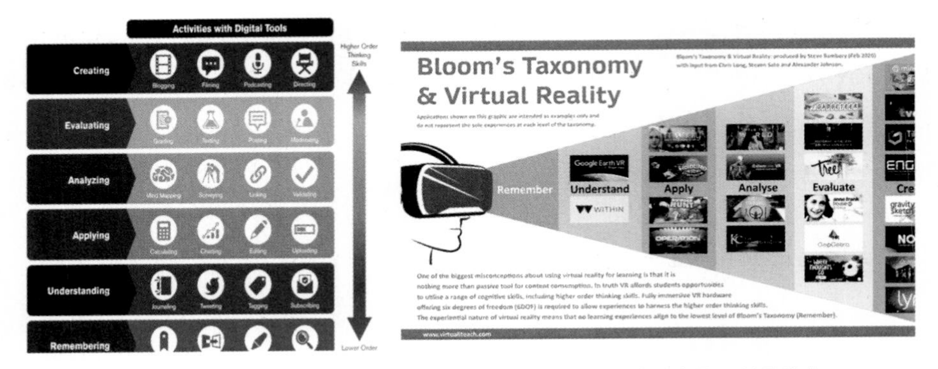


[그림 5-4] 디지털 학습환경에서 새롭게 재해석한 Bloom의 교수목표 분류체계
https://teachonline.asu.edu/2016/05/integrating-technology-blooms-taxonomy/

## 제 2 절
## 과정중심 평가

학습자가 얼마나 많은 지식을 알고 있는지가 아니라 자신이 학습한 지식을 얼마나 잘 활용할 수 있는가를 우선시하는 역량중심 교육 패러다임은 획일적 주입식 교육에 최적화된 기존 입시위주의 평가방식과는 근본적으로 다른 새로운 평가체제를 요구한다. 이 절에서는 학생 개인의 잠재력을 계발하기 위하여 학습의 과정에서 학습자가 어떻게, 어느 정도로 잘 하고 있는지 등 학생의 성장을 관찰하고 적절한 피드백을 제공하는 과정중심 평가에 대해 살펴보기로 한다.

## 1. 과정중심 평가의 개념과 특징

교육과정평가원(2017)의 정의에 따르면 과정중심 평가란 '교육과정의 성취기준에 기반한 평가 계획에 따라 교수·학습 과정에서 학생의 변화와 성장에 대한 자료를 다각도로 수집하여 적절한 피드백을 제공하는 평가'를 뜻한다. 여러 선행연구들은 성공적인 과정중심 평가를 실천하기 위하여 학년별 또는 교과별로 국가 수준의 교육과정의 학습내용을 수업 중에 학습자가 이해하고 충분히 적용할 수 있는 수준으로 재구성하고, 학습내용의 목표와 연계되는 평가도구, 평가기준 등을 설정하는 교육과정-학습내용-평가의 일체화를 강조하고 있다.

〈표 5-6〉 결과중심 평가와 과정중심 평가 비교

| | 결과중심 평가 | 과정중심 평가 |
|---|---|---|
| 평가 체제 | • 상대평가<br>• 양적 평가 | • 절대평가<br>• 질적 평가 |
| 평가 목적 | • 선발·분류·배치<br>• 한 줄 세우기 | • 지도·조언·개선<br>• 여러 줄 세우기 |
| 평가 내용 | • 학습의 결과 중시<br>• 학문적 지식 | • 학습의 과정과 결과를 모두 중시<br>• 실천적 지식 |
| 평가 방법 | • 선택형 문항을 중심으로 한 지필평가<br>• 1회적 평가<br>• 객관성·일관성·공정성 강조 | • 다양한 평가방법 혼용<br>• 지속적·종합적 평가<br>• 전문성·타당성·적합성 강조 |
| 평가 시기 | • 학습활동이 종료되는 시점<br>• 교수·학습과 평가의 분리 | • 학습활동의 전 과정<br>• 교수·학습과 평가의 통합 |
| 교사 역할 | • 지식의 전달자 | • 학습의 안내자·촉진자 |
| 학생 역할 | • 수동적 학습자<br>• 지식의 재생산자 | • 능동적 학습자<br>• 지식의 창조자 |
| 교수 학습 | • 교사 중심<br>• 인지적 영역 중심<br>• 암기 위주<br>• 기본 학습능력 강조 | • 학생 중심<br>• 인지적·정의적 영역을 모두 강조<br>• 탐구 위주<br>• 창의성 등 고차적 사고기능 강조 |

교육부, 경기도교육청, 한국교육과정평가원(2017) 재구성

이처럼 유기적인 평가체제를 통해 교수자는 학습자가 습득한 학습내용을 적용하여 문제를 해결하고 있는지 확인하거나 학습자의 오류를 수정해 줄 수 있는 피드백이 가능할 뿐만 아니라, 지속적인 학습을 위한 학습자의 동기를 강화하고 학습자의 학습결손을 보충해주며 학습자의 성공적인 학습 촉진이 가능하다(권나영, 박선미, 신명선, 이지연, 2018). 반면 교육과정-수업-평가가 연계성이 없는 경우, 학습내용의 재구성 없이 교과서 중심으로 교수자가 지식을 전달하는 수동적 수업이 운영되거나 학습내용과 무관한 의미없는 평가가 진행하게 된다.

**<끊임없이 비교하고, 재단하고, 걸러내는 평가>**

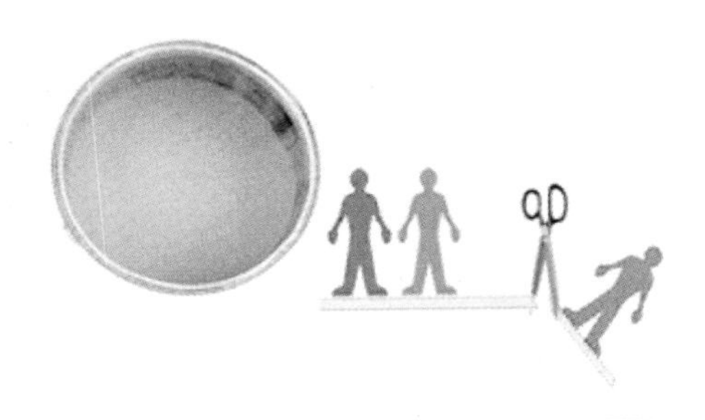

| 평가결과 | |
|---|---|
| 점수 | 등수 |
| ⬇ | ⬇ |
| 성적산출 | 서열화 |

**<지속적으로 관찰하고 성장의 밑거름이 되는 평가>**

| 평가결과 | |
|---|---|
| 성취수준 | 결과/과정을 통해 습득된 핵심역량 |
| ⬇ | ⬇ |
| 학생의 성장과 발달을 위한 피드백 제공 | |

[그림 5-5] 평가 패러다임의 변화

가르치는 대상과 맥락에 따라 수준과 방법은 다를 수 있겠지만 교육과정을 개발하고 실제 수업에서 실행하기 위하여 교육목표와 내용, 수업방법 및 평가방식을 함께 고려하는 것은 체제적 교수설계 원리에 기반한 교육공학적 수업설계의 기본 전제라 할 수 있으며, 과정중심평가의 교육공학적 시사점을 보다 구체적으로 살펴보면 다음과 같다.

① 교수자의 가르침보다 학습자의 배움에 초점을 맞추는 과정중심평가에 기반한 수업에서 교수자는 개별 학습자의 변화와 성장을 안내하고 모니터링하는 학습활동의 관찰자이자 수행과정과 결과에 대한 피드백을 제공하는 학습의 촉진자로서의 역할에 충실할 수 있다.

② 학교 현장에서 과정중심평가를 성공적으로 시행하기 위해서는 교수자의 강의보다는 학습자의 수행을 중심으로 하는 학습자중심 수업으로의 전환이 전제되어야 하며, 플립러닝 등 다양한 교수·학습 방법을 활용하여 학습자의 참여와 심층학습을 유도할 필요가 있다.

③ 교수·학습 과정에서 다양한 자료를 수집하여 즉각적인 피드백을 제공하기 위해서는 적극적인 정보통신 기술 활용과 통합적 평가시스템 구축이 필요한데, 특히 디지털 학습포트폴리오나 개별 학습자의 학습이력을 효율적으로 관리하고 제공할 수 있는 학습분석과 같은 테크놀로지의 활용은 과정중심평가를 위한 교사의 업무부담을 줄이고 학습진행 상황과 결과를 학생 및 학부모와 보다 효과적으로 소통할 수 있도록 돕는다.

## 2. 과정중심 평가의 모형 및 절차

교수·학습의 전 과정과 평가를 유기적으로 통합하여 교육과정과 수업, 평가를 연계하고 개별 학습자에게 필요한 피드백을 적시에 제공하기 위해서는 교사가 교과에 대한 지식, 수업전략, 학습계획을 종합적으로 계획하고 조직하는 능력과 함께 평가도구의 개발, 결과 분석 및 활용과 같은 평가 전문성을 갖추는 것이 중요하다. 반재천 등(2018)은 교사가 이러한 평가에 대한 지식을 수업 상황에 적용하면서 효과적인 수업이 이루어질 수 있는 선순환 구조를 아래 [그림 5-6]과 같이 제안하고 있다. 이 모형에 따르면 교사는 ① 목표 설정 및 학생 상태 파악 ② 수업 및 평가 계획 ③ 평가 과제 및 도구 개발 ④ 수업 및 평가 적용 ⑤ 분석 및 해석 ⑥ 피드백 및 수업 조절의 6단계에 따라 과정중심평가를 진행하게 된다.

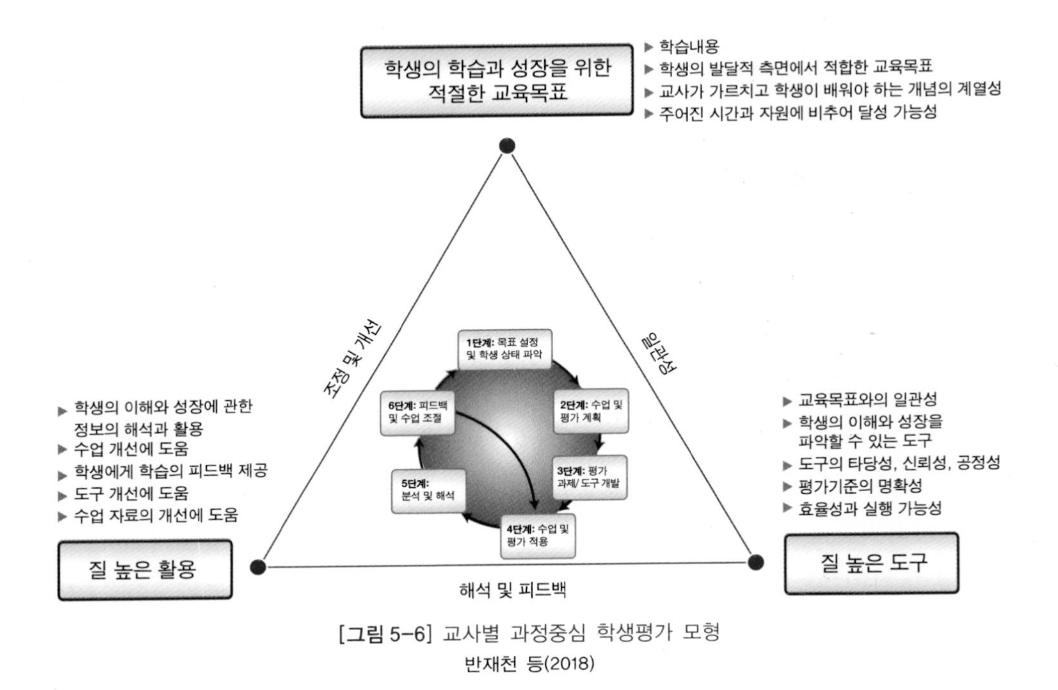

**[그림 5-6]** 교사별 과정중심 학생평가 모형
반재천 등(2018)

[그림 5-6]이 개별 교사의 관점에서 수업 단위로 진행되는 과정중심평가의 단계를 제시하고 있다면, 단위학교의 관점에서 보다 조직적이고 체계적으로 과정중심 평가를 시행하고 지원하기 위한 일반적인 절차를 살펴보면 아래 [그림 5-6]과 같다.

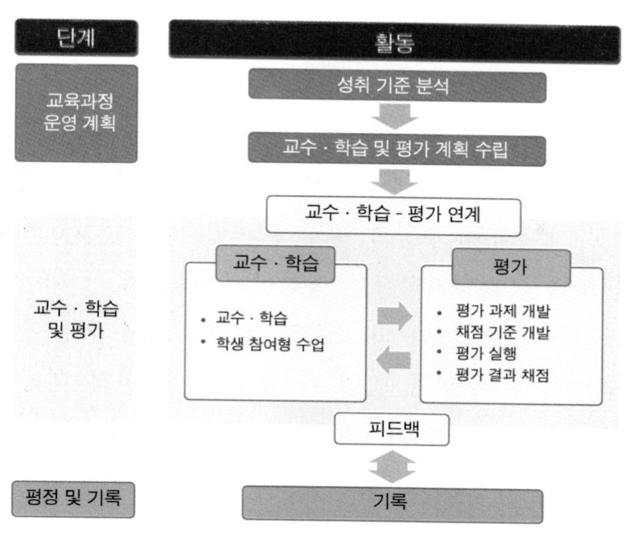


[그림 5-7] 단위학교에서의 과정중심 평가 운영절차
교육부. 한국교육과정평가원(2017) 재구성

## 3. 과정중심 평가의 실제: 학습 포트폴리오

'학습자가 수업과정을 통해 습득한 지식과 기술을 자신의 관점에서 재구성하여 편집한 자료의 모음'을 뜻하는 학습 포트폴리오learning portfolio는 학습자의 실천적 지식구성, 성찰적 사고 및 자기주도적 학습능력을 향상시키기 위한 교수-학습방법이자 교육과정 전반에 걸쳐 학생의 수행과 성장을 지속적이고 일관되게 평가할 수 있는 평가도구로, 역량중심 교육 패러다임의 대두와 함께 과정중심평가가 주목을 받게 되면서 학습자의 변화와 성장을 종합적으로 평가할 수 있는 대표적인 과정중심평가 기법으로 언급되고 있다(김희필, 김영용, 김효심, 2008; 황복선, 2014; Forgarty & Belgrad, 1994; Zubizarreta, 2004).

학습자가 설정한 학습목표에 따라 정해진 주제를 중심으로 비교적 장기간에 걸쳐 수행한 학습의 성과물과 그 진행과정을 동시에 살펴볼 수 있는 학습

포트폴리오의 장점을 살펴보면 다음과 같다. 첫째, 수업과 평가를 유기적으로 연결하여 학생의 약점이 아닌 강점을 확인하고 후속 학습계획 수립을 위한 참고자료를 제공해 준다. 둘째, 학습과 수행의 결과물로 구성되므로 학습목표 성취 여부에 대한 판단이 용이하다. 셋째, 학습자마다 별도의 포트폴리오를 구성하게 하므로 개별화된 수업과 평가에 적합하다. 넷째, 학습자중심의 학습을 유도하며 학습자의 자기성찰을 촉진한다. 다섯째, 상대적이고 경쟁적인 평가를 지양하고 동료 학습자와의 소통과 협력적 학습체제 안에서 학습자의 다차원적 사고와 학업성취도를 높일 수 있으며, 개인적 책임감을 촉진한다 (박성희, 배상확, 2008; 최미나, 노혜란, 김명숙, 2005; 조용개, 신재한, 2011; 황복선, 2014).

일반적으로 학습 포트폴리오는 학생의 개인정보, 교과과정과 관련된 학습활동, 비교과과정과 관련된 수업 외 활동, 성찰활동 등으로 구성되는데, 최근에는 앞서 살펴본 학습 포트폴리오의 장점들에 인터넷과 다양한 정보통신 테크놀로지의 편리성을 더하여 학생들이 학습 포트폴리오를 온라인상에서 개발하고 저장, 공유할 수 있는 온라인 학습 포트폴리오의 형태를 취하는 경우가 많다. 이러한 온라인 학습 포트폴리오는 설계 및 개발, 보관, 열람, 평가 등 포트폴리오 개발 및 평가의 모든 과정이 온라인상에서 이루어짐으로써 교사와 학습자의 노력과 비용을 절감하고 공간문제를 해결할 수 있는 등 여러 장점을 지니고 있다. 그러나 동시에 포트폴리오 제작 및 평가과정을 온라인상에서 지원하기 위한 시스템과 기술인력이 필요하고, 포트폴리오 작성에 필요한 모든 자료를 디지털화하기 위해 별도의 시간과 노력이 요구되는 등의 어려움도 있으므로, 온라인 학습 포트폴리오를 도입하기에 앞서 행정적, 기술적 여건들을 고려하여 신중하게 결정하는 것이 좋다.

## 탐구문제

1. 지금까지 내가 학습자로 참여한 초·중등학교의 특정 교과 수업 또는 가장 기억에 남는 교수·학습 프로그램을 골라 해당 수업을 통해 학습한 지식이 어떻게 일상에서의 문제해결에 활용될 수 있었는지를 역량중심 교육 패러다임의 관점에서 성찰하고 평가해보시오.

2. 위 수업 상황에서 학습에 대한 평가는 어떤 방식으로 이루어졌는지 최대한 구체적으로 회상해보고, 과정중심 평가의 관점에서 나의 학습을 촉진하고 지원하기 위한 개선방안 또는 대안적인 평가방안을 제안해보시오.

제6장

# 학습자중심 수업

지식보다 역량을 강조하는 세계적인 교육의 흐름과 함께 학교 교육에서 학습자의 역량을 함양하기 위한 구체적인 방법에 대한 고민이 이어지고 있다. 역량기반 교육 패러다임에 걸맞게 개정된 교육과정을 학교현장에 적용하기 위해서는 단순히 교육내용을 바꾸는 수준을 넘어서 학습자 중심의 새로운 교수·학습 체제 안에서 수업설계와 운영방식은 물론, 학교의 문화까지 개혁하고자 하는 근본적인 차원의 변화가 요구된다. 역량중심 교육 패러다임에서 학습자의 역량 함양을 위해 요구되는 교수-학습의 변화로는 1) 체험, 참여중심의 교수-학습 강조, 2) 실제적 과제중심의 탐구학습 강조, 3) 학습과정에서의 소통과 협동 강조를 들 수 있으며(이주연, 이근호, 이병천, 가은아, 2017), 이 절에서는 이러한 조건을 충족하는 학습자중심 수업방법의 주요 유형으로 플립러닝, 문제기반학습, 그리고 협동학습에 대해 살펴보기로 한다.

# 제1절
# 플립러닝

## 1. 개요

최근 교수자의 일방적인 지식 전달을 지양하고 학습자의 적극적인 참여와 교육적 소통을 촉진하기 위해 기존의 전통적인 수업과정과 활동내용을 뒤집는flipped 새로운 수업방식이 일선 학교 교사들의 큰 호응을 얻으며 초등학교에서부터 대학에 이르기까지 다양한 교과와 과제에 확대 적용되고 있다(이지연, 김영환, 김영배, 2014). '역진행학습', '거꾸로 교실inverted classroom' 등 다양한 명칭으로 지칭되어지는 플립러닝flipped learning은 2007년 미국 콜로라도 주 한 시골 학교의 과학교사인 Jonathan Bergmann과 Aaron Sams에 의해 처음 소개되었는데, 이들은 제한된 수업시간을 좀더 의미있게 활용하고, 개별화된 피드백과 상호작용에 집중하기 위하여 수업내용에 관한 교사의 강의를 사전에 녹화하여 온라인상에서 제공하는 새로운 수업모형을 개발하여 동료 교사들에게 보급하기 시작하였다(Bergmann & Sams, 2014a, 2014b).

플립러닝은 '교실 공간에서 교수자는 학생들이 사전강의에서 배운 개념을 적극적으로 분석, 성찰하고 창의적으로 활용할 수 있도록 개인 탐구, 협력 활동을 지원 해주는 교수학습모형'으로 정의할 수 있으며, 가르치는 활동instruction이 집단공간에서 개인공간으로 이동하고, 그 결과로 집단공간인 교실은 학습자중심의 역동적인 상호교류의 공간으로 전환되는 특징을 지닌다(이인숙, 2018).

## 2. 구성요소 및 절차

아래 [그림 6-1]은 플립러닝을 활용한 수업과정을 단계별로 기존의 교사 주도 수업과 비교하여 제시한 것이다. 선행연구 결과들[1]을 토대로 플립드러닝의 특징을 종합, 정리해보면 다음과 같다. 첫째, 본 수업에 앞서 테크놀로지 교수매체를 활용한 온라인 사전학습이 이루어진다. 둘째, 기존 강의식 수업과 비교했을 때 학습자의 자기주도적 학습과 능동적 수업참여가 보다 활발해진다. 셋째, 오프라인 수업에서는 학습자들의 지식 이해, 개별학습, 문제해결능력, 협업능력, 고차원적이고 창의적인 사고력 등 여러 학습목표에 맞추어 다양한 수업활동이 진행된다. 넷째, 지식전달자로서의 교수자의 역할보다 학습을 도와주는 촉진자, 조력자로서의 교수자의 역할이 중요해진다.

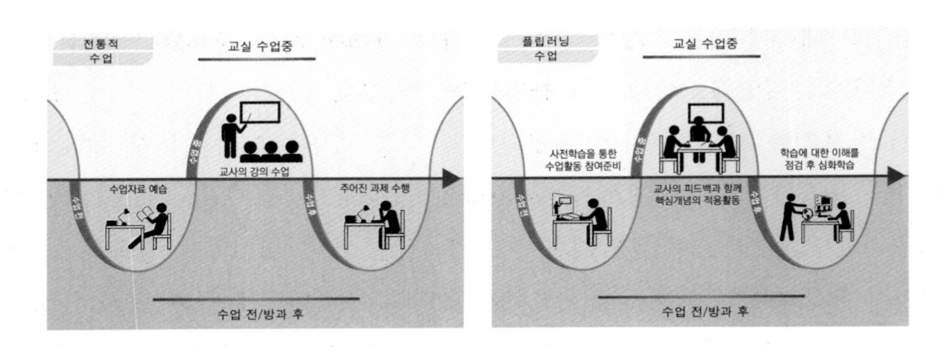


[그림 6-1] 기존의 교실수업 방식과 플립러닝 모형 비교
Faculty Innovation Center, The University of Texas at Austin
(https://facultyinnovate.utexas.edu/flipped-classroom)

온라인 학습과 오프라인 수업이 결합되었다는 점에서 플립러닝은 넓게 보면 블렌디드러닝의 또 다른 형태로도 볼 수 있지만, 기존의 모형보다 온·오프라인 학습의 유기적인 연계를 강조하여 보다 심화발전된 통합적 블렌디드러닝 모형이라 할 수 있다.

1) 김남익, 전보애, 최정임, 2014; 이승민, 이지연, 2017; 이지연 외, 2014; 이지은, 최정임, 장경원, 2017; 임정훈, 2016; 한형종, 임철일, 한송이, 박진우, 2015; Frydenberg, 2013; Gannod, Burge & Helmick, 2008; Hamdan, McKnight, McKnight, & Arfstrom, 2013; Warter-Perez & Dong, 2012

〈표 6-1〉 기존의 교사주도 수업모형과 플립러닝 수업모형 비교

| | 기존의 교수-학습모형 | 플립러닝 수업모형 |
|---|---|---|
| 수업 전 | • 학습자에게 읽기자료 배정하기<br>• 강의 준비하기 | • 학습자는 학습모듈에 따라 학습할 내용에 대한 질문을 생각해보거나 관련 질문수집하기<br>• 교수자는 학습기회를 제공할 자료 준비하기 |
| 수업 도입 | • 수업내용과 관련하여 학습자에게 사전에 주어지는 정보가 거의 없음<br>• 교수자는 학습자에게 어떻게 도움을 주어야 할지 일반적으로 가정함 | • 학습자는 학습을 이끌 구체적인 질문들을 가지고 있음<br>• 교수자는 학습자가 어떤 부분에서 도움을 필요로 할지 예측할 수 있음 |
| 수업 진행 | • 학습자는 수업내용을 따라가기 위해 노력함<br>• 교수자는 준비한 교육내용을 모두 가르치기 위해 노력함 | • 학습자는 목표로 한 기술의 습득을 위해 충분한 실습의 기회를 갖게 됨<br>• 교수자는 학습자의 실습과정에 대한 피드백과 간이수업[mini-lectures]을 제공할 수 있음 |
| 수업 후 | • 학습자의 숙제에 대한 지연된 피드백이 주어짐<br>• 교수자는 학습자가 제출한 과제를 뒤늦게 평가함 | • 학습자는 교수자의 명료화된 설명과 피드백을 토대로 자신의 지식과 기술을 계속적으로 적용해 나감<br>• 교수자는 필요한 경우 추가적 설명이나 자료를 공유하고 보다 양질의 수행을 평가할 수 있음 |
| 학생 면담 | • 학습자는 학습해야 할 내용을 확인하고 싶어함<br>• 교수자는 수업 중 설명한 내용을 반복하는 경우가 많음 | • 학습자는 필요한 경우 어디에서 도움을 요청해야 할지 알게 됨<br>• 교수자는 학습자의 보다 깊이 있는 이해를 위한 지도를 계속할 수 있음 |

Faculty Innovation Center, The University of Texas at Austin(https://facultyinnovate.utexas.edu/flipped-classroom)

## 3. 플립러닝 기반 수업 운영시 고려사항

성공적인 플립러닝 수업의 운영을 위해 교수자가 미리 고민하고 지속적으로 노력해야 할 사항들을 살펴보면 다음과 같다.

### 1) 온라인과 오프라인 활동의 연계성을 높이기

수업현장에 플립러닝을 적용하고자 할 때 교수자가 당면하게 되는 가장 큰

과제는 온라인 사전학습과 오프라인 수업활동 간의 유기적 연계성을 확보하는 것이다. 교실 밖과 교실 안의 학습요소들을 잘 융합하여 학습자가 플립러닝 수업의 진행과정을 제대로 이해했을 때에만 새로운 수업에 참여하고자 하는 동기를 유발하고 지속할 수 있다. 따라서 사전강의와 교실학습과의 연계성을 높이기 위해 교수자는 다음과 같이 다양한 수업설계전략을 고민할 필요가 있다:

① 퀴즈 활용: 학습목표 성취 수준 및 온라인 사전학습 확인을 위한 도구이자 피드백 제공을 통한 학습동기 및 참여 촉진

② 프로젝트 기반 학습 활용: 전체 학기를 프로젝트 기반 학습적용, 오프라인에서는 프로젝트 진행 단계에 따라 관련 학습내용을 온라인으로 제공, 오프라인에서는 프로젝트 보고 및 활동

③ 사전 혹은 교실수업 후의 SNS 활용: 교수자가 학습자의 학습과정을 지속적으로 점검

### 2) 교수자들의 역량 강화 및 지원 서비스 확대

처음 플립러닝 수업을 운영하고자 하는 교수자는 새로운 방식으로 진행되는 수업설계 및 운영에 필요한 교수 역량과 함께 기존 강의내용을 분석하고 재구성하여 사전학습 동영상을 녹화해야하는 추가적인 업무부담을 요구받게 되므로 전문적 지원이 필요하다. 관할 교육청 또는 대학 차원에서 교수자의 수업준비, 수업운영, 추후활동에 관련된 과부하를 최소화할 수 있는 수업운영 모형을 개발하여 제공하고, 강의촬영과 관련된 기자재, 전문인력, 교수자에게 필요한 역량을 계발할 수 있는 자문과 훈련 제공 등이 선행 혹은 병행되어야 할 것이다. 또한 플립러닝 수업이 성공적으로 안착하기 위해서는 학교조직과 교수자의 문화도 변화가 필요한데, 먼저 교수자는 교실수업 이전부터 교수활동이 시작된다는 것을 이해하고 받아들일 필요가 있다. 둘째, 사전강의콘텐츠 제작(내용선정부터 설계, 제작까지) 능력을 필수로 포함하는

교수 역량의 강화가 필요하다. 셋째, 교실수업 중 활동중심의 수업 콘텐츠 설계 능력 및 해당 학습활동에 적합한 촉진자와 지원자로서 요구되는 역량을 갖추어야 한다.

### 3) 학습문화의 변화

플립러닝의 운영은 학습자의 입장에서도 기존 교실수업과는 이질적인 학습문화에 적응하기 위한 노력을 요구한다. 플립러닝 환경에서 학습자는 교실수업 전에 제공되는 강의내용을 자기주도적으로 학습하는 것이 필수적이다(Hamdan, et al., 2013). 이에 따라 학습자는 ① 교실수업 전부터 이미 학습은 시작된다는 것을 수용하는 태도, ② 자기주도적으로 강의내용을 학습하는 능력과 태도, ③ 교실수업에서는 사전에 학습한 개념과 이론을 바탕으로 진행되는 학습활동에 적극적으로 참여하려는 태도와 역량을 갖추어야 한다. 플립러닝에 대한 학생들의 가장 큰 거부감은 학습시간부담으로 인한 경우가 많으므로, 교수자는 실질적인 학습부담을 줄여주기 위한 다양한 학습전략을 고민해 볼 필요가 있다.

### 4) 플립러닝에 부합하는 교실 환경 및 소프트웨어 지원

플립러닝 수업을 위해 최적화된 교실 환경은 학습자의 조별토론과 프로젝트 활동, 이론 적용 및 문제해결 활동 등을 위한 워크숍, 스튜디오, 실험실의 특성을 갖춘 유연한 공간으로, 다양한 방식의 협력활동과 역동적 학습활동을 위한 학습자의 이동에 적합하게 교실구조와 내부시설로 전환될 필요가 있다.

한편 전 세계적으로 일선 학교의 교사들을 중심으로 플립러닝에 대한 관심이 높아지면서 일부 플립러닝의 교육적 효과에 대한 부정적인 평가와 시각도 함께 제기되고 있다. 플립러닝과 온라인 강의를 동일시하여 모든 수업을 온라인으로 대체하고 학습과정에 대한 관리가 소홀할 수 있다는 우려가 대표적인데, 이러한 비판에 대해 플립러닝을 제안한 Bergmann과 동료들은 플립러닝은 결코 온라인 비디오의 동의어가 아니며, 실제 면대면 수업 중 일어나는 의미있는 상호작용과 학습활동이야말로 성공적인 플립러닝을 위해 가장 중요한 요소임을 강조하고 있다(Bergmann, Overmyer & Wilie, 2012).

《 플립러닝을 활용한 미래교육의 실험실 - 거꾸로캠퍼스 》

**거꾸로캠퍼스**는 공교육 속에서 거꾸로 교실(플립러닝) 전파에 힘써온 '미래교실 네트워크' 교사들이 주축이 되어 운영하는 중등과정 대안학교로, 카카오, 엔씨소프트, 넥슨, 다음, 네이버 등 IT 벤처기업 창업자들의 후원을 받아 미래학교를 지향하며 설립한 공교육 실험학교이다. 거꾸로캠퍼스는 협업적 문제해결을 중심으로 구성된 교육과정을 무학년제로 운영하며, 모든 수업은 **거꾸로 교실**[2] 수업으로 진행된다 ('거꾸로 교실'은 한 학기 동안 플립러닝을 실제 수업에 적용한 과정과 성과를 기록한 KBS의 2013년 3부작 다큐멘터리 시리즈 〈21세기 교육혁명: 미래교실을 찾아서〉에서 당시만 해도 국내에서는 생소한 개념이었던 플립러닝을 처음 소개하며 사용한 용어이다).

2020년 초유의 COVID-19 재난위기를 맞아 전국 초·중·고 학생들을 대상으로 원격수업과 등교수업 병행이라는 새로운 도전을 맞이한 공교육에서는 기존 학습자료와 영상에 주로 의존하는 일방적 지식전달 중심의 원격수업 방식에서 한 단계 더 나아가, 온·오프라인을 조화롭게 넘나들며 학습자의 자발적 참여와 역량강화를 위한 새로운 교수·학습 모델을 개발하기 위해 거꾸로캠퍼스의 플립러닝을 눈여겨볼 필요가 있다.

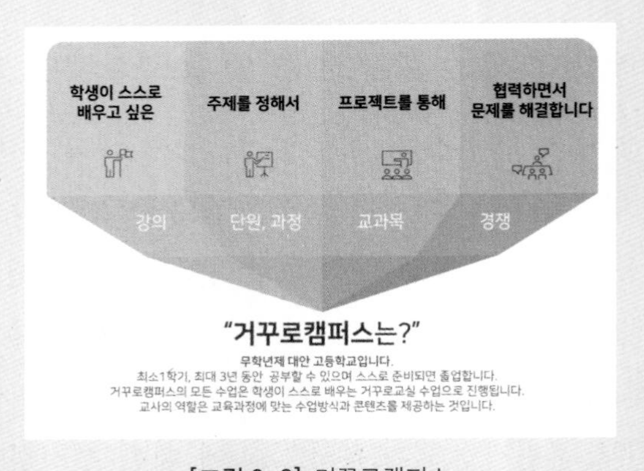


[그림 6-2] 거꾸로캠퍼스

https://gschool.kr/

2) '거꾸로 교실'은 한 학기 동안 플립러닝을 실제 수업에 적용한 과정과 성과를 기록한 KBS의 2013년 3부작 다큐멘터리 시리즈 〈21세기 교육혁명: 미래교실을 찾아서〉에서 당시만 해도 국내에서는 생소한 개념이었던 플립러닝을 처음 소개하여 사용한 용어이다.

# 제 2절
# 문제기반학습

## 1. 개요

**문제기반학습**Problem-Based Learning(PBL)은 1970년대 중반 캐나다의 McMaster University 의과대학에서 사용된 새로운 교육방법으로(Neufeld & Barrows, 1974), 당시 의과대학 교수로 있던 Barrows가 의학 현장에서 일어나는 실제적인 문제들과 해결책을 학생들에게 효과적으로 가르치기 위하여 개발하였다. 그는 의학 지식의 단순한 전달만으로는 현장에서 부딪히는 여러 문제들을 해결하기 어렵다는 점을 고려하여 현장의 문제를 해결하는데 효과적인 교육방법으로 문제기반학습을 고안하였다. 초기에는 구성주의 이론과는 별개로 의학교육의 부실함, 비현실성 등을 비판하면서 대안적 방법으로 제시한 것이었지만 교육적 효과가 입증되어 현재 전 세계에 걸쳐 많은 의과대학들이 문제기반학습을 이용하고 있다. 나아가 일반 대학이나 대학원에서도 많이 변형되어 적용되고 있으며 이제는 초·중등학교 교육에도 적용되고 있다.

문제기반학습은 교수자에 의해 제시된 문제를 동료들과 협동적으로 해결하기 위해 학습자들이 소그룹으로 편성되어 그룹 토론과 자기주도학습을 병행하여 이루어지며 교사주도의 지식과 정보의 전달이 아니라 학습자가 학습과정에 적극적으로 참여함으로써 이루어진다. 문제기반학습은 교실에서의 주도권이 학습자들에게 있는 학습자중심 환경을 구현한 학습모형이다. 구성주의와는 별도로 발전되었지만 학습자중심의 구성주의적 목표와 방향이 거의 일치되어 구성주의의 대표적인 학습모형으로 자리잡게 되었다. 이러한 문제기반학습의 특징을 보다 구체적으로 살펴보면 아래 〈표 6-2〉와 같다.

〈표 6-2〉 문제기반학습의 특징

| | 문제기반학습의 특징 |
|---|---|
| 학습주제 | • 현실과 동떨어진 이론적인 지식이 아닌, 실생활과 밀접한 관련이 있는 상황 맥락적 문제와 주제<br>• 교실 내의 교과에 제한되지 않고, 교과통합적인 접근으로 실생활의 문제와 관련된 다양한 이슈 |
| 학습자 역할 | • 자기주도적인 능동성을 가지고 학습을 진행하는 중심 역할<br>• 자기주도학습을 위한 자발성과 자율성, 적극성 강조 |
| 교수자 역할 | • 교수-학습활동의 안내자, 촉진자의 역할 |
| 상호작용 | • 여러 학습자 간의 협력과 상호작용을 기반으로 하는 협력적 문제해결 강조<br>• 소그룹이나 팀 내에서, 혹은 팀 간에 의견과 정보를 상호 교환하며 교류하는 과정이 필수적<br>• 사회적 상호작용에 의한 지식의 구성을 촉진하는 협력적 문제해결 |
| 문제유형 | • 문제해결의 과정을 통하여 관련 분야의 내용을 탐색하고 지식을 습득할 수 있는 복잡하고 비구조화된 문제 |
| 교수학습 | • 정보와 지식을 습득하는 주입식 교육이 아닌, 학습자 스스로 문제를 인식하고 해결안을 발견해 나가는 귀납적인 탐구학습<br>• 미리 교수자에 의해 주어진 문제나 해결안을 학습자가 수동적으로 받아들이는 것이 아니라, 스스로 정보를 찾거나 생성하는 과정을 통해 문제 인식부터 해결의 전과정을 학습자가 주도적으로 경험하는 것이 가능함 |

문제기반학습의 핵심은 학습자들이 해결해야 할 **문제**problem로, 문제의 생성은 교수자로부터 제시될 수 있고 학습자가 스스로 제기할 수도 있으며 다음과 같은 세 가지의 공통적인 특징을 가지고 있다(Stinson & Miller, 1990).

① **비구조화된 문제**: 학습자가 주어진 상태로부터 즉각적으로 해결책에 도달할 수 없어서 문제해결을 위해 하위 목표 또는 하위 문제들을 생성할 필요가 있는 문제를 말한다. 하위 목표들은 새로운 정보를 얻음으로써 계속적으로 변화할 수 있으며, 비구조화된 문제의 해결을 위해서는 주어진 상태로부터 목표에 도달할 때까지 깊이 있는 사고가 요구된다.

② **상황·맥락적 문제**: 현실에 기반하여 주어진 문제를 더 큰 상황과 연결시킬 수 있어 학습자에게 동기부여가 되는 문제이어야 한다.

③ **실제적 문제**: 학습자와 직접적으로 연관된 실제적인 문제를 제공할 경우, 학습자는 자신에게 도움을 줄 수 있는 문제의 해결책을 알고 싶어 할 것이며 교사를 위해서가 아니라 자신들을 위해서 문제를 해결하고자 하게 될 것이다.

## 3. 문제기반학습의 절차

문제기반학습은 일반적으로 사전활동, 문제제시, 문제해결계획, 협동학습 및 문제해결, 결과정리 및 발표, 성찰 및 평가의 순서로 이루어져 있는데, 각 단계별로 교수·학습이 진행되는 내용을 살펴보면 다음과 같다.

① **사전활동**: 문제기반학습의 개념과 절차, 역할 및 협동 기술 등을 이해하고 자기소개를 하며 팀을 구성한다. 문제기반학습이 무엇이고 어떤 순서로 진행되는가를 이해한다. 또한 학습하려는 의욕을 고취하고 공동체 형성의 기틀을 마련하기 위해서는 무엇보다도 학습자의 동기유발과 친근감 형성이 필수적이다. 학습자가 자발적으로 동기를 유발하여 학습하기는 어렵기 때문에, 교수자는 이 단계에서 학습자의 학습의욕을 고취시키기 위한 분위기의 형성에 주력해야 한다. 문제기반학습은 개별학습과 협동학습으로 이루어지며, 협동학습은 개별학습자의 책임감을 기반으로 한 구성원들과의 협력적인 활동이 필수적이기 때문에 학습자 구성원들 간에 친숙한 관계가 형성되도록 한다(Johnson & Johnson, 1996).

② **문제제시**: 문제기반학습을 위해 문제를 제시하거나 생성하는 단계이다. 이때 좋은 문제란 실제적, 맥락적, 비구조화(Barrows, 1994; Savery & Duffy, 1995)된 문제로, 문제를 해결하기 위해 더 많은 지식과 정보가 요구되는 것이어야 한다. 이 단계에서 교사의 역할은 좋은 문제를 만드

는 것이다. 문제는 반드시 설명식일 필요는 없으며, 학습 주제와 관련 있는 기사 또는 비디오 자료 등을 활용하여 좀 더 실제적이고 역동적으로 제시할 수도 있다.

③ **문제해결계획:** 문제해결을 위하여 팀원들이 어떠한 세부 과제들을 실행하고 일정을 수립하며 역할 분담을 해야 하는가를 결정하는 단계이다. 먼저 과제의 정교화 및 재확인의 단계로 제시된 문제를 해결하기 위하여 하위 목표 또는 문제들을 열거하게 된다. 다음으로 문제해결을 위한 일정을 계획하며 다른 구성원들과 역할을 분담한다.

④ **개별학습:** 각자 문제를 해결하기 위하여 자기주도적인 개별학습을 진행하는 단계이다. 문제해결을 위한 자료를 찾는 것은 개별 학생들의 책임이 된다. 각자 문제에 대한 자신의 생각을 정리하고 개별학습계획을 수립한 뒤 문제의 본질과 문제와 연관된 요소들을 탐색하며 정리한다. 이 단계는 문제의 난이도에 따라서 다음 단계와 함께 여러 번의 반복 과정을 거칠 수 있다. 즉, 다음 단계인 협동학습 및 문제해결 단계 후 곧바로 결과정리 및 발표를 수행하는 것이 아니라, 여건과 환경이 마련되고 학습목표달성에 필수적이라면 다시 각자 개별학습을 진행하고 다시 협동학습을 수행하는 과정을 되풀이 할 수 있다.

⑤ **협동학습 및 문제해결:** 개별학습으로 얻은 결과물을 가지고 팀 간의 논의를 통하여 문제해결안을 도출하고 검증하며 확정하는 단계이다. 개별학습을 마친 후, 팀활동으로 학생들은 다양한 정보의 유용성과 정보의 교환을 경험한다. 팀원을 직접 만나거나, 커뮤니티 게시판과 전자우편을 이용하여 논의를 한다. 학생들은 동료에게 새로운 내용을 제시하고 서로에게 질문함으로써 학습결과를 정리하여 공동체 지식으로 다시 생성한다. 이를 통해 세부 과제 해결 달성 여부를 확인한 후 문제해결안을 도출하고 토론과 추가자료 수집·분석을 통해 검증하며, 최종 해결안을 채택하여 문제를 해결하게 된다.

⑥ **결과정리 및 발표:** 과제의 설정과 해결이 끝난 것을 확인하고 학습의 목적을 달성한 단계이다. 과제해결 결과를 정리한 뒤 모든 구성원들에게 발표함으로써 개별학습자에게는 모든 수행 과정을 살펴보고 마지막 결과를 산출한다는 의미가 있다. 또한 다른 팀의 활동내용을 알 수 있는 기회가 된다.

⑦ **성찰 및 평가:** 문제기반학습의 마지막 단계로서 학습의 전 과정을 평가하는 활동이 진행되는데, 학습결과와 동시에 학습과정에 관한 평가를 학습자와 교수자가 주체가 되어 수행하게 된다. 자기주도학습활동과 팀 구성원으로서의 협동학습결과를 평가한다. 평가방법은 본인 스스로에 의한 평가, 팀 내 동료들 간의 평가, 팀 간의 평가, 교수자에 의한 평가 등 다각적으로 이루어지도록 한다.

## 제3절
# 협동학습

### 1. 개요

고대의 경전인 탈무드에서도 언급되었을 만큼 강의법, 토의법과 더불어 오랜 역사를 가진 **협동학습**Cooperative learning은 학습능력이 각기 다른 학생들이 동일한 학습목표를 성취하기 위하여 소집단 내에서 함께 활동하는 수업방법으로(Slavin, 1987), 긍정적인 상호의존, 개별책무성, 동등한 성공의 기회 제공이 가능하다는 점에서 지나친 개인 간의 경쟁구도로 촉발되는 기존 교육체제의 여러 문제들에 대한 대안적 교수법으로 제시되고 있다.

협동학습은 개별화 교육이나 완전학습 이론에 대한 비판적 성찰을 통해 오늘날과 같은 모습으로 발전하였는데, 학습자 개개인의 개인차를 인정하고 그들이 가진 능력이나 적성을 충분히 살려서 학습자의 학습속도와 흥미에 맞게 맞춤형 교육을 실시해야 한다는 개별화 교육과 완전학습 이론을 실제 학교 현장에 적용하기에는 여러 제도적·현실적 어려움이 많고, 특히 학습자 간의 긍정적인 상호작용을 기대하기 어렵다는 문제가 있다. 이에 비해 성취 수준이 다른 학습자들이 하나의 소집단을 이루고 집단 구성원 간에 서로 협력하여 공동의 목표를 달성하도록 하는 협동학습은 학생들이 느끼는 소외감이나 적대감을 해소하는 데 도움을 줄 수 있고, 교육적으로도 효과가 있음이 여러 선행연구들을 통해 뒷받침되어 학습자의 적극적 참여와 성공적인 문제해결의 경험을 중요시하는 역량중심 교육 패러다임에 부합하는 효과적인 학습방법 중 하나라고 할 수 있다.

〈표 6-3〉 협동학습의 장단점 비교

| | 장점 | 단점 |
|---|---|---|
| 협동학습 | • 함께 문제를 해결하는 과정을 통하여 서로를 존중하고 이해하는 폭이 넓어진다.<br>• 의사결정능력, 문제해결능력, 의사소통 기술을 배울 수 있다.<br>• 학생들이 협동하여 문제를 해결하는 과정에서 긍정적인 자아개념을 가질 수 있다.<br>• 학습자가 교사의 통제나 보호에서 벗어나 독립적인 학습을 할 수 있어 스스로 학습하는 능력이 길러진다.<br>• 학생들의 숨어있는 다양한 재능을 개발하고 격려해 줄 수 있다. | • 협동학습은 구성원이 이질적인 학습자로 이루어져 있는 경우 학습능력이나 선수학습 정도, 성향과 문화적 차이로 인하여 집단 내에서 갈등이 일어나기도 한다.<br>• 일부 구성원들이 협동학습 과정에 참여하지 않으면 전체적으로 학습이 이루어지기 힘들다.<br>• 구성원 간에 역할분담이 불분명하거나 개별적인 책무성이 애매한 경우 기여하는 바 없이 성과를 차지하는 이른바, '무임승차' 하는 학생이 간혹 생기기도 한다.<br>• 학업이나 학습과제는 소홀히 하고 분위기나 집단활동 과정만을 소중히 여길 우려도 있다.<br>• 시간계획을 소홀히 하게 되면 수업 진도에 많은 차질을 빚을 수 있다. |

위 〈표 6-3〉에서 살펴본 협동학습의 문제점을 최소화하고 장점을 극대화하기 위하여 Johnson과 Johnson(1987)은 다음과 같은 다섯 가지 요소들을 제시하고 있다.

① **긍정적인 상호의존:** 집단의 구성원 간에 상호의존하며 과제를 수행해야 한다. 학습자들은 자신의 수행이 다른 구성원에게 도움이 되며 다른 구성원의 노력이 자신들에게도 도움이 되는 것을 분명하게 인식할 필요가 있다. 구성원 모두가 서로 협력하면서 동일한 목표로 향해 간다는 의식이 필요하다.

② **면대면 상호작용:** 집단 구성원 간에 심리적인 일체감을 갖기 위해서는 개방적이고 허용적인 태도로 서로를 대하는 것이 중요하다. 학습자 간의 상호작용을 통하여 학습자들은 서로 돕고 신속하고 정확하게 목표를 수행할 수 있다.

③ **개별적인 책무감:** 집단 구성원은 각자의 역할과 노력이 전체 수행에 영향을 미친다는 것을 깨달아야 한다. 자신의 역할과 과제를 완수하여 집단의 목표달성에 기여하려는 노력은 자기 책무성에 대한 인식이 없이는 불가능하다.

④ **사회적 기술:** 집단이 목표를 달성하기 위해서는 개개인의 의사소통 능력과 상대방을 존중할 줄 아는 태도가 매우 중요하다. 이를 통해서로를 신뢰하고 의지하게 되며 협동하면서 학습하는 가운데 개개인의 사회적 기술도 발전하게 된다.

⑤ **집단활동 과정:** 집단 구성원 모두가 적극적으로 학습활동에 참여하여 성과를 거두기 위해서는 그룹운영이 효율적이고 합리적이어야 한다. 구성원의 활동에 대해 적절한 피드백이 제공되거나, 문제해결방안에 대한 메타인지전략의 안내, 적절한 보상체계의 사용 등을 통하여 긍정적인 결과를 낳을 수 있다.

## 2. 협동학습의 유형 및 절차

협동학습은 집단 간 협동과 경쟁의 정도에 따라 '학습자팀 학습' 유형 또는 '협동적 프로젝트' 유형으로 구분할 수 있으며(교육공학용어사전, 2005). 팀성취분담모형student-teams achievement divisions; STAD, 팀경쟁학습모형teams-games-tournament, 팀보조개별학습모형team assisted individualization; TAI, 직소우Ⅱ모형jigsawⅡ은 전자에, 직소우Ⅰjigsaw Ⅰ, 자율적 협동학습모형co-op, 집단조사학습모형group investigation; GI, 함께 학습하기모형learning together; LT 등은 후자에 속한다.

일반적으로 수업에서 협동학습이 이루어지는 절차를 살펴보면 다음과 같다:

① **학습목표의 구체화와 협동학습모형의 선정:** 협동학습으로 기대되는 학습의 결과를 구체적으로 명시하고, 학습목표와 학습자의 특성을 고려한 최적의 협동학습모형을 선정한다.

② **소집단 구성:** 소집단은 보통 6명 내외로 구성하며, 이질적인 학생들로 구성하는 것이 바람직하다. 구성원이 너무 많으면 한두 명이 학습을 주도하고 나머지 학생들은 수동적이 될 가능성이 크고, 너무 적으면 구성원의 부담이 크고 원활한 그룹운영이 어렵다. 동질적인 학생들로 구성하기 보다는 이질적인 학생들로 구성하는 것은 이질적인 집단에서 상대방을 통하여 배울 수 있는 기회가 많기 때문이다. 그러나 집단 간에는 능력이 동질적이어야 집단 간 경쟁을 유도할 수 있다. 한 번 구성된 집단을 유지하는 것이 좋으나, 집단 사이에 있을 수 있는 갈등을 해소하기 위해 소집단을 주기적으로 재편성하는 것도 고려할 필요가 있다.

③ **협동학습에 대한 안내:** 교수자는 협동학습의 절차와 방법에 대해 충분히 안내해야 한다. 학습자의 능동적인 노력이 요구된다는 점과 상호의 존성, 개별적인 책무성을 주지시켜야 한다. 또한 평가방법도 기존의 평가와 달라 학생들이 혼란스러워 할 수 있으므로 충분한 안내가 필수적이다. 한편 협동학습 기술에 대해서도 안내가 필요하다. 협동학습의 성

공을 위한 전략으로 대인관계 기술, 사회적 기술, 의사소통 기술 등이 있으며 이러한 기술들을 직접 가르치거나 연습할 수 있도록 기회를 제공하는 것이 필요하다.

④ **협동학습 실시:** 학습자들이 협동하여 문제를 해결하는 단계로서 교수자는 전반적인 운영을 돕고 안내자의 역할을 한다.

⑤ **협동학습의 결과 발표 및 평가:** 각 집단에서 수행한 협동학습 결과에 대해 전체에게 발표하는 단계이며 그에 대해 평가가 이루어지는 단계이다. 협동학습 결과에 대해 평가기준을 정해서 개인점수, 집단점수, 향상점수를 부여하고 집단내의 응집력을 높이고 집단 간의 선의의 경쟁을 유도하도록 한다.

⑥ **전체 프로그램 평가 및 수정:** 협동학습의 전체 과정에 대해 검토하고 수정하는 단계이다.

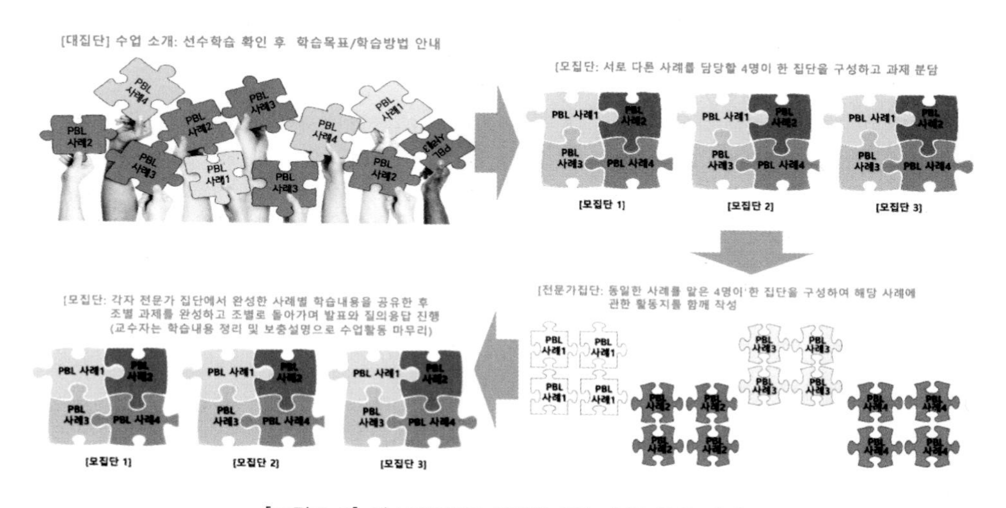


**[그림 6-3]** 직소우모형을 적용한 PBL 수업 흐름 예시

협동학습모형을 실제 교실수업에 적용하고자 할 때 학습자팀 학습 유형과 협동적 프로젝트 유형이 어떤 차이를 나타내는지를 보다 잘 이해하기 위해

전자에 속하는 직소우 I 모형과 후자에 속하는 직소우 II 모형을 좀더 구체적으로 살펴보면 다음 〈표 6-4〉와 같다.

〈표 6-4〉 직소우 I 모형과 직소우 II 모형 비교

| | 직소우 I 모형 | 직소우 II 모형 |
|---|---|---|
| 특징 | • 미국 학교에서 인종 간의 갈등과 학교교육의 문제를 해결하기 위하여 처음 도입되어 성공을 거둔 모형 | • 집단 목표와 성공 기회가 균등히 보장되어 있지 않은 직소우 I의 단점을 개선하기 위해 '공동 목표'와 '성공 기회의 균등'을 강화하여 집단 구성원 간의 상호의존성을 높이도록 수정하여 제안한 모형(Slavin, 1983) |
| 공통 요소 | • 소집단 조직과 의사소통 훈련: 원만한 협동활동과 의사소통을 위해서는 역할놀이, 브레인스토밍 등 협동학습활동에 관한 훈련기회 제공<br>• 소집단 리더: 교사에 의해 선출된 리더가 소집단의 조직과 유지, 과제 수행을 위한 소집단 내의 문제해결하는 등의 역할 담당<br>• 집단구성: 학습능력이나 성별, 심리적 특징 등에서 이질적인 5~6명의 학습자로 소집단 구성<br>• 전문가 집단: 소집단의 모든 구성원은 같은 학습 자료를 할당받은 다른 소집단의 구성원들과 전문가 집단을 구성하여 자신이 맡은 학습 자료에 관한 정보를 교환하며 연구하고 내용을 습득하여 그 분야의 전문가가 됨 | |
| 차별화 요소 | • 특별히 고안된 학습자료: 소집단 구성원들이 서로의 도움 없이는 학습할 수 없도록 소집단 수만큼 부분자료로 나누어 재조직된 학습자료<br>• 개인적 평가와 보상: 집단 보상 대신 전체 학습 단원에 대한 개인적 평가 | • 기존의 학습자료를 나누거나 재구성하지 않고 모든 학습자들에게 그대로 제공<br>• 개인의 향상점수에 기초한 집단보상: 전문가집단과 소집단 학습후 전체 단원에 대한 개별평가를 실시하여 집단별로 개별 구성원들의 향상점수에 기초한 집단 보상 제공 |

## 탐구문제

1. 플립러닝, 문제기반학습, 협동학습과 관련된 흥미로운 국내외 사례를 찾아보고, 각 사례별 교육대상, 교육목적과 내용, 환경 등을 고려하여 학습자의 역량강화를 위한 학습자중심 교육방법으로서의 효과성과 적절성에 대해 평가해보시오.

2. 비판적 사고, 소통 능력, 협업 능력, 창의성 등 학습자에게 요구되는 미래 핵심역량을 강화하기 위한 학습자중심 교육방법으로 플립러닝, 문제기반학습, 협동학습 가운데 가장 적용해보고 싶은 교육방법을 선택하여 그 이유와 예상되는 교육효과에 대해 설명해보시오.

# 제7장

# 교수매체

제7장에서는 교수매체를 다루고 있다. 제1절에서는 교수매체의 개념과 기능을 설명하고 제2절에서는 매체의 유형에 대해 소개한다. 제3절에서는 매체의 선정과 활용을 위한 ASSURE 모델을 설명하고 이를 적용하여 개발된 다양한 교수설계의 예를 제시하는 한편, 제4절에서는 미디어리터러시와 미디어교육의 중요성에 대해 다루고 있다.

## 제1절
## 교수매체의 개념과 기능

### 1. 교수매체의 개념

매체란 라틴어 medius에서 유래한 말로서, 사전적으로는 사이[between]를 의미하며, 원자료와 수신자 간에 정보를 전달하는 모든 수단을 의미하는 광범위한 뜻으로 활용되고 있다(Smaldino, Lowher, Mims & Russell, 2015). 매체는 일반적으로 소프트웨어 활용의 의미와 전달 수단으로서 테크놀로지의 의미를 모두 갖고 있다.

테크놀로지는 그리스어 technologia에서 유래한 말로서, 기법이라는 뜻의 techne와 말하기를 의미하는 logia의 합성어이다. 광범위한 의미에서 테크놀로지는 도구와 기법에 관한 지식과 활용이라고 이해할 수 있지만, 교육공학에서의 관심은 특히 교육에서의 활용에 주안점을 둔다(Smaldino, Lowther, & Russell et al., 2008).

일반적으로 매체는 내용, 테크놀로지는 수단으로 구분하기도 하나, 본서에서는 매체와 테크놀로지를 특별히 구분하지 않는다. 본서에서는 교수매체와 테크놀로지를 교수목표를 달성하기 위해 교수-학습활동을 계획하고, 실행하고, 평가하는 과정에서 인적·물적 교수자원을 체제적으로 활용하는 것으로 개념화하고(Seels & Richey, 1994), 특히 활용에 있어 방법론적인 측면이 포함된 통합적 개념으로써 정의한다. 교수매체와 테크놀로지의 특성을 다음과 같이 요약할 수 있다(Howland, Jonassen, & Marra, 2012).

- 교수매체와 테크놀로지는 단순한 하드웨어가 아니라 학습자의 참여를

유도하는 설계와 환경으로 구성된다. 특히 인지학습전략이나 비판적 사고능력과 같은 적극적 학습의 기법을 갖추고 있어야 한다.

- 교수매체와 테크놀로지는 학습자가 능동적, 구성적, 의도적, 실제적, 협력적으로 학습에 참여할 수 있도록 하는 형태의 활동이나 환경을 포함할 수 있다.
- 교수매체와 테크놀로지는 단순히 의미를 전달하는 도구가 아니며, 저절로 학습자와의 상호작용이 일어나게 할 수 있는 것도 아니다.
- 학습자 주도로 교수매체·테크놀로지와의 상호작용이 일어나고 교수매체·테크놀로지와의 상호작용이 학습에 몰입하도록 하게 해줄 때 유의미한 학습을 지원해 준다.
- 교수매체와 테크놀로지는 학습자들이 세계를 개인적으로 의미있게 해석하고 표상할 수 있도록 해주는 지적 도구라고 할 수 있다.
- 학습자에게 교수매체와 테크놀로지는 지적 파트너로서 인지적 부담을 줄이는 데 기여할 수 있어야 한다.

## 2. 교수매체의 기능

교수매체의 역할은 여러 가지로 설명할 수 있겠으나, 가장 중요한 것은 학습자가 매체 자체로부터 배우는 것은 아니라는 점이다. 오히려 매체 활용의 목적은 커뮤니케이션과 학습을 촉진하기 위한 것이다. 즉 매체나 테크놀로지가 저절로 학습을 일어나게 하는 것이 아니라 학습자가 과제를 이해하고 적극적으로 학습활동에 참여하려는 노력을 지속할 때 유의미한 학습이 일어날 것으로 기대할 수 있다. 따라서 교수매체는 의도적이고, 활동적이며, 구성적이고, 협동적이고, 실제적인 학습을 요구하는 유의미한 과제 활동을 지원하는 기능을 할 수 있어야 한다(Howland et al., 2012). 매체와 테크놀로지의 기능은 다음과 같이 요약할 수 있다.

- 지식구성을 지원하는 도구로서의 매체와 테크놀로지
  - ▹ 학습자의 아이디어, 이해, 신념 등을 표현할 수 있게 해준다.
  - ▹ 학습자가 조직화된 멀티미디어 지식기반을 생성할 수 있게 해준다.
- 구성적 학습[learning by constructing]에서 지식을 탐색하도록 지원하는 정보 전달자로서의 매체와 테크놀로지
  - ▹ 필요한 정보에 접근할 수 있게 해준다.
  - ▹ 다양한 정보를 통해 다른 관점, 신념, 세계관을 비교할 수 있게 해준다.
- 실천적 학습[learning by doing]을 지원하기 위한 실제적 맥락으로서의 매체와 테크놀로지
  - ▹ 실제 세계의 문제, 상황, 환경 등을 표현하고 경험해볼 수 있게 해준다.
  - ▹ 다른 사람의 신념, 관점, 논의, 이야기를 묘사해준다.
  - ▹ 학습자가 사고활동을 할 수 있는 신뢰할 수 있고 통제 가능한 문제 상황을 정의해준다.
- 사회적 학습[learning by conversing]을 지원하기 위한 매개체로서의 테크놀로지
  - ▹ 다른 사람들과 협력할 수 있게 해준다.
  - ▹ 공동체 구성원들이 토론하고 논쟁하고 합의에 도달할 수 있도록 해준다.
  - ▹ 지식구축공동체간의 담화를 지원해준다.
- 성찰적 학습[learning by reflecting]을 지원하기 위한 지적 파트너로서의 테크놀로지
  - ▹ 학습자가 알고 있는 것을 명료화하고 표현할 수 있도록 지원한다.
  - ▹ 학습자가 무엇을 어떻게 학습했는지 성찰할 수 있는 기회를 제공한다.
  - ▹ 학습자가 내적인 협상과 의미구성을 할 수 있도록 지원해준다.

▹ 학습자가 개인적으로 의미를 표현하고 구성할 수 있도록 지원해준다.
▹ 학습자가 신중한 사고를 할 수 있게 해준다.

제 2 절
# 교수매체의 유형

## 1. 물리적 형태에 따른 범주

일반적으로 17세기 도서에 최초로 삽화를 활용하고 18세기 교실에서 칠판을 사용했던 것을 교수매체의 시초라고 본다. 교수매체의 유형은 관점에 따라 매우 다양하게 구분할 수 있다. Smaldino와 동료들(2015)은 교수매체의 유형을 내용이나 메시지가 제시되는 물리적 형태에 따라 크게 여섯 가지로 범주화하고 있다. 첫째, 텍스트[text]는 가장 보편적으로 사용되는 매체로서 숫자와 문자로 구성되며 책, 포스터, 화이트보드, 컴퓨터 스크린 등과 같은 다양한 형태로 나타낼 수 있다. 둘째, 오디오[audio]도 학습에서 보편적으로 많이 사용되는 매체로서 사람의 음성, 음악, 기계음, 잡음 등과 같이 청각을 통해 들을 수 있는 것이 모두 포함되며 실연 혹은 녹음 형태로 제시될 수 있다. 셋째, 시각자료[visual] 또한 학습촉진을 위해 주로 사용되는 매체로서 컴퓨터 스크린에 제시되는 다이어그램, 화이트보드의 그림, 이미지, 인쇄물에 제시되는 그래픽, 만화 등이 포함될 수 있다. 넷째, 비디오[video]는 움직임을 나타내는 시각 및 청각매체로서 파일의 형태로 저장될 수도 있고 온라인으로 스트리밍되는 방식으로 제시될 수도 있다. 다섯째, 실물이나 모형은 직접 만지고 조작할 수 있는[manipulative] 3차원 입체 조작물 형태의 매체이다. 여섯째, 인적[people] 요인도 중요한데 학습자들은 교사, 동료학습자, 다른 성인들로부터 배우고 학습하기 때문이다.

## 2. 학습과제 및 학습활동에 따른 구분

매체가 단순한 교수자료의 전달수단으로 인식되고 활용된다면 결코 기대되는 역할을 해낼 수 없을 것이다. 정보의 저장소나 정보의 전달자를 넘어 도구로 인식될 필요가 있다. 교수-학습의 과정속에서 어떻게 활용되느냐에 대한 고려가 필요하며 정보전달을 넘어 학습파트너와 같은 역할을 할 수 있도록 해야 한다(Howland et al., 2012). 오늘날 매체는 하드웨어적으로나 소프트웨어적으로 다양하고 복잡한 형태를 띠고 있으므로 그 교육적 잠재력 역시 다양하다. 매체가 교사와 같은 역할을 수행하는 매체로부터의 학습[learning from technology]이 아닌 매체와 함께 학습[learning with technology]하는 패러다임이 대두됨에 따라, 매체와 테크놀로지의 유형은 다음과 같이 구분해볼 수 있다(이인숙, 1996; 이인숙, 한승연, 임병노, 이지연, 이현우, 2014; Howland et al., 2012).

### 1) 정보검색 도구

정보검색 도구로 활용될 때 첨단매체는 주로 선형적 혹은 일방향적 커뮤니케이션을 통해 접근 가능한 정보 제공원으로서의 역할을 한다. 학습자들이 디지털도구에 지속적으로 접속하고 인터넷에 연결할 수 있는 접근성이 증가하여 더 이상 데스크톱, 교실, 물리적 공간에 얽매이지 않고 학습활동을 위하여 자료에 쉽게 접근할 수 있다. 학습자들은 정보를 검색하기 위해 컴퓨터나 개인 디바이스를 쉽고 재미있게 활용하며 검색한 정보에 대한 자신의 이해와 지식을 바탕으로 과제물이나 발표를 작성하게 된다. 정보도구로서의 컴퓨터는 구체적으로 쓰기, 계산, 정보 검색 등에 활용될 수 있으며, 지식 강화, 개념 개발, 문제해결에 기여할 수 있다(Smaldino et al., 2015).

데이터베이스는 학습자들이 접근, 조직, 처리할 수 있는 방대한 양의 문자, 음성, 음향 및 그래픽, 즉 멀티미디어적인 정보를 제공한다. 이러한 데이터베이스는 백과사전과 참고문헌으로부터 박물관, 과학연구소 및 기타 역사기록보관소의 수집물까지 다양한 형태를 포함한다. 학습자는 데이터베이스를 탐색하는 과정에서 자신이 원하는 정보를 찾아내기 위해 주제어를 선택하거나 비교 분석을 위해 정보를 재구성하기 때문에, 정보활용력을 키우게 된다. 대안적으로 학생들은 제3자들과 협력을 통해 앞으로 완성해 갈 자신들의 데이터베이스를 만들어낼 수 있다.

자원네크워크로서 인터넷 테크놀로지는 학습자의 과거 검색 이력이나 선호도, 행동을 기억하고 더욱 빠르고, 예측하기 어려울 정도로 다면적이며 지능적으로 변화하고 있다. 데이터 마이닝 기술을 사용하여 학습자의 행동 패턴을 발견하는 등 학습도구로서 잠재력이 보다 확대되고 있다. 그러나 정보 접근성 제고가 언제나 유의미한 학습경험을 창출하는 것은 아니므로 참된 교육자료로 활용할 수 있도록 가르치는 것이 중요하다. 정해진 답을 찾기 위해 인터넷을 통해 자료 조사하는 것이 아니라 찾고 있는 정보를 통해 학습이 일어나기 위해서는 문제해결에 도움이 되는 정보를 찾으려는 목적을 갖고 있어야 한다. 계획적인 정보 탐색은 계획, 검색을 위한 전략 사용, 평가, 정보의 다면적 검증이라는 네 가지 단계를 요구한다(Colaric & Jonassen, 2001).

검색도구는 검색엔진과 디렉토리 두 가지 유형으로 구분할 수 있다. 검색엔진(예, Google)은 인터넷을 탐색하는 자동화된 스크립트를 사용하고 데이터베이스를 위한 웹페이지로 분류한다. 다양한 요인들을 평가하는 알고리즘에 기반해 웹페이지의 등급을 매기고 페이지 검색에서 제시되는 목록 순서를 결정한다. 디렉토리(예, Yahoo)는 키워드 검색대신 웹사이트를 범주로 정리하는 계층적 구조를 사용하는 데이터베이스이다. 어떤 검색엔진은 분야별로 특성화된 검색엔진으로 발전되고 세분화되어 가고 있는 추세이며 특정 정보에 최적화된 기능을 갖고 있다. 일반 검색엔진으로 연동되지 않는 데이터베이스(예, EBSCO, ProQuest 등)들은 별도의 접근권한을 필요로 한다.

그 외에도 피드feeds는 적극적으로 탐색할 필요 없이 사용자들에게 웹사이트의 내용을 자동으로 전달해주기도 한다. 검색된 결과를 북마크나 저장하는 형태로 개인화하고 조직화하는 것이 가능하며 클라우드 컴퓨팅을 활용하면 검색 결과의 공유도 가능하다. 개인 디바이스와 모바일 환경 제공으로 위치 추적이나 다양한 센서 테크놀로지를 활용하여 검색기능을 제공하는 서비스도 널리 활용되고 있으며 현장 학습에서도 유용하게 활용될 수 있는 가능성 등을 제공해주고 있다. 또한 기존에 작성된 자료를 검색하는 것 외에 설문도구를 활용하여 직접 의견을 수집하는 것도 쉽게 활용 가능하다.

다만 학습에 활용할 때, 검색된 자료에 대해서는 사이트에 포함된 정보를 관련성과 신뢰성이라는 측면에서 평가할 수 있어야 한다(Howland et al., 2012). 즉, 사이트의 정보가 학습과제와 관련이 있고 목적에 부합되는지, 학습자의 의도에 관련된 정보가 있는지 평가해보아야 하며, 한편으로 정보의 출처가 신뢰로운지 살펴보아야 한다.

《 신뢰성 평가 질문 예시 》

- 누가 이 정보를 제공하였는가?
- 이 사이트의 저자나 단체는 그 분야에 권위가 있는가?
- 사이트가 언제 개발되고 최신 업데이트는 언제 되었는지 명확한가?

《 관련성 평가 질문 예시 》

- 웹사이트의 내용이 사실인가, 의견인가? 정보가 이론이나 증거, 사실이나 허구를 나타내는가?
- 내용의 흐름이 논리적인가?
- 논리 사이에 공백이 있는가? 주제에 관련되나 빠진 정보가 있는가?

한편 인터넷 자료를 검색, 관리, 평가하는 기술을 학습해야 할 뿐 아니라 저작권, 공정한 사용, 표절 등과 같은 인터넷 윤리들에 대한 고려도 필요하다. 또한 정보접근성 제고가 중요한 만큼 학습자들이 유해정보에 노출되지 않도록 안전성에 대한 고려가 필요하며, 필터링과 같은 부적절한 자료를 관리할 수 있는 기능을 활용할 필요도 있다. 또한 검색활동과 관련된 개인 정보가 유출되지 않도록 주의할 필요가 있다.

### 2) 기능적 도구

기능적 도구로 활용될 때 첨단매체는 학습자의 아이디어를 제3자에게 표현하고 학습결과물을 산출, 제시할 수 있도록 지원해 준다. 대부분의 경우 지식의 형성은 학습자가 제3자와 대화하고 스스로 자료를 설계하며 학습자원을 관리함으로써 이루어진다(Jonassen, 1995). 최근의 가장 두드러진 추세는 교수전달 매개체로서 보다는 학습과정에 기능적 도구로서의 첨단매체 활용이 점점 더 강조되고 있다는 것이다.

학습자들이 직접 학습의 결과를 텍스트, 그래픽, 이미지, 오디오, 비디오를 활용하여 재구성해볼 때 학습이 더욱 강화된다(Smaldino et al., 2015). 자신들의 아이디어를 단순히 종이에 옮겨 적는 것만으로도 흥미를 느낄 수 있고 탁상출판^desktop publishing^을 통해 디자인을 입힌 자료를 생성해낼 때 더욱 만족하게 된다. 학생들이 간단한 그래픽 도구나 프레젠테이션 도구를 활용하여 자신들이 학습한 결과를 출판할 수 있게 해주는 것은 단지 수업내용에만 국한되는 것이 아니라 학급신문이나 다른 창작품을 만들어내는 것도 가능하다. 컴퓨터 소프트웨어를 활용하여 수집한 자료를 기록하고 분석하여 결과물을 창출할 수 있고, 복잡한 도구의 활용 없이 학생들이 창작활동에 참여할 수 있는 방법은 매우 다양하다.

제대로 활용될 때 '기능적 도구'는 학습자가 학습과정을 통제할 수 있는 기능성을 확대해 줌으로써 학습생산성을 증가시킨다. 즉, 이 매체들은 학습자들이

사소한 기능적 문제해결에 노력과 시간을 소비하지 않고 그 대신 학습과제에 더욱 집중할 수 있도록 해주므로, 고도의 사고능력 개발을 간접적으로 지원해 줄 수 있다. 가장 대표적인 '기능적 도구'에는 문서작성 프로그램, 스프레드시트, 출판 프로그램, 그래픽 프로그램, 발표도구, 디자인 도구 등이 있다.

- 문서작성 도구: 한글, MS워드 등의 문서작성 프로그램은 다양한 측면에서 작문 과정을 지원한다. 학습자들이 보다 전문적으로 문서작성을 할 수 있도록 하며, 철자나 구두점보다는 작문 아이디어나 내용을 조직하는데 보다 많은 신경을 쓰게 되기 때문에 궁극적으로 고도의 사고능력 개발을 지원한다. 한편, 내용을 처음부터 다시 쓸 필요 없이 여러 번 초안을 수정할 수 있도록 하여 줌으로써 작문 과정을 지원하여 준다.
- 발표도구: 학습의 목적이 구두발표에 있다면, 파워포인트와 같은 발표도구 프로그램을 사용함으로써 발표하는 동안 사용될 문자, 그래픽, 동영상 등을 삽입한 슬라이드를 만들 수 있다. 이런 프로그램을 이용하면 문자, 그래픽, 비디오, 음악 등을 포함한 멀티미디어 발표도 가능하다.
- 디자인 도구: 디자인은 우리 삶의 모든 부분에 스며들어 있는 일상적인 활동으로 사람들은 전문분야나 개인적인 생활에서 의도와 목적을 갖고 창작물을 디자인하게 된다. 디자인 도구를 활용함으로써 디자인씽킹(design thinking)을 촉진하고 개발할 수도 있다. 디자인씽킹이란 디자이너의 사고방식을 활용하여 인간 중심의 진정한 문제 인식을 바탕으로 풀어야 할 목적을 설정하고, 해결을 위한 여러 방안을 포괄적으로 고민하여 최종적으로 선택하는 과정으로 (Mootee, 2013) 학교 교육에서는 음악, 수학, 과학, 공학 등 다양한 분야에서 디자인 관련 과제들을 활용할 수 있으며 무형식학습에 이르기까지 제한이 없다. 대표적인 도구로는 SketchUp이나 Scratch와 같은 소프트웨어를 활용하여 다양한 아이디어를 창출하고 표상(시각화, 작곡, 애니메이션화 등)할 수 있다.

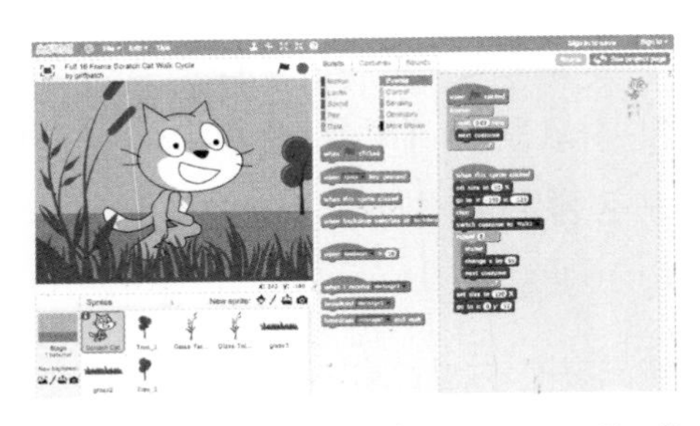

https://news.mit.edu/sites/mit.edu.newsoffice/files/images/2013/20130514110054-1_0_0.jpg

[그림 7-1] Scratch

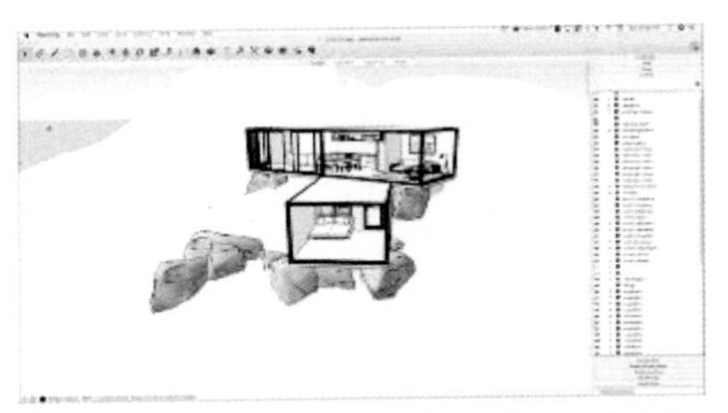

https://www.sketchup.com/sites/www.sketchup.com/files/all-products/img-allprod-card-supro.jpg

[그림 7-2] Sketchup

### 3) 탐구학습 도구

탐구학습 도구로 활용되는 첨단매체는 학습자들의 사고과정을 지원하고 이끌어주며 사고범위를 확산시켜 주는 데 주요한 역할을 한다. 이 목적으로 활용되는 매체는 필연적으로 '비판적 사고'를 동반하며 다양한 교과영역에 적용될 수 있는 지식구성 및 지식촉진 도구이다. 즉, 탐구학습에 활용되는 매체는 학습자가 자신의 지식을 구체화하고 자신의 학습과정과 결과에 대해 되새겨 보며, 스스로 의미를 만들어 가며 형성된 의미를 자신의 언어로 표현하는 것을 도와준다(Jonassen, 1995).

이 범주에 속하는 매체는 인지적 융통성을 허용하는 멀티미디어적인 데이터베이스, 컴퓨터언어, 시뮬레이션 등이다. 사례중심학습, 상황학습 등을 제공하는 매체는 특히 문제해결과 지식의 구성을 학습하는 데 필요한 현실 세계의 문제는, 상황 및 배경을 만들고 표현하는 데 중점을 둠으로써 학습자의 지적 과정을 지원해 준다. 이런 매체는 코치, 모델링 등을 통해 학습자가 성장하도록 지원할 뿐만 아니라 학습자들이 현실 세계의 문제를 탐색, 조작, 해결하는 데 필요한 풍부하고 상황적인 문제공간을 제공한다. 탐구적 학습을 위한 첨단매체는 '기능적 도구'와는 달리 인간의 능력을 확장시켜줄 뿐 아니라, 학습자들을 적극적인 인지활동에 참여시킴으로써 학습자의 인지적 기능을 증폭시켜 준다(Jonassen, 1995; Pea, 1985).

탐구학습의 동반자 역할을 하는 매체의 예를 소개하면 다음과 같다.

- 마이크로월드: 계산기, 데이터베이스, 그래픽 기능 등을 갖춘 가상의 실험실, 마이크로월드(microworld)는 특히 과학 및 수학영역에서 효과적으로 적용될 수 있다. 마이크로월드는 실제 세계의 현상을 시뮬레이션 형태로 구현한 탐색적 학습환경을 말한다(Howland et al., 2012). 현실 세계를 재현한 마이크로월드에서 학습자들은 현상을 조정·통제·조작하면서 관련 지식을 구성할 수 있다. 마이크로월드는 지식을 구성하는 데 필요한 다양한 관찰 및 조작도구를 제공한다.
- 물리학실험실(Interactive Physics, https://www.design-simulation.com/ip/)은 운동량, 힘, 가속 등과 물리학 관련 주제에 대한 마이크로월드이다. Interactive Physics가 제공하는 각 실험실에서 학습자들은 중력, 공기저항, 물체의 탄성, 다양한 매개변수들과 같은 여러 속성들을 쉽게 조작할 수 있다. 특히 가설을 검증하기 위하여 실험을 설계할 수 있도록 해주어 탐구 기반의 과학수업 적용에 적합하다.

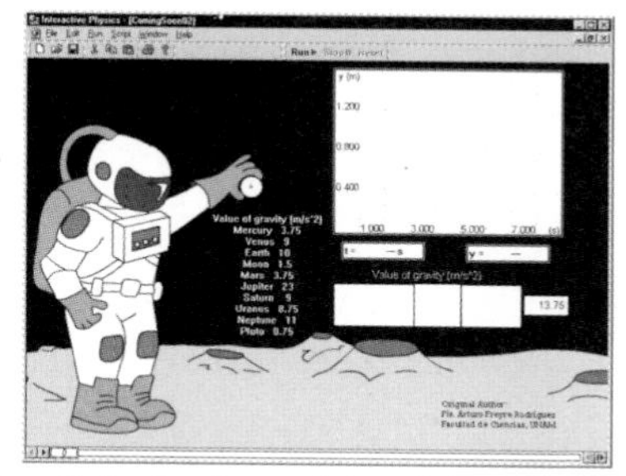

https://cdn.shopify.com/s/files/1/0214/4060/products/SpacemanPlanetaryGravity.gif?v=1441203860

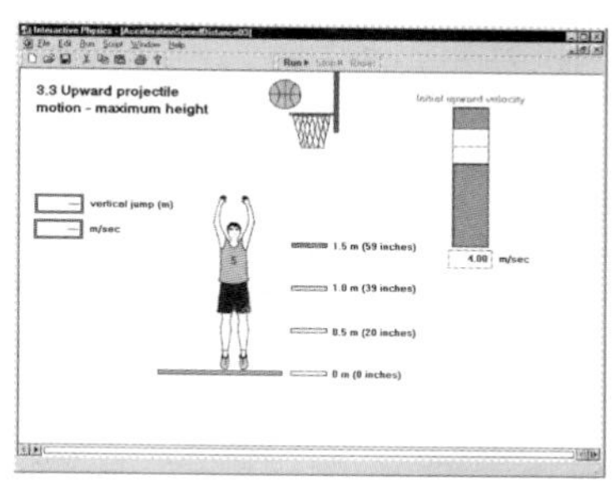


https://www.jyvsoft.com/wp-content/uploads/2018/06/1447670822_interactive-physics-v9.0.3-ss-1.jpg

[그림 7-3] Interactive Physics 실험 사례

이러한 마이크월드 실험실은 기존의 실험기자재보다 사용하기 쉽고 안전하게 실험을 할 수 있게 해준다. 마이크로월드는 주로 수학과 과학 영역에서 개발되고 있다.

- 가상세계: 시뮬레이션과 게임이 결합된 가상세계를 탐구활동에 활용할 수도 있다. 가상세계는 실제적이며 3차원적 컴퓨터 시뮬레이션으로 그 안에서 사용자는 아바타를 통해 다른 사용자들과 상호작용하는 동안 서로 경쟁하거나 협력적으로 탐구활동을 해나갈 수 있다. Quest Atlantis (https://sashabarab.org/projects/quest-atlantis/)는 몰입형 가상 환경으로 게임을 교육용 시뮬레이션과 결합한 것이다.

https://ritavh.files.wordpress.com/2010/06/qa.jpg

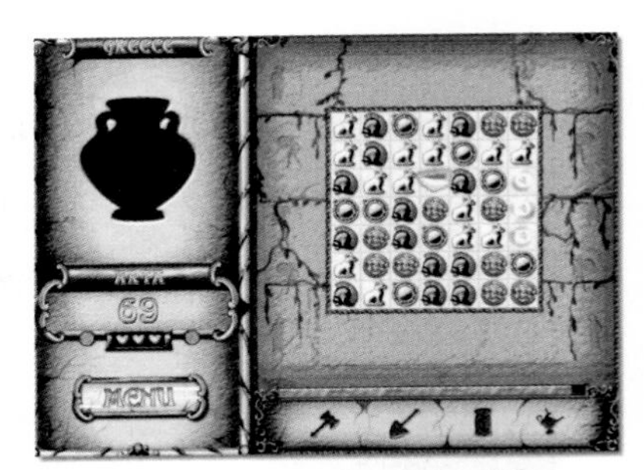


https://images.sftcdn.net/images/t_app-cover-l,f_auto/p/e2997a4a-99ec-11e6-ac4b-00163ec9f5fa/665068598/atlantis-quest-screenshot.jpg

[그림 7-4] Quest Atlantis

주어진 탐구를 완성함으로써 학습자들은 현장연구를 수행하고, 다른 사람을 인터뷰하고, 공동체가 직면한 문제에 대한 연구를 수행하고, 다양한 관점에서 문제를 해결하는 등의 활동에 참여할 수 있다. 컴퓨터 게임처럼 흥미롭게 가상세계를 통해 과학과 사회 등의 교과에서 학습에 적용할 수 있다.

### 4) 의사소통 도구

의사소통 도구는 서로 다른 장소, 특히 원거리에 있는 교사와 학습자들이 문서정보, 음성정보, 혹은 시각 정보를 주고받을 수 있도록 해준다. 의사소통은 전화, 컴퓨터망, 인공위성이나 기타 다른 테크놀로지를 통하여 이루어질 수 있다. 이러한 의사 및 정보교환이 면대면 방법을 완전히 대체하지는 않겠지만 최근 다양한 도구를 통해 거리와 시간의 제약을 최소화하면서 각종 자료와 데이터를 보다 용이하게 공유할 수 있게 해주므로 다양한 교육적 가치를 지니고 있다.

가장 일반적인 예는 토론게시판이라고 할 수 있는데, 대부분의 온라인강의실 플랫폼에는 비실시간토론을 지원하는 기능이 있다. 같은 시간, 같은 장소에 있지 않더라도 주제에 대한 심도깊은 논의를 할 수 있다는 점에서 유용한 도구이며 대화가 아카이브 형태로 저장·관리될 수 있다는 점이 장점이다. 그러나 최근 들어 학습자들은 SNS에서 제공하는 다양한 기능을 더 활발하게 사용하고 있어 각급 학교의 온라인강의실 플랫폼도 외부의 SNS를 연동하여 사용하기도 한다.

오디오 및 비디오컨퍼런싱 도구의 활용도 보다 용이해졌는데 데스크톱화상회의는 웹캠과 헤드셋만 갖추면 되고 대부분의 랩탑컴퓨터는 내장된 카메라와 마이크 장비가 있으며, 개인용 스마트 디바이스를 활용하는 경우도 많다. 비디오컨퍼런싱 플랫폼은 다양한 디바이스로 참여할 수 있고 기존에는 참여자 숫자에도 제한이 있었으나 점차 그 한계가 없어지고 있는 추세이다. 교실수업에 전문가를 초빙하는 데 활용할 수도 있고, 여러 교실 혹은 학교가 서로 연결되어 토론이나 협업을 할 수 있는 기회를 제공할 수도 있으며, 대면수업의 강력한 대안으로 교육적 잠재성이 보다 부각되고 있다.

https://www.uprism.com/images/main_page/curix.png

[그림 7-5] 비디오컨퍼런스

한편 누구나 콘텐츠를 생산하고 공유하고 유통할 수 있는 시대가 되면서 사용자의 역할을 넘어 학습자나 교사도 미디어제작을 하는 것이 일상화되었고 1인미디어 시대가 도래하면서 기존의 콘텐츠, 미디어, 테크놀로지의 개념과 차별화되는 플랫폼도 광의에서 의사소통도구로 포함될 필요가 있다. 플랫폼은 원래 기차역의 승강장이라는 공간을 의미하는 용어로 디지털콘텐츠와 미디어 플랫폼은 전송 네트워크 사용자 사이에서 콘텐츠를 패키징하고 그 콘텐츠를 쉽게 이용할 수 있도록 마련된 공간이다 (김경희 외, 2018). 잘 알려진 Facebook, Twitter, Instagram, Youtube 등은 대표적인 플랫폼이라고 할 수 있으며 각 플랫폼은 콘텐츠 유통방식, 콘텐츠 패키징 방식, 사용자의 콘텐츠 접근 방식 등을 나름의 방식에 따라 운영한다.

hhttps://www.kunews.ac.kr/news/photo/201905/30487_20564_2114.png

[그림 7-6] 인미디어 크리에이터

단순한 의사소통의 기능을 넘어 공동의 저작활동을 할 수 있는 협력학습 도구도 다양화되고 있는 추세이다. 예를 들면 Google에서 제공하는 다양한 문서작성 도구는 권한이 부여된 사용자들이 함께 텍스트, 도형, 수식 등을 사용하여 문서를 작성할 수 있고, 프레젠테이션 자료를 제작할 수도 있으며, 엑셀 프로그램 등을 활용하여 다양한 협력학습활동을 할 수 있게 해준다. SlideShare(http://slideshare.net)도 소셜미디어의 형태로서 의사소통 도구로 포함할 수 있는데 사용자들이 파워포인트 프레젠테이션 및 그 외 다양한 문서를 업로드하고 공유할 수 있도록 해준다. 공유된 자료에 대한 의견교환도 가능하며 지식 공유의 새로운 장으로 활용되고 있다.

## 제 3 절 교수매체 활용: ASSURE 모델[1)]

사실 현재의 테크놀로지 수준은 학습자가 정보를 동화할 수 있는 능력보다 더 많은 정보를 학습자에게 제공하는 능력을 가지고 있다. 이것이 바로 우리가 '풍부한 매체의 모순'[the paradox of rich media]이라고 부르는 것이다(Clark & Mayer, 2007). 풍부한 매체는 그 능력이 인간의 인지적인 학습과정을 뒷받침하도록 사용될 때에만 학습자에게 유익하다. 교수의 질[quality]은 전달매체의 기능이 아니다. 다수의 매체비교연구는 학습을 일으키는 것은 전달매체가 아니라 그 수업에 사용된 학습방법이라는 점을 보여주었다(Clark, 1994; Mayer, 2001).

1) 본 절의 예시는 세종대학교 "교육방법 및 교육공학" 수업 수강생의 과제(반려견과 관련된 에티켓 교육)를 재구성하였으며 동의를 구하고 게재하였음.

교수매체를 활용하기 위해서는 학습자의 특성 분석, 목표의 설정, 학습방법과 자료 및 매체의 선택과 활용, 학습자의 행동 분석, 평가와 수정 등의 체제적인 접근이 이루어져야 한다. 교수매체를 효과적으로 활용하기 위한 대표적인 체제적 접근모형으로는 ASSURE 모형이 있다(Smaldino et al., 2015). ASSURE 모형은 말 그대로 매체를 효과적으로 활용하는 것을 보증하기 위한 과정을 각 단계의 첫 글자인 A, S, S, U, R, E로 제시하고 있다. 각 단계를 살펴보면서 교수매체의 선택과 활용 시 고려할 점은 다음의 표와 같다.

〈표 7-1〉 ASSURE 모형

| | | |
|---|---|---|
| A | Analyze Learners | 학습자 분석 |
| S | State Objectives | 목적 진술 |
| S | Select Method, Media, Materials | 방법, 매체, 자료의 선택 |
| U | Utilize Media and Materials | 매체와 자료의 활용 |
| R | Require Learner Participation | 학습자 참여 |
| E | Evaluate and Revise | 평가와 수정 |

## 1. 학습자 분석

교수매체의 효과적인 선택과 활용을 위한 첫 단계는 학습자의 특성을 확인하는 것이다. 목표에 이르기 위한 가장 효과적인 매체를 선정하기 위해서는 학습자의 다음과 같은 특성을 분석해야 한다.

### 1) 일반적 특성

학습자의 일반적 특성으로는 연령, 학력, 직위, 적성, 문화, 사회· 경제적 요인 등을 들 수 있다. 이러한 요인은 학습내용과 직접 관련되어 있지는 않으나 수업 수준을 결정하거나 수업 중에 학습자에게 적절한 예를 찾는 데에 도움을 줄 수 있다.

《 일반적 특성 작성의 예 》

이 프로그램은 00시 00동에 거주하고 있고 반려견을 키운 기간이 6개월 이하인 해당 지역 주민을 대상으로 진행된다. 사전에 미리 등록한 30명을 대상으로 이루어지며 20대미만 학생부터 70대 노년층까지 모든 연령층이 프로그램에 참여한다. 이들은 같은 동네에 거주하고 있다.

### 2) 구체적인 출발점능력

출발점능력은 교수매체를 선정하거나 사용방법을 결정하는데 더 밀접한 관련이 있다. 학습을 하기 전에 학습자가 가지고 있는 지식이나 기술이 어느 정도인지, 학습하게 될 지식이나 기술에 대한 선수지식이 어느 정도인지, 주제에 대해 잘못된 개념을 갖고 있지는 않은지 등을 확인해야 한다. 이런 요인들을 측정하기 위해서는 표준화된 검사지나 교사가 개발한 시험지 등을 통해 사전검사를 실시할 수 있고, 혹은 학습자에게 직접 질문함으로써 확인할 수 있다.

《 출발점능력 작성의 예 》

진단평가 결과 안전관리 부분에서 전문적인 지식을 갖추지 못하였다. 기본 수칙은 준수하나 구체적인 수칙이나 의무 위반시 행해지는 처벌 등에 대한 인지 정도가 낮다. 그러나 성숙한 반려동물 문화조성에 앞장서고자 하며 이번 프로그램을 통해 정확한 지식과 올바른 에티켓 확산에 동참하고자 하는 태도를 지니고 있다.

### 3) 학습유형

학습유형이란 개별학습자가 학습환경에서 어떻게 지각하고, 상호작용하고, 감정적으로 반응하는지를 판정하는 일련의 심리학적인 특성을 말한다. 학습자가 효과적으로 배우기 위해서는 이러한 학습유형이 교수방법과 매체의 선정과 활용에 중요한 영향을 미친다. 일반적으로 학습유형의 변인을 다음과 같이 범주화할 수 있다.

#### 지각적 선택과 강도

학습자에 따라 시각적, 청각적, 촉각적, 운동감각적인 지각 중 어느 것이 더 발달하였거나 그러한 지각을 더 선호하기도 한다. 만약 학습자가 촉각으로나 운동감각적 경험을 더 선호하는 경향이 있다면, 앉아서 듣기보다는 몸으로 움직이는 것이 더 쉬울 것이다.

#### 정보처리습관

개별 학습자마다 정보의 인지적 처리에 접근하는 방법이 다를 수 있다. 예를 들어 구체적 대 추상적, 순차적 대 임의적인 학습유형을 가진 학습자 집단으로 나누어 실험했을 때, 구체적이고 순차적인 유형의 학습자는 논리적인 순서로 직접 손으로 하는 경험을 선호하고, 구체적이고 임의적인 학습자는 탐구적 경험으로부터 시행착오를 거쳐 결론에 빨리 접근하는 경향이 있었다. 한편, 추상적이고 순차적인 학습자는 언어와 상징적 메시지가 논리적인 계열로 제시될 때 숙련되게 읽어내며, 추상적이고 임의적인 유형의 학습자는 직접 사람이 하는 프레젠테이션으로부터 의미를 찾아내는 능력이 탁월하였다. 이들은 메시지뿐만 아니라 메시지를 전하는 사람의 톤이나 스타일에도 반응한다. 따라서 어떤 정보처리습관을 가졌느냐에 따라 적합한 교수방법이 있을 수 있다.

#### 동기요소

동기요소에는 다양한 측면이 있어서 주의집중하는 대상이나 시간, 학습에 노력하는 정도나 학습에 대한 느낌, 통제의 주체가 외적이냐 내적이냐, 성취욕, 사회적 동기, 경쟁감 등이 학습과정에 중요한 요인으로 작용한다.

### 생리적 요소

성별, 건강상태, 환경조건 등 생리적인 요소도 학습효과에 영향을 미친다. 예를 들면 주의를 집중하는 정도가 온도, 소음, 조명, 시간대 등 환경에 따라 달라질 수 있다.

《학습유형 작성의 예》

❶ 지각적 선택과 강도

프로그램참여자들은 시각적·청각적 경험을 선호하며 대부분 운동감각적 프로그램을 지향하며 캠페인 제작 등 동적인 프로그램을 추가할 예정이다.

❷ 정보처리 습관

인지처리 과정에서 어려움을 느끼는 학습자는 없지만 전통적인 학습방법에 익숙한 성인들의 경우 구체적이고 순차적인 유형의 학습에 높은 선호도를 보이고 있다.

❸ 동기요소

집중도 검사 결과 집중할 수 있는 시간은 최대 90분이므로 90분 이상의 프로그램은 진행하지 않으며 중간에 쉬는 시간 등 활용으로 주의집중을 도모할 예정이다.

❹ 생리적 요소

겨울인 만큼 대부분의 26도 이상 온도에서 높은 집중도를 보였다. 또한 고령 학습자의 경우 시력때문에 작은 글씨 자료 활용시 어려움이 예상된다.

## 2. 목적 진술

다음은 가능한 구체적으로 목표를 진술하는 것이다. 목표는 수업계획서, 교과서, 지침서 등에서 추출할 수 있고 교사가 개발할 수도 있으나, 중요한 점은 교사의 입장이 아닌 학습자의 입장에서 수업을 받은 결과 무엇을 할 수 있는지에 있어서 진술해야 한다.

이때, 학습자가 목표를 수행할 때의 학습의 조건, 수용할 수 있는 정도 등이 포함되어야 한다. 이를 Audience(대상자), Behavior(행동), Condition(학습의 조건), Degree(평가)를 포함하고 있다고 하여 ABCD진술기법이라고 한다.

《 학습목표 작성의 예 》

학습자(A)는 지역사회에서 반려견 관련 사례가 주어졌을 때(C) 반려견 주인이 알아야 안전관리 수칙과 위반에 따른 제재 조치를 정확하게(D) 진술할 수 있다(B).

## 3. 방법, 매체, 자료의 선택

학습자가 갖고 있는 지식, 기능, 태도 등에서의 능력 정도가 확인되고 학습목표를 확인하면, 다음은 적합한 교수방법과 매체 형태를 선정하고 여기에 활용할 자료를 결정해야 한다. 매체선정의 절차는 3단계로 이루어지는데, 그 방법은 다음과 같다.

- 학습과제에 적합한 교수방법을 결정한다.
- 이 방법을 수행하기에 적합한 매체 형태를 선택한다.
- 매체 형태로 사용할 수 있는 자료가 있으면 선정하거나 변형하고, 없으면 새 자료를 제작한다.

교수자료를 선정할 것인지 변형시킬 것인지, 또는 새로 개발할 것인지 결정할 때 고려할 점은 다음과 같다(Smaldino et al., 2015).

- 자료가 교육과정, 결과, 학습목표와 연계되어 있는가?
- 정보가 정확하고 최신의 것인가?
- 적절한 언어를 사용하고 있는가?
- 학습자의 흥미를 불러일으키고 참여기회를 제공하는가?

- 자료의 기술적 지원이 좋은가?
- 자료의 효과에 대한 증거가 있는가?
- 자료가 반대할만한 편견이나 상업적 광고 등으로부터 자유로운가?
- 사용자 안내서나 다른 지침이 포함되어 있는가?

《방법, 매체, 자료의 선택 작성의 예》

❶ **교수방법**

i) 다양한 매체 활용 강의법: 동영상·신문기사 활용 안전관리 수칙 교육 진행
ii) 집단 중심 학습방법(토의법): 제시된 주제를 바탕으로 팀별 토의 실시
iii) 협동학습: 〈펫티켓 카드 홍보 캠페인〉 제작

❷ **교수매체 및 자료**

i) 동영상 'KBS 뉴스' 〈반려동물 인구 천만 시대…'펫티켓'을 아시나요?〉
▷ 강의 도입시 주의집중을 위해 관련 내용이 담긴 동영상 시청
ii) 신문기사 '한국농어촌방송 〈끊이지 않는 개물림 사고...'펫티켓' 지켜야〉'
▷ 신문기사를 활용하여 문제점의 심각성 인지 유도
iii) 인쇄자료 '동물권 단체 care' 〈개물림 사고 방지 관련 토의 주제 제공〉
▷ 조별 토의를 위해 동물권 단체에서 제공한 인쇄자료 활용

## 4. 교수매체와 자료의 활용

자료가 선정되었는지, 변형되었는지, 새로 만들어졌는지에 관계없이 교수방법에 있어서 어떻게 이 자료를 활용할지에 대한 계획을 세워야 한다. 우선 자료를 검토하고 사용할 것을 미리 실습해 본 후, 교실수업을 준비하고 필요한 장비와 설비 등을 갖추어 놓으면, 매체에 맞는 다양한 활용기법을 사용하여 수업을 실시한다.

《 교수매체와 자료의 활용 작성의 예 》

❶ 지자체문화센터를 사전 예약하여 당일 프로그램 진행에 문제가 없도록 한다. 토의 학습공간에서 토의 및 캠페인 제작 팀별 활동이 진행될 예정이다. 6명씩 5조로 이루어질 예정이며 테이블은 한 조당 3개씩(한 테이블 당 2명이 앉을 예정) 배치한다. 시력과 청력이 좋지 않은 고령 학습자들이 스크린 가까이 앉을 수 있도록 배치한다.
❷ 강의용 컴퓨터와 빔 프로젝터가 잘 작동하는지 확인한다. 영상 시청에 문제가 생기지 않도록 음향 상태를 확인하며 모든 영상 자료는 바로 재생하도록 열어둔다.
❸ PPT 자료를 포함한 유인물은 모두 정상적으로 인쇄되었는지 확인하고 유인물 마지막 장에는 메모할 수 있는 공간을 제공한다. 또한 포스트잇과 펜을 여유롭게 준비해두어 학습자들이 부족함 없이 사용할 수 있도록 한다.

## 5. 학습자 참여

학습이 효과적으로 일어나기 위해서는 자료를 갖고 학습자가 활발하게 수업에 참여하도록 해야 한다. 따라서 학습자가 지식이나 기능을 처리할 때 수업에 참여할 활동들을 포함하고, 정식으로 학습자를 측정하기 전에 이들의 노력이 적합한지 여부에 대한 피드백을 받을 수 있도록 해야 한다.

교사는 학습자의 반응을 유도하기 위해서 토의, 퀴즈, 연습과제 등을 준비하거나 매체를 활용한 뒤에 과제를 주어 학습자가 더 활발하게 참여할 수 있도록 해야 한다.

《학습자 참여 작성의 예》

❶ 영상 시청 및 강의 후 20분간 질의·응답을 진행하고 학습내용 관련된 퀴즈를 출제하여 학습자들의 참여를 촉진시킨다.

❷ 강의를 듣고 자신의 생각을 좀 더 확장시켜 나갈 수 있도록 토의 활동을 진행한다. 반려견 물림 사건의 원인을 분석하고 그에 대한 구체적인 해결책과 이러한 문제를 해결하기 위해 정부와 지자체에서는 어떠한 노력을 기울여야 하는지 등 토의 중 강사는 학습자들이 더 확장된 생각을 펼쳐 나갈 수 있도록 보완해준다.

❸ 1부에서 강의와 토의를 통해 학습한 '반려견과 관련된 안전관리 수칙'을 바탕으로 〈펫티켓 카드 홍보 캠페인〉 프로그램을 모둠별로 제작해본다. 각 팀은 이 카드를 바탕으로 어떻게 캠페인을 진행할 것인지 상의한다. 이후 각 팀이 제작한 캠페인 프로그램을 발표하고 가장 잘 제작한 팀을 투표한다. 가장 높은 점수를 얻은 팀의 작품은 지자체에서 실제로 진행되며 시장의 상장과 상품이 수여된다.

## 6. 평가와 수정

수업 후에는 수업의 영향과 효과를 평가할 필요가 있다. 전체적인 윤곽을 알기 위해서는 수업과정 전체를 평가해야 하지만, 구체적으로는 목표를 성취하였는지, 선정된 방법이나 매체가 목표에 이르도록 보조했는지, 모든 학생들이 자료를 적절히 사용했는지 등을 평가해야 한다. 만약 교사가 원하는 바와 학생들로부터 얻는 평가결과가 일치하지 않는다면 교수계획을 수정하게 될 것이다.

학습자의 목표성취에 대한 평가는 여러 가지 형태의 시험을 통해 측정된다. 학습결과에 대한 사후 검사뿐만 아니라, 학습의 수행과정을 평가하기 위해 루브릭(rubric)이나 포트폴리오와 같은 대안적인 평가방법을 사용한다. 매체와 자료에 대한 평가는 교사가 사용한 자료의 효과성, 비용의 효과성 등을 평가하여 다음에 교수매체를 사용할 때 참고한다.

《평가와 수정 작성의 예》

❶ 평가 (Evaluation)

i ) 학습자들은 자신들이 직접 제작한 캠페인을 발표하는 과정에서 강의에서 설명했던 반려견 주인이 알아야 할 안전관리 수칙을 모두 진술하였다. 뿐만 아니라 안전관리 수칙 위반 시 제재되는 사항들에 대해서도 쉬운 예시를 들며 모두 진술하였다.

ii) 다양한 시청각 자료를 활용하였는데 이는 학습자의 주의를 집중시키고 문제의 심각성을 실제적으로 인지시켜 학습자들이 적극적으로 참여할 수 있게 했다.

iii) 교수자 중심 강의법 및 학습자중심 토의법·협동 학습이 활용되어 학습자들이 능동적이고 적극적으로 수업에 참여하는 모습을 볼 수 있었다.

iv) 프로그램이 끝난 후 교수방법, 교육매체, 강의 환경 등에 관해 설문조사를 실시하였으며 모든 항목에서 5점 만점에 4점 이상의 높은 평균을 보였다.

❷ 수정(Revise)

i ) 반려견과 함께 사는 이 사회 속에서 모든 연령층이 어우러져 살아가기 때문에 팀 구성 시 여러 연령층이 섞이도록 했는데 이 과정에서 불편함을 호소한 학습자가 있어 향후 학습자의 연령을 일정한 기준으로 나누어 진행한다.

ii) 설문조사 주관식 응답 중, '캠페인 제작 과정 중 설계하는 시간이 짧았다'고 작성한 학습자들이 있었으므로 향후 프로그램 제작 시간에 좀 더 긴 시간을 부여한다.

## 제 4 절
## 미디어리터러시 교육

### 1. 미디어리터러시와 미디어교육의 필요성

UNESCO(2008)에 의하면 미디어교육은 인쇄된 글과 그림, 음성, 정사진과 동영상 등 다양한 유형의 테크놀로지에 의해 전달되는 모든 커뮤니케이션 미디어를 그 대상으로 한다. 미디어교육은 자신이 속한 사회에서 활용되는 커뮤니케이션 미디어에 대한 이해와 다른 사람과 커뮤니케이션하기 위해 이러한 미디어를 활용하는 기술을 습득하여 활용할 수 있는 방법을 이해하는 것을 주 목적으로 한다. 따라서 미디어교육의 결과로 사람들은 ①미디어 텍스트를 분석하고 비판적으로 성찰하여 새로운 미디어 텍스트를 만들 수 있게 될 것이며, ②미디어 텍스트의 출처, 그 출처의 정치적·문화적·상업적·사회적 이익에 대해 분석할 수 있고, ③미디어에 의해 제공되는 메시지와 가치를 해석할 수 있고, ④자신이 의도한 대로 청중들에게 자신의 메시지와 이야기를 전달할 때 적절한 미디어를 선택할 수 있고, ⑤수용과 제작을 위해 미디어에 접근하거나 접근을 요구할 수 있다.

요약하자면, 미디어교육은 미디어에 대해 가르치고 배우는 과정이고 이를 통해 미디어리터러시를 습득하게 되는 것이다. 유럽위원회European Commission에 따르면, 미디어리터러시란, 미디어에 접근, 이해, 다양한 맥락에서 미디어 콘텐츠의 다양한 면을 비판적으로 평가할 수 있는 능력을 말한다. 미디어리터러시를 갖춘 사람은 표면적인 가치를 수용하기보다는 미디어의 목적과 메시지를 해독할 수 있고, 긍정적인 미디어 선택을 할 수 있으며, 미디어 소비에서 건전한 대안들을 선별할 수 있고, 비판적으로 사고하고 조망할 수 있는 능력이 있으며, 다양한 형태의 미디어의 정치적·사회적·경제적·감정적 시사점을 이해할 수 있다.

미디어리터러시 교육은 특히 미국을 중심으로 1970년대 소위 '바람직하지 않은' 미디어 콘텐츠로부터 보호하기 위한 차원에서 시작되었으며 대부분의 미디어리터러시 자료와 프로젝트는 부모를 대상으로 한 것이었다. 그 이후로 미디어리터러시 교육은 비판적 사고와 제작 기술을 강조하는 강화empowerment로 그 강조점이 바뀌게 되었고 그 대상도 학교와 교사를 강조하고 있다. 강화 모델은 미디어 메시지의 정치적·사회적·경제적 시사점을 강조하며 미디어의 효과적이고 현명한 활용에 중점을 둔다. 미국 NAMLENational Association for Media Literacy Education는 미디어리터러시 교육의 목적은 "학생들이 현대 사회의 비판적 사고자, 효과적 소통 주체, 적극적 시민이 되기 위해 필요한 탐구 습관과 표현 기술을 개발하는 것을 돕는데 있다"고 규명하였다.

미디어교육의 대상은 흔히 학생들을 대상으로 해야 한다고 생각하지만, 교사, 학부모는 물론 사회 모든 구성원을 대상으로 실시되어야 한다. 특히 미디어교육은 신체적·경제적 혹은 그 외의 어떤 사유로든 미디어 접근에 불리한 위치에 있는 대상까지도 포함해야 한다. 특히 미디어교육은 각 국가의 공교육 교육과정 뿐 아니라, 글로벌 관점에서 국가의 경계를 벗어나, 그리고 비형식·무형식 영역에서까지도 이루어져야 할 것이다. NAMLE는 이러한 관점에서 미디어리터러시 교육의 목적은 비판적 사고자, 효과적 소통자, 적극적 시민이 되기 위해 필요한 탐구 습관과 표현 기술을 개발해야 하는 모든 개인을 돕는 것에 있다고 했다.

## 2. 미디어리터러시의 유형

Partnership for 21st Century Skills는 미디어 관련 리터러시를 정보, 미디어, 정보통신기술로 구분하고 구체적인 미디어 리터러시의 내용을 다음과 같이 열거하고 있다.

《정보 리터러시Information Literacy》

❶ 정보에의 접근과 평가

i) 정보에 효율적이고(시간) 효과적으로(자원) 접근하기

ii) 정보를 비판적이고 유능하게 평가하기

❷ 정보를 활용하고 관리하기

i) 주어진 이슈와 문제를 위해 정보를 정확하고 창의적으로 활용하기

ii) 다양한 자원으로부터 정보의 흐름 관리하기

iii) 정보에의 접근과 활용과 관련된 윤리적·법적 이슈에 대해 근본적인 이해를 적용하기

《미디어리터러시》

❶ 미디어 분석

i) 왜 미디어 메시지가 구성되고 어떤 목적을 갖고 있는지 이해하기

ii) 개인이 메시지를 어떻게 다르게 해석하고, 어떤 가치나 관점이 포함되거나 배제되었는지, 어떻게 미디어가 신념과 행동에 영향을 줄 수 있는 지 이해하기

iii) 미디어에의 접근과 활용과 관련된 윤리적·법적 이슈에 대해 근본적인 이해를적용하기

❷ 미디어 결과물 창출하기

i) 가장 적절한 미디어 제작 도구, 특성, 관습을 이해하고 활용하기

ii) 가장 적절한 표현, 다양하고 다문화환경에서의 해석을 이해하고 효과적으로 활용하기

《 정보통신기술 리터러시 》

❶ 효과적으로 테크놀로지 적용하기

i ) 테크놀로지를 정보 조사, 조직, 평가, 소통의 도구로 활용하기

ii) 디지털 테크놀로지, 커뮤니케이션/네트워크도구, 사회적 네트워크를 지식 경제에서 성공적으로 기능하는 정보에의 접근, 관리, 통합, 평가, 창출하기 위해 적절하게 활용하기

iii) 정보통신기술에의 접근과 활용과 관련된 윤리적·법적 이슈에 대해 근본적인 이해를 적용하기

## 3. 미디어리터러시의 범위

미디어리터러시의 범위는 미디어 접근 능력, 비판적 이해 능력, 창의적 표현 능력, 사회적 소통 능력을 포함한다(김경희 외, 2018).

### 1) 미디어 접근 능력

미디어 접근 능력은 다양한 미디어를 통해 필요한 정보를 찾아내고 걸러내는 능력을 말한다. 이를 위해서는 미디어를 조작하고 정보를 검색할 수 있는 기술적 능력이 필요하고 불필요한 콘텐츠를 차단할 수 있는 기술적 능력도 필요하다. 미디어에 접근할 수 있는 기술적 능력이 있더라도 인지적 능력이 부족하다면 필요한 정보를 찾기 어려울 수 있다. 또한 수많은 정보 속에서 필요한 것에 주의집중할 수 있는 능력도 필요하다.

### 2) 비판적 이해 능력

• 미디어메시지에 대한 비판적 읽기

미디어를 비판적으로 읽는 것은 미디어 메시지가 생산된 맥락과 의도를

파악하는 것으로 다양한 관점을 정확하게 이해하고 주체적으로 자신의 의견을 형성하고 성찰하는 것이 목적이다.

제작자: 누가 메시지를 만들었는가?
형식: 주의를 끌기 위해 어떤 테크닉을 사용했는가?
수용자: 사람들은 동일한 메시지를 어떻게 다르게 해석하는가?
내용: 메시지에는 어떤 가치, 관점, 생활양식이 강조되고 배제되었는가?
목적: 메시지의 전달 목적은 무엇인가?

Center for Media Literacy

• 온라인 정보에 대한 신뢰성과 타당성 평가

다른 미디어와 달리 인터넷에서는 누구나 정보를 생산하고 공유할 수 있다. 정보의 정확한 출처를 알기 어렵기도 하고 출처가 믿을만한 지 판단하기도 어렵기 때문에 온라인에서 찾게 된 정보는 신뢰성과 타당성을 검증해보아야 한다.

작성자가 누구인가?
사이트는 신뢰로운가?
다른 자료와 비교해보았는가?
관심있는 정보를 능동적으로 찾고 지속적으로 업데이트했는가?
다른 관점의 정보도 검색했는가?

### 3) 창의적 표현 능력

디지털미디어환경에서는 메시지를 비판적으로 읽는 능력과 함께 미디어 공간에 참여하여 자신의 의견을 창의적으로 표현할 수 있는 능력이 필요하다. 창의적 표현 능력에는 첫째, 가치표현과 관련된 것으로 자신의 관심사와 정체성을 드러내는 글쓰기이다. 자신의 정체성을 탐색하고 의견을 형성하고 성찰해보는 데 도움이 된다. 플랫폼이나 도구에 따라 자신의 정체성이나 관심사를 공개할 수 있는 수준과 속도는 서로 다르다. 중요한 것은 모든 공간에서 자신을 표현해야 하는 것은 아니며 어떤 공간이 자신의 생각과 경험을 표현하기에 적합한지 고려해보아야 한다. 둘째, 창의적 콘텐츠제작으로 1인 미디어시대에 걸맞게 다양한 플랫폼을 통해 손쉽게 동영상을 공유할 수 있다. 콘텐츠를 제작하는 데 필요한 기술적 요구는 낮아지고 있고 필요한 장비도 간소화되고 있지만 중요한 것은 제작 기술 자체가 아니라 어떤 목적으로 어떤 가치를 담아 누구와 왜 공유하고 싶은지에 대한 비판적인 사고가 필요하다.

### 4) 사회적 소통 능력

미디어를 읽고 쓰는 능력은 사회적 참여 능력이라고 할 수 있다. 사회적 소통은 사회적 이슈에 대해 공개적으로 자신의 의견을 개진하고 공론화과정에 참여하는 능력이라고 할 수 있다. 소통의 내용이 공적인 이슈이며 의견이 공개된다는 점에서 사적인 대화와는 구별될 수 있다. 특히 SNS의 활용이 일상화되면서 사회적 소통 능력의 기회와 장이 다양화되고 있다. 의견을 공개적으로 표현한다는 것은 다른 사람에게 정보를 제공하거나 설득하는 역할을 하게 된다. 다른 사람에게 영향력을 행사할 수 있다는 점에서 의견을 공개하기 전에 검토할 필요가 있고 공개과정을 통해 자신의 생각에 대한 성찰 기회를 가질 수 있다. 때로는 다른 의견을 가진 경우라도 공감하고 존중하는 노력도 필요하다. 온라인에서 의견을 공유하는 과정에서 공감과 공유의 규모가 커짐에 따라 공론화되는 경우도 있는데 이는 문제를 해결하는 데 도움이 되기도 하고 갈등을 심화시키기도 하므로 신중해야 한다.

## 4. 미디어리터러시 교육

미국 NAMLE는 미디어리터러시 교육을 위한 핵심 원리를 제안하고 있다. 첫째, 미디어리터러시 교육은 우리가 수용하고 창출하는 메시지에 대해 비판적으로 하고 적극적으로 탐구하게 해야 한다. 둘째, 미디어리터러시 교육은 리터러시의 개념을 모든 미디어 형태를 포함하는 것으로 확장시킨다. 셋째, 미디어리터러시 교육은 모든 연령의 학습자들이 기술을 습득하고 강화하게 해야 한다. 인쇄물에 대한 리터러시처럼 통합적, 상호작용적, 반복적 연습이 필요하다. 넷째, 미디어리터러시 교육은 민주주의 사회를 위해 필수적인 정보적, 성찰적, 적극적 참여자로 발달시킨다. 다섯째, 미디어리터러시 교육은 미디어를 문화의 일부이자 사회화를 위한 중재 기능으로 본다. 여섯째, 미디어리터러시 교육은 사람들이 미디어 메시지로부터 자신만의 의미를 구성하기 위해 개별적 기술, 신념, 경험을 활용한다고 확신한다.

미국 Ithaca College에서 주관하는 Look Sharp 프로젝트(http://www.projectlooksharp.org/)는 미디어리터러시와 비판적 사고를 교육과정에 접목하는 12가지 방법을 제안하고 있다. 이 방법들은 NAMLE의 핵심 원리에 근거하고 있으며 구체적으로는 다음과 같다.

- 종합적 관찰, 비판적 사고, 분석, 관점 교류, 커뮤니케이션 스킬을 연습한다.
- 새로운 주제에 대한 흥미를 자극한다.
- 주제에 대한 학생들의 사전지식이 미디어 메시지에 의해 어떤 영향을 받았는지 분석한다.
- 미디어를 표준 교육 도구로 활용한다.
- 주제에 대한 잘못된 신념의 근원을 확인한다.
- 신뢰성과 관점에 관한 이슈에 대한 자각을 발달시킨다.
- 주제에 대한 정보를 제시하는 방법에 있어 다양한 매체를 비교한다.

- 다양한 문화와 역사에 걸쳐 특정 미디어가 특정한 이슈나 주제에 대해 갖는 효과를 분석한다.
- 교과와 관련된 기술을 구축하고 연습한다.
- 학생들이 의견을 표현하고 세계에 대한 이해를 표상할 수 있는 다양한 미디어 형식 활용을 촉진한다.
- 미디어를 평가도구로 활용한다.
- 긍정적인 변화를 위해 학생들을 공동체와 현업에 연계시킨다.

Hobbs(2011)은 학습자들에게 디지털미디어리터러시 교육의 중요성을 세 가지로 설명했다. 첫째 디지털미디어를 효과적으로 활용하기 위한 지식과 지침이 필요하다. 둘째, 디지털미디어를 통해 얻은 정보를 다각도로 평가할 수 있는 지식이 필요하다. 셋째, 디지털미디어를 활용하는 건전한 시민이 되기 위해 진실성과 윤리를 갖추어야 하기 때문이다. Hobbs(2011)는 디지털미디어리터러시 교육을 위한 다섯 단계 모델을 소개하고 있는데 접근, 분석, 창출, 성찰, 실천으로 구성된다.

- 접근(Acess): 접근은 디지털미디어리터러시의 첫 단계이다. 미디어 텍스트와 테크놀로지 도구를 활용하여 적절하고 관련성 있는 정보를 검색하고 공유하는 단계이다. 학습자에게 자신이 수행하는 과제나 이슈에 적합한 과제를 효과적으로 검색하고 확인할 수 있는 능력을 갖추게 해주어야 한다.
- 분석(Analyze): 비판적 사고를 통해 메시지의 목적, 대상 청중, 품질, 진실성, 신뢰성, 관점, 잠재적 효과 혹은 뒤따르는 결과 등을 분석하는 단계이다. 다시 말해 학습자들은 디지털미디어로부터 얻은 메시지와 정보를 면밀히 조사하고 표현(rhetoric)과 커뮤니케이션의 공통 요소들을 분석할 수 있는 역량을 키워야 한다.
- 창출(Create): 목적, 청중, 디지털미디어 세계에서 작문법 등에 대한 소양을 바탕으로 창의력과 자기표현의 자신감을 갖고 콘텐츠를 작성

하고 생성하는 단계이다. 오늘날 매우 다양한 디지털 도구가 활용가능해서 콘텐츠 생성을 더 가속화시키고 있으므로 학습자들 또한 이에 대한 역량을 갖출 필요가 있다.

- 성찰(Reflect): 성찰은 일상에서 우리의 사고와 행위에 미디어 메시지와 테크놀로지가 주는 영향에 대해 돌아보는 과정이다. 나 자신의 정체성, 커뮤니케이션 행위, 실천에 있어 사회적 책무성과 윤리적 원칙을 적용하는 과정이라고 할 수 있다. 학습자들이 자신이 디지털미디어를 통해 보낸 메시지가 자신의 삶에 어떤 영향을 주는 지 성찰할 수 있는 역량을 갖추도록 해야 한다.
- 실천(Act): 가정, 일터, 사회에서 지식을 공유하고 문제를 해결하기 위해 개별적으로 혹은 협력적으로 실천할 수 있어야 한다. 이는 지역 및 글로벌 공동체에 참여함을 의미한다. 학습자들이 교실 밖 전세계적 이슈에 관심을 갖도록 독려하고 리더십개발과 협력을 위한 지원을 제공하고 세계시민으로서의 자신을 깨닫고 진실성과 책무성을 기를 수 있도록 해야 한다. 학습자들은 세계와 연결될 수 있다는 장점을 활용하여 디지털미디어를 활용하여 적극적으로 문제를 해결할 수 있도록 역량을 기를 수 있게 해야 한다.

## 탐구문제

1. ASSURE 모형에 따라서 교수매체를 선정하고 활용하는 학습지도안을 설계해보시오.

2. 교육적으로 활용할 수 있는 매체나 테크놀로지를 선정하여 이를 소개하는 내용과 활용방안을 포함하여 1페이지 포스터를 제작해보시오.

3. 자신의 교과 영역에서 미디어리터러시 교육이 적용될 수 있는 사례를 선정하여 전략을 구체적으로 수립해보시오.

제8장

# 수업콘텐츠 설계원리

수업을 위한 콘텐츠를 개발하기 위해서는 효과적인 시각자료와 디지털 콘텐츠의 설계가 중요한데 제8장에서는 수업콘텐츠 설계의 원리를 다루고 있다. 제1절에서는 메시지 설계의 이론적 기초와 시각자료의 개념, 역할, 유형을 설명하고 있다. 제2절에서는 시각자료의 설계원리를 시각적 요소와 문자적 요소로 구분하여 예시를 통해 설명하고 있다. 제3절에서는 디지털콘텐츠 설계원리를 세 가지 유형으로 구분하여 12가지로 제시하고 있다.

## 제 1 절
# 시각자료와 메시지 설계

효과적인 멀티미디어 시각자료(사진, 이미지, 차트, 도식, 애니메이션, 웹사이트 등)의 활용은 교수 메시지를 설계하는데 있어 가장 중요한 요소 중의 하나라고 할 수 있다(Anglin, Vaez, & Cunningham, 2004). **'메시지'**란 인지적, 정의적, 신체적 행동의 변화를 목적으로 제작된 문자나 시각자료로 전달하는 기호의 유형이라고 정의할 수 있다(Fleming & Levie, 1993a). 메시지의 개념 자체는 특정 교수매체나 커뮤니케이션 도구를 가정하고 있지 않는다. 한편 설계는 교수맥락에서의 문제나 요구를 규명하는 것으로부터 시작되는 일련의 활동이라고 할 수 있다. 그러므로 **'메시지 설계'**란 교수자료를 학습자의 지각[perception]과 지식조직[knowledge organization]의 수준에서 처리하는 것에 관심을 갖고 있으며 보다 효과적이고 효율적인 수준에서 투입되는 정보와 자료를 처리할 수 있도록 지원하는 데 그 목적이 있다(Anglin et al., 2004; Gillani, 2003).

초기에 Fleming과 Levie(1993b)가 행동주의에 기반하여 지각, 기억, 개념학습, 행동변화를 위한 메시지 설계 원칙을 제시한 이래로, 주로 텍스트를 위주로 하는 인쇄매체에서 시각자료의 활용을 위한 메시지 설계에 대한 연구와 개발이 활발하게 이루어졌다(Anglin et al., 2004). 교수매체의 발달은 인쇄자료 뿐 아니라 디지털자료나 사용자 인터페이스의 설계를 위한 광범위한 원칙을 요구하게 되었다. 한편 교수자료에 삽입되는 시각자료는 정적인 시각자료에만 국한되었던 관심에서 벗어나 동적인 시각자료를 위한 설계도 동시에 고려하게 되었다.

많은 경우에 교수-학습은 시각적인 표상을 포함하므로, 교수-학습을 위해 시각물을 설계하고 활용하는 것에 대해 별도의 지침이 필요하다. 전통적인 인쇄매체, 시청각매체뿐 아니라 컴퓨터와 디지털 매체의 급속한 발전과 교육적 활용의 가능성은 시각 정보의 중요성을 더욱 증가시키고 있다. 그러나 대체로 이러한 다양한 정보와 메시지를 지나치게 언어적 내용으로만 표현하는 경향이 있어 왔다. 많은 학습자들은 시각적인 표상을 통해 보다 쉽게 학습하며, 언어적인 표상을 통해 더 잘 학습하는 학습자라 할지라도 특정형태의 개념을 이해하기 위해서는 시각적인 지원이 필요하다.

- 시각자료는 전달하고자 하는 바를 구체적으로 표현해준다. 일반적으로 언어만으로 상징하는 것과 비슷하게 보여 주거나 소리로 들려줄 수 없지만 시각 정보는 상징적이므로 그것이 표상하는 것과 유사성을 갖는다. 따라서 시각자료는 원래의 개념을 더 확실히 기억할 수 있도록 하는 연결고리로서 작용한다.
- 시각자료는 학습자의 주의를 끌고 이를 유지시키며 정서적인 반응을 일으킴으로써 학습자의 동기유발에 도움을 줄 수 있다.
- 시각자료는 이해하기 어려운 정보를 단순화할 수 있다. 예를 들어 도식은 정보를 기억에 저장하고 회상하는 것을 용이하게 해줄 수 있으며, 흐름도나 일정표는 구성요소들의 관계를 예시해 줌으로써 정보를 조직해 주는 역할을 할 수 있다.
- 시각자료는 복합적이고 풍부한 의사소통의 채널을 지원한다. 다시 말해서 문자정보를 동반할 때 학습자가 문자를 통해서는 미처 파악하지 못한 것을 시각적으로 이해할 수 있게 해준다.

시각자료의 유형은 특정한 학습 과제가 요구하는 상황에 부합하게 선택되어야 한다. 시각자료를 선정할 때는 다음과 같은 질문에 대해 스스로 답할 필요가 있다(Newby, Stepich, Lehman & Russell, 2006). 첫째, 시각자료가 교수결과와 관련이 있는가, 둘째, 정보를 정확하게 묘사하는가, 셋째, 정보가 최신의 것인가, 넷째, 정보를 정확하고 간결하게 나타내는가, 다섯째, 묘사하고 있는 것을 학습자가 이해할 수 있는가, 여섯째, 교수목적과 학생 수에 비해 자료가 너무 크거나 작지는 않은가, 일곱째, 심미성이 있는가 등이다.

시각자료 선정에 있어 유형의 선택은 일반적으로 실제성, 유추, 조직, 관계, 전환, 해석이라는 여섯 가지 범주에 따라 하게 된다(Clark & Lyons, 2004).

## 1. 실제성

실제적인 시각자료는 실제 객체를 보여주는 것이다. 사진이 가장 일반적인 예가 될 수 있다. 어떤 자료도 실제를 완벽하게 표상하지는 못하지만, 실제성을 높여주는 시각자료는 교수매체로서 가치가 높다. 시각자료가 사실적일수록 원형에 더 가까워진다는 생각 때문에, 사람들은 가장 사실적인 시각자료가 효과적인 의사소통을 가장 잘 지원한다고 보는 경향이 있다. 그러나 반드시 그런 것은 아니다. 어떤 상황에서는 사실성이 의사소통과 학습과정을 실제적으로 방해할 수 있음을 보여주는 연구들이 있다. Dwyer(1978)는 현실성의 정도가 학습과 쌍곡선의 관계를 갖는다고 결론을 내린다. 즉, 지나치거나 부족한 사실성은 학업성취에 방해가 될 가능성이 높다는 것이다([그림 8-1] 참조).

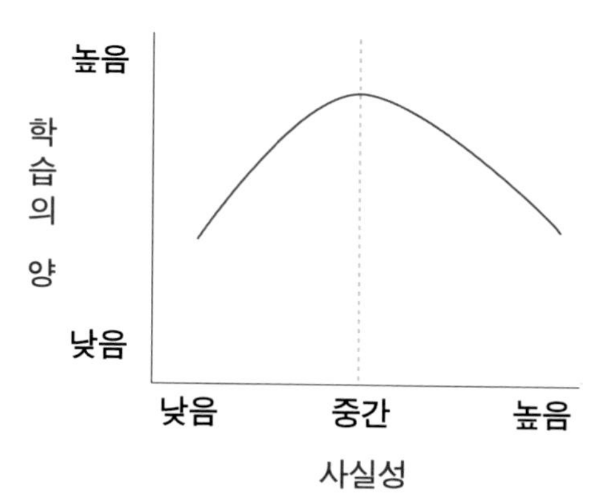


[그림 8-1] 학습의 양과 사실성 정도의 관계

## 2. 비유

비유적인 시각자료들은 학습자의 사전 지식과 경험을 활용하여, 사실적인 표현을 통해서는 이해하기 어려운 새로운 정보를 학습자가 이해하도록 돕는 데 사용한다. 예를 들면 연속적으로 흐르는 물과 평행한 파이프들을 보여줌으로써 전기의 흐름을 가르치는 것, 감염물질과 싸우는 백혈구를 군대가 요새를 공격하는 것으로 표현하기, 육안으로 보이는 분광의 색깔 사이의 관계를 시각화하는 것을 돕기 위해 색상환을 사용하는 것 등이다.

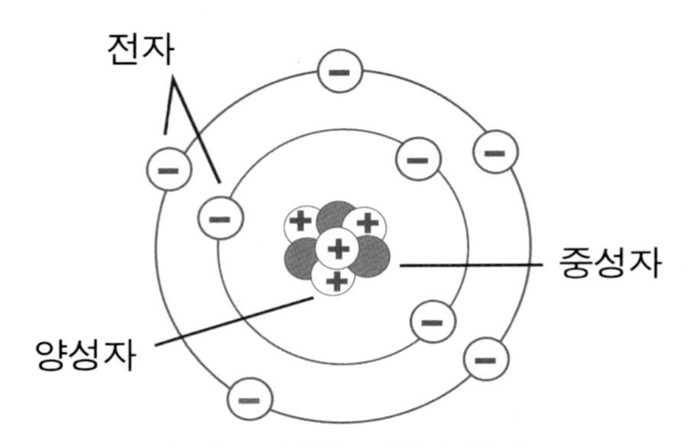


[그림 8-2] 유추적 시각자료의 예
"태양계는 원자의 구조를 설명하기 위해 자주 사용되는 시각적 비유이다."

## 3. 조직

조직적인 시각자료는 흐름도, 그래프, 지도, 도식, 분류도 등을 포함한다. 이러한 그래픽 조직자들은 문자적인 정보뿐 아니라 요점이나 개념 사이의 관계를 보여줄 수 있다. 이러한 시각자료의 형태는 내용의 구성을 전달하게 해준다.

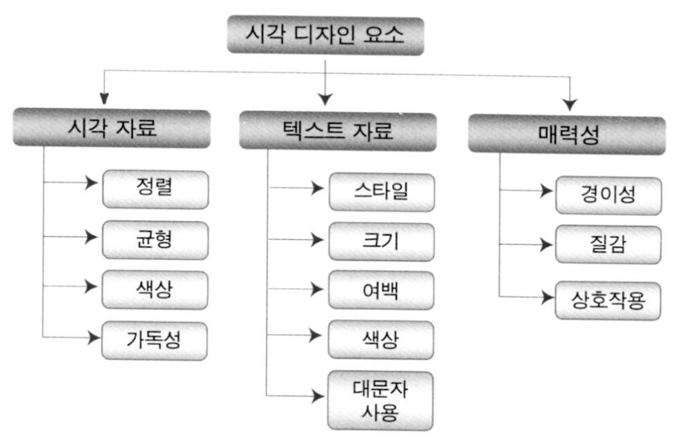


[그림 8-3] 개념 간의 관계를 보여주는 조직도

## 4. 관계

관계를 표상하는 시각자료는 주로 양적인 관계를 포함하는데 막대그래프, 선 그래프, 원그래프 등 다양한 방식으로 자료를 제시하게 해준다.

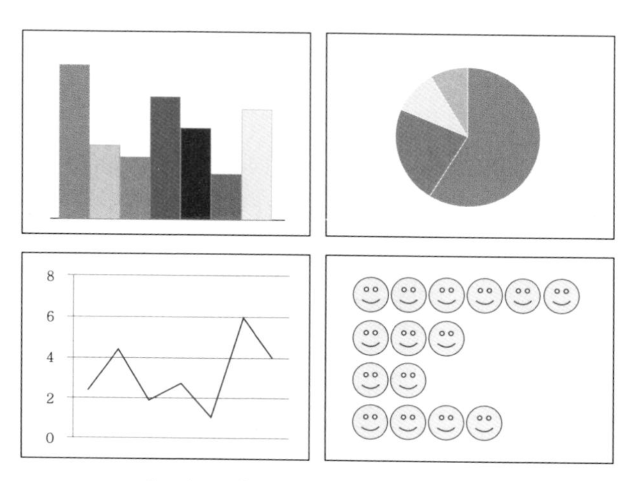


[그림 8-4] 관계를 표상하는 시각자료

## 5. 전환

전환을 나타내는 시작자료는 시간과 공간 측면에서 움직임이나 변화의 예를 나타내는 데 유용하다. 예를 들면 리본 매듭 만들기 같은 동작이나, 물의 순환 애니메이션 등을 가르치는 데는 움직임이나 시간의 흐름에 따른 변화를 나타내 주는 데 매우 효과적인 유형이라고 할 수 있다.

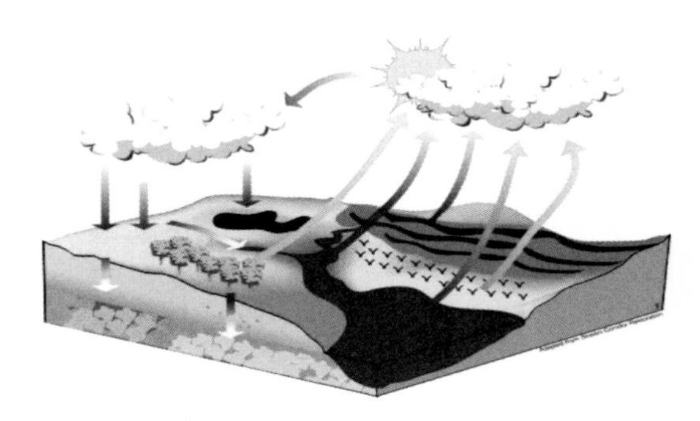

[그림 8-5] 전환을 나타내는 시각자료
http://www.sciencetimes.co.kr/article.do?todo=view&atidx=0000027039

## 6. 해석

이론적이고 추상적인 관계를 나타내는 데는 해석적인 시각자료가 유용하다. 학습자가 비가시적이고 추상적인 사태나 절차에 대한 정신 모델mental model을 형성하는 데 도움을 준다.

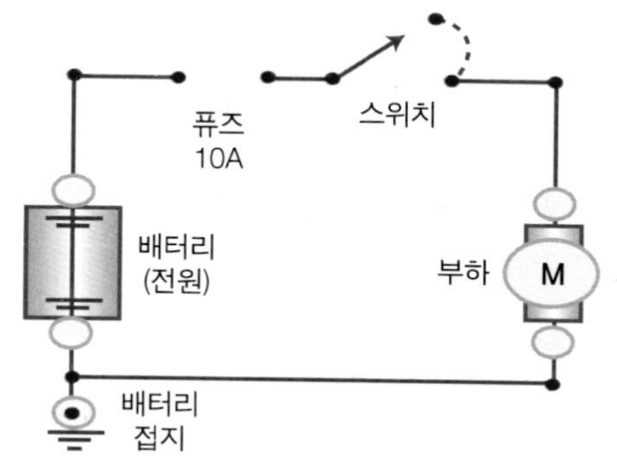


[그림 8 -6] 해석적인 시각자료
http://www.carlnc.com/Dbg_Board/ Board2/list.asp?block=0&GoTopage =6&boardname =tipsrelay

## 제 2 절
# 시각자료 설계원리

효과적인 시각자료 활용을 위해서는 배열, 균형, 색상, 가독성, 매력성 등을 고려해야 한다. 또한 시각자료와 함께 문자를 활용할 때 스타일이나 크기 등을 고려해야 한다.

### 1. 배열(arrangement)

시각자료에 어떤 요소들을 포함할 것인지에 대하여 일차적인 결정이 이루어졌다면, 이제는 전체적인 형태를 결정해야 한다. 전체적인 형태에 영향을 미치는 주요요소들은 정렬, 형태, 3분의 1법칙, 근접성, 방향표시, 형태-배경대비, 일관성 등이다.

### 1) 정렬(alignment)

주요한 요소들이 서로 명확한 시각적인 관련성을 가지도록 배치되어 있을 때 학습자는 많은 노력을 들이지 않고도 전달하고자 하는 내용을 이해할 수 있다. 이러한 시각적인 관련성을 잘 구현하기 위해 가장 효과적인 방법은 정렬을 제대로 사용하는 것이다. [그림 8-7]에서 볼 수 있는 것처럼 주요 구성요소의 가장자리가 수평과 수직으로 일관성 있게 정렬될 때 학습자는 구성요소들이 정렬된 것으로 인식하는 경향이 있다.

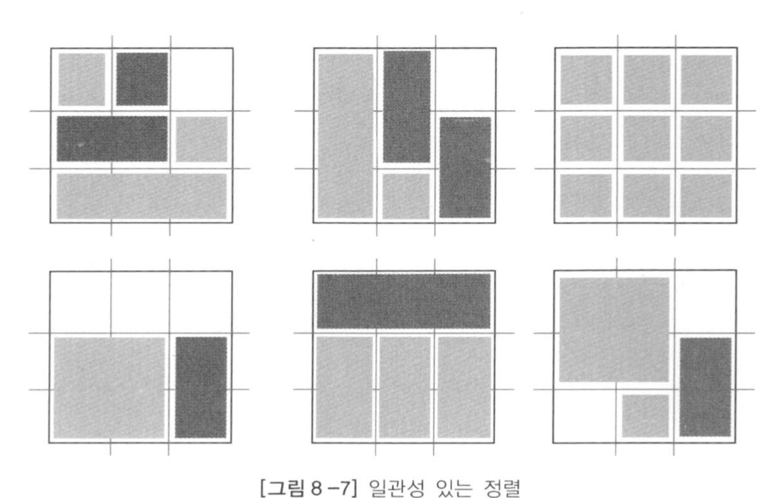

[그림 8-7] 일관성 있는 정렬
https://usefulpa.s3.amazonaws.com/images/2017/grid-layouts-examples-2.png

### 2) 형태(shape)

일반적으로 학습자에게 이미 익숙한 형태로 시각자료를 제시하는 것이 바람직하다. 원, 삼각형, 직사각형과 같이 단순한 기하학적 형태는 대부분의 학습자에게 익숙하고 일반적이기 때문에 널리 사용될 수 있다. 특정 알파벳 문자와 유사한 형태 역시 같은 효과를 갖는다. 예를 들면 Z, L, T, U자는 기본적인 형태로서 자주 사용된다.

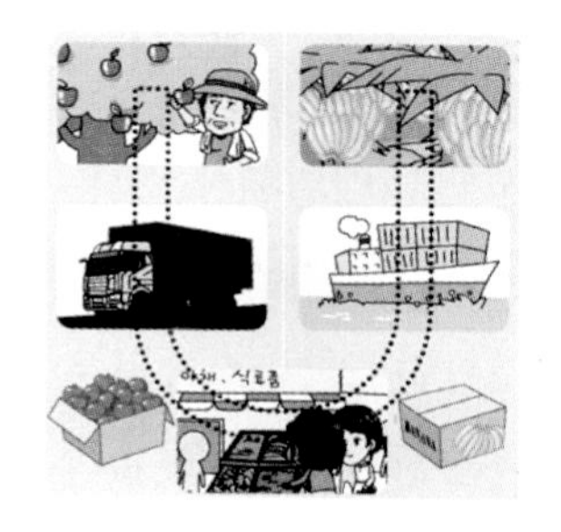

[그림 8-8] U자형 시각자료
http://deoinga.egloos.com/3819150

### 3) 3분의 1법칙(rule of thirds)

시각자료를 배열할 때에는 3분의 1법칙을 따르는 것이 바람직하다. 다시 말해서, 전체화면을 수평과 수직으로 각각 3분의 1로 나눌 때 서로 교차하는 지점에서 배열된 요소들은 특히 보는 사람에게 중요성과 생생함을 준다. 그 중 가장 흡입력 있고 역동적으로 보이는 위치가 좌상단 3분의 1지점이며 여기에 위치하는 자료가 가장 손쉽게 학습자에게 인식된다. 정중앙은 가장 안정적이기는 하지만 가장 흥미를 적게 끄는 부분이므로 중요한 내용을 제시하기에는 적합하지 않다. 한편, 모서리나 가장자리에 위치한 정보는 무시되거나 불편한 느낌을 준다. 다음 [그림 8-9]는 사람들이 가장 먼저 보는 위치에 대한 연구결과를 백분율로 보여주고 있다.

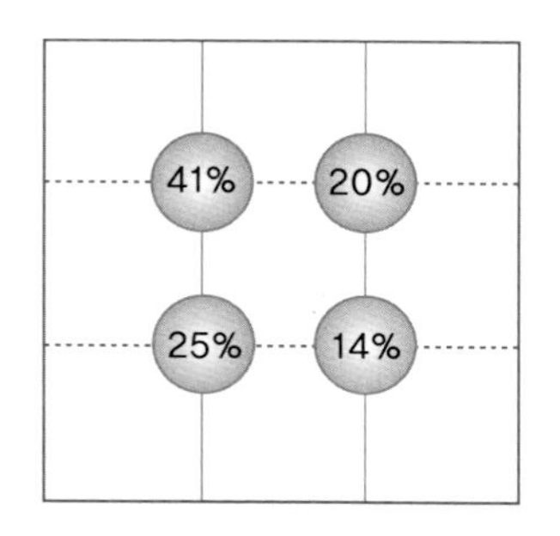


[그림 8-9] 3분의 1 법칙

### 4) 근접성(proximity)

학습자들은 공간적으로 가까이 배열되어 있는 요소들은 서로 관련이 있는 것으로 인식하며 멀리 떨어져 있는 것은 관련이 없다고 생각한다. 따라서 관련 있는 요소들은 함께 두고 관련 없는 요소들은 분리하여 이동시키는 근접성의 원리를 이용해야 한다. 이러한 기본적인 규칙이 지켜지지 않으면 시각자료를 이해하고 해석하는 데 어려움이 있을 수 있다. 그림 구성요소가 문자적 명칭을 포함한다면, 관련된 문자와 그림들을 근접한 위치에 두도록 해야 한다.

[그림 8-10] 근접성의 법칙을 어긴 디자인 (좌) 근접성의 법칙을 지킨 디자인 (우)

### 5) 방향표시(directional)

학습자들은 시각자료를 볼 때 어느 한 부분에서 다음 방향으로 주의를 이동하며 보게 된다. 그러므로 시각자료의 기본 패턴이 시선의 패턴을 결정하는 주요 요인이 된다. 만약 어떤 특정한 방향으로 학습자의 시선을 움직이게 하여 주의집중하게 하려면 방향을 나타내는 화살표와 같은 명시적인 방법을 사용하는 것이 좋다. 텍스트라면 볼드체를 쓰거나 글머리 기호 등으로 주의를 끄는 것도 좋은 방법이다.

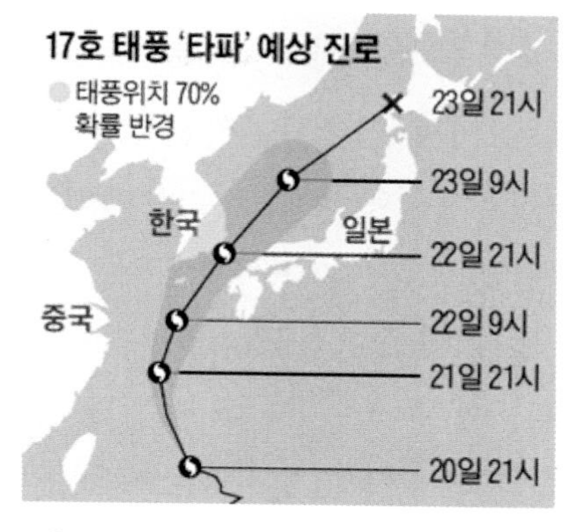


[그림 8-11] 방향표시가 제시된 디자인
https://image.chosun.com/sitedata/image/201909/21/2019092100149_0.jpg

### 6) 형태 - 배경 대비(figure - ground contrast)

주요요소, 특히 글로 제시된 정보는 배경과 좋은 대조를 이루어서 눈에 띄도록 설계해야 한다. 형태 - 배경 대비의 간단한 규칙은 어두운 형태가 밝은 배경에서 가장 눈에 잘 띄며, 밝은 형태는 어두운 배경에서 가장 잘 눈에 띈다는 것이다.

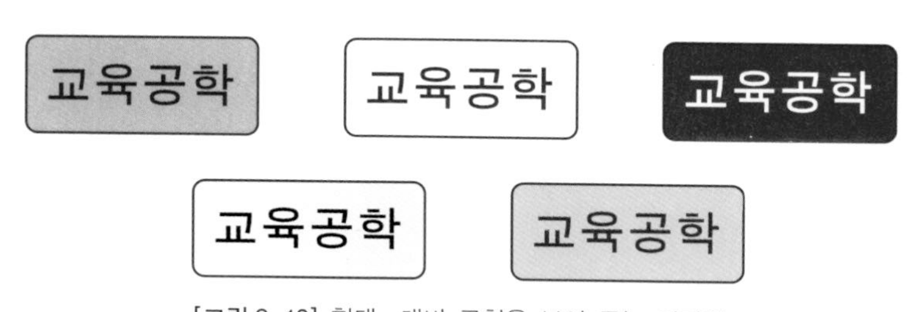


[그림 8-12] 형태 - 대비 규칙을 보여 주는 디자인

### 7) 일관성(consistency)

파워포인트 슬라이드나 여러 쪽으로 구성된 유인물, 또는 컴퓨터 스크린 상에 일련의 시각자료를 만들어야 한다면, 구성요소들을 정렬하는데 일관성이 있어야 한다. 일관성 있는 규칙을 따라 제시된 시각자료는 학습자가 내용을 더 쉽게 이해할 수 있게 해준다. 예를 들어 비슷한 위치에 비슷한 요소들을 제시하고, 머리말에는 항상 동일한 글자모양을 이용하고, 연속된 시각자료 전체에 동일한 색상체계를 이용했을 때에 일관성이 높아진다.

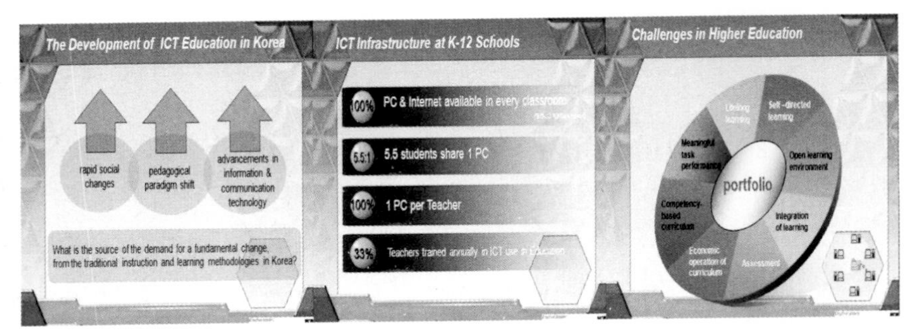


[그림 8-13] 일관성의 법칙을 보여 주는 디자인

## 2. 균형(balance)

심리적인 균형감각은 시각 구성요소들의 '무게'가 축의 양쪽에 동등하게 분배될 때, 즉 대칭적일 때 생긴다. 그러나 시선을 끌고 정보를 보다 효과적으로 전달하기 위한 시각자료를 의도한다면 비대칭형을 사용하는 것이 더욱 효과적이다. 비대칭형이 대칭형보다 더욱 역동적이고 흥미를 줄 수 있다.

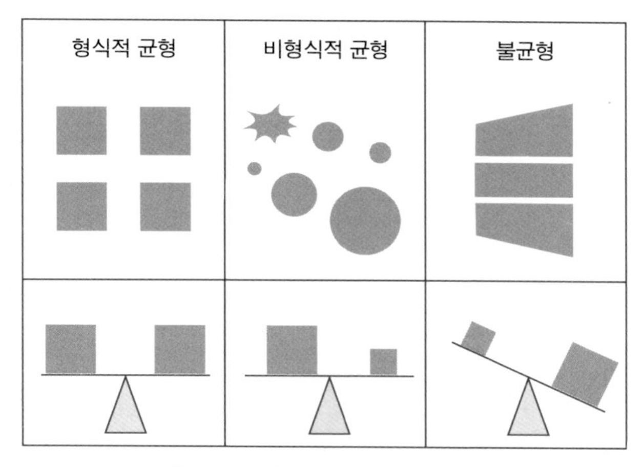


[그림 8-14] 균형의 세 가지 형태

## 3. 색상(color)

학습자들은 색상조화가 잘된 시각자료를 더 오랫동안 볼 뿐 아니라 더 잘 기억하는 경향이 있다. Pett와 Wilson(1996)에 따르면 교수자료에서 색상을 활용하면 다음과 같은 장점이 있다. 첫째, 실제성을 더해준다. 둘째, 시각적 요소 간 구분을 지어준다. 셋째, 관련 있는 자료에 주의를 집중시킨다. 넷째, 관련된 요소를 해석하고 논리적으로 관계를 파악하는 것을 가능하게 해준다. 다섯째, 감성적인 반응을 창출해내고 관심을 끌어낸다.

보색은 전체적인 색상혼합의 관계에서 조화를 잘 이룬다. 그러나 두 가지 보색을 겹쳐놓은 것은 바람직하지 않다. 여기에는 두 가지 이유가 있다. 첫째, 그 색상들이 같은 명도를 가지고 있다면 바람직한 형태-배경 대비를 갖지 못할 것이다. 둘째, 색이 매우 짙은 보색이 서로 옆에 놓여 있을 때 일반적으로 불쾌한 느낌을 일으키는 경향이 있다. 유사색상 또한 함께 사용될 때 유쾌한 조합을 만들 수 있다. 그러나 색상배합에 대한 지침은 절대적으로 따라야 할 법칙이라기보다는 일반적인 지침으로 고려해야 할 것이다. 왜냐하면 어떤 상황에서 어떤 색상들이 잘 조화될지의 여부는 여러 가지 요소들이 복합적으로 작용하기 때문이다.

일반적으로 색상을 활용할 때 다음과 같은 사항에 주의해야 한다. 첫째, 시각자료 전체에서 색상활용은 일관성을 가져야 한다. 둘째, 일반적으로 아동에게는 채도가 높은 색이 좋다. 따뜻한 색과 차가운 색에 대한 반응은 연령과 관련이 있을 수 있다. 일반적으로 따뜻한 색(특히, 빨강, 분홍, 노랑 그리고 오렌지색)은 아동이 선호하는 색이다. 또한 아동은 밝은 색과 자극적인 색의 조합을 성인들보다 더 좋아한다. 성인이 될수록 차가운 색뿐 아니라 안정적인 색상조합을 선호하는 것으로 바뀌는 경향이 있다. 셋째, 기존에 활용되는 색의 의미는 그대로 존중할 필요가 있다. 연구결과, 색상이 주는 느낌은 학습된 현상으로 간주된다. 일반적으로 빨강, 오렌지색은 따뜻하게 느껴지는 색상인데 반하여, 청색, 녹색 그리고 보라색은 차가운 색상이라고 인식되어 왔다. 또한 차가운 색상은 물러나는 느낌을 주는 반면, 진한 빨강과 오렌지색은 보는 사람에게 다가오는 것으로 느껴진다. 정지신호와 같이, 빨강 또는 오렌지색을 사용하는 것은 중요한 단서에 학습자가 주목하게 하기 위해 색상이 지닌 효과를 이용한 경우이다. 이와 동일한 이유로 배경색상으로 차가운 색상을 이용한다. 넷째, 문화에 따라 색에 대한 해석이 다르므로 이를 고려할 필요가 있다. 또한 색상에 대한 반응은 문화적인 영향이 있다. 이를테면 세계적으로 동일한 것으로서 크리스마스는 빨강, 그리고 부활절은 노란색과 보라색, 할로윈은 주황색과 검정색이다. 그러나 이러한 반응은 문화에 따라 다양할 수 있다. 마지막으로 색상을 선택할 때에는 설계하고자 하는 시각자료가 주고자 하는 분위기를 고려해야 한다. 즉, 활동적이고 역동적인지, 따뜻한 느낌인지 또는 차분하고 신중하며 차가운 느낌인지 등 설계자가 추구하는 학습자의 감정반응을 고려하여 이를 구현할 수 있는 색상을 선택한다.

## 4. 가독성

실제로 학습자가 텍스트와 이미지를 잘 볼 수 없다면 시각자료는 아무 소용이 없다. 시각자료가 원래 의도대로 부가 설명없이 학습자들이 제대로 인식하고 읽을 수 있는지 반드시 확인해 보아야 한다. 실제 교실에서 멀리서도 잘 보이는지 적당한 거리를 두고 확인해 보고, 스크린에 잘 투사가 되는지 시각자료의 유형에 따라 각각 확인해본다.

서체를 바꾸거나 글자 크기를 변경하거나 대조 기법을 써서 가독성을 높일 수도 있다. 함께 사용했을 때 번져 보이게 하는 요소나 서체는 없는지 확인한다. 시각자료는 학습자가 메시지를 설계하는 데 있어 오해의 소지나 장애가 없도록 제작되고 제시되어야 한다. 학습자가 시각자료를 잘 볼 수 없다면 시각자료를 통해 학습하는 것 또한 불가능하다는 점을 유의해야 한다.

## 5. 매력성

학습자의 주의를 끌 수 없다면 시각자료의 효과를 기대하기는 어려울 것이다. 매력성을 확보하기 위해 스타일, 경이성, 질감, 상호작용과 같은 기법을 활용할 수 있다. 첫째, 스타일에 있어, 학습자와 환경에 따라 다른 설계 스타일을 고려해야 한다. 즉 사용하는 서체와 그림의 형태는 학습자의 수준이나 기호와 조화를 이루어야 한다. 둘째, 예상하지 못했던 것, 익숙하지 않은 은유나 색상의 사용 등으로 학습자의 주의를 끌 수 있다. 셋째, 대부분의 시각자료는 이차원적이지만 여기에 질감이 실제로 느껴지는 3차원적 요소를 가미한다면 학습자는 보다 집중할 것이다. 마지막으로 실제로 학습자가 시각자료를 조작하게 해보는 상호작용 기법을 활용함으로써 시각자료의 매력성을 확보할 수 있다.

## 6. 문자적 요소

대부분의 시각자료는 시각적 요소에 더하여 문자적 요소와 결합하여 구성된다. 이때에도 시각적 요소를 고려할 때와 마찬가지로 신중한 선택이 요구된다. 적어도 글자의 크기와 간격 및 의도한 내용과 일치하는 글꼴로 제시하며 용이하게 읽을 수 있도록 해주어야 한다.

### 1) 스타일(style)

스타일은 일관성이 유지되고 다른 시각적 요소들과도 조화를 이루어야 한다. 직접적인 정보전달이나 교수목적으로는 명조체나 고딕체와 같이 꾸밈없고 비장식적인 서체가 바람직하다. 파워포인트 슬라이드와 같이 관련된 일련의 시각자료들은 두 개 이하의 서체를 사용하는 것이 바람직하며, 이들 서체는 서로 조화를 이룰 수 있는 것으로 선택해야 한다. 또한 컴퓨터상에서 문자를 작성할 때에는 의사전달을 제대로 하기 위해서는 서체의 변화를 최대한 네 개로 제한하는 것이 바람직하다. 예를 들면, 두 개의 다른 서체를 사용할 때 그 중 일부는 기울임, 다른 일부는 밑줄을 사용하거나, 또는 세 가지 다른 서체를 사용하면서 그 중 일부는 볼드체를 쓸 수 있다.

### 2) 글자 크기

게시판과 포스터 같은 전시물은 일반적으로 어느 정도 거리에 위치한 사람들이 볼 수 있도록 만들어진다. 이 경우에 글자 크기는 읽기의 용이성에 결정적인 역할을 하므로 특별히 글자의 크기 선정에 신경을 쓰도록 한다.

### 3) 자간과 행간

자간과 행간에 따라 읽기의 용이성이 달라질 수 있다. 특히 인쇄물의 경우 행간에 특히 신경 써야 한다. 만약 행간이 너무 가깝다면 멀리에서 볼 때

흐리게 보이는 경향이 있으며, 만약 행간이 너무 떨어져 있으면 서로 잘 연결되지 않은 것으로 보일 것이다. 적절한 수준을 유지하려면 행간은 글자의 평균 높이보다 조금 좁게 해야 한다.

#### 4) 글자 색상

글자의 색상은 배경색과 대조를 이룰 때 읽기가 쉬울 뿐 아니라 주의를 끌 수 있도록 강조하는 데 도움이 된다. 읽기의 용이성은 주로 글자의 색상과 배경색의 대비에 좌우된다.

## 제 3 절 디지털콘텐츠 설계원리

멀티미디어 메시지를 어떻게 설계할 것인가는 인간이 어떻게 학습하는 가에 대한 핵심적인 원리를 반영하여 결정해야 한다(Clark & Mayer, 2016; Mayer, 2020). 이때 가장 중요한 고려사항은 첫째, 학습자는 단일 채널로 정보를 받아들이고 처리하지 않는다는 것이다. 사람은 시각 및 청각 정보를 처리하는 데 분리된 채널을 갖고 있으며 정보의 양식에 따라 학습자가 다르게 인지하여 받아들이고 처리하게 된다. 둘째는 학습자의 정보처리 용량은 제한적이기 때문에 한 채널에서 한 번에 처리할 수 있는 정보의 양이 제한되어있음을 고려하여 설계해야 한다. 셋째는 학습자는 외부에서 들어오는 무수한 정보 중 관련 있는 것에 주의집중하고, 선택된 정보만을 종합적인 정신적인 표상으로 조직화하고, 이를 기존의 지식과 통합함으로써 능동적인 학습에 참여한다.

학습이 일어나는 동안 학습자는 제한된 양만큼의 자료만 처리할 수 있어 이를 초과하게 되면 인지부하cognitive overload가 발생하여 학습이 효과적으로 이루어지기 어렵다. 학습자의 인지처리에서 불필요한 부담을 줄이고 학습을 촉진하기 위한 메시지 설계원칙이 요구되는데 첫째, 외재적 처리를 감소시키기 위한 원리, 둘째, 필수적 처리를 조절하기 위한 원리, 셋째, 생성적 처리를 촉진하기 위한 원리로 범주화할 수 있다. 이 절[1]에서는 세 가지 기본 원칙을 확장하고 인지처리를 위한 세 가지 범주에 따라 12가지 디지털콘텐츠 설계원리를 제시하고 있다.

## 1. 외재적 처리를 감소시키기 위한 원리

외재적 처리란 학습목표 성취에는 도움이 되지 않는 인지처리로 부적합하거나 비효율적인 교수설계에 의해 발생하게 된다. 이를 감소시키기 위해서는 간결성coherence 원리, 신호주기 원리, 중복회피 원리를 적용해야 한다.

### 1) 간결성 원리

간결성의 원리는 불필요한 내용을 포함하기보다는 제거하였을 때 학습자들이 더 잘 학습할 수 있다는 것이다. 디자인의 구현이 기술적으로 가능한지가 아니라 학습에 도움이 되는 지가 중요한 기준이 된다. 간결성의 원리는 세 가지로 하위 원칙으로 구성된다.

- 흥미롭지만 관련이 없는 문자나 그림들을 제거했을 때 학습은 증진된다
- 흥미롭지만 관련이 없는 사운드와 음악을 제거했을 때 학습은 증진된다
- 불필요한 문자 또는 기호를 제거했을 때 학습은 증진된다

1) 여기에 소개된 원리는 Clark, R. C., & Mayer, R. E. (2016). *e-learning and the science of instruction: Proven guidelines for consumers and designers of multimedia learning*(4th ed.). Hoboken, NJ: Wiley & Sons.의 내용을 기반으로 요약 제시한 것이다

관련은 없지만 흥미로운 내용을 추가하면 일시적으로 주의를 집중시키고 생기를 불어넣을 수 있을 지는 모르나 연구에 따르면 학습자가 콘텐츠를 통해 제시된 내용과 그들이 이미 알고 있는 내용을 기초로 능동적으로 지식을 구성해야 하는 상황에서 주요 내용을 기억하거나 처리하는 것을 방해한다 (Mayer, 2020). 따라서 학습내용과 관련없는 흥미요소는 제거하는 것이 바람직하다. 한편 멀티미디어 학습자료를 활용할 때 내레이션이 있는 애니메이션의 경우 애니메이션은 시각적 채널에서 내레이션은 청각적 채널에서 처리한다. 그러나 이때 청각적 정보가 추가적으로 제시되면 추가적으로 제시된 정보와 본래 제시된 내레이션이 한정된 처리 능력을 가진 청각적 채널에서 서로 처리되려고 경쟁하게 되어 내레이션에 집중하는 데 어려움을 겪게 된다. 따라서 정서적 내용이거나 사운드가 핵심내용이 부분인 경우에 도움을 줄 수 있을지 모르나 불필요한 사운드와 음악이라면 제거하는 것이 바람직하다.

반드시 필요한 주요 정보만 제시 (좋은 예)

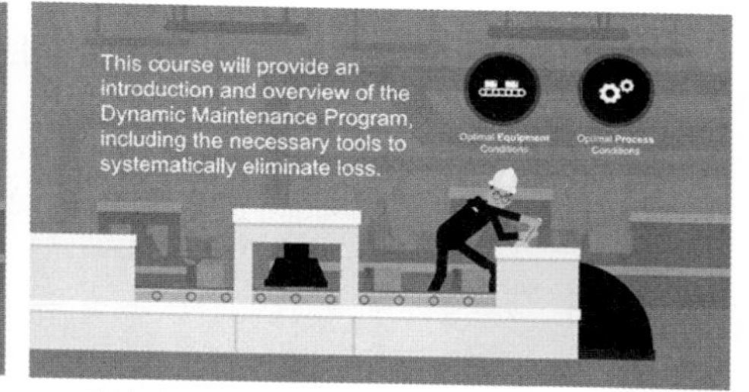


관련없는 요소도 함께 제시 (좋지 않은 예)

**[그림 8-15]** 간결성의 원리
https://waterbearlearning.com/wp-content/uploads/2019/12/water_bear_learning_coherence_principle1.jpg 수정

아무리 흥미롭더라도 불필요한 내용을 추가하면 오히려 이해에 도움이 되지 않는다는 것이 이 원리의 핵심이다. 멀티미디어 인지이론의 역설은 때로는 '적게' 활용하는 것이 '더 효과적'일 수도 있다고 설명한다. 즉 내용을 덜 제시했을 때 학습자들이 더 많이 배우려고 한다는 것이다. 학습자들은 하나의 종합적인 정신적 표상을 구축하고 제시된 학습내용을 적극적으로 이해하

려고 노력하는데 이러한 과정에 불필요한 학습내용을 추가하면 그 과정이 방해를 받게 된다. 따라서 간결한 제시를 통해 학습자들이 핵심 요소에만 주의를 기울여 이해할 수 있도록 조직화하도록 지원해야 한다.

학습자의 흥미를 유발하기 위해서 학습목표와 관련이 없거나 꼭 필요하지 않은 흥미로운 요소를 첨가하거나, 동기부여를 위해 추가된 배경음악이나 효과음을 활용하는 것이 학습과정에는 오히려 주의를 분산하거나 혼란을 초래할 수 있다. 이러한 재미있지만 불필요한 자료들은 감성적 자극을 통한 학습유도의 기능이 일부 있기는 하나, 멀티미디어 자료를 개발할 때 주의해야 하는 요소들이다.

### 2) 신호주기 원리

핵심내용의 구조를 부각시키기 위한 단서가 추가되었을 때 학습자들이 더 잘 학습한다는 원리이다. 이를 통해 학습자들이 핵심 요소에 주의를 집중하고 이 요소들 간의 연관성을 이끌어내도록 해줌으로써 불필요한 처리의 부담을 줄여준다.

언어적 요소로 구성된 학습내용에 신호주기를 적용하는 방법은 첫째 도입부분에서 개요나 요점에 대한 문장을 삽입하는 방법, 둘째, 요약문에 제목을 추가하는 것, 셋째, 키워드를 음성으로 강조해주는 것, 넷째, 지시어로서 '첫째, 둘째...' 등을 추가해주는 방법이 있다. 언어적인 것 뿐 아니라 그래픽의 특정 부분에 대한 학습자들의 주의집중을 끌어내는 시각적 방법으로도 가능하다. 화살표, 구별되는 색깔, 반짝임, 방향을 지시해주는 동작, 덜 중요한 부분을 음영처리하는 것과 같은 시각적 단서를 활용할 수 있다.

신호주기 원리를 활용할 때 주의해야 할 점은 과도하게 활용되지 않고 필요한 만큼 사용될 때 (단락당 한 개의 신호)가 학습에 효과적이라는 것이다(Mayer, 2020). 너무 많은 강조는 주의를 집중하도록 유도하기 보다 혼란을 줄 수 있으므로 필요할 때 만 사용하는 것이 중요하다.

### 3) 중복회피 원리

자주 범하는 오류 중의 하나가 그래픽을 설명하기 위해 화면상에 텍스트를 제시하고 동일한 내용의 오디오를 함께 제공하는 것이다. 그러나 이와 같은 중복 설명 제시는 오히려 학습에 방해가 될 수 있다. 이는 모든 사람들은 음성 정보 자료와 그림 정보 자료를 처리하는 분리된 경로를 갖고 있고, 각 경로는 한 번에 처리할 수 있는 정보처리량이 제한적이며, 학습자는 제시된 학습자료로부터 시각적 정신 모델과 청각적 정신 모델을 형성하고자 적극적으로 노력한다는 인지 이론에 근거하고 있다.

이에 따르면 특히 중복된 화면상 텍스트를 콘텐츠에 첨가하는 것은 시각경로에 과부하를 처리할 수 있다는 것이다. 그보다는 오디오가 함께 제시되는 경우라면 텍스트에서 특히 주의집중해야 하는 부분만 요약적으로 설명하거나, 오디오로 전체 내용을 설명하되 텍스트로 큰 주제어 정도를 함께 제시하는 것이 더 바람직하고 학습자의 주의집중과 학습을 유도할 수 있다.

그러나, 학습자의 시각적 정보처리에 과부하를 유발하지 않는 상황이라면 텍스트와 오디오를 중복하여 활용하게 되는 경우도 배제할 수 없다. 다음과 같은 경우는 중복회피의 원리가 적용되지 않을 수 있다. 즉, 화면상의 텍스트를 음성으로 읽어 주어야 할 필요가 있는 경우이다.

- 그림으로 제시되는 설명이 없는 경우: 화면이 애니메이션, 비디오, 사진, 그래픽, 삽화 등을 포함하지 않을 때
- 그림으로 제시된 자료를 처리할만한 충분한 기회가 있는 경우: 화면상 텍스트와 관련된 그래픽이 연속적으로 제시되거나, 또는 프레젠테이션 제시 속도가 인지적 부하를 유발하지 않을 만큼 천천히 제시될 때
- 학습자가 인쇄된 텍스트보다 오디오로 들려주는 텍스트를 이해하기 위해 더 많은 인지적 노력을 기울여야 하는 경우: 학습자가 모국어를 쓰지 않는 외국인이거나 특별한 학습장애를 갖고 있는 경우, 음성 자료가 길고 복잡하거나 익숙하지 않은 중요 단어를 포함하고 있을 때

한편 학습내용과 그림이 동시에 빠른 속도로 제시될 때는 화면상 오디오 중복 테스트를 피해야 한다. 특히 성인학습자의 경우나 주어진 정보에 대한 정보와 지식이 풍부한 학습자라면 텍스트를 읽고 이미 이해가 일어나고 인지처리가 이루어졌는데 읽어 주는 속도가 이를 따라오지 못할 것이기 때문이다.

### 4) 공간적 근접 원리

화면상의 텍스트는 관련된 이미지에 가깝게 위치시키는 것이 근접성의 원칙이다. 예를 들어 어떤 이미지가 설명하는 대상의 일부분을 보여주는 경우에는 반드시 연관된 부분의 근처에 텍스트와 함께 제시되어야 하며 그 해당 부분과 이름과 연결시키는 지시선 등을 활용한다. 이때 텍스트는 이미지 위에 마우스오버했을 때만 팝업으로 제시되게 하는 것도 좋다. 주의할 점은 페이지로 구분되는 경우 관련 텍스트와 이미지가 서로 다른 페이지에 위치하지 않도록 해야 하며, 스크롤바를 밑으로 내려야 할 정도로 관련된 이미지와 텍스트가 같은 영역에서 분리되지 않도록 해야 한다.

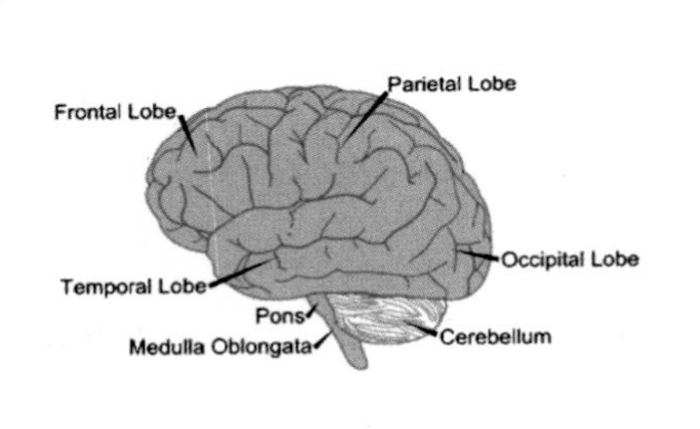


명칭과 지시대상이 가까이 위치 (좋은 예)

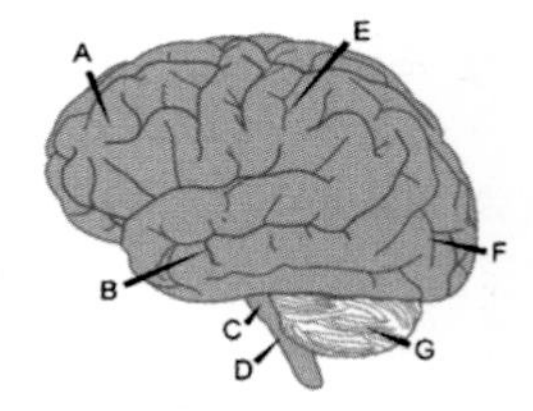


명칭과 지시대상이 분리되어 제시 (좋지 않은 예)

[그림 8-16] 공간적 근접원리

https://www.emergingedtech.com/wp/wp-content/uploads/2017/06/Contiguity-Principle.png 수정

또한 질문에 대한 피드백이 제시되는 경우라면, 분리된 페이지보다는 같은 페이지 안에서 확인하여 학습자가 불필요한 이동을 할 필요가 없도록 해주어야 한다. 의도적으로 학습내용과 연습문제나 활동을 분리시켜야 하는 경우가 아니라면 가능한 한 영역 내에서 학습활동이 이루어질 수 있도록 해야 한다.

근접성의 원리를 적용할 때 고려해야 할 사항은 다음과 같다.

- 텍스트는 설명하고 있는 이미지와 인접하게 제시되어야 한다.
- 질문과 피드백은 동일한 학습창에 제시되는 것이 좋다.
- 절차 단계를 적용하여 해결하는 연습문제는 절차 설명과 동일한 학습창에서 제시되는 것이 좋다.
- 주 학습내용을 보조 학습내용이 나타나는 팝업 등으로 가리지 않도록 주의해야 한다.
- 텍스트와 이미지의 통합적 활용을 위해 팝업창의 텍스트와 이미지는 축소하는 등의 기술을 활용한다.

### 5) 시각·언어 동시제시 원리

같은 내용의 그림과 음성 설명을 순차적으로 제시하는 것보다 동시에 제시할 때 학습자들은 더 잘 학습할 수 있다는 원리이다. 같은 내용의 애니메이션과 내레이션을 동시에 제시하면, 학습자가 작업기억에 이 두 정신적 표상을 동시에 담고 있을 가능성이 높아지며, 따라서 학습자가 언어적 표상과 시각적 표상 사이의 정신적 관련성을 형성할 가능성이 높아지게 된다.

내레이션은 귀를 통하여 애니메이션은 눈을 통하여 처리되므로 인간의 이중채널을 모두 활용한다. 이처럼 두 채널을 모두 활용하기 때문에 각 채널의 제한된 용량을 과도하게 할애할 필요가 없다. 따라서 학습자로 하여금 관련된 시각적·언어적 표상 간의 통합을 유도하므로 능동적 인지처리를 이끌어낼 수 있다. 요컨대, 동시적 제시의 장점은 관련된 문자와 그림을 인지처리에 부담이 되지 않게 유지하여 학습자들이 문자와 그림을 서로 통합할 수 있도록 돕는 것이다.

## 2. 필수적 처리를 조절하기 위한 원리

학습자료 자체의 난이도와 복잡성이 학습자의 인지처리에 부담을 줄 수 있다. 이는 학습에 필수적으로 필요한 처리지만 학습내용의 의미가 무엇인지 깊이 있게 탐구할 수 있는 생성적 처리를 위한 충분한 용량을 남겨놓지 못하게 되므로 필수적 처리를 관리할 수 있는 전략들이 요구된다.

### 1) 분절화 원리

전체 프레젠테이션을 관련성 있는 부분들로 분리하여 제공함으로써 학습자들이 부분적으로 학습내용을 충분하게 소화해가며 학습할 수 있도록 돕는 원리이다. 멀티미디어 메시지를 연속적으로 제시하기보다 학습자 속도에 맞추어 분절하여 제시할 때 학습자들은 더 잘 학습할 수 있다. 학습내용이 복잡하거나 자료 제시 속도가 빠른 경우 학습자가 학습내용에 친숙하지 않은 경우 이 원리의 적용이 필요하다. 학습내용의 복잡성은 동시에 처리해야 하는 학습요소 간의 관계의 개수에 따라 좌우된다(Sweller, 1999). 한편으로는 학습자들의 지식 수준에 영향을 받는데 결국 과제의 속성과 개인 학습자 속성 간의 상호작용에 의해 영향을 받는다고 볼 수 있다(Ellen & Clark, 2006).

### 2) 사전훈련 원리

학습자는 주요 개념의 명칭과 특징을 알고 있을 때 제공되는 멀티미디어 메시지를 보다 심층적으로 학습할 수 있다. 즉, 자료 제시에 앞서 주요 개념들의 이름과 특성에 대하여 미리 학습하도록 하는 원리이다. 예를 들어 기계조작 절차의 원리를 학습할 때 학습자들은 시스템을 이루는 각 영역에 대한 요소뿐 아니라 시스템이 작동하는 원리에 대한 인과모형을 동시에 정신적으로 구성해야 한다. 시스템 작동원리에 대한 본 학습 전에 사전 훈련을 통해 어느 정도 인지처리를 분산시켜주면 학습자가 필수적 인지처리를 위해 두 개정신모형을 구성하는 것을 조절하도록 도와줄 수 있다. 이 원리는 학습자가 사전 지식이 부족하고, 학습내용이 복잡하고, 자료 제시속도가 바른 경우 효과적으로 적용될 수 있다.

### 3) 다중양식 적용 원리

오디오를 활용할 수 있는 경우라면 텍스트로만 내용을 제시하기보다는 오디오로 내용의 핵심을 설명해주는 것이 좋다. 학습자들은 이미지와 그 이미지를 설명하는 텍스트를 동시에 처리해야 할 때 시각자료를 처리하는 기관에 과부하를 초래할 수 있기 때문이다. 특히 텍스트를 읽는 동안 이미지와 텍스트가 빠른 속도로 제시될 경우 이미지 자료나 애니메이션에는 충분히 주의집중하기 어려울 수 있다. 시각자료를 처리하는 부담을 줄이기 위한 방편으로 텍스트가 아닌 오디오를 활용하도록 하는 것이 다중양식 적용 원리이다. 학습자들은 학습내용이 화면상 텍스트라는 시각 정보보다는 오디오라는 청각 정보로 애니메이션이나 그래픽을 설명하는 형식으로 제공될 때 보다 깊이 있는 학습에 도달하게 된다는 것이다.

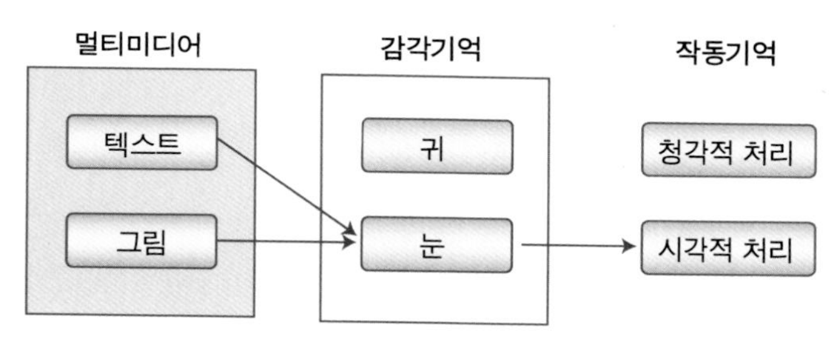


[그림 8-17] 텍스트와 그래픽을 함께 제시함으로써 시각 처리 경로에 과부하를 초래할 수 있다.

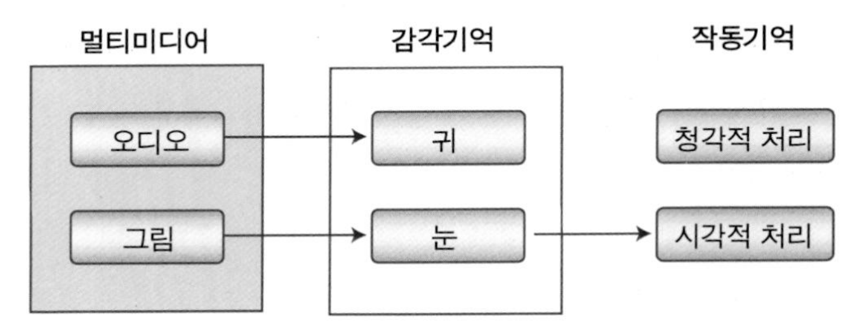


**[그림 8-18]** 오디오와 그래픽을 함께 활용함으로써 시각처리의 부하를 줄이고 청각처리에 접근한다.

단, 학습자의 기억을 돕기 위해 텍스트가 지속적으로 남아있어야 하는 경우도 있는데, 그 자체가 복잡한 내용인 경우에는 화면상에 내용이 계속 제시될 필요가 있다. 예를 들어 복잡한 절차의 단계를 규명하는 용어들은 각 단계가 애니메이션과 음성으로 설명하는 동안 화면상에 텍스트로 제시되어 (선행조직자로 활용되기 위해) 그 내용을 강조할 수 있다.

다중양식의 적용 원리를 활용할 때 고려할 사항은 다음과 같다.

- 화면상의 그래픽이나 애니메이션을 설명하기 위해 오디오 설명을 삽입한다.
- 연습문제를 활용할 때, 학습자들이 참고 자료로 사용할 수 있는 정보를 오디오로 제공한다.

## 3. 생성적 처리를 촉진하기 위한 원리

생성적 인지처리는 학습내용을 이해하고 이것을 종합적인 정신모형으로 조직하고 이러한 각각의 정신모형들을 통합하고 선수지식과 연결하기 위한 인지처리이다. 학습자가 사용 가능한 인지용량을 가지고 있지만 충분히 동기유발되어 있지 않으면 학습내용을 이해하기 위하여 이를 사용하지 않게 된다. 이때 필요한 생성적 처리를 촉진하기 위한 원리를 제안할 수 있다.

### 1) 멀티미디어 원리

디지털콘텐츠로 내용을 제시하는 경우 텍스트 위주로 구성하기보다는 이미지와 함께 제시하는 것이 더 효과적이다. 멀티미디어를 활용한 언어적, 시각적 표상으로 적극적인 학습을 유도하고 심화된 인지적 과정을 지원할 수 있기 때문이다. 단순 텍스트가 아닌 텍스트+오디오, 텍스트+이미지 등과 같이 멀티미디어를 활용한 콘텐츠 설계가 필요하다. 이는 특히 사전 지식이 부족한 학습자에게 유리하다.

실제로 연구에 따르면, 멀티미디어 콘텐츠로 학습을 한 학생들은 동일한 내용을 텍스트로만 구성된 콘텐츠로 학습한 학생들에 비해서 보다 우수한 수행 능력을 보였다(Clark & Mayer, 2011). 단순히 이미지를 삽입하는 것만으로 학습효과를 기대할 수 있는 것은 아니지만, 관련된 내용의 학습을 촉진하고 언어 자료와 이미지 자료를 정신적으로 결합하는 과정을 통해 보다 적극적인 학습을 기대할 수 있다.

멀티미디어 원리 적용 시 고려해야 할 사항은 다음과 같다.

- 이미지나 오디오 자료는 단순한 장식적·부수적 역할이 아닌 내용과 직접 관련 있는 것이어야 한다.
- 이미지나 오디오는 구체적 사실, 개념, 그리고 각 부분들을 설명하기 위해 활용해야 한다.
- 애니메이션은 과정, 절차, 원칙을 설명하기 위해 활용한다.
- 조직도 등은 학습 주제 간의 관련성을 보여주기 위해 활용한다.
- 흐름도나 설명도는 변인 간의 관계성을 나타내거나 비가시적 현상을 제시하기 위해 활용한다.

### 2) 개인화

텍스트나 내레이션으로 멀티미디어 자료를 제공할 때 공식적인 어투보다는 대화체가 학습자에게 친근감을 줄 수 있고, 학습에도 도움을 줄 수 있다. 내레이션의 제공에 있어서는 대화체의 활용이 좋다는 것에 이견이 없지만, 텍스트를 제공하는 데 있어서는 서로 다른 관점이 존재한다. 공식적인 대화체가 텍스트를 읽는 데 있어 정확한 정보 전달에 적합하다는 관점도 있으나, 언어처리과정에 대한 연구는 사람들이 단순히 정보를 제공받기보다 대화의 일원으로 참여하고 있다고 느낄 때 그 자료를 이해하기 위해 더 몰입하게 된다고 한다(Beck, Sandora, Kucan, & Worthy, 1996). 대화체의 형태로 정보를 표현하는 것이 학습자에게 적절한 인지과정이 일어나도록 하는 방법이 될 수 있다는 것이다. 단, 그렇다고 해서 멀티미디어 자료 내의 모든 텍스트를 대화체로 하는 것이 최적이라고 할 수는 없으며, 오리엔테이션, 도움 및 안내 기능을 하는 경우에는 대화체를 적용하는 것이 더 바람직할 수 있다.

학습을 촉진하기 위해 멀티미디어 자료 내 코치를 활용하는 것도 개인화에 도움이 된다. 흔히 학습 에이전트라고도 하는데, 콘텐츠를 학습하는 동안 학습과정을 안내해주는 역할을 한다.

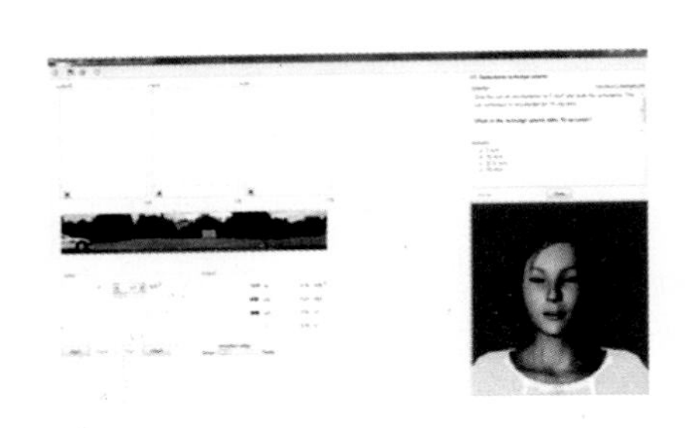
https://www.rug.nl/research/portal/files/19593932/Agent_Artikel.pdf

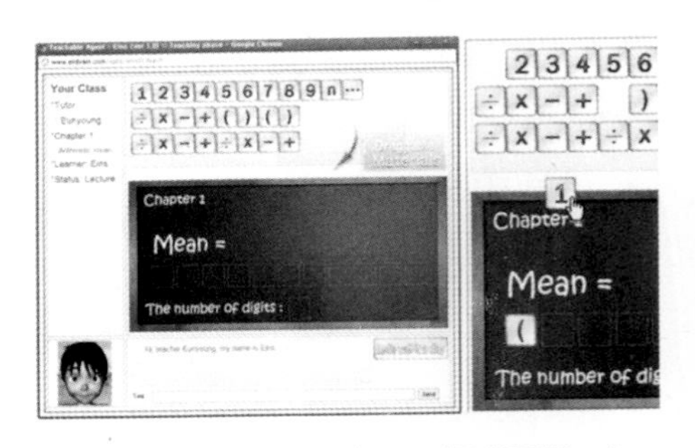

https://files.eric.ed.gov/fulltext/EJ1137860.pdf

**[그림 8-19]** 개인화원리의: 학습에이전트의 활용

에이전트는 사람, 만화 캐릭터, 아바타처럼 직접 등장해서 말을 하거나, 말풍선 같은 텍스트 형태로 학습을 안내한다. 에이전트는 학습에 도움이 된다는 연구결과가 많은데, 학습유형을 고려하여 에이전트를 활용할 것인지

아닌지 학습자가 초기에 선택하게 하는 것도 좋은 방법이다. 지나치게 많은 분량을 에이전트의 내레이션으로 전달하기 보다는 텍스트로 주 내용을 제공하고 에이전트는 학습을 위한 안내 역할이 부각되도록 하는 것이 좋다.

개인화의 원리를 적용할 때 고려할 사항은 다음과 같다.

- "여러분이, 우리는" 등과 같은 대화체로 표현된 텍스트나 내레이션을 활용한다.
- 화면에 텍스트나 내레이션을 포함한 학습 에이전트를 활용한다.
- 사람, 만화캐릭터, 아바타 등 시각적으로 표현
- 자연스러운 오디오 내레이션 활용
- 안내와 학습목표 달성을 위해서만 활용

'여러분이', '우리는'과 같은 사회적 단서가 추가되어야 하며, 이는 학습자들의 학습을 독려하는 데 도움을 줄 수 있어서 에이전트와 협업하기 위해 내용을 이해하기 위한 능동적 처리를 증가시킬 수 있다. 단, 인격화는 학습내용에 새로운 정보를 추가하는 것은 아니므로 학습에 직접 기여한다고 보기는 어렵다. 인격화가 지나친 수준으로 적용되면 오히려 학습내용으로부터 주의를 분산시키는 효과를 주어 학습에 방해가 될 수도 있다는 점을 주의해야 한다.

### 3) 목소리

말로 제시되는 학습내용을 기계음보다는 사람 목소리로 전달하는 것이 효과적이다. 친근한 목소리, 자연스러운 억양은 누군가 직접 말하고 있다는 느낌을 전달할 수 있다. 특히 자신과 유사한 문화적 배경이나 감정상태의 음성에 더 영향을 받을 수 있다(Nass & Brave, 2005). 인간-기술의 상호작용에 대한 사회적 특성의 연구결과에 따르면 화법보다 더 사회적인 것은 없다는 점을 강조하였다. 인간은 결국 자신에게 익숙하고 친근한 말투를 선호한다는 원리이다.

### 4) 이미지 원리

학습을 하는 동안 교수자의 이미지를 스크린에 제시하는 것이 효과적일 수 있다는 원리이다. 교수자의 이미지를 제시할 때 음성만 제시되는 콘텐츠보다 학습자들이 더 선호하게 된다. 그러나 교수자의 이미지가 학습자들로 하여금 학습내용과 관련된 내용이 아닌 교수자의 얼굴이나 신체의 특성에 주의를 기울이게 하여 관련없는 인지처리를 유도할 가능성도 배제할 수는 없다. 이미지 원리에 관하여 일관된 연구결과가 있는 것은 아니며, 학습자의 집중을 유도하고 보다 친근하게 직접 교수자의 설명을 듣는 것처럼 맥락화하기 위해서 이미지 원리는 중요하나, 교수자의 외적 요소와 행동으로 학습에 방해가 될 수 있는 요인이나 집중을 방해할 수 있는 요인들을 콘텐츠 제작에서 사전 고려하여 개발할 필요가 있다.

## 탐구문제

1. 교수-학습자료를 하나 선택하여 시각디자인 원리가 제대로 구현되었는지를 분석하고, 문제점을 어떻게 수정하면 좋을지 논의하시오.
2. 교육용 웹사이트나 이러닝 및 다양한 디지털 콘텐츠에서 멀티미디어 자료 설계원리가 잘못 적용된 경우를 찾아 분석하여 어떻게 수정하면 좋을지 논의해보시오.

# 제9장

# 테크놀로지 활용 수업

테크놀로지는 인지 도구, 탐색 도구, 의사소통 도구로서 학습자들이 지식을 창출할때 보다 효과적, 효율적으로 이루어질 수 있도록 지원한다. 이 장에서는 테크놀로지를 활용한 수업의 실제 사례를 살펴 본다. 제1절에서는 오늘날 학습환경 혁신에 원동력으로 작용하는 기반 기술에 대하여 알아본다. 제2절에서는 테크놀로지를 활용한 다양한 형식의 학습 사례를 살펴본다. 먼저, 온라인 학습방식인 이러닝, 소셜러닝, 모바일러닝의 개념과 적용 사례를 알아본다. 다음으로 게임, 시뮬레이션, 시뮬레이션 게임을 학습에 접목할 때의 효과와 유의점을 규명한다. 그 다음 가상/증강/혼합현실의 개념과 교육에 활용한 사례를 살펴본다. 마지막으로 인공지능과 빅데이터를 활용한 학습이 미래 교육환경에 어떤 가치와 위협을 제시할지 토론한다.

## 제1절
# 테크놀로지 활용 수업의 원동력

2016년 1월 다보스에서 열린 세계경제포럼(WEF; World Economic Forum)에서 제4차 산업혁명이라는 화두가 세상에 던져졌다. 미래직업보고서The Future of Jobs를 통해 제4차 산업혁명이 가까운 미래에 일어날 것이며, 모바일 기술, 로보틱스, 빅데이터, 인공지능의 핵심기술에 힘입어 물리적, 생물학적, 디지털 공간이 융합되는 사이버물리시스템Cyber-Physical System에 기반한 전 세계의 산업 구조의 변화와 인간 자체의 변화를 예고했다.

제4차 산업혁명 시대는 정보화사회를 뛰어넘어 초지능, 초연결, 초현실, 초융합의 성격을 띤 **지능정보화사회**이다(김진하, 2016). **초지능**은 기계가 인간을 이해하는 단계까지 발전하며, 인간과 기계의 관계 및 인간 정체성에 대한 인식의 변화를 초래할 것이다. **초연결**은 네트워크와 모바일 기기의 확산과 개인, 집단, 기계가 다차원으로 연결됨으로서 데이터를 생성하고 새로운 집단행동 양태를 야기할 것이다. **초현실**은 물리적인 사회 활동 전반이 가상화되어 가상공간에서의 사회, 경제활동이 증가할 것을 보여준다. **초융합**은 산업 간, 학문 간 경계가 사라지고 과학기술을 중심으로 융합, 발전할 것을 의미한다.

인공지능, 빅데이터, 증강현실과 가상현실 등 4차산업혁명의 핵심기술은 교육에서도 주요 변화 동인으로 작용하고 있으며 유비쿼터스 컴퓨팅 기술과 소셜미디어의 대중화는 시공간을 초월하여 협력적 상호작용의 환경으로 변화시키고 학습공간을 전 세계로 확장시키고 있다. 이와 같이 테크놀로지의 발전으로 다양한 학습매체와 도구가 등장하고 교육내용과 교육방법의 변화를 야기하고 있다.

이토록 교육환경에 능동적 변화를 일으키는 기반 테크놀로지는 컴퓨팅 기반 시설, 클라우드 컴퓨팅, 지능적 환경과 가상 협력 환경으로 정리할 수 있다.

### 컴퓨팅 기반시설computing infrastructure의 발전

- 네트워크의 접근성 증가: 네트워크를 통해 모든 것이 연결된다. 네트워크로의 포괄적인 연결은 모든 커뮤니케이션 채널을 통합하고, 멀리 떨어진 지역까지 쉽게 접근할 수 있도록 한다.
- 자료처리의 속도 증가: 자료의 처리 속도가 빨라져 방대하고 복잡한 자료를 쉽게 처리할 수 있다.
- 저장 장치의 용량 증가: 저장 장치는 저렴해지고 용량이 커지고 있다. 저장은 개인 장치보다 클라우드의 이용이 증가하며 백업과 오류 등의 문제가 해결되었다.
- 모바일 기술: 모바일 기기의 기술적 진화가 계속되는 가운데 모바일 기술은 이동과 접근을 용이하게 하는 한편, 교육, 오락, 생산 및 사회적 상호작용을 위해 다양하게 활용되고 있다.

### 클라우드 컴퓨팅cloud computing

클라우드 컴퓨팅은 가상 공간에서 데이터를 저장, 처리, 통신하는 데이터센터로 구글드라이브, 드롭박스, 네이버-클라우드가 대표적이다. 원격-교육 등 학습의 공간과 시간이 확장됨에 따라 클라우드를 통해 학습자료를 공유하고 협력하는 일이 일상화되었다.

### 지능적 환경

디지털 테크놀로지는 거리, 건물, 정류소 등 우리 주변의 모든 사물에 적용되었고 서로 교신하며 우리에 관한 모든 정보(어디에 있는지, 어떤 기분인지, 무엇을 했는지, 무엇을 하고자 하는지)를 알게 되고 그에 따라 반응한다.

학습자는 기계, 화면, 키보드와 상호작용하는 것이 아니라 인공지능 로봇 스피커와 같은 사물과 직접 상호작용하게 되었다.

**가상협력환경의 발전**

학습자와 교수자가 의사소통하고 협업하는 가상공간이 발전하였다. 소집단 활동을 위한 온라인 화상환경이 일반화되고 협력적인 온라인 커뮤니티 구축은 학습자 의견을 존중하는 문화, 더 개별화된 학습방식의 접근, 다른 사람과의 지식 공유 활용을 증진시키고 있다.

## 제 2 절 테크놀로지 활용 수업의 실제

### 1. 온라인 수업

2020년 코로나19 감염병이 전지구로 급속히 확산됨에 따라 다양한 형태의 온라인 수업에 대한 관심과 수요가 증가하였다. 시간, 공간의 제약을 넘어 구현되는 온라인 수업은 면대면 수업의 단순환 전환이 아니며 온라인 수업의 목표, 대상, 내용, 맥락에 맞게 설계되고 최적의 테크놀로지를 활용해야 한다. 온라인 수업은 여러 형태로 구현되는데 이러닝과 소셜러닝, 모바일러닝에 대해 살펴본다.

### 1) 이러닝

**이러닝**e-Learning이란 인터넷을 이용하여 학습하는 것으로 시간적·공간적 제약을 극복하고 언제 어디서나 학습자가 원하는 교육 콘텐츠에 접근할 수 있도록 한다(Horton, 2011). 이러닝의 특성은 개방성, 융통성, 분산성을 가진 학습환경의 제공을 통해(Khan, 2005) 유의미한 학습경험을 형성, 조직, 창출하는 것을 강조하고 있다. 즉, 이러닝이 추구하는 학습경험은 자기주도적 학습방식, 학습공동체의 형성, 비형식적 학습환경의 제공이라는 특징으로 요약될 수 있다.

이러닝의 활용 유형은 실시간·비실시간 접근이라는 구분으로 살펴볼 수 있으며, 과목의 일부인지 전체인지의 여부에 따라 구분할 수 있고, 기존의 면대면 수업을 보완하기 위한 것인지, 대체하기 위한 것인지에 따라서도 다를 것이다. 또한 학습자가 정해진 교과과정이나 한정된 교육기관에 국한되지 않고, 다양한 과정을 선택하여 스스로 교과과정을 구성해가는 모형들도 제안되고 있다. 어떤 구분에 따라 활용 유형을 나누더라도, 공통점은 이러닝을 단지 테크놀로지로 간주하기보다, 교수-학습법이라는 점을 강조하고 있다.

어떤 교수-학습 유형에서나 학습활동의 선정은 학습경험을 유발하는 데에 있어 필수적이다. 그러나 단순한 행위가 학습활동은 아니다. 단순히 이러닝 콘텐츠를 학습하면서 마우스를 클릭하거나 채팅방에 참여하는 것 외에 학습을 수행하는 정신적 경험을 유발할 수 있는 활동이 제공되어야 한다. 여러 가지 유형의 통합되어 활용되면 복잡하거나 어려운 학습목표도 달성 가능하다. 학습활동은 기본 기술, 사고과정, 태도, 행동을 연습하게 해주어야 한다.

**실시간화상교육**은 ZOOM, WebEX, Skype, Blackboard Collaborate와 같은 원격화상회의video conferencing 테크놀로지를 이용하여 동시간대에 두명 이상의 참여자가 접속하여 이루어지는 교육을 말한다. 실시간화상교육은 시간지연과 비대면의 한계를 초월하여 실존감, 동시성이 높은 상호작용이 일어나는 특징이 있다. 따라서 실시간화상교육은 일방적 강의 전달보다는 교수와 학생 간, 학생들 사이의 실시간 상호작용과 능동적 참여 위주의 활동중심수업에 유용하다. [그림 9-1]에서 보는 바와 같이 ZOOM의 소회의실Breakout room 기능을 사용하여 학생들 간 소그룹 토의와 프로젝트 학습을 지원하고, 주석 기능을 사용하여 학습자가 콘텐츠와 상호작용하며 직접 밑줄을 긋거나 메모를 할 수 있다. 필요에 따라 비디오와 오디오를 켜고 끌 수 있고 채팅으로 대화할 수 있다. 다만, 실시간화상교육은 특정 시간에 수업을 해야 하기 때문에 시간의 제약이 있고, 주경야독하는 학습자에게는 비효율적일 수 있다. 학습 목표, 내용, 상황, 학습자 특성을 고려하여 실시간, 비실시간 온라인 수업의 장·단점을 상호 보완할 수 있도록 적절히 활용할 필요가 있다(Lowenthal 외, 2020).

**[그림 9-1]** ZOOM을 이용한 원격화상수업 장면

zoom.us

### 2) 소셜러닝

**소셜러닝**은 SNS와 이러닝이 결합하여 사회적 상호작용이 강화된 비형식학습 또는 소셜미디어를 기반으로 온라인에서 이루어지는 참여적 학습을 일컫는다(趙병호, 2012). 소셜러닝의 주요 매체인 **소셜미디어**social media는 말 그대로 사회적 미디어로 사람과 사람 사이를 연결하는 매체라고 할 수 있다. 소셜미디어의 정의는 매우 다양하나, 위키피디아에 따르면 "높은 접근성과 온라인상에서 확장 가능한 출판 기술을 활용하여 사회적 상호작용을 하도록 만들어진 미디어"로 정의되고 있다. 즉, 공동으로 온라인상의 출판물 저작에 참여하는 구성원들이 자유로운 참여 방식으로 정보를 제공하고 공유함으로써 인적 네트워크를 형성해 나가는 것이라고 할 수 있다. 〈표 9-1〉은 다양한 소셜미디어 서비스의 종류를 구분하여 설명한다.

〈표 9-1〉 소셜미디어 서비스

| 구분 | 설명 |
|---|---|
| 메신저 | 카카오톡, 위챗, 텔레그램과 같은 SNS기반 메신저와 부가 서비스로 이루어져 일대일, 일대다, 다대다의 멀티미디어 기반 실시간 커뮤니케이션이 이루어진다. |
| SNS | 이용자들이 자신의 개인 웹페이지를 구축한 뒤 친구들과 연결하거나 콘텐츠를 공유하고 상호작용할 수 있도록 하는 서비스다. Facebook, Instagram, Twitter 등이 여기에 속한다. 교육용 SNS로 클래스팅, 하이클래스, 스쿨맘 등이 있다. |
| 블로그 | Web과 Log의 합성으로 네티즌이 웹에 기록하는 일기나 일지를 의미하며 가장 최근의 업데이트 목록이 맨 위에 올라오게 되는 일종의 온라인 저널이라고 할 수 있다. |
| 위키 | 여러 사람이 동시에 웹페이지에 콘텐츠를 추가, 편집할 수 있으며, 여러 콘텐츠가 하이퍼미디어로 연결되어 일종의 공동 데이터베이스 역할을 하는 것이다. 가장 보편적인 사례는 세계 각국 언어로 서비스 되고 있는 온라인 백과사전인 위키피디아wikipedia이다. |
| 포럼 | 특정한 주제나 관심사를 두고 온라인 토론이 이루어지는 장소로 네이버나 다음과 같은 포털 사이트에서 제공하는 '카페'를 말한다. 소셜미디어라는 용어의 등장 이전에 중고거래나 토론방으로 이미 활성화 되었고 온라인 커뮤니티를 구성하는 보편적인 요소가 된다. |
| 콘텐츠 커뮤니티 | 특정한 종류의 콘텐츠를 만들고 공유하는 커뮤니티를 이르며 대표적으로 동영상을 다루는 YouTube, 사진 콘텐츠를 중심으로 한 Pinterest 등이 있다. |

소셜미디어연구포럼(2012)

소셜러닝은 소셜미디어의 특징을 반영한다. 소셜미디어는 같은 목적을 가진 사람들이 자유롭게 참여하여 콘텐츠를 공유하고 의사표현을 하며, 정보를 확장할 수 있는 커뮤니티, 참여, 개방, 대화, 연결이라는 특징을 가지고 있는데 이를 학습에 적용하면 〈표 9-2〉와 같은 소셜러닝의 특징을 도출할 수 있다. 소셜미디어를 기반으로 이루어진 학습 공동체는 공통의 학습욕구와 목적을 지닌 참여자로 구성되며, 학습 참여자가 콘텐츠를 자유롭게 제시하고 누구나 접근하여 사용할 수 있다. 댓글, 좋아요, 토론 등의 활발한 상호작용이 일어나는데 가르치는 사람과 배우는 사람의 구분이 모호해지고 누구나 동시게 가르치고 배우는 역할을 하게 된다. 이로써 공유되는 정보가 무한히 연결, 확장될 수 있다.

〈표 9-2〉 소셜미디어 서비스

| 소셜미디어의 특징 | 소셜러닝의 특징 |
|---|---|
| 커뮤니티 | 공통의 학습욕구를 지닌 참여자들 간의 커뮤니티 구성 |
| 개방 | 학습 콘텐츠에 대한 자유로운 제시, 접근과 사용 |
| 대화 | 참여자 간 활발한 상호작용 |
| 참여 | 교수자와 학습자의 역할 경계 모호 |
| 연결 | 참여자의 수와 참여자가 소유한 지식-정보의 무한한 확장 |

조병호(2012)

SNS[social network service]는 개인이 공적인 신상정보를 만들거나 자신과 인맥을 맺은 다른 이용자들의 리스트를 분류하고, 다른 사람들의 계정에 만들어진 인맥 리스트를 볼 수 있게 된 웹 기반의 서비스이다(Boyd & Ellison, 2007). SNS는 소셜미디어와 동의어로 인식되기도 하고 용어 규정에서도 여전히 체계적인 정립이 완성되지는 않은 상태이지만 SNS를 통해 공통의 관심사와 활동을 공유함으로써 이루어지는 사람 간의 사회관계, 즉 웹상에서 '인맥'을 구축하고, 분류하고, 공개하는 것이 그 특징이라고 할 수 있다.

인터넷 테크놀로지 발달과 소셜미디어의 빠른 확산에 힘입어 이미 교실 수업에서도 SNS가 적용되는 사례가 많으며, 형식 교육의 형태가 아닌 비형식 나아가 무형식 학습에서도 SNS의 활용이 강조되고 있다. 교육 차원에서 고려해보자면 '네트워크'는 학습자가 중심이 되고 적극적인 참여자가 되어 교수자의 지원을 통해 학습을 목적으로 학습자 간의 네트워크를 구축하는 한편, 다양한 인적 자원 및 전문가와의 네트워크 구축이라는 측면으로 그 개념을 이해할 수 있을 것이다. 또한 '서비스'는 교수-학습활동의 목적에 따라, 교수-학습내용을 담은 콘텐츠를 전달하고자 하는 것인지, 공개된 형태로 다양한 의견과 관점을 나누고자 하는 것인지, 학습자들이 완성한 학습 결과물을 게시하고 공유하기 위한 것인지에 따라 그 개념을 정립할 수 있을 것이다. 소셜미디어가 교수-학습에 새로운 기회를 가져온 것은 명백한 사실이지만, 교수자와 학습자가 보다 적극적이고 비판적인 참여자로 미디어 활용의 주체가 되어야 한다는 점은 강조할 필요가 있다.

페이스북Facebook은 소셜러닝에 주로 활용되는 SNS중의 하나이다. 페이스북에서 제공하는 새글피드, 댓글, 좋아요, 공유하기, 이벤트, 그룹과 같은 기본 기능뿐만 아니라 인스타그램, 구글닥스, 유튜브, 설문조사와 같은 외부 소셜미디어를 공유하여 확장할 수 있다. 페이스북을 온라인 수업의 코스웨어로 사용할 경우, 수업 중에 필요한 프레젠테이션은 프레지prezi와 슬라이드쉐어slideshare에 업로드한 후 페이스북에 공유하는 방식으로 수업콘텐츠를 제시할 수 있다(조병호, 2012). 페이스북 라이브를 이용하여 정해진 시각에 모여 실시간 발표를 하는 동시에 '좋아요', '댓글'을 통한 의사개진과 토론이 가능하다. 학생들의 웹기반 창작물을 공유하고 다른 학생들이 댓글을 달아 피드백을 제공할 수도 있다.

페이스북을 온라인수업의 추가 소통수단으로 사용한 경우 사회적 실재감이 향상되고 학습참여도를 높이는데 기여할 수 있지만, 사회적 상호작용을 강제하는 것은 오히려 학생들의 반감을 살 수 있다(Akcaoglu & Lee, 2018). 페이스북에 공유되는 콘텐츠는 학습목표와 교육과정에 적합한 내용으로 한정하고,

자율적인 참여를 유도하는 것이 바람직하다. 또한 구성원의 개인정보 보호와 넷티켓에 대한 규칙을 함께 만들고 사생활침해, 사이버폭력cyberbullying 등의 위협에 대비하고 디지털 시민성 교육을 동반할 필요가 있다(McCarthy, 2012).

《가톨릭대학교 스토리펀딩 창작물 페이스북 그룹에 공유》

가톨릭대학교 인간학 수업에서 사회문제에 대한 관심과 타인에 대한 배려를 장려하는 주제의 동영상 제작 프로젝트인 〈배려 1001〉의 동영상 결과물을 페이스북 그룹에 제출하도록 하였다. 학생들은 자신이 관심 있는 주제로 다양한 멀티미디어 영상을 제작하여 그룹 구성원들과 공유하였다. 본 그룹의 게시물은 공개되어 많은 사람들이 콘텐츠를 보고 영상의 제작 목표인 배려실천을 장려할 수 있게 하는 방면, 댓글을 다는 등의 상호작용은 관리자의 허가 하에 가입한 사람에게만 허용하여 안전을 보장하였다. 한편, 학생들이 자신의 창작물이 실제적 목적을 달성하기 위해 실제 청중에게 공개된다는 점 때문에 더 정확하고 정성들여 스토리를 제작하였으며 '댓글'과 '좋아요'는 동기를 부여했다.

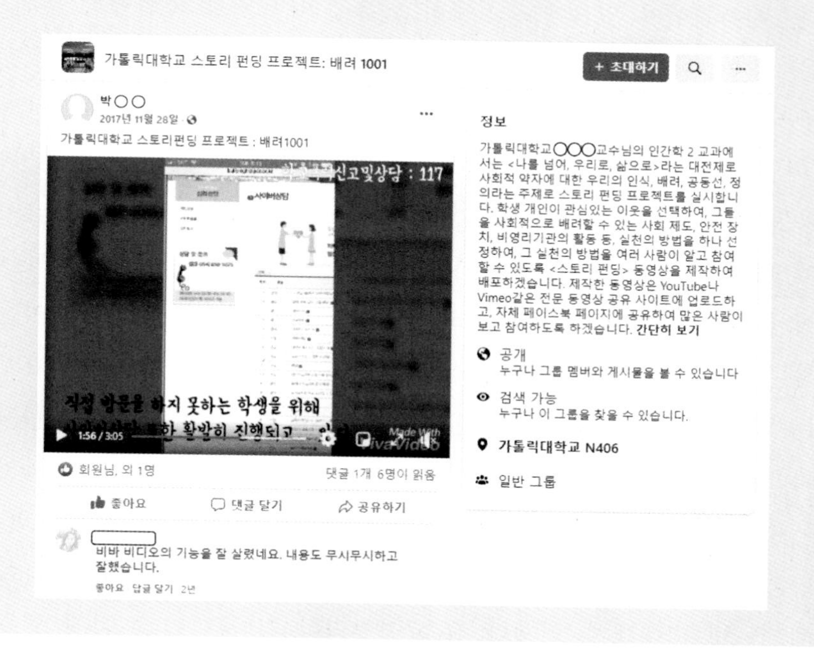

### 3) 모바일 러닝

**모바일 러닝**mobile learning은 물리적인 구속 없이 학습에 참여할 수 있도록 하는 모바일 무선 컴퓨팅 기술의 지원을 기반으로 학습자의 이동성을 원활하게 하거나 촉진하는 방식으로 이루어지는 학습으로 정의할 수 있다(이인숙, 송기상, 이영민, 2006). 이러한 모바일 러닝을 바라보는 시각에는 두 가지 측면이 있다. 먼저, 이러닝에서 기술적인 변화에 의한 자연스러운 진화의 결과로 모바일 러닝이 가능해졌다는 시각이다(Sushil, Vijayalakshimi, & Trent, 2003). 이 관점에서 보면 콘텐츠는 기존의 이러닝에서와 동일하며 콘텐츠에 접속하는 방법만이 무선으로 바뀐다. 반면, 모바일 러닝은 맥락과 상황에 반응한다는 점에서 이러닝이나 기존 학습과 차별화된다는 시각도 있다(Vavoula & Sharples, 2002). 즉, 이동성을 전제로 하는 모바일 러닝은 각 개인의 위치와 상황에서의 개별적 요구를 파악하여 적응적adaptive 반응을 할 수 있다는 것이다. 시각차이가 있음에도 불구하고 유선 네트워크 기반에서 무선으로의 전환은 교육현장에서의 변화를 요구하고 있다.

모바일 러닝이 가져온 새로운 패러다임은 다음과 같이 요약하여 살펴볼 수 있다(이인숙 외, 2006). 모바일 러닝에서의 변화는 첫째, 모바일 러닝에서는 학습자들이 교실 내에서 모바일 기기를 활용하여 언제 어디서나 학습이 가능해짐에 따라 형식적인 학습공간인 교실 등의 개념에 대한 중요성이 줄어들 가능성이 있다. 그러므로 교사는 교실 내에 있는 정보와 교실을 벗어난 곳에 존재하는 지식을 다루어야 하는 상황에 놓일 수도 있다. 둘째, 모바일 러닝에서는 학습자들이 수업과 관련된 활동에 언제 어디서나 접근이 가능하므로 학습이 일상생활에 더 쉽게 침투할 수 있게 하여 평생학습에 대한 동기를 높여 줄 수도 있다. 셋째, 침투적 컴퓨팅penetrating computing을 통한 유비쿼터스 컴퓨팅은 학습, 협력, 공유의 문화를 조성하게 해준다. 휴대용 기기와 함께 성장해 온 넷 세대에게 '언제나 접속/연결되어 있다는 것'은 가장 중요한 가치 중의 하나이다. 이들을 위해 모바일 러닝은 협력학습 상황과 문제해결

상황에서 각종 정보에 접근하게 해줄 수 있다. 넷째, 휴대성과 접근 편의성 및 컴퓨팅을 다양한 교육적인 활동에 추가할 수 있게 하여 학습자들의 자율성을 증진시키고 이로 인하여 학습자들을 동기화할 수 있게 하여 협력적인 작업과 소통을 증진시키는 한편 탐구기반학습을 가능하게 한다. 학습자중심의 토론과 활동을 통하여 제공된 정보를 기반으로 학습자는 이해와 지식을 구성해 가게 될 것이며 따라서 구성주의적 교수-학습 설계가 요구된다.

모바일 러닝의 요소는 **매체 및 콘텐츠**content**에의 접근, 정보의 포착과 저장**capture, **반응의 산출**compute, **의사소통**communicate**의** 4C로 요약해볼 수 있다(Quinn, 2011).

첫째, 모바일 러닝의 가장 보편적인 활용 형태는 인터넷을 통해 컴퓨터로 제공되는 콘텐츠 수강이라고 할 수 있을 것이다. 콘텐츠의 유형은 사용자의 요구에 따라 접근할 수 있는 이미지를 포함한 텍스트 기반의 콘텐츠부터, 교강사의 강의를 음성으로 제공하는 오디오 기반, 보다 역동적인 멀티미디어를 활용한 플래시 기반의 콘텐츠, 그리고 교강사나 전문가의 강의 영상을 전달하는 비디오 기반까지 매우 다양하다. 중요한 것은 시간과 공간의 제약에서 벗어나, 언제 어디서나 사용자가 원하는 시점과 장소에서 콘텐츠에 접근할 수 있도록 편리성이 보장되어야 한다는 점이다. 기존의 온라인 수업에서 콘텐츠는 가정이나 업무 환경에서 PC를 통해 수강하게 되는 것이 일반적 형태이나, 모바일 러닝은 스마트 기기를 통해 사전에 다운로드한 콘텐츠를 편리한 시간과 장소에서 수강하거나, 실시간으로 접속하여 스트리밍 형태로 강의 콘텐츠를 수강하는 것까지 포함한다.

둘째, 정보와 콘텐츠를 제공하는 것 뿐 아니라, 학습자가 정보를 획득하고 이를 저장하는 것도 중요한 요소 중의 하나이다. 정보는 마이크나 카메라, 텍스트 입력 장치 등으로 컴퓨터나 스마트 기기를 통해 캡쳐가 가능하다. 심지어 위치 정보를 활용한 데이터의 캡쳐도 손쉬워 졌다. 일단 캡쳐한 정보는 언제든 쉽게 접근하여 즉각적으로 활용할 수 있다.

셋째, 개별적인 사용자는 다양한 전산 기능에 익숙하지 못하지만, 디지털 프로세서들이 이러한 작업이 용이하도록 프로그램을 제공하고 있다. 개별 사용자가 정보를 캡쳐하여 입력하면, 프로그램은 이 정보를 더욱 관련 있는 데이터로 변형 처리해준다. 기존에 전문가들이 가공할 수 있었던 정교한 사진 및 동영상의 편집이 일반인들도 누구나 손쉽게 할 수 있게 되었고, 학습자 입장에서는 수업 수강 뿐 아니라 다양한 학습활동이나 과제 수행도 이동 중에 가능해졌다.

넷째, 모바일 기기를 활용한 커뮤니케이션이야말로 가장 많은 관심을 불러일으키고 있는 영역이라고 할 수 있다. 모바일 러닝의 미래는 사회적 상호작용을 기반으로 하며, 스마트폰에서 지원되는 커뮤니케이션 채널인 전화와 멀티미디어 메시지를 넘어 각종 앱과 카메라, GPS를 이용한 위치기반 서비스를 복합적으로 활용한다. 특히 소셜네트워킹을 활용한 Facebok, LinkedIn, Twitter와 같은 애플리케이션은 대중적으로 활용되고 있다. 굳이 컴퓨터에 접속하여 LMS 게시판에 글을 남기지 않아도 모바일 기기에서 전송하는 것만으로도 비실시간 토론방 참여가 가능하며, 단시간에 수업을 함께 듣는 학생들 간의 투표나 즉각적인 정보교환이나 의사결정도 훨씬 용이해졌다. 팝업퀴즈를 Twitter로 출제하고 빠른 시간 안에 답변하게 하여 수업에 역동성을 불어넣는 사례들도 보고되고 있다.

**《 대영박물관의 <아테나를 위한 선물> 모바일 러닝 》**

대영박물관The British Museum은 2009년부터 삼성 디지털 디스커버리 센터를 운영하며. 삼성전자의 TV, 스마트폰, 웨어러블 기기, 카메라, 디지털액자, 태블릿 PC 등을 사용하는 박물관 디지털교육 프로그램을 제공한다. 그 중 아테나를 위한 선물(A Gift for Athena)은 초등학생들을 대상으로 파르테논 조각상 갤러리에서 진행되는 모바일 게임으로 스토리텔링을 활용하여 흥미로운 과제를 부여하고, 각 과제를 해결하기 위해 전시물을 자세히 관찰해야 한다.

- 학생들은 아테나의 생일을 축하하기 위한 행렬에 초대된다. 파르테논 신전을 통과할 때 바람의 신 보레아스는 아테나에게 줄 선물인 특별한 옷을 훔치고 학생들은 그것을 되찾기 위해 일련의 과제를 수행해야 한다.
- 학생들은 스마트 패드 화면에 빈 윤곽선을 보고 박물관의 조각(유물)을 찾아 매치하게 된다. 학습자들은 3D 개체 인식 기술과 증강현실을 활용하여 박물관의 조각품을 유심히 관찰하게 되며, 실루엣과 맞는 조각품을 찾으면 보상을 받게 된다. 이 활동은 조각상의 형태, 크기, 부피에 주의를 기울이며 감상할 수 있도록 도와준다.

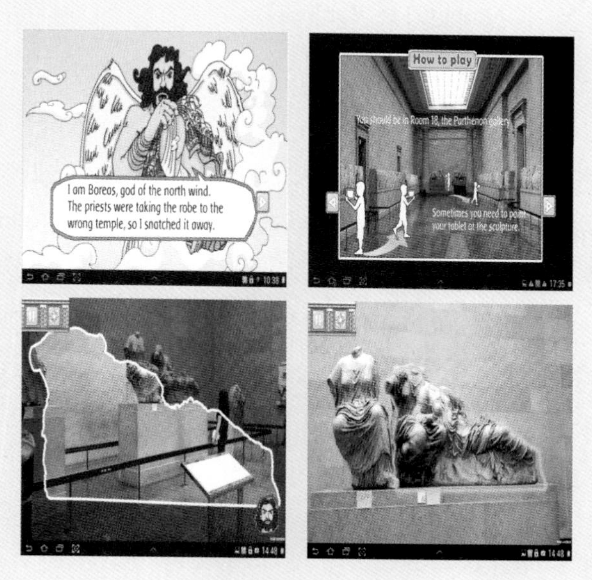


**[그림 9-2]** 모바일 게임의 스토리텔링과 과제 제시 화면
https://mw2015.museumsandtheweb.com/bow/a-gift-for-athena/

## 2. 게임과 시뮬레이션

1973년 Robert Heyman이 미국 지리학회를 위해 제작한 자신의 다큐멘터리 필름들을 가리켜 교육과 오락을 합성한 **'에듀테인먼트'**edutainment로 지칭한

이래, 기존의 일방적인 내용전달 중심의 교육방법에서 한걸음 더 나아가 빠르고 재미있으며 풍부한 상호작용을 통해 학습자의 흥미와 참여를 촉진할 수 있는 게임, 시뮬레이션을 적용한 교수-학습에 대한 관심이 지속적으로 높아지고 있다(백영균, 2010; 정소윤, 2008). 가상공간에서 주어지는 즉각적인 피드백과 풍부한 상호작용이라는 공통점 때문에 일반적으로 게임, 시뮬레이션, 시뮬레이션 게임 등의 용어가 호환적으로 사용되는 경우가 많지만, 이 절에서는 게임과 시뮬레이션을 각각 독립된 개념으로 보고, 이들이 수업에 적용된 다양한 형태에 대해 살펴보기로 한다.

### 1) 게임

**게임**은 한명 이상의 플레이어를 포함하는 활동으로 현실이 아닌 가상환경에서 고정된 규칙에 따라 경쟁적으로 주어진 과제를 수행하며, 그 과정에서 몰입과 즐거움, 성취감을 맛볼 수 있는 활동을 말한다. 게임 이론가나 설계자, 연구자에 따라 다양한 게임의 정의가 존재하므로 무엇이 게임인지 (혹은 아닌지) 한마디로 단정짓기는 쉽지 않지만, 어떤 활동이 아래 〈표 9-3〉에서 제시한 게임의 여러 특성들을 얼마나 많이 가지고 있는지를 살펴보면 그 활동이 본질적으로 얼마나 게임과 유사한지 판단해볼 수 있다.

〈표 9-3〉 게임의 10가지 특징

| 특징 | 설명 |
|---|---|
| 경쟁 | 다른 사람들보다 높은 성과를 달성하는 것을 목표로 한다. |
| 과제 | 해결하기 위해 노력해야 할 과제가 주어진다. |
| 탐험 | 감각적인 게임환경 내에서 탐험이 이루어진다. |
| 환상 | 꾸며진 배경, 캐릭터, 스토리가 주어진다. |
| 목표 | 목표와 목적이 분명하다. |
| 상호작용 | 활동을 통해 끊임없이 게임 상황이 변화하고, 즉각적인 피드백이 주어진다. |
| 성과 | 활동에 따라 점수 등 상응하는 결과가 주어진다. |
| 협동 | 다른 멤버들과 함께 게임에 참여할 수 있다. |
| 규칙 | 정해진 규칙에 따라 활동이 제한된다. |
| 안전성 | 게임 상황이 현실에서 위험을 동반한 결과로 이어지지 않는다. |

Whitton, 2010, 백영균, 박형성, 2011에서 재인용

앞서 살펴본 게임의 공통적인 속성에 교육적 의도를 결합하여 사용자들이 게임 진행과정에서 특정한 교육내용을 학습할 수 있도록 의도적으로 제작된 게임을 **'교육용 게임'**이라고 하는데, 아래 〈표 9-4〉와 같이 교육용 게임은 크게 아케이드, 어드벤처, 롤플레잉, 시뮬레이션 등의 유형으로 나누어진다.

〈표 9-4〉 교육용 게임의 유형

| 게임유형 | 특징 |
| --- | --- |
| 아케이드형 | • 장시간의 사고보다는 단순하고 민첩한 손동작 등 사용자의 순발력이나 판단력을 필요로 함 |
| 어드벤처형 | • 미리 설정된 시나리오를 통해 사용자가 다양한 공간을 탐험하며 위험을 극복하고 최종 목적지까지 도달해야 함<br>• 교육과정에 따라 난이도를 다르게 하여 학습 주제별 상황을 배치하는 것이 용이함 |
| 롤플레이형 | • 사용자가 가상 캐릭터를 생성하고 자신에게 주어진 임무를 해결하기 위해 역할을 수행하도록 함<br>• 계속적인 의사결정과 문제해결 대안을 모색하는 과정에서 고차원적 사고력과 상상력을 기룰 수 있음 |
| 시뮬레이션형[1] | • 다양한 현실세계의 상황을 가상세계에서 체험하며 의사결정의 결과를 게임시스템이 제공하는 피드백을 통해 확인할 수 있음 |

백영균, 2010 재구성

게임의 공통적인 속성에 교육적 의도를 결합하여 사용자들이 게임 진행과정에서 게임을 활용한 학습은 학습자가 몰입을 경험할 수 있도록 이끄는 도전과 경쟁, 호기심과 환상, 통제와 협력과 같은 요소들을 갖추고 있어 학습자의 동기유발에 용이하다는 장점이 있으며, 이러한 교육용 컴퓨터 게임이 학업성취도, 학습전략, 자기효능감과 같은 인지적, 정의적 측면에 미치는 영향에 대한 연구가 활발히 이루어지고 있다(박형성, 백영균, 2009; 백영균 2010; 한국콘텐츠진흥원, 2013; 홍선주, 김인수, 김현진, 2009).

1) 시뮬레이션형 게임은 시뮬레이션의 특징을 공유하는 게임으로 게임의 한 유형으로 분류가 가능하지만 시뮬레이션은 게임과는 구분되는 독립적인 장르를 일컫는 개념임을 밝힌다.

게임기반 학습의 시장규모와 잠재적 발전 가능성을 파악하기 위해 2014년 미국의 '게임 및 학습 출판위원회'games and learning publishing council가 700여 명의 교사들을 대상으로 실시한 설문조사 결과에 따르면 교실에서의 디지털 게임 활용을 가로막는 가장 큰 장애요인은 '수업시간 부족(45%)'과 '비용 부담(44%)'으로 나타났으며, 응답자의 47%가 게임을 활용한 수업이 수업참여가 저조한 학생들에게 도움이 된다고 답하였다(한국교육학술정보원, 2014a).

Prensky(2001)와 같은 일부 학자들은 기획이나 설계 단계에서부터 교육적 요소를 반영하지 않고 개발된 게임을 통해서도 사용자는 연습과 피드백을 통한 반복학습, 목표지향학습, 발견학습, 과제기반학습, 역할놀이, 코칭, 다중감각학습 등 다양한 상호작용적 학습기술을 습득할 수 있다고 주장하지만, 교육용 게임의 효과성을 언급한 105편의 연구를 분석한 Hays(2005)는 다양한 학습자의 연령 및 수준, 학습과제 유형 등을 대상으로 수행된 연구결과를 통해 게임의 교육적 효과를 일반화해서는 안 된다고 지적한다. 또한 게임중독과 같은 부작용에 관한 논란 등 다양한 시각과 연구결과가 공존하므로, 컴퓨터 게임의 교육적인 효과나 학업성취도 향상에 미치는 영향에 대해서는 좀 더 장기적이고 세밀한 연구를 통한 검증이 필요해 보인다.

**《 마인크래프트: 교육용 에디션 》**

〈마인크래프트: 교육용 에디션〉은 마이크로소프트 사에서 개발한 교육용 게임으로 소프트웨어 교육뿐만 아니라 전 학년 대상 수학, 역사 등 모든 과목에 융합하여 교육하도록 설계되었다. 교육용 에디션은 코드빌더, 클래스룸 모드, 칠판기능, 카메라와 포트폴리오, NPC로 구성되어 있다. .

- 코드빌더는 스크래치, 메이크코드와 같은 블록코딩 플랫폼에서 작성하는 코드를 마인크래프트 세상에서 구현할 수 있게 한다.
- 클래스룸모드는 교사가 수업 중 학생을 관리할 수 있게 한다.
- 맵에 칠판을 설치하여 학습목표, 교과내용, 과제를 게시할 수 있다.

- 학생들은 카메라 아이템을 통해 마인크래프트 세상에서의 결과물을 사진파일로 저장한다.
- 학습 결과물을 포트폴리오에 정리하여 교사에 제출할 수 있다.
- NPC는 도우미 캐릭터로 교사가 NPC를 맵에 적절히 배치하여 학생들에게 정보를 제공하고 지침을 내리거나, 외부 링크를 연결해 추가 자료를 제공할 수 있다.

마인크래프트 교육용 에디션은 미래 인재 역량인 협업능력, 문제해결능력, 컴퓨팅적 사고를 함양하는데 필요한 학습을 재미있게 몰입하여 경험할 수 있도록 설계되어 있다고 광고하지만 다른 교육용 게임과 같이 의도한 목적에 맞게 적절하게 활용될 필요가 있다.

**[그림 9-3]** 마인크래프트: 교육용 에디션
https://www.eventservice.kr/2018/microsoft/ms_mec/minecraft.html

### 2) 시뮬레이션

**시뮬레이션**simulation은 시공간과 비용의 제한, 안전상의 문제 등으로 직접적인 관찰이나 체험이 불가능한 복잡한 현상이나 상황을 단순화하여 가상적으로 제시하고, 학습자가 관련 요소나 변수들을 조작하며 그 결과를 즉각적으로 확인할 수 있도록 하여 관련 개념, 원리, 절차나 태도 등 인지적, 정의적 내용을 학습할 수 있도록 하는 것을 포괄적으로 지칭한다(백영균, 2010; Aldrich, 2004, 2009).

교육의 관점에서 시뮬레이션은 학습목표 달성을 위해 현실과 유사한 학습 환경을 제공하는 교육방법이자 도구라 할 수 있으며, 의도한 학습목표와 적용

내용에 따라 다양한 유형으로 분류해볼 수 있다. 아래 〈표 9-5〉는 Alessi와 Trollip(2001)이 제안한 분류에 따라 각 유형별 시뮬레이션의 특징을 정리하여 제시한 것이다(백영균, 2010).

〈표 9-5〉 교육용 시뮬레이션의 유형별 특징

| 유형 | 특징 |
|---|---|
| 물리적 시뮬레이션 | • 물리적 대상이나 실험기구를 직접 다루는 대신 시뮬레이션을 통해 간접적으로 조작해보며 자연현상을 관찰하거나 복잡한 기기 사용법을 학습할 수 있음<br>• 비행기 조종이나 자동차 엔진 내부의 연소과정 등 다양한 훈련 상황에서 유용하게 활용됨 |
| 절차적 시뮬레이션 | • 특정한 절차에 따라 수행되는 학습내용을 가르치기 위해 주어진 목표에 도달하기 위한 단계적 과제와 결과에 대한 피드백을 제공함 |
| 상황적 시뮬레이션 | • 실제로 일어날 수 있는 여러 상황 속에서 학습자가 직접 대안을 선택하고 그 결과를 확인해보며 자신의 선택을 검증해볼 수 있음<br>• 인간의 모든 행동을 예측하여 프로그램화할 수 없다는 어려움이 있음 |
| 반복적 시뮬레이션 | • 학습자의 이해를 돕기 위해 매번 새로운 매개변수 값을 입력하고 그 결과를 확인해볼 수 있도록 함 |

백영균, 2010 재구성

이러한 시뮬레이션을 수업에 적용하기 위해서는 다음과 같은 조건들이 충족되어야 한다(오홍석, 2004; 강명희, 김혜선, 이정민, 2011).

- 복잡한 현실 세계를 대신하는 단순화된 모델
- 학습자가 주도적으로 다양하고 반복적인 조작 지원
- 학습자의 조작이 미치는 영향에 대한 즉각적인 피드백

시뮬레이션은 광범위한 교과목에 개발되고 적용될 수 있으며, 간학문적으로 설계된 경우에는 학습자들이 구성한 지식을 다양한 교과영역에 적용할 수 있도록 해준다. 또한, 시뮬레이션은 현실성을 충분히 지닌 가상환경을 제공하므로 학생들이 지적인 결정을 내릴 수 있는 능력을 키우는 데 효과적이고 안전한 방법을 제공한다. 실제 상황이 아니므로 학생들은 그 문제 상황에

언제든지 (재)접근할 수 있어 필요한 경우 개념적 이해를 수정할 수도 있다. 한편, 시뮬레이션에서는 학생중심적인 학습활동을 통해 학생들이 의사결정을 하고 자신의 활동에 대한 결과를 볼 수 있다.

특히 추상적인 사실, 법칙, 원리에 관한 내용을 형식적이고 상징적인 언어로 설명해야 하는 과학교과의 경우, 전통적인 교실수업에서는 눈으로 확인하거나 감지하기 어려운 개념이나 현상들도 시뮬레이션을 통해 구체화, 시각화하고 반복적인 조작을 통해 자신의 사고과정을 정교화할 수 있어 학습자의 오개념을 변화시키고 자기주도적 발견학습을 촉진하는 데 매우 유용하다. 최근 가상현실을 접목한 시뮬레이션으로 더욱 실재감과 몰입감을 증진시킬 수 있다.

**《 simSchool 》**

〈simSchool〉은 예비교사들에게 필요한 다양한 교수행동과 전략을 보다 효과적으로 가르치기 위해 개발된 교실 시뮬레이션 프로그램이다. 예비교사인 학습자들로 하여금 실제 교실과 유사한 가상환경 속에서 다양한 학생행동과 태도를 분석하고, 학생들의 학습 및 생활에 관한 자료들에 기초하여 보다 효과적이고 차별화된 교수전략 및 상호작용 전략을 세워 정교화해가는 과정을 통해 학교 현장의 전문가인 교사들처럼 사고하고 행동하는 방법을 배울 수 있도록 하여 교사로서의 전문성을 개발하도록 설계되었다. 최근 다양한 인종과 배경의 학생들이 있는 교실 상황에서 마주할 수 있는 편견과 차별에 대하여 교사가 성찰하고 상호작용을 교정하는데 효과적이라는 연구결과가 발표되었다(Collum 외, 2020).

사용자는 다음과 같은 단계로 〈simSchool〉 프로그램을 진행하게 된다.

① 가상 학급 설정하기: 학급규모, 학생 특성 등을 선택하여 가상의 학급을 구성

② 교수행동하기: 시뮬레이션이 시작되면 사용자는 가상 학생들의 수업행동을 관찰하거나 학생기록부에 기록된 개별 학생들의 대인관계, 학업성취, 학습과 관련된 특징 등을 확인할 수 있음. 이를 바탕으로 '학습과제 제시'와 '대화하기' 등 교수행동을 선택하여 실시할 수 있음

③ 결과보기: 사용자가 가상 학생들에게 제시한 과제나 대화내용은 모두 시스템상에 저장되며, 시뮬레이션 종료 후 사용자는 자신의 교수행동에 따른 학생의 변화를 누적된 자료로 확인할 수 있음.

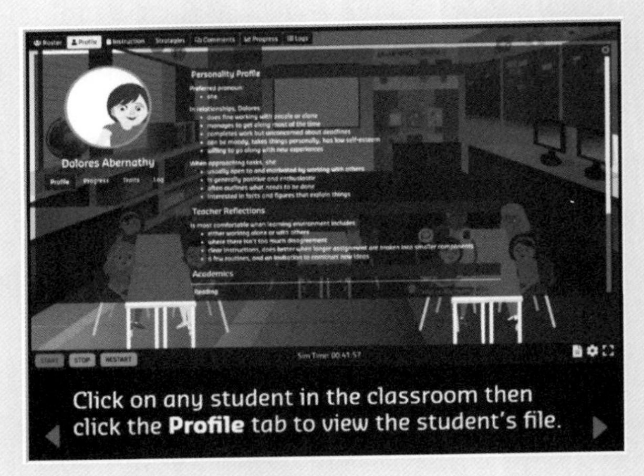


[그림 9-4] 〈simSchool〉의 가상 교실 및 학생 자료 화면

simschool.org

### 3) 시뮬레이션 게임

**시뮬레이션 게임**은 역할놀이, 현실에 기반한 시나리오와 같은 시뮬레이션의 속성과 임의적 규칙에 의한 목표달성 및 보상이라는 게임의 속성을 결합한 장르로, 시뮬레이션 게임을 활용한 수업은 게임을 통한 반복적인 기능 연습과 시뮬레이션을 통한 현실적 맥락의 이점을 모두 살려 학습자가 광범위한 학습내용에 관심을 가지고 전체적인 과정과 요소들 간의 상호관련성을 이해할 수 있게 된다(Smaldino, Russell, Heinich & Molenda, 2005).

《 Surgeon Simulator 》

Bossa Studio에서 개발한 시뮬레이션 게임으로 외과 수술을 시현하고 결정과 행동의 결과에 따라 환자가 무사히 수술을 마칠 수도 있고 사망에 이르게 할 수도 있는 의료기술 재현 게임이다. 실제 수술실과 같은 공간과 수술에 필요한 도구를 가지고 실제 환자의 혈액량과 심박수를 실시간 확인할 수 있게 하여 수술실에서 일어날 수 있는 여러 상황을 간접적으로 체험해볼 수 있으며, 다음과 같은 특징을 지니고 있다.

- 인터넷을 통해 게임사이트(https://www.surgeonsim.com/)에 접속한다.
- 만화와 같은 캐릭터와 과장된 상황을 다양한 멀티미디어로 재현한다.
- 사용자로 하여금 외과의사로서 직접 수술을 집도하면서 다양한 의사결정 을 내리도록 하고, 자신의 결정이 환자의 수술 결과와 생사에 미치는 영향을 시뮬레이션 통해 확인하도록 하여 문제해결과 자기주도적 학습을 유도한다.

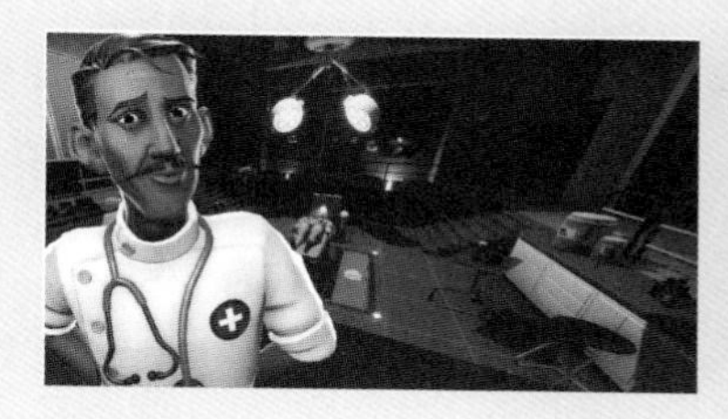
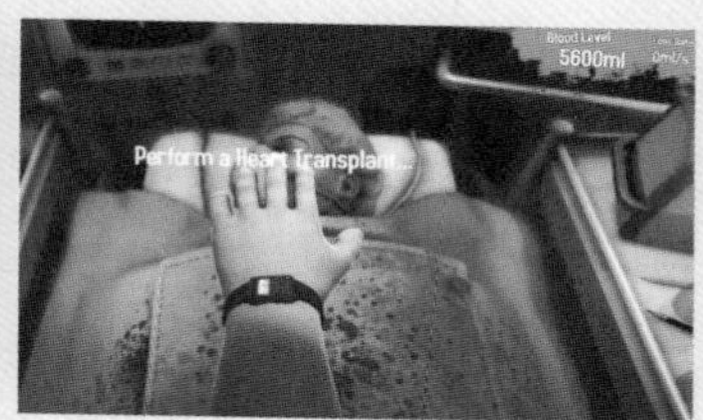


**[그림 9-5]** 서전 시뮬레이터 게임 장면
https://www.surgeonsim.com/

## 3. 가상현실, 증강현실, 혼합현실

가상현실, 증강현실, 혼합현실로 구현되는 실감형 콘텐츠는 자연재해, 우주탐험, 인체 내부 관찰과 같은 고위험, 고비용, 체험불가인 상황을 학습자가 간접적으로 체험할 수 있게 하여 교육의 시공간적 범위를 넓히고 있다(범원택, 김자영, 김남주, 2019). 가상현실은 실재성을 증대시키고, 안전성을 보장하는 기술적 효과와 더불어 동시적, 실제적 상호작용을 통해 학습자들의 흥미와 몰입감을 배가시키는 혁신 교육매체로 각광받고 있다(이지연, 김사훈,

2010; Karaman & Ozen, 2016). 이 절에서는 가상현실, 증강현실, 혼합현실의 개념과 교육에 적용된 사례를 살펴보고 본 혁신 기술의 가능성과 장애요인을 극복할 수 있는 방안을 토론한다.

### 1) 개념

**가상현실** VR Virtual Reality이란 컴퓨터 등을 이용하여 인공적인 기술로 만들어낸 것으로 실제와 유사하지만 실제가 아닌 특정한 환경이나 상황 혹은 그 기술 자체를 의미한다. 실제로는 존재하지 않지만 컴퓨터 기술로 만들어진 가상의 환경이나 상황 등은 사용자의 시각, 청각, 촉각 등의 오감을 자극하며 실제와 유사한 공간적, 시간적 체험을 하게 함으로써 사용자가 가상세계에 존재하는 것처럼 느끼게 만드는 기술이다. 사용자는 가상의 현실과 실재현실 사이의 경계를 자유롭게 드나들며 실재 디바이스를 이용해 가상현실 속 환경을 조작하며 상호작용한다. [그림 9-6]에서 보이는 가상의 전쟁 상황에 전사로 참여하여 무기를 이용하여 공격과 방어를 할 수 있게 한다. 가상현실은 3차원으로 구현된 가상 세계에 몰입하여 사용자의 자유로운 조작 하에 프로그램화되지 않은 자연스럽게 상호작용하며 사용자의 정서·인지적 경험을 창출한다는 점에서 한정적으로 프로그램된 시뮬레이션과는 구분된다.

**[그림 9-6]** 헤드장치와 조작기기를 장착한 가상현실 체험

**증강현실** AR Augmented Reality은 현실 세계에 가상의 이미지를 추가하여 보여주는 기술이다. 현실 세계에 컴퓨터 그래픽으로 구성된 가상의 대상물을 결합하여 사용자가 실제 환경에서 보다 실감나는 부가정보를 제공받을 수 있게 함으로써 현실을 보완할 수 있다. 이용자가 실시간으로 디지털 기기를 이용하여 가상객체를 조작하면서 상호작용할 수 있다. 가상현실은 자신과 배경, 환경 모두 현실이 아닌 가상의 이미지를 사용하는데 반해, 증강현실은 현실의 이미지나 배경에 3차원 가상 이미지를 겹쳐서 하나의 영상으로 보여주는 기술이다. 예를 들어, 가상현실 격투 게임은 '나를 대신하는 캐릭터'가 '가상의 공간'에서 '가상의 적'과 대결하지만, 증강현실 격투 게임은 '현실의 내'가 '현실의 공간'에서 '가상의 적'과 대결을 벌이는 형태가 된다. 예를 들어 중학교 1학년 과학 시간에는 실제 학생 신체에 심장의 3차원 이미지가 투영되고 동맥과 정맥이 흐르고, 심박수 증감에 따른 혈류 변화 등을 조작하며 관찰할 수 있다. 또 다른 예로 [그림 9-7]에서 보이는 것처럼 한자 학습만화인 마법천자문에서는 손오공을 물에서 구하기 위해 현실에서 水를 손가락으로 그리며 쓰기 연습을 한다.

**[그림 9-7]** 증강현실을 적용하여 한자를 학습하는 마법천자문
아울북(2019)

**혼합현실** MR Mixed Reality는 현실세계를 바탕으로 현실과 가상의 정보를 혼합하여 더욱 진화된 가상세계를 구현하는 기술로 가상현실의 이질감을 완화하고 증강현실의 낮은 몰입도를 개선하여 보다 자연스럽게 연결된 가상 환경을 제공한다. [그림 9-8]에서는 의학교육에서 홀로그램을 활용하여 인체의 내외부를 입체적으로 재현하고 장기와 상호작용하며 인체에 대한 인지활동을 보조한다.

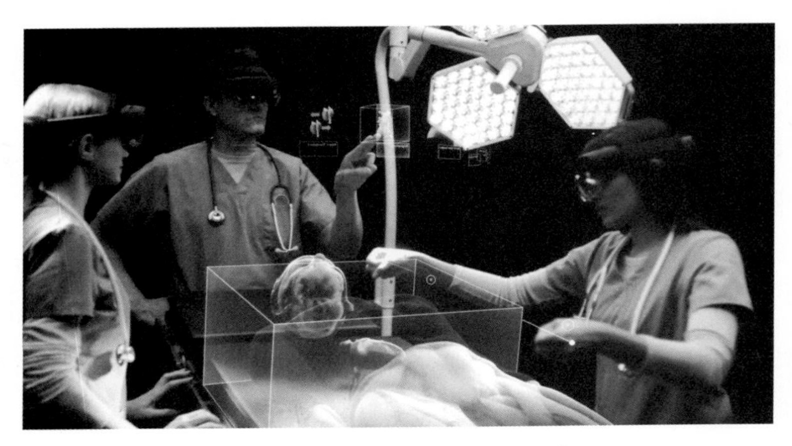

**[그림 9-8]** 혼합현실을 적용한 의학교육
마이크로소프트 홀로렌즈

〈표 9-6〉에서는 지금까지 알아본 가상현실, 증강현실, 혼합현실의 차이를 정리하고 기술의 장단점을 비교하였다. 3차원 가상현실을 활용한 교육이 기존의 교육매체를 활용한 교육과 비교하여 학업성취도와 만족도가 높은 것으로 보고되어 적용 가능성이 크다(배영권 외, 2018; 임정훈, 이삼성, 2003). 다만 가상현실이 안정적인 교육매체로 정착되기 위해서는 기술 자체에 내재되어 있는 한계를 극복해야 한다. 가상현실 콘텐츠와 기기의 대중화, 대용량의 데이터를 실시간으로 전송할 수 있는 5G 통신, 사이버 멀미 및 시각적 피로를 야기하는 기술 자체의 문제를 극복할 필요가 있다(한경훈, 김현택, 2011).

〈표 9-6〉 가상현실 구현방식과 장·단점 비교

| 구분 | 가상현실 | 증강현실 | 혼합현실 |
|---|---|---|---|
| 구현방식 | 컴퓨터로 구현된 가상의 공간에서 허구 상황 제시, 현실정보 차단 | 현실정보에 가상의 정보를 겹쳐 보여주는 방식 | 현실정보 기반에 가상정보 융합 |
| 예시 | 오큘러스 리프트<br>삼성 기어 VR<br>HTC 바이브 | 마인크래프트 어스<br>포켓몬 고<br>스노우 카메라 앱 | MS 홀로렌즈<br>삼성 오디세이<br>비빔블 HOLO MR |
| 장점 | 입체감있는 영상 구현<br>몰입감 우수 | 필요한 정보 즉각적 반영<br>현실과 상호작용 용이 | 현실과 상호작용 우수<br>몰임감 우수 |
| 단점 | 멀미감<br>가상환경 구축과 장비 가격 높음 | 사실감, 몰입감 낮음 | 대용량 데이터 처리 필요<br>장비와 기술적 제약 있음 |

### 2) 가상현실의 교육적 활용 사례

#### 구글의 카드보드

카드보드는 구글이 만든 저가의 가상현실 플랫폼과 기기로 이루어져있다. 규격에 지정된 대로 카드보드(종이)를 접고 렌즈를 부착하고 스마트폰을 끼워 넣어 헤드마운트 디스플레이를 만드는 방식으로 ([그림 9-9 참조] 가격이 저렴하여 보급이 쉽다는 장점이 있다. 스마트폰에 가상현실 앱을 가동하여 장착하고 카드보드를 착용하면 가상현실 세계로 들어갈 수 있다. 한 예로 중학교 2학년 미술 시간에 화가 반 고흐의 〈별이 빛나는 밤에〉 작품 세계 속으로 들어가 심미성 교육과 더불어 가상현실을 체험할 수 있다.

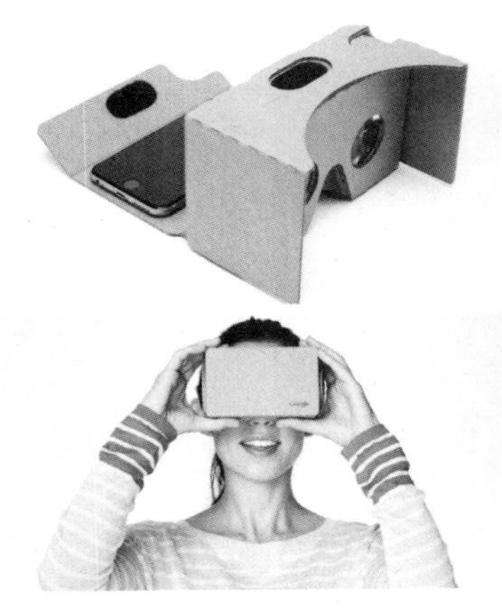

[그림 9-9] 구글 카드보드 가상현실 체험
CNET 코리아; Lockwood, 2016

미국 알곤킨 중학교 과학교사인 사라 머피는 여행 경험이 부족한 저소득층 학생들과 함께 구글의 가상현실 탐사 프로그램Expeditions을 활용하여 낯선 장소를 탐험하고 탐구학습을 진행하였다. 교사는 학생들이 주도적으로 탐사를 계획하고 탐구주제를 제시하도록 하였으며, 의미 있는 상호작용이 일어날 수 있도록 계획하였다. 지속적인 활용 결과, 학생들은 과학에 대한 거부감이 줄어들고, 심도 있는 이해와 표현력이 향상되고, 심층적인 질문이 늘어났으며, 학생들의 집중도, 흥미, 수업 만족도가 향상되었다.

### 런던박물관의 스트리트 뮤지엄

영국의 런던박물관Museum of London은 증강현실을 활용하여 역사 속의 사라진 장소를 재현해 관람객들이 체험하며 역사를 학습하는 스트리트 뮤지엄을 운영하고 있다. 사용자는 스마트폰에 앱을 설치하고 구글 맵 기능을 열면 현재 위치가 표시되고 근처의 역사 속 건물이나 유적지가 3차원 영상과 함께 전문가의 음성 해설과 관련 자료가 제공된다([그림 9-10] 참조). 학교 수업 외에도 전 연령대를 대상으로 비형식적으로 교육 콘텐츠에 접근할 수 있고 실제 거리에서 재현되는 실감나는 체험을 통해 살아있는 박물관, 접근성과 상호작용이 우수한 박물관이라는 평가를 받고 있다.

[그림 9-10] 런던박물관 스트리트 뮤지엄의 역사 속 거리 재생 장면
https://www.museumoflondon.org.uk/

교육에서 가상현실을 활용하는 것의 긍정적인 요인으로 네 가지를 들 수 있다. 첫째, 다양한 각도에서 수업 자료를 탐구하도록 학생들을 유도하고 동기부여 할 수 있다. 둘째, 학생들이 현실에서 직접 경험할 수 없었던 사물, 장소, 역사 속 사건 등을 재현하는 것이 가능하다. 셋째, 다양한 학습 스타일에 적합한 학습환경을 조성할 수 있다. 넷째, 학생의 창의력, 주도성 등 정의적인 영역의 지원을 확대를 지원할 수 있다.

이런 여러 장점에도 불구하고 가상현실이 교실에서 잘 활용되지 못하고 있다. 교사가 새로운 기술을 활용하기 위해서는 관련 기술과 교육적 방법론에 대하여 배우고 창의적으로 수업을 설계하고 이끌어 나가야 하지만 시간, 예산 등의 현실적인 이유로 교사들이 적극적으로 활용하지 못하는 경우가 많다. 교사의 노력과 함께 접근성 높은 기술의 발달과 제도적 지원이 뒷받침되어야 한다(김성열 외, 2017).

## 4. 인공지능과 빅데이터

인공지능과 빅데이터가 결합하여 지능형 학습이 개발되어 개인에게 최적화된 학습목표, 내용, 경로를 찾아주는 등 학습방법이 진화하고 있다. 이 절에서는 인공지능과 빅데이터의 주요 개념에 대해 알아보고 인공지능이 어떻게 인간지능을 보조하고 교육을 더 효과적으로 만들어줄 수 있는 지에 대한 사례를 살펴본다. 학습분석학은 교육 상황에서 발생하는 빅데이터를 활용하여 교육과 관련된 의사결정을 보다 합리적으로 내리는 것을 목적으로 하는 학문으로 학습분석학이 어떻게 교육의 가치를 향상시키기 위해 사용될 수 있는지 규명한다.

### 1) 개념

**인공지능**[artificial intelligence]이란 인간의 학습능력, 추론 능력, 지각 능력, 자연언어의 이해 능력 등을 컴퓨터 프로그램으로 구현하는 기술로, 기계학습과 딥러닝이 핵심기술이다. **기계학습**[machine learning]이란 인간이 만든 알고리즘에 의해 기계가 주어진 데이터를 학습하고 분석하여 판단이나 예측을 하는 기술로서, 예로는 얼굴인식, 주식가격 예측, 기호에 맞는 영화 추천 등이 있다. **딥러닝**[deep learning]이란 기계학습 방법 중 인간의 뇌를 본뜬 모델을 사용하여 인공신경망 기술을 통해 컴퓨터 스스로 빅데이터를 학습하여 알고리즘을 설계하도록 하는 방법이다. 방대한 양의 데이터와 저장과 처리에 필요한 하드웨어 소프트웨어 기술이 동반된다면 인공지능 기반 솔루션을 만들 수 있다. 따라서 인공지능의 발전은 빅데이터를 필요로 하며 지능형 학습의 발전으로 이어질 수 있다.

《 이세돌 9단 vs. 알파고 》

2016년 3월 구글의 인공지능 바둑 프로그램인 알파고[AlphaGo]가 이세돌 9단과의 대국인 딥마인드 챌린지 매치에서 4:1로 승리하며 인간 지능의 한계를 뛰어넘는 인공지능의 힘을 보여주었다. 알파고는 딥러닝을 이용하여 수많은 바둑 대전에 관한 데이터를 학습하고 규칙과 패턴을 자동으로 추출하여 상호관계를 파악하며 바둑을 두었고, 온라인 바둑 사이트에서 바둑전문가들과 경합하며 실력을 키웠다. 5대국 중 인간 이세돌이 유일하게 승리한 제4국에서 이세돌이 자신의 기풍을 버리고 기존과 다른 방식으로 경기를 하여 알파고가 미처 학습하지 못한 방식에 대응이 미흡하여 패배하였지만 결국 그 경험을 바탕으로 학습하여 이후 마지막 대국에서 승리하였다. 그 이후 중국의 커제 9단과의 대국에서 모두 승리하는 등 2017년 은퇴하기 전까지 통산 전적 73승 1패를 거두었다. 이세돌 9단과 알파고의 경합은 인간의 정체성과 인간과 인공지능의 관계 설정에 시사점을 제시한다.

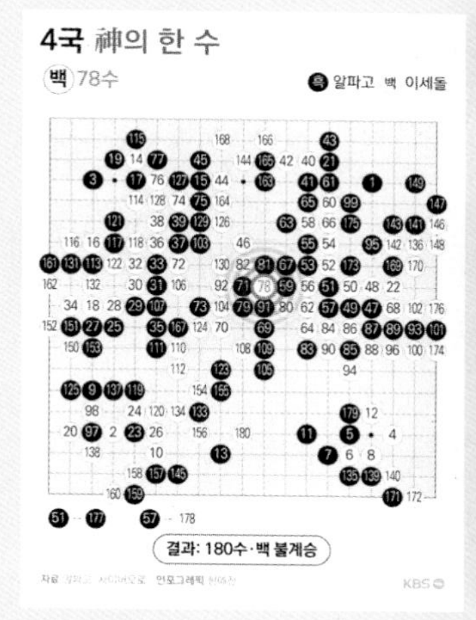

**[그림 9-11]** 인공지능 알파고와 이세돌 9단의 바둑 대결
KBS뉴스(2016.3.14). http://news.kbs.co.kr/news/view.do?ncd=3247965

**빅데이터**big data는 디지털 환경에서 생성되는 방대한 규모의 다양한 데이터와 데이터를 처리하며 유의미한 정보를 얻는 조작 기술까지를 포괄한다. 모든 사물이 연결되어 있는 현 유비쿼터스 환경에서 통신, 교통, 경제, 엔터테인먼트 등 일상생활에 관한 구조망이 연결되어 끊임없이 데이터가 생성·수집·유통되며, 빅데이터 분석결과는 다양한 분야의 의사결정에 활용되고 있다.

빅데이터의 특성으로 3V를 꼽는데 Volume(규모), Variety(다양성), Velocity(속도)를 일컫는다. [그림 9-12]은 컴퓨팅의 발전상에 따른 데이터의 규모, 유형, 특성의 진화 단계를 보여준다.

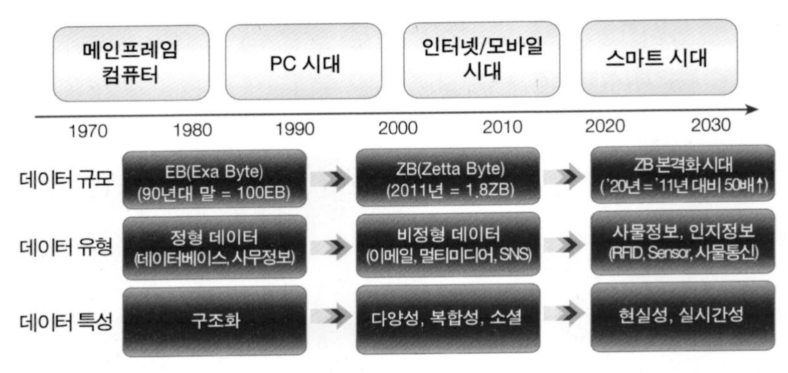


**[그림 9-12]** 컴퓨팅의 발전에 따른 데이터 규모, 유형, 특성의 변화 (정지선, 2012)

① **Volume**은 처리해야 할 데이터의 크기를 말하는 데, 빅데이터는 대개 테라바이트Terabyte($10^{12}$) 이상의 규모이다.

② **Variety**는 처리해야 할 데이터의 유형의 다양성과 복잡성을 일컫는데, 빅데이터는 정형데이터(스프레드시트처럼 고정된 필드에 저장된 형태), 비정형데이터(문서, 이미지, 동영상, 오디오처럼 형태와 구조가 복잡한 데이터), 반정형데이터(웹문서, 로그, 센서 데이터처럼 일관성 없는 형태)로 구분된다.

③ **Velocity**는 대용량 데이터가 빠른 속도로 생산됨과 동시에 실시간으로 수집, 저장, 유통되고 빠르게 처리하고 분석할 수 있는 속성을 말한다.

이제는 빅데이터의 3V 속성이 확장되어 Veracity(정확성), Variability(가변성), Visualization(시각화)를 포함하기도 한다.

**교육 빅데이터**는 '온라인과 오프라인 교수·학습 활동의 투입, 과정, 산출을 통해 생산되는 국가, 지역, 학교, 교사, 학생 수준의 자료'로 정의할 수 있다. 교육 빅데이터를 분석하는 방법으로 학습분석학의 활용이 증가하고 있다. **학습분석학**Learning analytics은 학습자가 각종 시스템에 남기는 빅데이터를 효과적으로 수집, 분석, 보고하는 학문으로 학습자의 행동을 관찰, 분석하고 학습결과를 예측하며 적절한 교수학습을 처방하는 근거를 제공하며, 교육 시스템의 효과성의 향상시키는데 활용될 수 있다([그림 9-13] 참조). 세부적으로 보면 교육 빅데이터는 국가, 학교, 개인 수준에서의 다음과 같은 활용 가치를 지닌다(이은경, 박도영, 최인봉, 2014). 첫째, 국가·지역 수준에서 교육 정책 및 교육과정에 대한 의사결정의 기준으로 활용될 수 있다. 둘째, 학교·교사 수준에서 학력 미달 학생 지도 및 교수 내용과 방법 개선의 준거로 활용될 수 있다. 셋째, 학생·학부모 수준에서 개별화 학습 및 자기 진단의 준거로 활용될 수 있다.

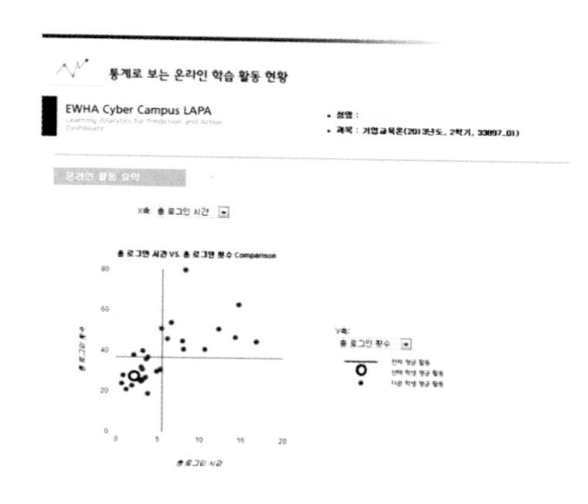


[그림 9-13] 온라인학습 활동 분석 예시(조일현, 박연정, 2014)

### 2) 사례

**인공지능 조교 질 왓슨**

IBM사에서 개발한 인공지능 왓슨[Watson]은 인간 수준의 이해력을 바탕으로 사물에 대한 개념을 인지하는 것에서 나아가 철학적인 개념을 바탕으로 사물과 현상을 분석하는 능력까지 갖추는 것을 목표로 개발되고 있다. 미국의 유명 퀴즈쇼 Jeopardy에 출전하여 승리하였으며, 요리책을 저술하고 패션스타일을 제안하는 등 실생활에서도 인간의 동반자 역할을 하고 있다. 조지아 공과대학의 무크 강의는 한 학기 약 1만개 이상의 질문이 접수되는데 공통된 질문이 많고 수업자료와 강의계획서에서 답을 찾을 수 있는 문제가 많다고 한다. 애스초크 고엘[Aschok Goel] 교수는 인공지능 챗봇 조교인 질 왓슨[Jill Watson]은 한 무크 강의에서 수업, 성적, 과제 관련 질문을 받고 정확하고 빠르게 응답하여 높은 만족도를 얻고 있다. 질 왓슨은 정확도에 대한 확신이 97% 이상일 때만 응답하고, 그 이하의 경우 인간 조교가 응답하게 되어있다. 인공지능 조교의 활약으로 대형 강의 수강생들은 빠르게 의문을 해소할 수 있게 되었고, 인간 조교와 교수의 반복적 행위에 드는 시간과 노력을 절감해주고 보다 심화된 사고를 요하는 일에 집중할 수 있게 해주어 만족도가 높다.

**[그림 9-14]** 질문에 답하는 인공지능 조교
Business Insider, 2017

### 온라인 수학 개인교사 노리

노리KnowRe는 개인 맞춤형 수학 학습지원 플랫폼으로, 학생이 수학 문제를 해결했을 때의 여러 상황을 종합적으로 판단하여 학생의 수준을 진단해준다. 학생이 반복적으로 틀리는 문제의 풀이 과정을 분석하여, 어떤 수학 개념을 모르는지 찾아내어 이를 이해할 수 있도록 지원하고 개인별 수준 향상에 최적화된 문제를 추천해준다. 현재 국내뿐만 아니라 미국의 80여개 중·고등학교에서 노리를 채택하여 교사가 수학 개념에 대한 설명을 하며 수업을 진행한 후, 학생들은 노리에서 연습문제를 풀이하는 형태로 주로 활용되고 있다. 교사는 학생의 문제풀이 후 부족한 부분에 대한 진단결과를 실시간으로 확인하여 다수의 학생이 어려워하는 문제를 함께 풀고 설명하는 방식으로 수업을 진행하고, 개별 과제를 제공하여 맞춤형 수학 학습을 지원한다.

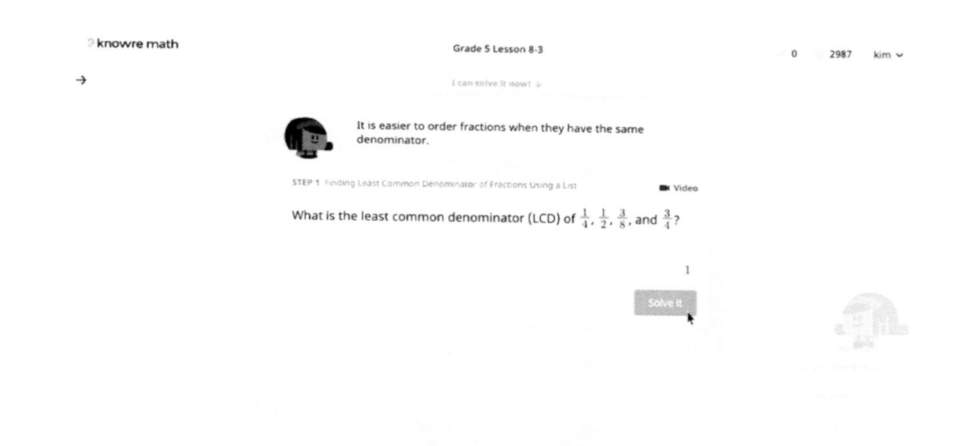


[그림 9-15] 노리 수학의 초등학교 5년 분수 문제풀이 화면
Knowre.com

### 맞춤형 학습 엔진 알타

알타[ALTA]는 뉴턴[Knewton]사에서 개발한 빅데이타 기반 적응형 학습 코스웨어[courseware]이다. 코스웨어에 입력된 개인 학생의 학습 기록을 누적적으로 관리, 분석하여 최적화된 교육 환경과 정보를 제공하는 맞춤형 학습 엔진이다. 모든 학생들의 개별적인 학습활동 데이터를 수집해 빅데이터 분석을 통해 개별 학생에게 적합한 피드백을 제공하고 학생의 수준별, 진도별로 최적화된 학습 콘텐츠를 제공한다. 특정 과목에서 반복해 답이 틀릴 경우 해당 문제와 관련된 교과내용과 힌트를 제공하고 학생의 동기 유발을 위해 애니메이션을 이용하기도 한다. 애리조나 주립대학은 알타의 교육 데이터, 학생활동 통계, 심리테스트 결과, 학습 콘텐츠를 통합 분석하여 개개인에 맞는 학습경험을 추천한다. 축적된 데이터를 바탕으로 학생의 수학 능력을 측정하고 학습 포기 위험이 있을 때 집중 지원을 할 수 있도록 경고하고 학생의 참여율과 수학 능력을 향상시키며, 학습 콘텐츠의 효과를 측정하는 데 유용하게 쓰일 수 있다.

[그림 9-16] 알타 코스웨어 사용 모습

knewton.com

## 탐구문제

1. 4차산업혁명의 핵심기술이 교육에 활용된 사례를 찾아보시오.

2. 감염병이 전지구로 확산되는 판데믹 상황에서 고등학교 1학년 학생들에게 온라인 수업을 제공할 때 활용할 수 있는 수업 방식과 적합한 테크놀로지를 구안해보시오.

3. 초등학생을 대상으로 게임과 시뮬레이션을 활용하여 수업할 때 발생할 수 있는 문제점과 극복방안은 무엇인지 토론해보시오.

4. 가상현실을 이용하여 중학생을 위한 과학 탐구 학습을 실행하는 데 있어 장애요인이 무엇인지 생각해보고 대안을 제시해보시오.

5. 인공지능과 빅데이터를 학교 현장에 적용했을 때 학생, 교사, 학부모, 관리자에게 발생할 수 있는 문제를 예측하고 해결방안을 구안해보시오.

# 효과적인 테크놀로지 활용

어떻게 테크놀로지를 활용하는가에 따라 더 효율적이고 효과적으로 학습이 이루어질 수 있다. 테크놀로지가 주어진다고 해서 저절로 학습이 일어나는 것은 아니다. 이 장에서는 효과적으로 테크놀로지를 활용하기 위해 유의해야할 기저 이론과 윤리적 실천을 다루고 있다. 먼저 제1절에서 TPACK과 바탕 설계Grounded Design을 살펴보며 이론과 연구에 근거한 설계와 테크놀로지의 역할을 규명한다. 제2절에서는 테크놀로지를 활용할 때 유념해야할 윤리적 실천으로 디지털 시민성의 개념을 정립하고 디지털 격차와 소외에 대하여 알아본다. 또한 인터넷에서 더욱 쉽게 일어날 수 있는 표절을 예방하고 바르게 자원을 사용하고 공유할 수 있도록 만들어진 지침에 대하여 알아본다.

## 제1절
# 테크놀로지 활용의 기초

테크놀로지가 고도화될수록 자연스럽게 테크놀로지의 교육적 활용에 대한 관심이 높아지며, 학습에 대한 요구를 즉각적으로 수용하고 반영할 수 있는 테크놀로지를 설계·개발하고, 학습자의 다양한 학습활동을 촉진할 수 있는 유연한 학습환경을 창출하는 것은 교육자의 핵심 업무 중의 하나가 되었다. 적재적소에 테크놀로지를 적용하고, 필요한 때에 필요한 학습이 일어날 수 있도록 순발력 있게 반응할 수 있는 교수자 역량이 부각되고 있다. 유의미한 학습이 이루어지기 위해서는 기술 측면에서의 지원만으로는 충분하지 않으며, 학습자의 요구에 부응하여 교수학습이론과 연구에 기반한 바탕설계와 학습목표에 맞는 활동과 평가가 체계적으로 이루어져야 한다.

## 1. Technology Pedagogical Content Knowledge(TPACK)

Mishra와 Koehler(2006)의 **TPACK** 모형은 교사가 효율적으로 학생을 가르치기 위해 필요한 전문역량을 테크놀로지 활용 능력으로 확장했다는 데 의의가 있다. 교과내용에 대한 내용지식[Content]과 교수법에 대한 교수지식[Pedagogy]의 교집합인 '교육학적 내용지식'인 Shulman(1986)의 PCK 모형[Pedagogical Content Knowledge]에서 한걸음 더 나아가 테크놀로지에 관한 지식[Technological Knowledge]을 교사교육의 중요한 한 축으로 제시하였다. Mishra와 Koehler는 교사가 테크놀로지를 적절히 활용하여 효율적인 교수활동을 수행하기 위해서는 교육학적 지식[PK], 교과내용 지식[CK], 테크놀로지 지식[TK] 등 세 가지 유형의 지식이 필요하며, 특히 각각의 지식들 간의 상호작용을 이해하고 이를 바탕으로 수업환경에 적합한 세 가지 지식요소들을 종합적이며 통합적으로 사용할 수 있는 TPACK이 가장 중요하다고 제안하고 있다(신태섭, 2013). [그림 10-1]은 TPACK 구성요소들과 그들 간의 관계를 도식화하였다.

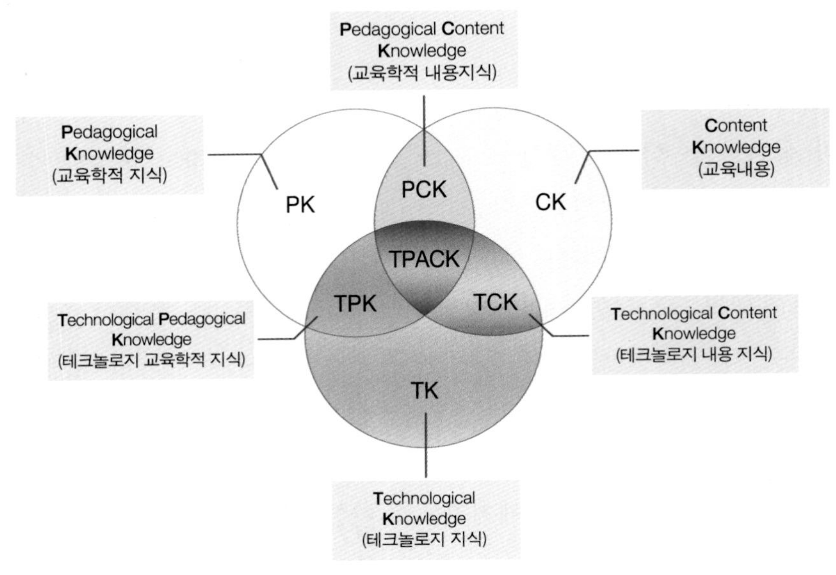


[그림 10-1] TPACK 모형 개념도
Graham, Burgoyne, Cantrell, Smith, St. Clair & Harris(2009)

TPACK은 PK, CK, TK의 단순한 합이라기보다는 교사, 학생, 교과내용, 학교 현장, 테크놀로지 간의 복잡한 관계에 대한 이해를 포함하는 새로운 유형의 지식으로, TPACK 모형을 구성하는 각각의 하위 지식유형의 개념 및 특징을 보다 자세히 살펴보면 아래 〈표 10-1〉과 같다.

〈표 10-1〉 TPACK 모형의 구성요소

| 요소 | 개념 및 특징 |
| --- | --- |
| CK: 내용지식 | 교과내용에 관한 내용지식(예: 사실, 개념, 절차, 원리 등) |
| PK: 교육학적 지식 | 교과내용을 가르치기 위한 교수전략, 방법에 관한 교육학적 지식 |
| TK: 테크놀로지 지식 | 교실 상황에서 적절한 테크놀로지를 효과적으로 사용하기 위한 이론적, 기술적 지식 |
| PCK: 교육학적 내용지식 | 내용지식(CK)과 교육학적 지식(PK)의 교집합에 해당하는 지식<br>특정 내용 영역의 개념, 원리 등을 효과적으로 가르치기 위한 교수전략과 방법에 관한 지식 |
| TPK: 테크놀로지-교육학적 지식 | 테크놀로지 지식(TK)과 교육학적 지식(PK)의 교집합에 해당하는 지식<br>테크놀로지를 적절히 활용하여 학습동기와 수업참여를 촉진하기 위한 지식 |
| TCK: 테크놀로지-내용지식 | 테크놀로지 지식(TK)과 내용지식(CK)의 교집합에 해당하는 지식<br>테크놀로지를 적절히 활용하여 특정 내용 역의 개념, 원리 등을 표상화하기 위한 지식 |
| TPACK: 테크놀로지-교육학적-내용지식 | 테크놀로지 지식(TK)과 교육학적 지식(PK), 내용지식(CK)의 교집합에 해당하는 지식<br>테크놀로지를 적절히 활용하여 교과내용을 효과적으로 가르치는 데 필요한 지식 |

Cox & Graham(2009)

이상에서 살펴본 바와 같이 TPACK 모형은 기존의 교수모형에 테크놀로지라는 새로운 요소를 추가하는 데에 그치지 않고, 테크놀로지와 교과내용, 교수전략 및 방법 등이 다양한 수업맥락에서 최적화된 방식으로 조화를 이루어져야 한다는 점을 강조하며 국내외 초·중·고 학교 현장과 교사교육을 위한 모형으로 널리 활용되고 있다.

## 2. 바탕설계 (Grounded Design)

학습자가 능동적 학습의 주체가 되는 학습자중심 수업의 중요성에 대한 인식이 증가하고 학교 현장에서도 학습자중심 수업에 대한 시도가 활발해짐에 따라 그에 맞는 학습활동이 이루어져야 하며, 학습자를 지원할 수 있도록 테크놀로지를 활용하여야 한다. 학습자가 중심이 되는 수업을 설계할 때는 교수법[teaching]이라는 표현보다 학습환경 설계[learning environment design]라는 표현을 사용한다. 마이클 하나핀(Michael J. Hannafin) 교수와 동료들은 테크놀로지 기반 학습환경을 설계할 때 사용할 수 있는 프레임워크로 '바탕설계' (혹은 '근거기반설계')를 제안하였다(Hannafin, Hannafin, Land, & Oliver, 1997).

**바탕설계**는 학습목표에 따라 교수학습방법이 달라져야 하며, 교수학습방법은 이론과 선행 연구에 기반하여 최적의[optimal] 학습환경을 설계하는 것을 의미한다. 다시 말해서 바탕설계는 인간 학습과 교육에 관한 이론과 연구에 기반하여 학습환경을 설계하는지에 대한 지침이다. 바탕설계의 네 가지 조건은 교수학습방법의 유효성에 대한 연구가 실제로 진행되었고[research-based] 다양한 맥락에서 여러 학생들을 대상으로 반복 검증되어[iteratively validated] 다른 맥락에서 적용할 수 있고[generalizable] 교수학습방법을 채택하는 근거를 옹호할 수 있어야[defensible] 하는 것이다(Hannafin, Hannafin, Land, & Oliver, 1997).

또한 바탕설계는 테크놀로지를 활용한 학습환경을 설계할 때 심리학적, 교육학적, 기술적, 문화적, 실용적 기반을 확보해야 한다고 주장한다. 바탕설계는 다섯 가지 기반이 상호의존적이기 때문에 [그림 10-2]와 같이 다섯 가지 기반이 동시에 고려되는 지점에 학습환경이 안착하여 설계되어야 한다.

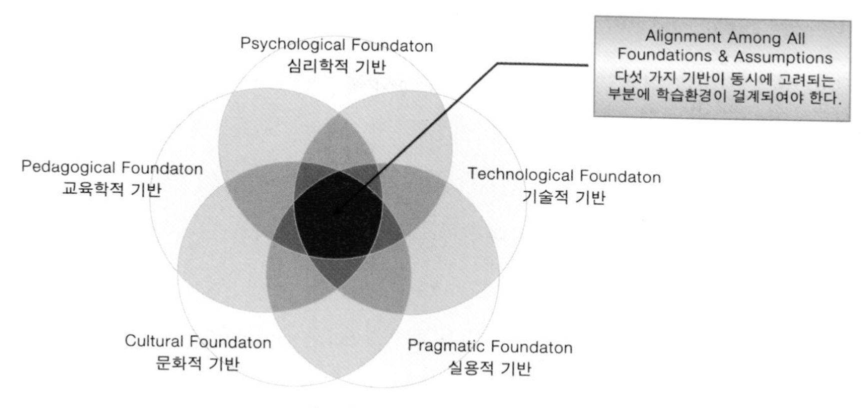


[그림 10-2] 바탕설계의 기반
Hannafin, Hannafin, Land, & Oliver(1997)

### 심리학적 기반(Psychological)

심리학적 기반은 사람이 어떻게 생각하고 배우는 지에 대한 이론에 근거하여 학습을 구성해야 한다는 것으로 전통적으로 행동주의, 인지주의, 구성주의 이론적 배경에 기반을 둔다. 일정한 행동방식을 습득하거나 기존의 행동을 변화해야 할 때는 B. F. Skinner의 조작적 조건화 이론(강화 이론)에 근거하여 조건화와 자극과 반응, 강화를 이용하는 행동주의 심리학에 기반을 두고 교수법을 설계하여 심리학적 기반과 학습목표, 교육방법 연계의 일관성을 확보한다. 특정 정보를 암기하는 학습목표를 지원하기 위해서는 인지주의 기반의 정보처리이론에 기반하여 주의집중, 선택적 지각, 정보를 의미 있는 덩어리로 나누어 처리하기 등의 인지 전략을 사용할 수 있다. 학습자가 능동적으로 의미를 만들어 내는 구성주의 기반 학습환경에서는 상황인지이론, 인지적유연성이론, 목표기반시나리오, 자원기반학습, 실천공동체 등 맥락과 교수 대상에 따라 적합한 이론을 참고한다.

### 교육학적 기반(Pedagogical)

교육학적 기반은 어떻게 가르쳐야 하는가에 대한 이론에 기반하여 학습을 지원하기 위해 교과내용을 어떻게 제시하고 어떤 교육 방법을 사용할 지에 대한 근거 기반을 일컫는다. 예컨대, 강의법은 학습목표의 명백한 제시와 위계적 구조, 객관적 평가방법을 이용한다. 학습자중심 교육법은 정착수업과 같은 맥락적 교수법에 기반을 두고 스캐폴딩을 이용한 탐구방법을 이용한다. 교육학적 기반과 심리학적 기반이 긴밀히 연계되어 사람이 어떻게 배우는 지에 대한 믿음에 따라 학습내용을 제시하고 교수방법과 전략을 통일하고 학습맥락에 맞게 설계되어야 한다. 앞서 살펴본 바탕설계의 네 가지 조건이 교육학적 기반을 바탕으로 교수법/학습법을 선택할 때도 적용되어야 한다.

### 기술적 기반(Technological)

다양한 기술과 매체의 적용성과 한계를 인지하고 학습을 최대한 지원할 수 있는 방식으로 활용한다. 예를 들어, 전기 공급과 인터넷이 원활하지 않은 학습환경에서는 종이에 글과 그림을 이용하는 것이 스마트 디바이스와 영상을 이용하는 것보다 더 효과적이다. 다른 예로, 줌(Zoom)기술을 이용한 원격화상수업을 할 때 학습자 간의 능동적 상호작용을 위하여 소회의실 기능을 사용하는 것은 원격화상회의 기술이 제공하는 기능을 효과적으로 활용하는 것이다. 가상 시뮬레이션을 이용할 때 채팅 기능이 탑재되어 있기는 하지만 아직 한글과 타자가 서투른 유치부 학생들에게 채팅으로 의사소통하기를 요구하는 것은 적절하지 않다. 이와 같이 테크놀로지는 학습 맥락, 목표, 주체에 따라 적절하게 사용되어야 한다. 기술은 학습을 향상시킬 수도 있지만 잘못 사용되는 경우에는 오히려 저해할 수도 있음을 인지하고 기술의 가능성과 한계를 충분히 인지한 후에 사용할 지 여부와 어떻게 사용할 지에 대해 결정한다. 교수자가 어떤 테크놀로지를 사용할 지 고려할 때 테크놀로지 활용에 대한 선행 연구를 숙지하고 여러 맥락에서 유효성이 검증되어 효과가 일반화되어야 하며 특정 테크놀로지를 특정 방식으로 사용하는 결정을 옹호할 수 있어야 한다.

### 문화적 기반(Cultural)

문화는 학습환경에서 다양한 모습으로 나타나고 있다. 크게는 학생이 속한 국가와 지역 공동체가 공유하고 있는 전통과 규범에서부터 교실에서 지켜야 할 규칙이나 구성원 개인이 가지고 있는 학교, 학생이나 교사의 역할에 대한 철학, 학습이 어떻게 일어나는 지에 대한 믿음 등을 광범위하게 포함한다. 주어진 맥락 안에서 그 공동체가 추구하는 가치를 반영해서 학습환경을 설계해야 한다. 4차 산업혁명의 큰 흐름에 따라 미래교육을 위한 혁신을 추구하며 창의성과 세계시민성을 목표로 첨단기술의 활용과 학습자 참여와 문제해결을 강조하는 학습환경을 만들 필요가 있다.

### 실용적 기반(Pragmatic)

학습이 일어나는 물리적 시간과 공간, 교사와 학생의 실제적 한계는 학습환경에 영향을 줄 수밖에 없다. 각 학습환경마다 내재하고 있는 한계가 있어 아무리 효과적인 테크놀로지 활용 학습법이라 해도 주어진 상황에 맞지 않을 수 있다. 플립러닝이 학습자의 능동적 참여와 대면 상호작용의 극대화를 할 수 있다는 기존 연구가 있다 해도 모든 학생들이 집에서 동영상을 시청하는 사전학습을 할 수 없는 상황이라면 인터넷을 통한 동영상 시청보다는 교과서와 학습지를 이용한 사전학습이 실현 가능성과 효율성이 더 높을 수 있다. 2020년 코로나19로 갑작스레 원격수업이 도입되었을 때 초등 1, 2학년 학생들은 인터넷보다는 EBS TV방송과 학습 꾸러미를 통해 개별학습이 진행된 것이 좋은 예이다.

《 다중지능이론 기반 디지털 스토리텔링 학습환경의 바탕설계 》

다양한 소질과 적성을 지닌 학생들이 디지털 기술을 통해 자기를 표현할 수 있도록 디지털 스토리텔링을 제작·활용하는 구성주의 기반 학습자중심 수업을 기획할 때, 디지털 스토리텔링을 유의미하게 활용하기 위해서는 학습자의 스토리텔링 행위를 이해할 이론, 이에 기초한 교육방법, 이를 지원할 도구를 포함한 포괄적인 학습환경 설계가 필요하다. 김성종과 김현진(2012)은 바탕설계grounded design에 기반하여 디지털 스토리텔링 학습환경의 설계원리를 도출하고, 초등학교에 시범 적용하여 학습환경의 효과성을 검증하는 연구를 수행하였다.

바탕설계의 심리학적 기반에는 다중지능이론, 교육학적 기반에는 디지털 스토리텔링 활동, 기술적 기반에 Scratch, 문화적 기반에는 디지털 학습자 특성 및 21세기 학습능력, 실용적 기반에는 교육환경 인프라와 학습자 준비도를 도출하였다.

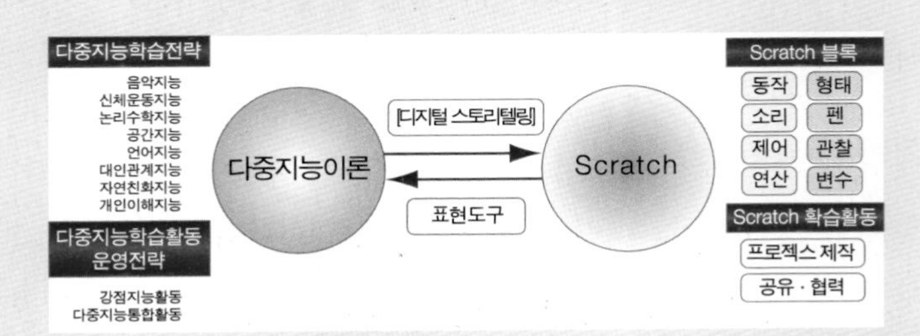


[그림 10-3] 다중지능이론, 디지털 스토리텔링, 스크래치 관계
김성종, 김현진(2012)

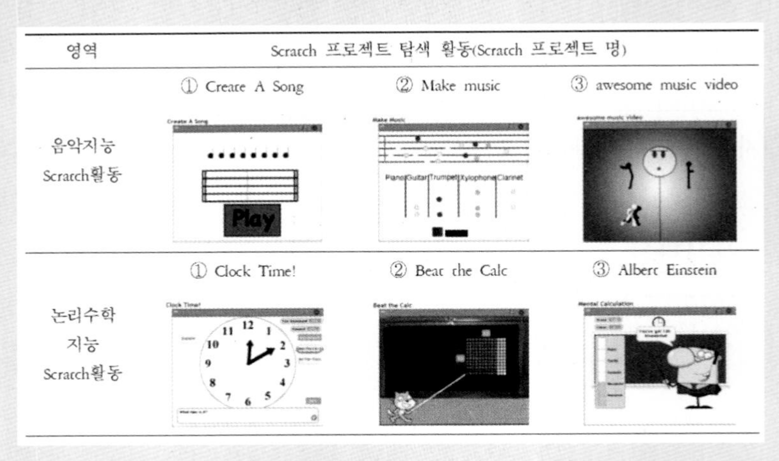

| 영역 | Scratch 프로젝트 탐색 활동(Scratch 프로젝트 명) | | |
|---|---|---|---|
| 음악지능 Scratch활동 | ① Create A Song | ② Make music | ③ awesome music video |
| 논리수학 지능 Scratch활동 | ① Clock Time! | ② Beat the Calc | ③ Albert Einstein |

[그림 10-4] 다중지능영역별 스크래치 프로젝트 활동의 예
김성종, 김현진(2012)

## 제 2 절
# 윤리적인 테크놀로지 활용

교육공학은 급격히 변화하는 사회환경과 정보통신 테크놀로지를 적극적으로 수용하여 교수-학습의 효과성과 효율성, 매력성, 지속성을 향상시키기 위한 연구와 실천을 강조하지만, 자본과 기술의 논리로 발전하는 각종 매체와 테크놀로지를 교육적으로 활용하기 위해서는 다각적인 관점과 장기적인 안목에서 고려해보아야 할 논제들이 있다. 이 절에서는 테크놀로지를 교육에서 활용할 때 고려해야 할 디지털 시민성, 디지털 격차, 표절과 공유에 대해 살펴본다.

## 1. 디지털 시민성

### 1) 개념

International Society of Technology in Education(이하 ISTE)은 2016년 테크놀로지 교육에서 추구해야 할 인재상으로 디지털 시민을 포함하였다. 디지털 시민은 단순히 온라인 세상에 거주하는 사람이 아니라 문제를 해결하고 변화를 만드는 데 적극적으로 동참하는 사람이다 (박보람 외, 2019). 디지털 시민으로서 학생은 삶, 학습, 직무 영역에서 상호 연결된 디지털 환경에서 주어지는 권리와 책무, 기회를 찾아 안전하고 합법적이며 윤리적인 형태로 행동할 수 있어야 한다(ISTE, 2016). 큐란과 리블(Curran & Ribble, 2017)은 **디지털 시민성**을 네트워크 환경에서 기술을 사용하는 것과 관련하여 적절하고 책임 있는 행위에 관한 규범이라고 정의한다. 최문선, 박형준(2016)은 디지털 시민성을 다섯 가지 하위 요인으로 인터넷 정치참여, 기술적

인터넷 활용 능력, 비판적 관점, 온라인상 의사소통 및 협업, 지역사회 및 글로벌 쟁점에 대한 민감도로 구분한다. 박기범(2014)는 시민성의 핵심요소로 합리성, 실천성, 도덕성을 꼽았으며, 전통적 시민성과 디지털 시민성에 공통으로 적용되나 디지털 네트워크 환경의 특성으로 인한 차이점을 설명하였다. 전통적인 아날로그 사회에서는 정보 접근의 한계와 물리적 공간에 따른 제한 때문에 사회적 규범에 기반한 도덕성에 중점을 두며 합리성과 실천성은 상대적으로 약했다. 현 디지털 기반사회에서는 네트워크와 미디어의 발달로 인한 정보 접근성과 표현력이 강화되어 공동체 구성원 사이의 역동적 상호작용이 촉진되어 합리성과 실천성이 강화되는 반면, 도덕성 측면에서 무책임, 인권 침해, 사회적 혼란이 야기된다.

### 2) 디지털 시민성 교육

디지털 네트워크가 함의하는 분산성과 익명성으로 인해 개인에게 보다 많은 자유가 부여되고 있고 이러한 자유는 법적 통제 이전에 개인에게 자율적 통제를 요구하고 있다(박기범, 2018). 특히 디지털 범죄가 일어나는 현대 사회에서 학생은 가해자와 피해자가 될 위험에 처해 있다. 개인의 디지털 시민성이 실현되기 위해서는 자발적 실천과 성찰을 지원하기 위한 교육이 필요하다. 디지털 시민성 교육의 궁극적인 목표는 학생이 온·오프라인에서 개인적으로 책임감이 있고, 적극적으로 참여하며, 정의 지향적인 시민이 되도록 지원하는 것이다(Curran & Ribble, 2017). ISTE가 제안하는 디지털 시민으로서의 교육목표를 구체적으로 살펴보면 다음과 같다.

- 디지털 발자국: 디지털 세상에서 자신의 행위가 영원히 기록됨을 인지하고 자신의 디지털 정체성과 평판을 정립하고 관리한다.
- 사이버 행동: 스마트폰을 비롯한 네트워크 테크놀로지를 이용하거나 사이버 상에서 상호작용할 때 안전하고 윤리적으로 행동한다.

- 지적재산권: 인터넷에서 자료를 이용하거나 공유할 때 지적재산권에 대해 이해하고 존중한다.
- 디지털 프라이버시: 사생활과 안전성을 유지할 수 있도록 개인 정보를 관리하고 인터넷 상에서의 활동 기록을 수집하는 테크놀로지에 대하여 인지한다.

박보람 외(2019)는 디지털 시민성 교육의 목표와 내용을 다음 네 가지 영역으로 구분하였다.

〈표 10-2〉 디지털 시민성 교육의 목표와 내용

| 학습목표 | 내용 |
| --- | --- |
| **디지털 윤리**<br>**(Digital Ethics)**<br>디지털 공간에서 타인을 존중하고, 책임 있게 행동하며, 진실성과 공정성을 유지하고, 해악을 금지한다. | **존중:** 디지털 시민으로서 학생들은 익명으로 의사소통이 가능한 디지털 공간에서 타인의 인격과 사생활, 그리고 다른 사람의 저작물을 존중할 수 있어야 한다.<br>**책임:** 정보가 자유롭게 제작·유통되는 디지털 공간에서 자신의 행동이 가져올 결과에 대해 미리 생각하고 행동하는 책임 의식을 지녀야 한다.<br>**정의:** 성별, 인종, 국적, 지위의 구분 없이 누구에게나 정보가 개방되는 디지털 공간에서 학생들은 진실성과 공정성을 유지함으로써 사이버 공간에서 정의를 실현해야 한다.<br>**해악 금지:** 디지털 공간에서 발생하는 전자 상거래 사기, 불법 유해 사이트 개설, 사이버 스토킹, 피싱 및 파밍, 해킹 및 바이러스 유출과 같은 사이버 범죄로 다른 사람과 사회에 해악을 끼쳐서는 안 된다. |
| **디지털 활동**<br>**(Digital Activity)**<br>디지털 정보를 효과적으로 활용하여 긍정적으로 의사소통하고, 저작자의 책임과 권리를 존중한다. | **디지털 관계의 의사소통:** 학생들이 온라인 공동체를 구성하고 긍정적으로 의사소통하기 위해서 어떠한 대인관계 기술을 사용해야 하는지 탐구하는 것이다. 이를 위해 디지털 시민성과 디지털 윤리의 개념을 탐구하고 자신의 온라인 상호작용을 성찰해야 한다.<br>**디지털 정보 활용 능력:** 학생들이 정보를 효과적으로 식별하고, 검색하고, 평가하고, 사용하는 능력을 갖추는 것이다. 학생들은 웹 사이트의 품질과 신뢰도, 타당도를 평가할 수 있는 효과적인 검색 전략과 평가 기술을 배워야 한다.<br>**저작자의 책임과 권리 존중:** 학생들이 정보를 소비하고 만들고 공유하는 온라인 공간에서 저작자의 책임과 권리를 되돌아보는 것이다. 표절 문제에서부터 불법 복제에 이르기까지, 학생들은 저작권과 공정한 사용에 대해 배워야 한다. |

| 학습목표 | 내용 |
| --- | --- |
| **디지털 안전 (Digital Safety)**<br>디지털 정보의 보안을 유지하고, 온라인 위험에 적극적으로 대처하여 안전한 인터넷 환경을 만든다. | **개인정보 보안:** 학생들이 자신의 디지털 정보를 관리하고 신분 도용이나 피싱과 같은 온라인 위험으로부터 정보를 안전하게 보호하기 위한 전략을 배우는 것이다. 학생들은 강력한 암호를 만드는 방법, 사기나 계략을 피하는 방법, 개인정보 보호 정책 등에 대해서 배우고 사이버 불링 상황에서 무엇을 해야 하는지를 배운다.<br>**사이버 불링 대처:** 학생들이 사이버 불링 상황에서 무엇을 해야 하는지를 배우고 개인의 역할과 행동이 어떻게 그들의 친구들과 더 넓은 사회에 영향을 미칠 수 있는지 탐구해야 할 뿐만 아니라, 적극적으로 행동하는 사람이 되어, 긍정적이고 지지적인 온라인 커뮤니티를 구축할 수 있어야 한다.<br>**안전한 인터넷 환경 조성:** 학생들이 인터넷에서의 부적절한 접촉과 긍정적인 관계를 구분하는 등의 전략을 통해 안전한 인터넷 환경을 만들고 전 세계 사람들과 협력할 수 있는 놀라운 공간이 될 수 있다는 것을 깨달을 수 있다. |
| **디지털 정서 관리 (Digital Emotion Management)**<br>디지털 정서지능을 갖추어, 책임 있는 디지털 발자국과 진실한 디지털 정체성을 형성한다. | **디지털 정서 지능:** 학생들이 디지털 정보, 미디어 기술을 활용할 때 자신의 감정을 조절하고 타인의 감정을 이해하여 긍정적인 사회관계를 형성하는 것이다. 학생들은 자신의 온라인에 공유한 사적인 감정이 자신과 다른 사람에게 어떤 영향을 미치는지 고려할 수 있어야 한다.<br>**디지털 발자국과 평판:** 학생들이 자신의 개인정보를 보호하고 다른 사람의 개인정보를 존중하는 법을 배우는 것이다. 학생들은 디지털 세계가 영구적이며 각 학생의 게시물들이 디지털 발자국을 만들고 있음을 인식해야 한다.<br>**디지털 이미지와 정체성:** 학생들이 온라인과 오프라인에서 나타나는 자신의 정체성에 초점을 맞추어 자신의 디지털 생활을 탐색하는 것이다. 학생들은 자신을 각기 다른 인격체로 표현하는 것의 이익과 위험에 대해서, 그리고 그것이 자기 감각과 평판, 타인과의 관계에 미치는 영향에 대해서 배워야 한다. |

박보람 외, 2019

디지털 시민성 교육이 실효를 거두기 위해서는 학생의 자기 결정을 중시하고 능동적 참여와 지식 구성을 지원하며, 학습자 발달 단계를 고려해야 한다. 교사가 디지털 시민의 모델로서 보호, 안내, 촉진의 균형을 이루는 학습 환경을 조성하여야 한다. 또한 디지털 시민성은 단일 교과에서 분리되어 가르치기 보다는 여러 교과에서 통합하여 실천적으로 가르칠 필요가 있다(박보람 외, 2019).

## 2. 디지털 격차

**디지털 격차**digital divide란 21세기 정보화사회로 접어들면서 정보와 지식이 기존 산업사회에서의 자본과 상품의 역할을 대신하며 주요 사회적 기제로 등장함에 따라 정보와 지식에 접근하고 활용할 수 있는 역량의 차이로 발생, 심화되는 다양한 사회·경제적 불균형을 뜻한다(NTIA, 1995). 이러한 디지털 격차는 생활의 질과 편의를 높여줄 것으로 기대되는 첨단 정보통신 테크놀로지의 양면성을 드러내는 것으로, 기존의 사회·경제적 불평등이 디지털 정보격차로 이어지고, 이것이 다시 구조적 불평등으로 연결되는 순환구조가 고착된다는 점에서 그 고리를 끊기 위한 다각적인 노력이 요구된다(안정임, 2006).

이러한 디지털 격차에 대한 논의는 1990년대 중반 이후 본격화되기 시작하였는데, 인터넷 및 정보미디어 강국에 속하는 우리나라 역시 정책적으로 디지털 격차 해소를 위해 지속적인 노력을 기울이고 있다. 그러나 복잡하고 다차원적인 디지털 격차의 발생원인과 심화과정을 분석하지 못하고 디지털 격차를 단순히 정보통신 기기에 대한 접근 유무로 판단하여 정보를 가진 계층과 그렇지 못한 계층으로 구분하는 이분법적 사고는 근본적인 문제해결에 큰 도움이 되지 못한다는 비판을 받고 있다(안정임, 2006; 정애리, 2005; Selwyn, 2004).

특히 스마트폰의 보급으로 고도화된 정보환경에서는 기존의 유선 인터넷 이용자들 사이에서도 모바일 인터넷 이용 여부 및 활용 정도에 따라 가치창출, 사회참여, 인맥형성 등 여러 차원에서 큰 차이가 발생하여 소득격차, 디지털 격차와 같이 이미 존재하던 사회·경제적 불균형들을 악화시키는 신(新) 디지털 격차까지 우려된다는 지적과 함께, 사회적 통합의 연장선상에서 사회 내 다양한 취약집단에게 정보통신 테크놀로지의 접근 및 활용기회를 보장하고 적극적인 디지털 리터러시 교육을 실시해야한다는 인식이 점차 확산되고 있다(한국정보화진흥원, 2013).

[그림 10-5] 스마트사회에서 다면적으로 발생하는 신(新) 디지털 격차
한국정보화진흥원, 2013

이에 최근의 정책과 연구들은 디지털 격차를 정보통신 기기 및 기술에 대한 물리적 접근 가능성과 활용능력을 모두 포함하는 포괄적이고 단계적 개념으로 접근하고, 특히 정보통신 관련 콘텐츠와 정보를 능동적, 비판적으로 소비하고 이를 적절히 활용하여 사회관계 확장, 사회·경제적 가치를 창출해내는 정보역량을 의미하는 디지털 리터러시의 중요성을 강조하고 있다(한국정보화진흥원, 2013).

## 3. 올바른 자원의 공유

"개방, 참여, 공유"를 모토로 하는 웹 2.0 시대의 도래와 쉽고 빠르게 원하는 정보를 찾아주는 데이터베이스 및 검색 시스템의 기술적 진보로 인해 학생이나 일반인들이 인터넷상에 일상적으로 올리는 글이나 자료들도 저작권과 표절문제로 논란이 되는 경우가 잦아지고 있다. 초·중·고등학교를 거치면서 표절과 저작권에 관한 명확한 규정이나 체계적인 교육을 접하지 못한 채 대학에 진학한 대학생들을 대상으로 '해피캠퍼스,' '레포트월드' 등 10여 개가

넘는 과제물 판매 사이트들이 성업 중이며, 심지어는 같은 학과 선후배 사이에서 음성적으로 전해지던 '족보'(특정 강의의 기출문제와 정답, 제출과제 등을 모아놓은 자료)를 공개적으로 공유하는 사이트가 등장하는 등 표절의 문제가 심각하다(이지연, 이은혜, 2013; 서진욱, 2012).

### 1) 표절 예방

납치자[abductor]를 뜻하는 라틴어 'plagiarius'와 남의 것을 훔친다는 뜻의 'plagiarire'에서 유래된 **표절**[plagiarism]은 일반화된 지식이 아닌 다른 사람의 아이디어나 저작물을 훔쳐와 자신의 것인 양 제시하는 행위를 뜻하며, 넓게는 원 저자의 동의 없이 저작물을 함부로 사용하여 타인의 저작권을 침해하는 경우를 포함하여 저작권의 개념과도 연결된다. **저작권**[copyright]이란 저작물을 창작한 사람이나 저작권을 승계한 사람에게 법이 부여한 권리로, 법률상으로는 저작권 침해라는 용어가 표절과 동의어로 사용되는 경우도 있지만, 아래 [그림 10-6]과 같이 일반적으로 표절은 저작권 침해보다 광범위한 개념이라고 볼 수 있다(이인재, 2012).

표절이란 일반적 지식이 아닌
1) 타인의 저작물 또는 아이디어를
2) 적절한 출처표시 없이 자기 것인 양 부당하게 사용하는 행위

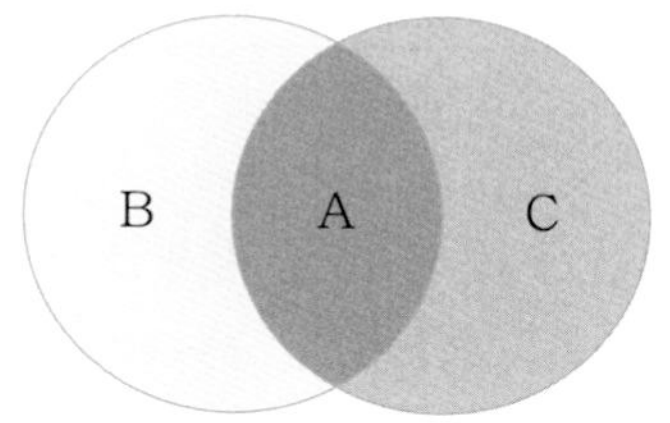


"A+B"로 구성원 원이 "표절"(자기표절과 공유영역의 표절 포함)
"A+C"로 구성된 원이 "저작권침해"

A: 저작권 보호 대상이 되는 저작물
B: 저작권 보호기간이 지난 저작물
C: 일반화된 공유영역의 지식

**[그림 10-6]** 저작권과 관련된 표절의 범위
한국저작권위원회, 2009; 이인재(2012)에서 재인용

어떠한 기준을 어떻게 적용하느냐에 따라 표절의 개념과 범위를 한마디로 규정하기는 어렵지만, 일반적으로 표절대상에 따라 타인 표절과 자기 표절로 나눌 수 있으며 방법에 따라 전체 표절과 부분 표절, 짜깁기 등으로 구분해 볼 수 있다(황성근, 2008). 미국의 한 표절예방 사이트에서는 이러한 표절유형을 더욱 세분화하여 아래 〈표 10-3〉와 같은 10가지 형태로 나누어, 표절에 대한 대중의 이해를 돕고 있다.

〈표 10-3〉 표절의 유형

| | |
|---|---|
| Clone | 다른 사람의 저작물을 그대로 자신의 것인 양 제출하는 경우 |
| CTRL-C | 하나의 출처에서 상당 분량의 지문을 그대로 가져와 사용하는 경우 |
| Find-Replace | 다른 사람의 저작물을 주요 키워드나 문장만 바꾸고 나머지는 그대로 사용하는 경우 |
| Remix | 다양한 출처에서 가져온 지문들을 조금씩 변형하여 하나로 짜깁기하는 경우 |
| Recycle | 저자 자신의 이전 저작물을 별도의 인용없이 가져와 사용하는 경우 |
| Hybrid | 출처를 정확히 밝힌 인용문과 그렇지 않은 인용문을 적절히 섞어 사용하는 경우 |
| Mashup | 다양한 출처에서 복사해온 지문들을 적당히 섞어서 하나로 짜깁기하는 경우 |
| 404 Error | 존재하지 않거나 부정확한 출처를 인용하는 경우 |
| Aggregator | 모든 출처를 정확히 인용하였지만 저자 자신의 고유한 창작물이 포함되지 않은 경우 |
| Re-Tweet | 출처를 정확히 인용하였지만 원저자의 저작내용과 형식에 지나치게 의존하고 있는 경우 |

http://plagiarism.org

특히 수업과 관련하여 빈번하게 발생하는 과제물 표절은 학생들이 학습하는 과정에서 지켜야 할 학업윤리를 위배하고 학문적 진실성을 위협하는 심각한 문제로, 대학이나 교육기관들은 이러한 표절문제를 해결하기 위해 크게 '예방'과 '적발' 차원에서 접근하고 있다(이지연, 2012). 첫째, 표절행위를 미연에 방지하기 위해 학생들을 대상으로 자료의 올바른 인용방법을 가르치는 글쓰기나 학업윤리 교육 프로그램을 실시한다([그림 10-7] 참조). 둘째,

학생들이 제출한 리포트나 웹문서 간 상호비교검색을 통해 문장의 유사도를 판단하는 표절검사 소프트웨어의 도입 등을 들 수 있다([그림 10-8] 참조). 그러나 일회적이고 일방적 성격의 표절 예방교육 프로그램들이나 표절행위에 대한 적발과 처벌을 강화하려는 행정적 접근과 같은 기존의 대응책들은 표절 예방에는 한계가 있으므로, 학생들의 윤리적 과제수행을 위해서는 수업현장의 교수-학습 과정에서부터 근본적인 개선의 노력이 필요하다(이지연, 2012).

**[그림 10-7]** 표절 예방을 위한 교육
https://www.copykiller.co.kr/

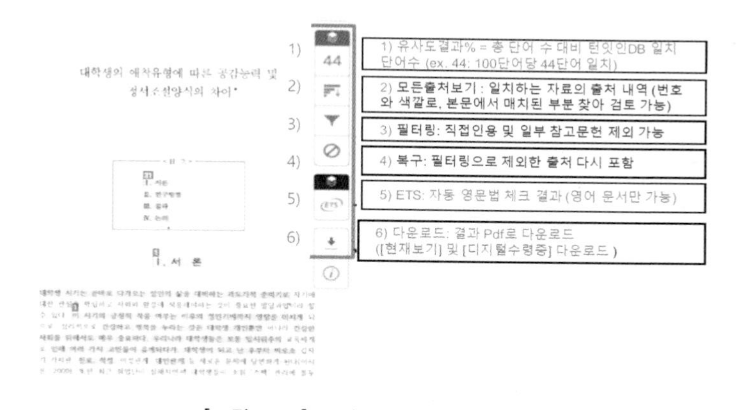


**[그림 10-8]** 표절 검사 소프트웨어
http://turnitin.com

## 2) Creative Commons

저작자의 권리는 보호하면서도 좀 더 많은 저작물을 개방하여 공유할 수 있도록 '자발적 공유의 표시방식(Creative Commons License, 이하 CCL)'이라는 표준 라이선스 방식을 제안하고 있는 **크리에이티브 커먼즈**Creative Commons는 창작물을 인류의 공동자산화하는 개념으로, 학계와 교육계, 예술계 전반에 걸쳐 큰 호응을 받으며 확산되고 있다.

저작권 존중과 저작물 공유의 균형을 찾기 위해 2002년 미국에서 설립된 비영리단체인 Creative Commons에 의해 시작된 CCL 프로젝트는 2011년 현재 전 세계 70여 개 국가들이 참여하여 각 국가의 저작권법과 언어를 바탕으로 한 CCL을 도입하여 보급하는 글로벌 커뮤니티로 성장하고 있으며, 우리나라에서는 2005년 3월 한국정보법학회를 시작으로 Daum, NAVER 등 대표적 포털 사이트를 포함한 다수의 온라인 사이트들이 CCL 적용에 동참해오고 있다.

**CCL**은 자신의 창작물에 대하여 일정한 조건들을 충족할 경우 누구나 자유롭게 이용할 수 있도록 허락하는 내용의 자유이용 라이선스로, CCL 이용조건 및 라이선스 유형을 살펴보면 아래 〈표 10-4〉, 〈표 10-5〉와 같다.

〈표 10-4〉 Creative Commons의 이용조건 및 유형

| | |
|---|---|
|  | Attribution(저작권 표시)<br>저작자의 이름, 출처 등 저작자를 반드시 표시해야 한다는, 라이선스에 반드시 포함하는 필수조항입니다. |
|  | Noncommercial(비영리)<br>저작물을 영리 목적으로 이용할 수 없습니다. 영리목적의 이용을 위해서는 별도의 계약이 필요하다는 의미입니다. |
|  | No Derivative Works(변경금지)<br>저작물을 변경하거나 저작물을 이용한 2차적 저작물 제작을 금지한다는 의미입니다. |
|  | Share Alike(동일조건변경허락)<br>2차적 저작물 제작을 허용하되, 2차적 저작물에 원 저작물과 동일한 라이선스를 적용해야 한다는 의미입니다. |

〈표 10-5〉 Creative Commons의 이용조건 및 유형

| 라이선스 | 이용조건 | 문자표기 |
|---|---|---|
| CC BY | 저작자 표시<br>저작자의 이름, 저작물의 제목, 출처 등 저작자에 관한 표시를 해주어야 합니다. | CC BY |
| CC BY NC | 저작자 표시-비영리<br>저작자를 밝히면 자유로운 이용이 가능하지만 영리목적으로 이용할 수 없습니다. | CC BY-NC |
| CC BY ND | 저작자 표시-변경금지<br>저작자를 밝히면 자유로운 이용이 가능하지만, 변경 없이 그대로 이용해야 합니다. | CC BY-ND |
| CC BY SA | 저작자 표시-동일조건 변경허락<br>저작자를 밝히면 자유로운 이용이 가능하고 저작물의 변경도 가능하지만, 2차적 저작물에는 원 저작물에 적용된 것과 동일한 라이선스를 적용해야 합니다. | CC BY-SA |
| CC BY NC SA | 저작자 표시-비영리-동일조건 변경허락<br>저작자를 밝히면 이용이 가능하며 저작물의 변경도 가능하지만, 영리목적으로 이용할 수 없고 2차적 저작물에는 원 저작물과 동일한 라이선스를 적용해야 합니다. | CC BY-NC-SA |
| CC BY NC ND | 저작자 표시-비영리-변경금지<br>저작자를 밝히면 자유로운 이용이 가능하지만, 영리목적으로 이용할 수 없고 변경없이 그대로 이용해야 합니다. | CC BY-NC-ND |

http://www.cckorea.org/

이러한 CCL에 따라 수업에 필요한 강의자료를 제작하기 위해 다른 사람의 저작물을 사용하는 경우, 사용자는 다음과 같은 절차에 따라 CCL 콘텐츠를 사용할 수 있다.

### 해당 자료에 적용된 CCL 조건 확인하기

- 콘텐츠 활용에 앞서 먼저 해당 콘텐츠의 공유 및 이용이 가능한지 알아보기 위해 콘텐츠에 연결된 CC 라이선스를 클릭하여 조건 확인
- 라이선스 범위가 BY로 표시된 경우에 한해 출처를 명시해야함
- 그 외의 조건이 있을 경우 (예: 비영리, 2차적 저작물 금지, 동일 조건 변경허락 등) 확인 후 조건범위 내에서 활용할 수 있음

### CCL 자료의 출처 표시하기

- 사용된 이미지, 오디오, 동영상 주위에 저작자와 라이선스를 적절히 표시
- 여러 콘텐츠를 사용하였을 경우, 한꺼번에 명시할 수 있음
- 콘텐츠별로 표시되어야 할 내용이 다른 경우에는 구분이 가능하도록 번호 등을 매겨 표시해야 함

## 탐구문제

1. TPACK과 바탕설계의 공통점과 차이점은 무엇인지 설명하고, 각각 어떤 상황에서 활용될 수 있을지 토론하시오.

2. 디지털 시민성이 위배된 사례를 찾아 해당 사례를 방지하기 위해 구체적으로 어떤 교육이 필요한 지에 대해서 토론하시오.

3. 최근 스마트폰을 활용하는 교육이 늘어나고 있는데, '디지털 격차'의 관점에서 어떤 문제점들이 있을 수 있으며, 이러한 문제들을 해결하기 위해 교사가 노력해야 할 점들은 무엇인지 생각해보시오.

4. 인터넷 상의 표절과 공유의 차이점을 설명하고 윤리적인 인터넷 활동을 장려하기 위해 활용할 수 있는 교수-학습전략이나 프로그램들을 찾아서 발표하시오.

# 교수학습지도안 작성과 개발

수업을 효과적으로 진행하려면 무엇보다 계획단계에서의 준비가 중요하다. 수업을 계획하는 활동은 목적의식적이고 전문적인 활동이다. 교수학습지도안은 수업설계의 결과를 시간계획에 맞추어 한 눈에 알아볼 수 있도록 정리하여 기재한 것이다. 교수학습지도안은 수업의 기간이나 목표에 따라 다양하게 작성할 수 있는데 학습목표와 내용범위, 교수법 및 학습전략, 자료, 평가방안 등 다양한 요소들을 포함하고 있다. 교사는 교수학습지도안에 충실하게 수업을 진행하되 수업의 구체적인 상황에 맞게 융통성 있게 수업을 이끌어 나간다. 교수학습지도 안은 수업을 누가 통제하는가에 따라 교수자중심, 학습자중심, 상호 작용의 세가지로 나누어 개발할 수 있다. 교수자중심의 교수학습지도안은 가네의 9가지 수업사태에 따라 구성하면 되고, 학습자중심의 교수학습지도안은 수업모형의 다양성을 고려해서 해당 수업모형의 단계와 절차, 원칙을 반영해서 작성하면 된다. 상호작용 유형의 교수학습지도안은 주로 토론식 수업모형을 바탕으로 작성하면 된다.

## 제 1 절
# 교수학습지도안의 작성

## 1. 수업과 계획

### 1) 수업에서 계획의 필요성

수업은 그 형태와 대상을 불문하고 대상과 목적, 과정 및 평가를 수반하는 목적의식적인 활동으로 강연이나 훈련, 개별 학습과 구분된다. 수업은 일회적인 사건이나 개별적으로 행해지는 활동이 아니고 여러 차례에 걸쳐 행해지며 교사와 학생의 상호작용을 전제로 한다. 이런 의미에서 수업활동에는 계획이 요구된다. 수업계획의 필요성은 다음과 같다.

첫째, 잘 계획된 수업은 수업의 효과성과 효율성을 높일 수 있다. 수업은 한정된 시간과 자원을 가지고 이루어지는 제한적인 활동이다. 같은 노력을 기울여서 보다 나은 성과를 얻기 위해서는 사전에 학생들의 특성을 고려해서 가장 효과적인 방법을 고안할 필요가 있을 것이다. 주어진 시간과 한정된 자원으로 최대의 효과를 거두려면 효율적인 시간계획과 자원활용에 대한 계획이 사전에 이루어져야 할 것이다.

둘째, 수업과정은 예기치 않은 상황의 연속이므로 사전에 예측하고 준비하지 않으면 안 되기 때문이다. 수업은 사람 사이의 상호작용을 통하여 이루어지기 때문에 실제 수업에서는 임기응변을 요구하는 사건들이 발생하기 마련이다. 또한 수업은 창조적 활동으로서 기계처럼 자동화하여 찍어낼 수 없다. 예기치 못한 상황에 대한 즉흥적인 대처나 창의적인 수업활동은 사전에 준비하기 어렵기 때문에 수업계획이 필요없다고 생각할 수 있다. 그러나 수업에서 우연적 요소가 개입되는 것을 막고 보다 창의적인 활동을 도입하기 위해서는 잘 짜여진 수업계획이 필요하다. 사전에 학생들의 창의성을 유도할 수 있는 활동을 준비할 수 있다면 보다 더 창의적인 수업이 가능할 것이다.

셋째, 최근의 수업환경이 많이 변화하면서 다양한 요소를 고려해야 수업이 정상적으로 이루어질 수 있기 때문이다. 인쇄된 교과서와 칠판만을 가지고 수업이 이루어지던 과거와는 달리 오늘날에는 인터넷과 다양한 매체, 디지털 교과서 등이 수업에 도입되어 여러 가지 방식으로 활용되고 있다. 매체를 효과적으로 활용하려면 사전에 계획을 수립하고 매체가 정상적으로 사용될 수 있는지 점검할 필요가 있다. 교사가 수업을 주도하며 지식을 전달하던 과거와 달리 지금은 학생들이 인터넷을 통하여 지식과 정보에 접근할 수 있으므로 다양한 방법을 통하여 수업하지 않으면 학습동기 부여에 실패하거나 학생들의 지적 호기심을 충족시킬 수 없다.

넷째, 수업계획을 통하여 교사의 전문성이 인정되며 또 전문가로서 성장할 수 있기 때문이다. 수업에는 다양한 요소들이 있으며 이들 요소들을 잘 조율해서 특정 성과를 거두려면 계획 단계에서 상당한 수준의 전문성이 필요하다. 교과지식은 말할 것도 없고 교육학적 내용지식Pedagogical Content Knowledge, PCK과 그에 걸맞는 교수방법, 매체, 시간계획과 평가준거를 계획하고, 이를 교사와 학생, 학생과 학생 간의 상호작용이라는 수업과정에 적절하게 위치시키는 것은 결코 쉬운 일이 아니다. 더구나 수업하는 교사나 학생이 변하더라도 일정한 효과를 거둘 수 있도록 계획하려면 전문성이 전제되지 않으면 안 된다. 교사의 전문성은 수업의 계획-실행-평가-환류의 과정을 거치면서 성장하는 것이다.

### 2) 수업계획의 원칙

잘 짜여진 수업계획은 주어진 시간 내에, 어떤 내용을, 어떤 방식으로, 무엇을 활용하여 가르칠 것인가가 분명하다. 수업을 잘 계획하기 위해서는 여러 가지 요소와 원칙들을 고려해야 한다.

무엇보다 수업은 목표를 달성하기 위한 목적의식적인 활동이므로 수업의 목적과 목표가 잘 설정되어 있어야 한다. 좋은 수업이란 목적지를 향해하는 배와 같다. 목적지가 없다면 배가 표류하고 말듯, 목표가 설정되지 않은 수업은 결국 성과 없이 끝날 가능성이 높다. 이때의 목표는 수업 후 교사가 달성하고자 하는 것이 아니라 학생들이 배우게 되는 학습목표를 말하는 것임을 명심해야 한다.[1)]

둘째, 학습목표를 서술할 때 교사와 학생 모두가 목표를 공유할 수 있도록 쉽고 명확하게 서술해야 한다. 학습목표는 일반적으로 수업이 시작할 때 교사가 제시하는 경우가 많기 때문에 학생들이 쉽게 이해하기 어렵다. 그러므로 학습목표를 제시할 때 적절한 동기유발과 함께 학생들이 이해하기 쉬운 용어로 제시할 필요가 있다. Bloom의 교육목표 분류학에 의하면 인지적 영역에서 지식, 이해, 적용, 분석, 종합, 평가 등 6개의 하위 영역이 있다. 각각의 영역에서 쉬운 행동동사를 활용하여 학습목표를 진술할 수 있다(〈표 11-1〉 참조).

〈표 11-1〉 Bloom의 인지적 영역에서의 학습목표와 구체적인 행동동사 사례

| 구분 | 설명 | 행동동사 예 |
|---|---|---|
| 지식 | 학습한 것에 대하여 기억할 수 있다. | 암기할 수 있다., 열거할 수 있다., 진술할 수 있다. |
| 이해 | 학습한 내용의 의미를 파악할 수 있다. | 정의할 수 있다., 구별할 수 있다., 예측할 수 있다. 바꾸어 말할 수 있다., 설명할 수 있다. |
| 적용 | 학습한 것을 새로운 문제해결에 활용할 수 있다. | 적용할 수 있다., 계산할 수 있다., 발견할 수 있다. 증명할 수 있다., 해결할 수 있다. |
| 분석 | 학습한 내용의 구조와 요소를 의미 있게 구분할 수 있다. | 비교할 수 있다., 나눌 수 있다., 도표화할 수 있다. 구별할 수 있다., 분석할 수 있다., 세분할 수 있다. |
| 종합 | 학습한 내용을 통합적 관점에서 파악할 수 있다. | 편집할 수 있다., 종합할 수 있다., 설계할 수 있다. 만들어낼 수 있다., 통합할 수 있다., 재구성할 수 있다. |
| 평가 | 설정된 목표에 비추어 학습한 것의 가치나 중요성을 판단할 수 있다. | 결론을 내릴 수 있다., 논쟁할 수 있다., 평가할 수 있다., 제언할 수 있다. |

1) 학교 교육에서는 교육과정상 단원별, 차시별 목표가 이미 설정되어 있어 현장교사들은 수업계획 시 목표설정의 중요성을 간과하는 경우가 많다. 그러나 이렇게 설정되어 있는 목표는 단위 현장의 요구를 반영하여 제시된 것이 아니므로 교사 스스로 목표를 재서술하거나 재정리할 필요가 있다.

셋째, 수업에는 교사의 활동뿐만 아니라 학생들의 여러 가지 학습활동이 존재한다. 교사는 주로 학생들의 학습활동을 준비시키고 자극하고 평가하는 여러 가지 활동을 하게 되는데, 이것을 Gagné는 수업 활동[events]라 불렀다. 이러한 활동에는 주의획득, 목표 제시, 선수학습 회상, 학습내용 제시, 학습 안내하기, 수정행동 유도하기, 피드백 제공하기, 평가하기, 파지 및 전이 높이기 등이 있다. 한편 학생들은 교사의 지도에 수동적으로 순응하는 존재가 아니다. 학생들의 자발적인 학습활동도 수업계획 시 고려할 필요가 있다. 때로 학생들은 교사의 지도없이 탐구활동이나 문제해결활동을 통하여 스스로 학습내용을 깨달아가기도 한다. 따라서 수업계획 시에는 의도적인 수업활동과 자발적인 학습활동들이 조화롭게 이루어질 수 있도록 유의할 필요가 있다.

넷째, 수업계획은 수업환경을 비롯한 학교일정, 예산, 안전 등 현실적인 여건에 대한 고려를 바탕으로 융통성 있게 이루어져야 한다. 수업이 이루어지는 공간은 대부분 교실이지만 교과에 따라서는 다양한 공간에서 이루어지기도 한다. 또 수업 중 드물게 장소를 이동해야 하는 경우가 생기기도 한다. 수업이 이루어지는 공간의 규모나 채광 및 환기상태, 책상의 배열, 기자재 현황 등 수업에 영향을 미치는 요소들에 대해 사전에 검토할 필요가 있다. 또한 학교 일정이나 예산을 고려하지 않고 수업계획이 이루어질 경우 예기치 못하게 수업결손이 발생할 수 있다. 물론 사전에 모든 것을 고려해서 계획을 작성할 수 없으므로 변화에 대응할 수 있도록 융통성 있는 수업계획을 수립할 필요가 있다. 수업계획이 지나치게 꼼꼼하게 수립되어 있다면 수업 중 발생하는 예기치 못한 상황에 대응하기 어렵다. 때로 학생들의 학습에 대한 호기심이 예기치 않게 높아지거나 반대로 학생들이 피로감을 호소하는 등 학생들의 요구에 민첩하게 반응하여 성과를 거두게 하는 것은 수업계획이 아니라 교사의 전문성이라고 볼 수도 있다. 수업계획은 교사의 전문성의 토대를 넓히기 위한 것이지 결코 억제하기 위한 것이 아님을 명심할 필요가 있다.

마지막으로, 수업계획은 실제 수업을 전담하는 교사의 자질이나 능력, 가치,

선호하는 방법이나 매체 등을 고려하여 수립되어야 한다. 수업에서 교사는 학습내용을 전달하고, 학생들의 활동을 지시하고, 동기를 부여하고, 피드백하고 평가하는 등 다양한 역할을 맡는다. 교사의 역량에 따라 수업의 질이 달라지는 것은 당연하다.[2] 예를 들어, 교사가 다양한 매체를 활용할 능력이 부족하거나 교육적인 활용가치를 느끼지 못한다면 수업에서 매체의 활용은 기대하기 힘들 것이다. 학습에 대한 교사의 관점도 수업계획에 영향을 미친다. 교사가 전달자 중심의 관점을 가지고 있다면 수업계획에서 학생들의 자발적인 탐구활동을 기대하기 어렵다. 교사의 교육관이나 학습에 대한 태도는 쉽게 변하기 어렵다는 점을 염두에 두고 계획이 수립될 필요가 있다.

## 2. 교수학습지도안의 특성 및 구성요소

교수학습지도안은 수업설계의 결과를 시간계획에 맞추어 한 눈에 알아볼 수 있도록 정리하여 기재한 것이다. 교수학습지도안은 교수안(교안), 수업지도안, 수업계획서, 학습지도안, 학습전개안 등의 이름으로 다양하게 불린다. 여기서는 수업이 교사와 학생이 상호작용하는 가운데 이루어지는 것으로 보아 교수학습지도안으로 부르기로 한다. 교수학습지도안을 작성하면서 교사는 교과과정을 탐색하고 자신의 수업을 점검, 평가할 수 있다. 실제 수업에서 교수학습지도안은 교사와 학생 간의 의사소통의 창구역할을 한다. 또한 차시로 나뉘어져 진행되는 수업들 간의 연계성과 통합성을 유지하는데 필수적인 안내서이기도 하다.

### 1) 교수학습지도안의 종류

수업계획은 기간을 기준으로 장기계획과 단기계획으로 구분할 수 있다. 장

2) 초·중등교육에서는 담당교사가 직접 자신의 수업을 계획하고 수행하기 마련이다. 이럴 때 교사는 자신의 역량이나 기호, 가치와 태도 등을 고려하여 수업을 계획할 필요가 있다. 만약 수업설계자와 담당교사가 일치하지 않는 경우 담당교사의 역량이나 교육철학에 대한 평가 없이 수업계획이 짜여져서는 안 된다.

기계획은 연간계획과 월간계획으로 나눌 수 있다. 연간교수학습지도안은 1년을 단위로 하여 수업을 어떻게 이끌어갈 것인지를 설계하여 작성된 것이다. 월간지도안은 한 달의 기간을 놓고 설계한 것이다. 한편, 단기계획은 주간지도안(주안), 일간지도안(일안), 차시별지도안(시안)으로 나눌 수 있다([그림 11-1] 참조).

한편 다루는 범위를 기준으로 한다면 단원전개계획과 차시별 계획으로 구분할 수 있다. 단원전개계획 또는 단원지도안은 교과별로 정해져 있는 단원을 어떻게 가르칠 것인지에 대한 개략적인 계획이다. 단원전개계획에는 단원명, 단원 설정 이유, 단원의 목표, 단원의 내용구조, 단원전개활동, 평가 활동을 포함하며 해당 단원을 몇 차시로 나누어 수업할 것인지에 대한 계획이 명시된다. 차시별 계획은 단원계획에서 세분화된 매 수업시간별로 어떻게 수업할 것인지에 대한 내용을 포함하고 있는데, 한 시간 수업을 도입, 전개, 정리로 나누어 각 단계별로 자세한 계획을 수립하게 된다. 이러한 차시별 지도안(시안)의 구체성의 정도에 따라 약안과 세안으로 구분된다. 보통 약안은 수업전개과정을 '도입-전개-마무리'로 간략하게 작성한 지도안을 말하며 세안은 교수학습활동 하나하나에 대해 시간계획 및 매체활용, 판서자료 등을 포함하여 자세하게 서술한 지도안을 말한다.

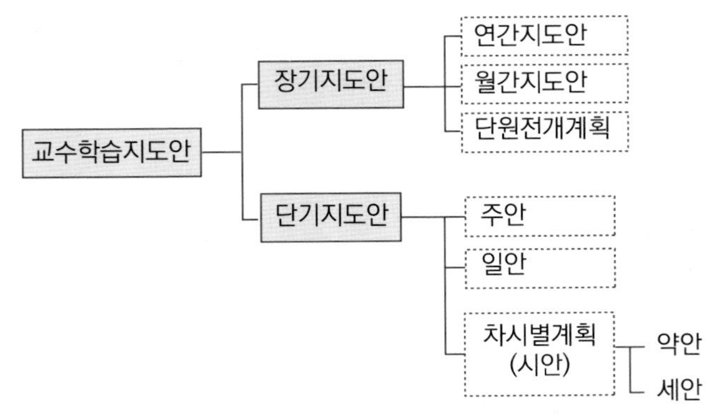


**[그림 11-1]** 교수학습지도안의 유형

### 2) 교수학습지도안의 구성요소

교수학습지도안은 수업설계의 결과를 정리한 것이므로 수업설계 시 고려한 사항들이 충실히 담겨있어야 하고 한 눈에 볼 수 있도록 쉽고 분명하게 작성될 필요가 있다. 교수학습지도안을 작성할 때 포함해야 할 기본적인 항목을 정리하면 다음과 같다(교육공학사전, 2005).

- ▷ 교재, 단원의 요지, 단원의 목표, 단원의 전계계획
- ▷ 달성하고자하는 학습목표
- ▷ 선수학습내용과의 연결
- ▷ 학습과정 및 교재의 선택과 조직
- ▷ 수업진행에 부합하는 교수법 서술
- ▷ 평가방법
- ▷ 향후 학습에 대한 안내

한편, 차시별 수업은 보통 '도입-전개-마무리'의 형식으로 전개되는데 각 단계별로 포함해야 할 내용을 구체적으로 제시하면 다음 표와 같다.

〈표 11-2〉 교수학습지도안의 단계별 구성요소

| 단계 | 지도안에 포함해야 할 요소 | 비고 |
|---|---|---|
| 도입 | 주의집중 및 동기유발계획<br>학습목표 제시<br>선수학습과의 연관 | |
| 전개 | 학습내용 제시<br>학습자료 및 활용 매체 서술<br>학습자참여 유도, 상호작용계획<br>수업기법, 발문계획<br>학습안내 및 피드백계획 | |
| 마무리 | 요약정리<br>평가(심화 및 보완학습계획)<br>과제 안내 및 차시 예고 | |

## 3. 교수학습지도안의 형식

교수학습지도안에 포함해야 할 요소들은 일반적으로 비슷하지만 교과의 특성, 학습목표나 내용에 따라 구성요소나 형식에서 차이가 나타난다. 예를 들어, 통합학습과 체험학습을 중시하는 초등학교 교과를 위한 교수학습지도안과 지식의 암기와 이해를 강조하는 고등학교에서의 교수학습지도안이 다를 것이다. 같은 학교급에서도 학습자의 자발적인 탐구활동을 중심으로 하는 물리수업과 문제풀이를 중심으로 하는 수학수업의 교수학습지도안은 다를 수밖에 없다. 이렇게 학교급별로, 교과별로 특성이 있으므로 단일한 교수학습지도안을 고집하는 것은 적절하지 않다. 그럼에도 불구하고 교수학습지도안의 표준안을 개발, 활용하는 것에 대한 필요성은 높다. 표준안을 활용함으로써 교안의 안정성을 높이고 교장-교사, 교사-교사, 교사-학생 등 교육주체 간에 소통할 수 있는 기회가 많아지기 때문이다. 표준안을 사용함으로써 계속적인 개선이 가능해서 보다 질 높은 수업을 하게 될 가능성이 높아진다. 이러한 의미에서 교수학습지도안의 표준안을 제시하면 다음과 같다(변영계, 김영환, 손미, 2001).

먼저, 단원전개계획을 작성하고 여기서 세분화된 차시별로 차시별 교수학습지도안을 작성한다. 단원지도안은 단원명, 단원개관(단원의 구성 또는 학습문제 단원의 설정이유), 단원의 목표, 지도상의 유의점, 학습과제분석(학습내용의 구조), 출발점행동의 진단과 처치(진단평가, 보충학습, 심화학습), 단원의 전개 등으로 구성되어 있다. 단원은 여러 차시로 구성되어 있는데 이들 차시에서 효과적인 수업이 이루어지면 전체로서의 단원의 수업목표가 달성된 것으로 간주된다. 둘째, 교수학습지도안은 간략하게 작성되거나(약안) 세부적으로 작성(세안)된다. 약안과 세안의 내용은 동일하나 세안의 경우 보다 구체적인 수업계획이 포함되어 교사의 자율성이나 융통성의 제약을 받는 반면 초임교사나 연구발표 시에 유용하다. 한편 약안의 경우 이미 수업에 익숙한 교사에게 적합하며 교사의 수업 중 자율적인 의사결정을 허용하는 장점이 있다.

### 1) 단원 지도안

하나의 교과는 몇 개의 단원으로 구분되어 있다. 각 단원은 다른 단원과 구별되는 고유한 교육과정상의 목표와 내용을 가지고 있다. 단원은 여러 차시로 구성되는데 이들 차시들의 수업결과가 모여 단원의 목표가 달성되도록 되어 있다. 따라서 단원계획은 통합적이고 일관성이란 관점에서 이루어져야 한다. 다음은 단원 지도안의 예시이다. 필수적인 구성요소를 중심으로 구성한 것으로 현장의 조건과 필요에 따라 변화를 줄 필요가 있다.

〈표 11-3〉 단원 지도안 사례

<table>
<tr><td>단원명</td><td colspan="2"></td><td>수업기간</td><td colspan="2"></td></tr>
<tr><td>단원의 목표</td><td colspan="5"></td></tr>
<tr><td>단원의개관</td><td colspan="5"></td></tr>
<tr><td>지도상의<br>유의점</td><td colspan="5"></td></tr>
<tr><td rowspan="3">차시<br>구성</td><td>차시</td><td>주 제</td><td>키워드</td><td>자료 및 매체</td><td>비고</td></tr>
<tr><td></td><td></td><td></td><td></td><td></td></tr>
<tr><td></td><td></td><td></td><td></td><td></td></tr>
<tr><td>평가계획</td><td colspan="5"></td></tr>
</table>

- 단원명: 단원명을 기입한다.
- 단원의 목표: 목표진술 시 차시별 학습목표보다 상위의 개념으로 진술한다.
- 단원의 개관: 단원의 주요 내용, 전후 단원 간의 관련, 내용의 학문적인 구조, 학습해야 하는 이유 등을 서술한다.
- 지도상의 유의점 : 단원 지도 시 주의해야 할 것과 문제점을 서술한다.

- 차시구성: 단원을 이수할 계획된 총 시간과 차시마다 수업의 흐름을 예상하여 그 요점을 적는다.
- 평가계획: 단원의 목표가 달성되었는지를 평가할 방법을 서술한다.

단원 지도안은 차시별 지도안을 작성하는 기초가 된다. 차시별 교수학습지도안이란 한 차시 수업에 대한 지도안이며 단원의 전개 계획에 따라 한 시간 단위 수업을 어떻게 전개할 것인가에 관한 보다 구체적이고 상세한 지도 계획이다. 다음은 일반적으로 사용되는 차시별 교수학습지도안 양식이다.

〈표 11-4〉 차시별 교수학습지도안

<table>
<tr><td>단원명</td><td colspan="2"></td><td>차시</td><td></td><td>수업모형</td><td></td><td>장소</td><td></td></tr>
<tr><td>학습목표</td><td colspan="8"></td></tr>
<tr><td>학습자료</td><td colspan="8"></td></tr>
<tr><td rowspan="2">수업단계</td><td rowspan="2">학습내용</td><td colspan="2">교수-학습활동</td><td rowspan="2">시간</td><td rowspan="2">자료/매체</td><td rowspan="2" colspan="3">지도상의 유의점</td></tr>
<tr><td>교사</td><td>학생</td></tr>
<tr><td>도입</td><td></td><td></td><td></td><td></td><td></td><td colspan="3"></td></tr>
<tr><td>전개</td><td></td><td></td><td></td><td></td><td></td><td colspan="3"></td></tr>
<tr><td>마무리</td><td></td><td></td><td></td><td></td><td></td><td colspan="3"></td></tr>
<tr><td>판서내용</td><td colspan="8"></td></tr>
<tr><td>형성평가</td><td colspan="8"></td></tr>
<tr><td>과제</td><td colspan="8"></td></tr>
</table>

- 단원명: 교과에 따라 소단원, 중단원, 대단원명을 기입한다. 학습지도 시간이 많은 경우 중단원이나 소단원을 기입하는 것이 바람직하다.
- 차시: 차시는 사선 윗부분에는 본시의 차시를, 그리고 아랫부분에는 단원지도에 소요되는 총 시수를 숫자로 기입한다.
- 학습목표: 본시의 학습목표는 학습자가 학습 후에 도달해야 할 성취 행동으로 진술한다. 행동동사로 진술한다.
- 수업단계: 보통 '도입-전개-마무리'로 이루어진다.
- 학습내용: 본시에 학습할 주요 내용을 간략하게 서술한다.
- 교수-학습활동: 교수학습활동은 교사의 활동과 학생의 활동으로 구분하여 서술한다. 교사의 활동은 학생들의 학습이 이루어질 수 있도록 자극하거나 안내하고 조건을 형성하는 것으로 서술한다. 학생들의 활동은 학생입장에서 기술할 수 있어야 한다.
- 자료/매체: 해당 단계에 필요한 수업자료나 매체를 나열한다.
- 지도상의 유의점: 수업활동 시 주의해야 할 것과 문제점을 서술한다.
- 판서내용, 형성평가, 과제: 각각에 해당하는 내용을 간략하게 적어넣는다. 판서내용과 형성평가문항의 경우 필요하다면 별지를 이용해서 수업 시 참고한다.

## 4. 교수학습지도안 작성 원칙 및 유의사항

### 1) 작성의 원칙

교수학습지도안은 표준화된 방식으로 누구나 참고할 수 있도록 작성하는 것이 좋다. 실제로 수업할 때는 교사의 개성과 수업 상황에 따라 융통성 있게 운영하는 것이 적절하지만 수업을 위한 계획 단계에서 작성하는 교수학습지도안은 자신만이 알아볼 수 있는 표기나 주관적인 서술 대신 다른 사람들도 참고할 수 있는 표준화된 방식으로 작성한다. 작성된 지도안에 대한 동료 교사나 수업컨설턴트의 코멘트 등 다른 사람과의 의사소통에 도움이 되며,

수업이 끝난 후 스스로 수업을 평가하고 성찰할 때에도 도움이 되기 때문이다. 교수학습지도안을 일회적인 수업을 위한 임시 문서로 생각하고 작성해서는 안 되며 지속적인 개선을 위해 처음부터 성의 있고 꼼꼼하게 작성할 필요가 있다. 교수학습지도안을 작성할 때는 아래 몇 가지 원칙을 지킬 필요가 있다.

- 계획의 원칙: 수업을 미리 그려볼 수 있도록 가능하면 상세하게 작성한다. 계획을 상세하게 세우면 실제 수업에서 계획된 대로 학생을 지도할 수 있다.
- 형식성의 원칙: 가능하면 교수-학습 활동을 규정하는 '형식'을 지킬 필요가 있다. 교육에 대해 배워가는 예비교사의 경우, 학습 주제, 학습목표, 학습모형, 학습 집단 조직, 교수 학습 자료, 판서 계획 등 교수학습지도안의 주요 내용 요소들에 대해 익숙해지는 것이 중요하다. 교수학습지도안을 작성하면서 도입, 전개, 정리로 구분되는 수업과정과 각 단계에 할당되는 시간 계획, 수업에 필요한 자료를 생각해보는 것은 수업의 성공뿐만 아니라 교사로서의 성장에도 도움이 된다.
- 단위성의 원칙: 학교수업은 차시별로 이루어지며 차시별로 규정된 학습목표를 달성할 필요가 있다. 교과서는 지식을 제한된 수업시간에 소화할 수 있도록 단위별로 구조화하여 제공하고 있다. 교수학습지도안은 각 차시별 학습목표가 축적되어 단원 학습목표가 달성될 수 있도록 지식을 단위별로 위계적으로 구성하여 작성할 필요가 있다.

### 2) 작성시 유의점

교수학습지도안을 작성할 때 다음의 사항에 유의해야 한다.

- 교수학습지도안은 수업설계의 결과에 기반하고 있으므로 수업설계 내용을 충실히 반영해야 한다.

- 교수학습지도안은 개인적인 참고에 그치지 않고 교수학습활동에 대한 소통의 도구로서 기능하는 것이므로 쉽고 명확하게 작성되어야 한다.
- 교수학습지도안의 상세한 정도는 교사의 숙련도, 수업목표 및 내용, 학습방법에 따라 융통성 있게 조절할 수 있다. 보통은 약안과 세안 사이에서 세분화 정도를 적절하게 결정하여 개발한다.
- 교수학습지도안은 건축물의 청사진과 같이 정밀할 필요가 없다. 현장에서 일어나고 있는 모든 상황을 지도안에 담을 수 없기 때문에 지도안은 최소한 수업의 안내서 역할을 하게 된다. 중요한 의사결정은 전문가인 교사가 하게 되므로 융통성 있게 개발될 필요가 있다.
- 교수학습지도안에 포함된 과제는 쉽게 구할 수 있는 자료에 한정해야 하며, 학생의 능력을 넘어서거나, 사회문화적 가치와 충돌되어서는 안 된다.
- 각 단계별로 배정된 시간은 현장의 상황에 따라 융통성 있게 관리할 필요가 있다. 지나치게 많은 시간을 수업 준비나 마무리에 배정하지 말고 학습내용에 충실할 수 있도록 시간관리를 할 필요가 있다.
- 교수학습지도안에서 매체나 자료를 포함하고자 할 때 활용역량 및 활용가능성을 우선적으로 검토해야 한다. 교사 또는 학생이 매체활용능력이 없거나 매체가 설치되지 않은 교실이라면 수업자체가 이루어지기 어려울 수도 있다.
- 교수학습지도안에 기초하여 수업이 진행되고 난 후, 평가를 거쳐 개선할 부분을 찾아 지속적으로 개선할 수 있도록 해야 한다.

## 제 2 절
# 교수학습지도안 개발의 실제

## 1. 교수자중심 수업과 교수학습지도안

### 1) 지도안 작성 시 유의사항

교수자가 중심이 되어 강의나 발표, 발문으로 이끌어가는 수업의 경우, Gagné가 제시한 9가지 수업활동을 염두에 두고 교수학습지도안을 개발하면 된다. Gagné의 수업활동은 학습자의 내적 정보처리 과정을 돕기 위해 이루어지는 교수자의 수업행동을 말하는 것으로 학습자의 주의획득, 학습자에게 목표제시, 선수학습요소의 회상, 자극자료의 제시, 학습안내를 제공, 수행행동을 유도, 수행행동에 대한 피드백 제공, 수행평가, 파지 및 전이를 높이기 등 9가지가 있다. 보통 수업은 안내와 목표 제시로 시작하며, 전개과정에서 설명/문제풀이/질의응답 등이 이루어진다. 수업 종료 5분 전후에는 정리 및 과제 제시 등이 행해진다. 이를 반영하여 교수학습지도안 역시 도입, 전개, 마무리의 세 단계로 작성된다. 교수학습지도안을 염두에 두고 수업 단계별로 교사의 행동을 살펴보면 다음과 같다.

**도입단계**

도입단계에서 교사는 학생이 주의 집중하도록 하고 수업의 목표를 제시한다. 이러한 교사행동은 가네의 수업사태에서 '주의획득', '목표제시'에 해당하는 것이다. 교사들이 필요에 따라 전시학습을 확인하는 행동을 하는데 이는 '선수학습요소의 회상'에 해당한다.

### 전개 단계

수업의 전개 단계에서 교사는 교재를 읽거나 PPT 자료를 통해 설명하고 ('자극자료의 제시') 학생들이 학습내용을 알기 쉽게 비유를 들거나 중요성의 정도, 기억하는 방법 등에 대해 안내('학습안내의 제공')를 한다. 설명을 마쳤거나 혹은 설명 도중에 교사는 학생의 이해정도나 기억 수준을 알아보기 위해 질문을 하고('수행행동의 유도') 학생들의 답변에 따라 적절하게 피드백을 제공한다('수행에 따른 피드백 제공'). 수업 중 교사는 끊임없이 학생들의 주의 획득을 위해 중간 중간 재미있는 이야기로 분위기를 전환하기도 한다 ('주의획득'). 주제를 바꾸어 수업할 때는 관련된 사전 지식 수준을 알아보기 위해 질문하기도 한다('선수학습요소의 회상').

### 마무리 단계

수업을 마무리할 때 교사는 이번 시간에 배운 것에 대해 쪽지 시험을 쳐 학생들이 얼마나 알고 있는지 평가하는 경우도 있고('수행평가') 단순히 배운 내용을 요약해서 다시 설명하는 경우도 있다('파지'). 또, 배운 내용을 다양한 상황에 적용해보도록 유도하기도 하고('전이') 학생들이 배운 내용을 자기 말로 써보도록 유도하기도 한다('파지 및 전이').

위에서 묘사한 수업 중 교사의 행동에서 알 수 있듯이 Gagné의 9가지 수업활동은 모든 수업에 일률적으로 적용되거나 각 사태들이 단계별로 기계적으로 적용되는 것이 아니다. 각각의 활동은 수업 중 교수 상황에 따라 빠지기도 하고 중복되어 나타나기도 하기 때문에 교사가 창의적으로 적용하여 수업한다면 효과가 클 것이다. Gagné의 수업활동이 교수자 중심의 교수학습지도안에 어떻게 적용될 수 있는지 아래 사례를 통해 살펴보도록 하자.

## 2) 교수학습지도안 개발의 사례

| 학습주제: 광전효과의 이해 | | | | | |
|---|---|---|---|---|---|
| 교과 | 물리 | 학년 | 3학년 | 교수학습유형 | 강의, 실험 |
| 내용영역 | 빛과 파동의 이중성 | | | 환경 | 인터넷 가능 교사용 PC 1, 프로젝터, 대형스크린 |
| | | | | 자료 | 과학교과서<br>교재PPT자료<br>광전효과 실험영상<br>유인물 |
| 학습목표 | ▹ 광전효과가 무엇인지 알고 광전효과가 가지는 의미에 대하여 설명할 수 있다.<br>▹ 빛의 이중성 중 빛의 입자성에 대하여 설명할 수 있다. | | | | |
| 시간계획 | • 1차시 50분<br>▹ 교실수업 (토의주제 확인, 주제 토의준비, 토의결과 발표 및 공유) | | | | |
| 수업의도 | • 광전효과를 동영상 자료로 제시하여 이해를 돕고, 논제에 대한 흥미와 동기를 유발한다.<br>• 동료토의를 통해 개념의 이해와 문제풀이를 진행하면 학습자들이 더욱 활발하고 왕성한 학습활동을 보일 것이다.<br>• 설명과 동영상자료 시청, 동료와의 협력적 문제 풀이 등을 통해 학습주제에 대해 심도 있는 이해를 달성한다. | | | | |

### 학습준비

**<학생 선수학습요소>**

- 교과 선수학습요소
  - ▹ 아이슈타인의 주요 이론을 대략적으로 안다.
  - ▹ 뉴톤이론의 한계에 대한 이해할 수 있다.

**<교사 사전 준비사항>**

- PPT가 가능하도록 컴퓨터, 프로젝터, 대형스크린이 제대로 작동하는지 확인한다.
- 핵심개념을 제시할 수 있도록 프레젠테이션 자료로 만들어 둔다.

• 협력적 문제해결을 위한 유인물(문제지)을 미리 준비한다.
• 학생들이 학습결과를 심화하도록 보충심화학습 계획을 짠다.

## 교수-학습활동[3)]

| | 교수 – 학습과정 | | 시간 | 유의사항 |
|---|---|---|---|---|
| | 교사 | 학생 | | |
| 도입 | • 조용히 시킨 후 인사를 한다.<br>• 지난 시간에 공부한 것에 대해 간단히 설명한다.<br>• 아인슈타인의 우스꽝스러운 이미지 등을 이용해서 관심을 유도하고 중요업적에 대해 질문한다.<br>• 오늘의 학습목표에 대해 이야기하고 따라 읽도록 유도한다. | • 다 함께 인사한다.<br>• 손을 들어 대답한다.<br>• 학습목표를 하나하나 따라 읽으며 숙지한다. | 5분 | • 질문에 대한 답변을 할 수 있도록 분위기를 형성한다.<br>• 따라읽는 것을 통해 학습목표가 내면화되도록 한다.<br>▹ **주의획득 및 목표 제시, 선수학습 회상** |
| 전개 | [강의 및 발문]<br>• 광전효과가 무엇인지 PPT와 비유를 이용하여 설명한다.<br>– 광전효과의 개념과 의의<br>– 실생활에서의 광전효과<br>• 광전효과는 미시적인 세계이므로 원자들이 서로 손을 잡고 있는 상태라는 비유를 통해 이해를 돕는다.<br>• 강의에서 제시된 이중성개념에 대해 질문한다. 자신의 답안을 노트에 써보도록 한다. | • 선생님의 수업을 경청하며 주요 내용을 필기한다.<br>• 이중성개념에 대한 질문에 대해 스스로 답해보고 노트한다.<br>• 이해가 안 되는 개념이 나오면 질문을 하여 확실하게 이해하도록 한다. | 20분 | • 이중성의 개념이 받아들이기 어려울 수 있으므로 학생들이 확실히 이해했는지 확인하며 수업을 진행한다.<br>▹ **자극자료(PPT 등) 제시**<br>▹ **학습안내제공(비유 등)**<br>▹ **수행행동유도(질문하고 답안 제시요구)** |
| | [문제풀이]<br>• 광전효과 실험 영상 관련 유인물을 나눠준다.<br>• 광전효과 실험 영상을 제시한다.<br>• 실험영상에 나오는 내용을 정리한 후, 실험 결과가 나타나는 이유가 무엇인지에 대해 생각해 보도록 한다. | • 주어진 유인물을 읽는다.<br>• 영상을 주의 깊게 시청한 후, 짝과 함께 토의하며 유인물의 빈칸을 채운다.<br>• 짝과 토의한 내용에 대하여 발표한다.<br>• 문제풀이과정에서 느꼈던 의문에 대해 질문한다. | 20분 | • 토의할 때 순회지도를 통해 활발한 생각의 공유를 유도하며, 토의에 집중할 수 있도록 한다.<br>• 토의한 내용에 오류가 있다면 알려준다.<br>• 정답에 대한 이유를 자세하게 말하도록 지도한다. |

| | | | | |
|---|---|---|---|---|
| | • 짝과 함께 빈칸의 정답이 무엇인지 토의하도록 한다.<br>• 유인물에 나오는 내용에 대해 질의하고 피드백한다.<br>• 수능 기출문제 중 관련 문제를 풀어보고 발표하도록 한다.<br>• 문제풀이를 통해 배운 내용의 실제적 적용에 대해 설명한다. | • 제시된 수능기출문제를 시간 안에 풀어본다.<br>• 문제를 풀며 이해가 안되는 부분에 대해 질문한다. | | • 시간제한이 있는 수능의 특성상 문제당 시간을 정하여 학생들이 풀도록 한다.<br>• 문제풀이에 도움이 되는 힌트를 제공한다.<br>▹ **자극자료제시(영상)**<br>▹ **수행행동요구(짝과 토의/수능문제풀이)**<br>▹ **피드백제공**<br>▹ **학습안내제공 (수능문제 이용)** |
| 마무리 | • 오늘 배운 내용을 간단하게 요약하며 정리한다<br>• 쪽지시험으로 이해도를 평가한다.<br>• 성찰노트 과제 소개/차시 예고한다. | • 설명을 들으며 배운 내용의 흐름과 개념을 정리한다.<br>• 쪽지시험으로 이해정도를 스스로 파악해본다.<br>• 차시예고를 듣고 준비할 것에 대해 생각해본다. | 5분 | • 개념을 정리하면서 자기삶과 관련해 성찰노트를 적도록 한다.<br>▹ **수행평가(쪽지시험)**<br>▹ **파지(요약) 및 전이(성찰노트/차시예고)** |

## 2. 토의식 수업과 교수학습지도안

### 1) 지도안 개발 시 유의사항

토의를 중심으로 수업을 진행하려면 사전에 준비가 철저해야 하며 이에 맞는 교수학습지도안을 개발해야 한다. 강의식과 질의응답과 같이 교사가 주도해서 과정을 통제할 수 있는 교수주도형과 달리 토의식은 학생들이 서로 의견을 나누면서 문제해결하거나 결론을 이끌어내는 것이므로 교사의 통제와 개입이 제한적이다. 따라서 교사는 자신이 원하는 교육적 목적을 달성하기 어려울 수 있으므로 사전 계획이 철저해야 함은 물론이고 중간 중간에 적절한 개입을 통해 학생과의 상호작용을 할 필요가 있다. 특히 학생들 간의

3) 아래 표 〈유의사항〉란에 볼딕으로 처리한 것은 Gagné의 수업활동에 관한 것으로 실제 교수학습지도안 작성시에는 기재하지 않는다.

토론 중 서로를 비난하거나 한 학생이 독단적으로 진행할 경우도 있고, 토론을 하다보면 결론도 내리지 못하고 시간을 다 소비하는 경우도 발생한다. 이러한 상황을 염두에 두고 교수학습지도안을 융통성 있게 작성해야 한다. 물론 모든 상황을 사전에 다 예상하고 계획할 수 없으므로 가능하면 토론의 원칙을 확실하게 정하고, 토론과정에 절차를 두어 지키게 하고, 교사가 중간중간에 교육적 개입을 할 것임을 주지시켜야 한다.

토의식 수업 유형 교수학습지도안을 개발할 때 다음과 같은 점을 유의해야 한다. 먼저, 토의주제와 토의형식을 명확하게 하고 시간계획을 짜야 한다. 지나치게 광범위한 주제를 다루게 된다면 토의 방향이 제멋대로 흘러갈 수 있어서 교육적 효과를 거두기 어렵다. 수업의 목적에 맞게 분명한 토의주제가 정해지고 그에 맞게 토의형식을 결정한다면 계획을 수립하는데 도움이 된다.

다음으로, 토의수업을 위해 학생들에게 토의 원칙을 이야기하고 토의방법을 내면화할 수 있는 교사의 설명을 위한 시간 배정을 해야 한다. 일반적으로 학생들은 토의에서의 역할과 토의 시 지켜야 하는 예절, 토의절차와 과정에 대해 익숙하지 않다. 사전에 적절한 교육이 없다면 토의수업의 질을 보장할 수 없으므로 지도안 작성에서 이 부분에 시간을 배정해야 한다.

셋째로, 토의에서의 역할 분담을 위한 시간 배정이 필요하다. 토의수업은 주제가 주어지면 무작정 토의에 들어가는 것이 아니라 전체토의, 팀별토의, 짝과의 토의 등 다양한 형태로 진행되는데 그에 맞게 각 학생들이 맡아야 하는 역할을 배정한 후, 그 역할의 권리와 의무를 알려주어야 한다.

넷째로, 토의수업을 위한 준비과정은 생각보다 시간을 많이 소요하게 되므로 지도안 작성 시 충분히 검토하고 적절하게 시간 배정을 할 필요가 있다. 또한 수업 진행과정에 대한 세부적인 준비가 필요하며 이를 지도안에 명시할 필요가 있다. 강의식과는 달리 토의 활동은 수업 진행에서 교사활동이 별로 없으므로 간단하게 서술하는 경우가 많다. 그러나 수업 진행에서 학생들이 어떠한 토의 단계를 거치는지, 그 단계마다에서 교사가 어떻게 개입을 해야 할지, 토의가 정체되거나 가열될 경우 어떻게 지도할 것인지, 잘못된 결론으로 이끌어지는 토의의 경우 어떤 개입이 필요한지, 토의 단계별로 학생들에게 충고, 힌트, 격려, 유도뿐만 아니라 미니강의나 직접적 개입이 필요한 경우가 있으므로 미리 준비할 필요가 있다. 필요하다면 유인물인 자료를 배부하여 토의의 방향과 시간을 통제하는 절제된 토의식 수업을 진행할 수도 있다.

### 2) 토의식 수업 유형 교수학습지도안 사례[4)]

<table>
<tr><th colspan="6">학습주제: 우리의 전통음식을 어떻게 세계화할 것인가?</th></tr>
<tr><td>교과</td><td>사회</td><td>학년</td><td>5학년</td><td>교수학습유형</td><td>토의학습</td></tr>
<tr><td rowspan="2">내용영역</td><td colspan="3" rowspan="2">우리 전통음식의 장·단점을 알고 어떻게 세계화 할 것인가?</td><td>환경</td><td>인터넷 가능 교사용 PC 1, 아동용 PC 36</td></tr>
<tr><td>자료</td><td>사회교과서(사회과탐구), 계절별 음식, 명절음식, 발표식품모형, 사진,<br>http://www.kfr.or.kr(한국전통음식연구소)<br>http://www2.rda.go.kr(향토음식 연구회)</td></tr>
<tr><td>학습목표</td><td colspan="5">우리 전통음식의 장·단점과 세계화 방법을 토의를 통해 찾아내어 발표하고 보고서를 제출할 수 있다.</td></tr>
<tr><td>시간계획</td><td colspan="5">• 6차시 240분<br>▹교실수업 3차시 120분(토의주제 확인, 주제 토의준비, 토의결과 발표 및 공유)<br>▹교실 밖 수업 3차시 120분(토론활동 실시, 토론의견비교 및 결과정리)</td></tr>
<tr><td>수업의도</td><td colspan="5">• 요즘 한창 대두되고 있는 음식과 건강의 문제를 동영상 자료로 제시하여 논제에 대한 흥미와 동기를 유발시키고, 어린이들의 경험을 토대로 토의주제의 개념과 필요성에 접근한다.<br>• 토의학습 방법으로 교수-학습활동을 진행하면 주제에 대하여 전통적인 학습방법으로 공부하는 것보다 학습자들이 더욱 활발하고 왕성한 학습활동을 보일 것이다. 이에 전통적인 수업보다 높은 학습효과가 기대된다.<br>• 토의학습시 토론 절차, 토론 규칙, 토론 에티켓 등을 지키며 토론활동에 능동적으로 참여하게 함으로써 민주시민의 자질인 자신의 의견을 분명하게 발표할 수 있는 연습기회를 제공할 것이다.<br>• 인터넷 활용하여 여러 정보를 탐색, 분류하고 의견을 교환함으로서 정보의 탐색, 가공, 분석, 종합 능력(정보 문해력)을 기를 수 있다.</td></tr>
</table>

4) 여기에 소개된 사례는 임정훈, 임병노, 최성희 (2003)에서 발췌, 수정한 것임.

## 학습준비

**<학생 선수학습요소 및 기능>**

- 교과 선수학습요소
  - ▹ 우리 전통음식의 종류를 알고 그 장점을 설명할 수 있다.
  - ▹ 우리 전통음식의 세계화의 필요성을 알고 그 방법을 인터넷을 통하여 찾을 수 있다.
- 토의학습 적용 기능
  - ▹ 사전에 토의학습에 대한 충분한 연습을 통해 학습이 원활히 이루어지도록 지도한다.
  - ▹ 토론 예의를 지켜가면서 타인의 관점을 이해하고 수용할 수 있는 자세를 길러주어야 한다.
- ICT활용 기능
  - ▹ 온라인 토론이 가능하도록 채팅, 게시판에 글올리기, 수정, 삭제 등에 대한 기능이 있거나 자주 활용하는 SNS와 연동할 수 있어야 한다.
  - ▹ 인터넷에 연결된 컴퓨터에서 검색엔진을 이용하여 정보를 검색하고 찾을 수 있다.
  - ▹ 인터넷이 연결된 컴퓨터에서 이메일을 주고받을 수 있다.

**<교사 사전 준비 사항>**

- 우리의 전통음식과 관련된 자료나 정보를 준비하여 필요할 때 어린이들에게 제공한다.
- 토의학습에 필요한 절차와 방법을 숙지하고 어린이들에게 시기적절하게 알려주고 코치해 줄 수 있도록 한다.
- 교실에서 컴퓨터 및 프로젝션 TV 등 기기를 조작해 두고 토론이 가능한 토론방을 개설해 둔다.
- 프레젠테이션 소프트웨어나 디지털 테크놀로지 등을 이용하여 관련된 자료를 미리 준비해둔다.

• 교과서의 삽화그림을 스캔하여 각 부분을 확대하여 필요시 제시할 수 있도록 프레젠테이션 자료로 만들어 둔다.

• 토의학습의 결과를 정리할 성찰일기(학습지)를 준비하고 심화·보충계획도 미리 세워둔다.

## 교수-학습활동

| 단계 | 절차 | 학습자활동 | 교수자활동 | 시간(분) | 교수-학습 자료 | 지도상 유의점 |
|---|---|---|---|---|---|---|
| 토의 주제 확인 | 토의 주제 이해 | ※ 동기유발 및 학습 분위기 조성<br>- 먹어본 전통음식들 발표하기 | ※ 동영상 보여주기<br>- 우리가 먹어 본 전통 음식에는 어떠한 것들이 있을까? 먹어 본 음식들을 브레인스토밍으로 그룹화(범주화) | 10 | 동영상 자료(웹), 교과서 | • 우리 전통음식의 개념과 계승발전하여야 할 의의를 사전에 확인한다.<br>• 다양한 음식과 조리법이 나오는 장면을 캡처한다. |
| | | • 주제토론 절차 및 방법 이해<br>▹ 토론규칙 및 절차 알기 | • 전체 활동 절차 안내 및 일정조정(공지하기)<br>▹ 토론 규칙 정하기<br>▹ 토론 절차(팀구성, 팀별 토론일정, 과제 분담, 공유, 토론활동, 팀별 토론결과 정리<br>▹ 전체토론하기<br>▹ 토론 과정 반성 및 정리 | 5 | 웹게시판 | • 학생들의 이해를 도울 수 있는 다양한 자료를 웹페이지에 제공한다.(동영상 자료, 신문기사, 전문가와의 인터뷰 등) |
| | | • 토론주제 (대주제) 이해<br>▹ 우리의 전통음식의 장·단점 및 세계화의 방법에 대한 의문 해결방법 고민하기 | • 토론주제에 대한 설명 및 안내<br>▹ 전통음식의 세계화는 어떤 의미가 있을까?<br>▹ 세계화의 방법으로는 어떤 것들이 있을까?<br>▹ 학생들의 이해를 돕기 위한 자료 제공(우수성, 단점, 세계화된 음식의 예, 외국 사례 등) | 5 | 웹게시판 | |

| 단계 | 절차 | 학습자활동 | 교수자활동 | 시간(분) | 교수-학습 자료 | 지도상 유의점 |
|---|---|---|---|---|---|---|
| 주제 토의 준비 | 주제 표현 및 느낌 발표 | • 주제에 대한 표현<br>▹ 그림으로 표현하기<br>▹ 역할극으로 표현하기<br>▹ 느낌을 자유롭게 정리<br><br>• 주제에 대한 느낌 발표<br>▹ 자유롭게 발표하기 | • 느낌발표 절차 관리, 종합<br>▹ 여러 가지 방법으로 발표 유도하기 | 20 | 웹게시판<br><br>소품 | • 주제에 대한 느낌을 여러 가지 다양한 방법으로 표현하도록 유도 |
| | 토의 주제 선정 및 팀구성 | • 팀구성(5~10명)<br>▹ 각자의 역할을 부여<br>▹ 팀장, 부팀장, 검색장, 정리장, 팀원 등<br><br>• 팀원 간 Ice-breaking<br>▹ 자기소개하기<br>▹ 별명 정하기<br>▹ 아바타 만들기<br><br>• 토의주제(하위주제) 선정<br>▹ 교과서 및 문헌자료<br>▹ 웹페이지 등을 이용<br>▹ 전문가와 교류하기<br>▹ 학생들이 스스로 토의하여 결정하도록 함 | • 팀구성 조정<br>▹ 골고루 팀을 구성하고 역할을 스스로 나누게 함<br><br>• 팀원 간 Ice-breaking의 방법 및 절차 안내<br><br>• 하위 토의주제 사례제시<br>▹ 전통음식의 우수성<br>▹ 전통음식의 단점 및 보완방안<br>▹ 외국음식의 세계화 사례<br>▹ 세계화의 방법 등<br><br>• 선정된 조에 대한 피드백과 조언 | 10<br><br>10<br><br>수시 | 커뮤니티 게시판<br><br>커뮤니티 게시판<br><br>이메일, 메신저 등을 활용 | • 팀원 간 Ice-breaking은 상황에 따라 생략 될 수 도 있음.<br>• 온라인으로 이루어 질 수 있음<br>• 하위주제의 몇 가지 예를 제시하고 자발적이고 활발한 논의 후 하위주제를 선정하도록 지도<br>• 피드백과 조언은 온라인으로 이루어 질 수 있음 |
| | 팀별 토의 활동 계획 수립 | • 팀별 토의 일정 계획<br><br>• 팀별 논거/자료 수집 과제 분담<br>※ **전통음식의 우수성 토론집단의 경우**<br>– 팀장: 토론 진행<br>– 부팀장: 토론 조정<br>– 검색사: 자료검색, 정리<br>– 팀원: 저장·발효식품의 우수성(김치, 젓갈 등)<br>– 팀원: 계절음식, 명절음식의 우수성<br>– 팀원: 보양음식, 지역음식 우수성 등 | • 팀별 토의 일정 조정<br>▹ 실시간 토론이 가능한 시간으로 조정(저녁 식사 후 잠자리 들기 전)<br><br>• 자료수집계획 조정<br>▹ 팀별 구체적인 자료 수집계획 확인 및 피드백(일정 기간 후 수집 계획 온라인으로 제출)<br>▹ 자료 분석·종합 방법<br>▹ 구성원별 역할을 분담하고 역할별 활동을 설명함<br>▹ 각자의 역할을 수행하면서 원활한 공유를 강조함 | 5<br><br>15 | 웹페이지<br><br>웹페이지<br><br>교과서<br><br>사회과 탐구<br><br>신문기사 | • 토론 일정을 자유롭게 선택하도록 한다. |

| 단계 | 절차 | 학습자활동 | 교수자활동 | 시간(분) | 교수-학습 자료 | 지도상 유의점 |
|---|---|---|---|---|---|---|
| 토의 활동 실시 | 관련 자료 및 논거 수집 분석 공유 | • 논거 관련 자료수집, 공유<br>▹ 웹페이지<br>▹ 신문기사<br>▹ 교과서<br>▹ 전문가<br><br>• 자료의 분석·종합(자료에 기반한 입장 과 논점정리)<br>▹ 전통음식의 우수성<br>▹ 전통음식의 장·단점<br>▹ 보완방안, 계승방안<br>▹ 세계화, 미래화 방안에 관련된 자료를 선정하고 분석하고 종합 | • 논거 관련 정보·자료 제공<br>▹ 학습자가 정보 제공을 요구할 경우 관련 자료를 제공한다.<br>– www.kfr.or.kr (한국전통음식연구소)<br>– www2.rda.go.kr (향토음식 연구소)<br><br>• 학생토론 활동 모니터링(관찰) 및 방향 조언<br>▹ 토론이 활발히 이루어지지 않은 팀에게 피드백을 제공하여 토론 활동을 촉진<br>▹ 토론의 빈도, 횟수, 양적+질적 관찰 수행 | 40<br><br>수시 | 웹페이지, 신문기사, 교과서<br><br>웹게시판 | • 필요한 자료와 불필요한 자료를 선별 하는 요령을 알려 준다.<br>• 학생들에게 방향을 암시하는 질문을 하고 주제에 대한 접근을 유도함<br>• 학생 토론활동에 대한 피드백을 수시로 제공하여 학습을 촉진한다. |
| | 의사 표현 및 논쟁 | • 토론활동 수행<br>▹ 팀별 토론활동수행<br><br>※ 실시간(메신저 등): 전통음식의 세계화<br>– 외국의 사례 (태국 등)<br>– 계량화 표준화가 필요<br>– 세계인의 입맛에 맞도록 개량<br>– 홍보 및 마케팅 전략<br>※ 비실시간(게시판): 전통음식의 장·단점<br>– 건강에 좋다.<br>– 비만의 염려가 없다.<br>– 조리시간이 오래 걸린다.<br>– 요리 과정이 복잡하다.<br>– 우리 음식의 우수성 | • 기술지원, 웹에티켓 교육<br>▹ 질문 및 건의사항<br>▹ 학생들이 가장 흔히 어려워하는 기술 지원: FAQ<br>▹ 토론시간 관리, 합리적인 의견 수렴방법에 대한 조언(토론촉진자의 역할 수행)<br><br>※ 여건에 따라 실시간 또는 비실시간으로 실제 토론활동을 수행할 수 있음. 다만 실시간 토론의 경우 사전 준비를 통해 토론자들의 소집과 진행에 대한 세부안을 작성할 필요가 있음 | 40 | 토론방, 게시판, 메신저 | • 팀원들 상호 간에 활발한 협동학습이 이루어지도록 코치 |

| 단계 | 절차 | 학습자활동 | 교수자활동 | 시간(분) | 교수-학습 자료 | 지도상 유의점 |
|---|---|---|---|---|---|---|
| 의견 비교 /결과 정리 | 자신의 견해와 타인의 견해 비교 분석 | • 타인의 정보 및 관점 비교 분석(팀별로 충분히 토론하고 전체의 합의로 팀의 토론 공감대 도출)<br>▹ 자기입장 수정(처음의 의견과 달리 구체화 되고 방향이 변한 점을 기록)<br>• 관점 수용과 조정 활동<br>▹ 대안 찾기 | • 의견교환 과정 모니터링·피드백<br>▹ 어떻게 의견을 교환하면 좋을까?<br>▹ 토론의 흐름, 토의의 방향, 핵심, 결론 도출에 대한 피드백 제공<br>▹ 공지사항이나 팀별 메시지를 통한 중간 피드백 | 20 | 웹토론방, 메신저 | • 타인의 관점을 수용할 수 있는 태도를 가지게 함 |
| | 토의 결과 종합 정리 | • 팀별 토의결과 종합, 정리<br>▹ 결과에 맞는 이름(역할) 정하기<br>▹ 역할극<br>▹ 프리젠테이션<br>▹ 보고서(유인물) | • 토론결과 정리절차와 과정 안내 및 조정<br>▹ 결과발표의 순서<br>▹ 결과발표방법 | 20 | | |
| 토의 결과 발표 및 공유 | 토의 결과 발표 상호 작용 피드백 | • 팀별토의결과 발표<br>▹ 팀의 의견에 맞는 역할 결정<br>– 한국음식 전문가<br>– 한국음식 수출업자<br>– 미식가<br>– 주한 외국인<br>– 자녀를 키우는 부모 등<br>– 건강에 관심이 많은 사람<br>• 발표소감 이야기하기<br>• 팀별 결과 정리물(최종보고서)에 대한 상호 피드백 교환<br>▹ 못다 한 이야기 게시판에 올리기 | • 팀별 결과발표 진행·관리<br>▹ 교사의 발표 진행 및 피드백<br>▹ 원활한 발표를 유도하고 피드백을 준다.<br>▹ 팀별로 가장 잘 된 점<br>▹ 개선되어야 할 점<br>• 발표소감을 정리해주기<br>• 팀별 보고서에 피드백 해주기 | 20 | 프로젝션 TV, 인터넷이 연결된 컴퓨터, 보고서 샘플<br>웹페이지 | • 프리젠테이션이나 역할극으로 팀의 의견을 발표할 수 있음<br>• 최종보고서를 제출하여 다시 한 번 정리의 기회를 준다. |
| | 토의 과정 반성 | • 토의 과정 반성 및 정리<br>▹ 체크리스트 이용<br>▹ 자기 팀의 팀원 평가하기<br>▹ 다른 팀 평가하기 | • 토론결과 반성 촉진 및 종합·정리 지원<br>• 토론결과 평가<br>▹ 지속적으로 좋은 아이디어를 가지고 토론하였는가?<br>▹ 상대방의 의사를 존중 하면서 커뮤니티 활동 을 협력적으로 수행하였는가? | 20 | 웹페이지 | • 성찰노트, 최종 과제물 작성(토론 종합 결과보고서) 및 자기활동평가 체크리스트<br>– 최종보고서는 공유하도록 한다. |

## 3. 학습자중심 수업과 교수학습지도안

### 1) 지도안 작성 시 유의사항

학습자중심의 수업을 설계하는 방식은 수업의 형태에 따라 여러 가지가 있다. 학습자중심 수업의 주요 형태로 문제기반학습, 프로젝트기반학습, 목표기반시나리오Goal-Based Scenario, 탐구학습 등이 있다. 이들 수업들은 학습자가 수업을 통제하고 교사가 이를 돕는다는 기본 원칙에는 일치하지만 수업진행방식과 절차, 구체적인 교사역할에는 다소 차이가 있다. 교수자에 따라서는 교수자중심 수업과 달리 학습자중심 수업에서 사전계획이나 교수학습지도안은 불필요하다고 여기는 경우도 있다. 수업이 학생들의 활동을 중심으로 이루어지다보니 수업 상황이 역동적이고 순간순간의 변화에 대응해야 할 필요가 있기 때문이다. 또한 사전에 계획하게 되면 학습자에 대한 통제, 학습보다 수업관리에 초점을 맞추게 되므로 학습자중심 수업의 목적이나 원칙에 맞지 않는다고 생각한다. 그렇지만 학습자중심 수업에서도 수업계획은 필요하며 교수학습지도안을 적절하게 개발하게 되면 수업을 더 효과적으로 진행할 수 있다. 수업이 학습자중심으로 되면 될수록 오히려 사전준비가 더 필요하다는 역설이 존재한다. 왜냐하면 교사가 준비 없이 수업에 들어와 학습자들의 자발적인 활동에만 의존해서 수업을 진행하면 겉으로 보기에 활발하게 공부하는 것처럼 보여도 단기적으로 학습효과를 거두기 어렵고 장기적인 관점에서 학생들의 성장을 도모하기 힘들기 때문이다. 특히, 초·중등교육과 같이 주어진 교육과정이 있고 성취해야 할 학습목표가 정해져 있는 교육적 상황에서는 학생들의 자율활동에만 의존해서는 교육과정상의 목표를 성취하기 어렵다. 이제, 학습자중심 수업을 계획할 때 교수학습지도안을 어떻게 작성할 것인지 살펴보고 대표적으로 탐구학습 사례를 살펴보기로 한다.

먼저, 학습자중심 수업을 계획하고 운영할 때 제기되는 문제 중 하나가 시간관리이다. 예를 들면, 문제기반학습은 일반적으로 사전활동, 문제제시,

문제해결계획, 협동학습 및 문제해결, 결과정리 및 발표, 반추 및 평가의 순서로 이루어지는데 각 단계별 시간 배분이 불분명하거나 학생활동이 구체화되지 않으면 수업진행이 어려워질 수 있다. 처음 문제기반학습을 접하는 학생들에게는 사전활동에 시간을 많이 소요하게 되어 정작 본 활동에서 시간을 여유있게 쓸 수 없는 경우도 있다. 따라서, 교수학습지도안을 개발할 때 이들 절차가 분명하게 구분되도록 구성해야 수업진행과정을 통제하고 시간관리를 할 수 있다. 학습자중심 수업의 특성 상 학생들의 학습주제에 대한 집중이 흐트러지기 쉽고, 시간관리가 어렵기 때문에 이러한 문제를 해결하려면 주어진 절차에 대해 교육하고 분명하게 인지하도록 하며 시간계획을 사전에 명확하게 주지시켜야 한다.

둘째, 교수학습지도안 개발 시 학생의 자율적인 학습활동을 어디까지 허용할 것인지 명시해야 한다. 학습자중심 수업이라고 해서 시간이 무한정 있는 것이 아니라 주어진 수업시간은 강의식 수업이나 마찬가지이다. 이 시간내에 학습자들이 학습하려면 주제에 대한 집중과 자신의 역할에 대한 분명한 인식이 보장되어야 한다. 따라서 학생들이 할 수 있는 활동과 할 수 없는 활동을 분명히 구분하고, 해야 하는 활동에서 자신의 역할이 무엇인지 분명히 할 때 수업 진행이 순조롭게 이루어진다.

셋째, 학습자중심 수업에서는 교사가 준비하는 문제 또는 시나리오가 충분히 복잡하면서도 도전적이어야 수업관리가 잘 이루어진다. 교사가 문제기반학습에 익숙하지 않아 문제로 제시된 것이 단순하거나 지나치게 복잡하면 학생들의 탐구활동이 제대로 진행되지 않을 수 있다. 목표기반시나리오의 형태로 수업을 진행할 경우, 시나리오의 제시와 학생들의 역할분담은 전체 수업의 성과를 좌우하는 중요한 부분이다. 교수학습지도안을 개발할 때 학생들의 반응을 염두에 두고 이 부분을 충분히 준비하지 않으면 문제해결 활동에 지장을 줄 수 있다.

넷째, 교사의 개입을 얼마나 허용할 것인가이다. 교수자중심 수업과 달리

학습자중심 수업에서 교사는 학생들의 활동을 보조하고 안내하는 촉진자로서 역할한다. 촉진자로서의 역할은 직접적인 개입과 강의부터 조언과 충고, 곁에서 지켜보기 까지 다양한 스펙트럼을 가진다. 교사의 역할은 학습상황에 맞게 적절하게 이루어져야 하므로 교수학습지도안을 개발할 때 분명하게 계획하기 어렵다. 그렇지만 각 절차마다 학생들의 부딪히는 문제와 학습상황을 미리 예상해서 사전에 준비해야 한다. 교사가 준비할 것은 다음과 같다.

① '문제'나 '시나리오'를 설명할 때 학생들이 이해하지 못하는 경우가 생길 수 있으므로 대안적인 설명과 보다 구체적인 예
② 학생들이 역할 분담에 익숙하지 않을 경우를 대비한 미니 역할극 (교사가 그 역할을 대신해 보일 수 있다)
③ 문제해결 과정에서 개인별 혹은 조별로 어려움을 겪을 때 참고가 될만한 힌트나 팁
④ 전체 학생의 문제해결 과정을 살펴보고 필요하다고 느낄 때 하는 '미니 강의'
⑤ 개별 혹은 팀별 학습활동을 중간 중간 살펴보며 부여하는 피드백 (격려와 같은 단순한 피드백에서 개념설명과 같은 복잡한 피드백까지)
⑥ 학생들이 결과물을 제출할 때의 보고서 형식
⑦ 결과 발표와 토론 시 분위기 전환을 위한 코멘트
⑧ 우수한 성과를 낸 개인이나 팀이 있을 경우 학습과정을 전체가 모델링하도록 유도하는 것

위에서 지적된 사항 외에도 예기치 않은 경우가 있을 수 있지만 모든 것을 사전에 예측할 수 없으므로 교사가 상황에 맞게 융통성 있게 대처한다면 수업 진행에 어려움이 없을 것이다.

### 2) 학습자중심 수업 교수학습지도안 사례

**주제: 문화와 일반생활 중 문화의 특수성과 다양성**

**대상: 중학교 3학년**

〈탐구학습의 절차에 따른 단계별 계획〉

**1단계: 학습의 목적 명시와 문제에 관한 의식**

1) 학습목표 : 한국인의 개고기 문화에 대한 국제 여론에 대한 생각을 문화의 제일성과 특수성에 관련지어 학습한다.
2) 문제에 관한 의식 : 교사는 파워포인트 자료를 통해 문화의 상대성과 특수성에 대한 개념을 설명한 뒤, 학생들에게 이와 관련된 예로는 어떤 것이 있는지 자유롭게 발표해 보도록 한다.

**2단계: 연구방법 설계와 진행 단계 계획하기**

1) 연구방법 설계 : 교사는 '개고기 문화'에 대한 예를 제시하여 학생들이 관심을 가지도록 유도한다. 찬반의 예를 찾아 보여주어 학생들이 자신의 생각을 가지도록 유도한다.
2) 진행단계 계획 : 교사는 찬/ 반 양론의 의견을 가진 학생들을 파악하여 찬성 2개조, 반대 2개조로 편성한다. 그리고 각 조마다 학생들 스스로 자신의 주장을 뒷받침할 수 있는 근거나 자료를 직접 선택할 수 있도록 한다.

**3단계: 조사수행 - 임의로 정해진 문제를 발전시킴**

교사는 학생들이 조사에 들어가기 전 예시로 몇 가지 자료를 제시해주고, 학생들은 그 자료와 인터넷 검색을 통해 조사를 수행한다. 학생들은 서로 조사를 분담하여 자료를 찾고, 유용한 자료는 따로 정리한다. 각 조원끼리 찾은 자료는 서로 공유하며, 같은 의견의 다른 조 끼리도

서로 자료를 공유하여 더 심도있는 조사를 수행하도록 한다. 교사는 올바른 조사 방안을 제시하고, 학생들이 효율적으로 조사를 수행할 수 있도록 보조한다.

### 4단계: 결론도출

각 조원들은 조사한 자료를 바탕으로 주장할 내용과 합당한 근거에 대해 정리한다. 각 조원은 서로 토론과 의견 교환을 통해 결론을 도출하고, 서로 예상되는 반론에 대해 자문하며devil's advocate, 스프레드시트, 파워포인트, 포토샵 등을 이용해 발표를 위한 자료를 작성한다. 그리고 각 조의 발표자 1명과 토론자 2명은 발표와 토론을 대비하여 자료를 정리하고 준비한다.

### 5단계: 결론 발달시키기

1) 발표 : 각 조에서 발표자 1명이 나와서 주장하는 내용과 합당한 근거에 대해 3-4분간 발표를 한다. 각 조는 발표를 들으면서 다른 조의 발표내용에 대한 조별 평가를 수행하고, 질문할 내용을 생각한다.
2) 토론 : 각 조에서 2명씩, 총 8명의 대표 토의자가 나와서 '개고기 문화'에 대한 토론을 수행한다. 나머지 조원들은 사회자에게 발언권을 얻어 토의자의 의견을 보충할 수 있도록 한다. 교사는 사회자로서 토론이 감정적이고 혼란스럽게 진행되지 않도록 통제하며, 심사자와 질문자로서 각 조에 대한 평가를 수행하고, 미흡한 부분에 대해서는 질문을 한다. 학생들은 논리적이고 합당한 근거를 수반한 의견 주장을 통해 토론을 수행한다.

### 6단계: 결론을 새로운 자료에 적용시키기

토론 후에 각 조는 다른 조의 발표와 조사 내용을 참고하여 자신들이 필요한 부분에 대해 교사의 피드백을 받고 생각해보는 시간을 가진다.

또한 정리 부분에서 학생들은 문화의 상대성과 특수성에 대한 보충 핸드아웃을 통해 오늘 탐구 학습한 내용과 기본 학습 개념을 연결시켜 정리해 본다.

### 7단계: 탐구 과정 분석하기

1) 평가: 학생들은 각자 작성한 자기 평가지를 통해 자신의 탐구 과정을 돌아보고 오늘의 수업에 대해 느낀 점 등에 대해 기술하고 과제를 제출한다. 교사는 각 조의 발표 내용에 대해 좋았던 점과 고쳐야 할 부분을 정리하고, 피드백을 제공한다.

2) 보고서: 각 조는 과제로 전체 탐구과정을 기록한 보고서를 제출한다. 교사는 학생들에게 사전지침을 제공하여, 보고서에는 문제의 제기 과정, 사용된 재료, 수집한 데이터, 자료의 출처, 검색 과정, 주장과 근거의 내용이 빠짐없이 기술되어 있어야 함을 상기시킨다.

| 단원 | 3-1-1 문화와 일반생활 | 주제 | 문화의 특수성과 다양성 | 차시 | 2차시 통합 |
|---|---|---|---|---|---|
| 학급 특성 | 학급의 컴퓨터 활용 능력은 대부분이 한글, 파워포인트 활용 및 인터넷 웹 서핑에 익숙한 평균 '중'에 속하며, 테크놀로지를 직접 다루는데 큰 어려움이 없다. 또한 테크놀로지를 활용하여 수업을 하는 것에 익숙해져 있으며, 컴퓨터실에서의 테크놀로지를 활용한 교과수업을 선호한다. 학급 구성원의 전반적인 성향은 활동적이며 교과학습에도 적극적으로 참여하며 학습 의욕이 높다. | | | | |
| 학습 목표 | 문화의 상대성과 특수성에 대한 개념을 기초로 우리나라 '개고기 문화'를 둘러싼 논쟁의 쟁점에 대해서 조사, 발표, 토론하고 보고서를 제출할 수 있다. | | | 수업 모형 | 과제 학습에 의한 소집단 학습 |

| 단계 | 학습 내용 | 교수 – 학습활동 | | 자료 및 유의점 |
| --- | --- | --- | --- | --- |
| | | 교사의 발문과 조언 | 학생활동과 예상 반응 | |
| 도입 15분 | 학습 동기 유발 (5 분) | • 문화의 제일성, 상대성, 특수성에 대해 간단히 설명한다. (문화는 그 사회가 처했던 환경에 적응하고 극복하면서 형성된 것이기 때문에 다른 환경은 서로 다른 문화를 만들어 낼 수밖에 없었고, 따라서 지구상의 모든 문화는 주어진 환경을 가장 잘 이용한 훌륭한 것이며, 문화에 높고, 낮음이 있을 수 없듯이, 우수한 민족, 열등한 민족의 구분도 있을 수 없다.)<br>• 학생들에게 문화의 상대성과 제일성, 특수성에 연관된 예로는 어떤 것이 있을지 질문한다. | – 문화의 제일성, 상대성, 특수성에 대한 설명을 듣고 개념을 이해한다.<br>– 문화의 상대성, 제일성, 특수성에 대한 예들을 제시한다. | • 파워포인트 자료<br>– 학생들이 자유롭고 편안하게 다양한 의견을 얘기할 수 있는 분위기를 조성한다. |
| | 학습 문제 유도와 확인 (5 분) | • 우리나라의 개고기 문화에 대한 의견이 나오면 그 쪽으로 대화가 전개되도록 유도하고, 그렇지 않으면 화제를 제시, 유도한다.<br>• 학생의 의견을 충분히 들어 본 후, 개고기를 먹는 것에 대한 찬성의 예와 반대의 예를 제시한다.<br>• 학생들이 개고기 먹는 것에 대한 찬반 입장을 정하도록 유도한다.<br>• 찬성, 반대 의견에 치우치지 않고 중립적인 입장을 가지는 학생들에 대한 배려를 한다.<br>• 학생들의 의견이 대충 찬성과 반대로 갈리면 찬성 2조, 반대 2조로 나눠 최소한의 변경을 하도록 유도한다. | – 개고기를 먹는 우리의 문화에 대한 자신의 생각을 이야기한다.<br>– 외국 사람들이 우리의 개고기 문화에 대해서 야만적으로 생각하는 것에 대해 반대 의견을 말한다.<br>– 개고기 먹는 것에 대한 찬성의 예와 반대의 예를 보고 각자의 생각을 정립한다.<br>– 찬성, 반대 중 무엇을 지지해야 할지 모르는 사람은 선생님께 질문한다.<br>– 자신의 입장에 따라 찬성 또는 반대의 편에 서고, 찬성 2조, 반대 2조로 조를 구성한다. | **비디오자료 '누렁이 살리기 운동 본부' 포스터**<br>• 프로젝터 |

| 단계 | 학습 내용 | 교수 - 학습활동 | | 자료 및 유의점 |
|---|---|---|---|---|
| | | 교사의 발문과 조언 | 학생활동과 예상 반응 | |
| | 학습활동 제시와 조 편성 (5 분) | • 조가 구성되면 수업 시간에 수행할 활동에 대하여 설명한다.<br>• 각 조마다 어떤 근거로 자신의 의견을 정립할 것인가를 선택하도록 한다.<br>(근거를 다양하고 자유롭게 선택하게 하되, 각 조의 근거자료는 자신의 조의 입장을 충분히 뒷받침할 수 있는 객관적이고 설득력 있는 자료여야 한다. 각 조간에 근거는 서로 달라지도록 유도한다.)<br>• 자료 조사의 예로 관련 인터넷 사이트를 소개하고, 올바른 조사 수행방안을 제시한다. | – 수업 시간에 수행해야하는 활동의 내용에 대해서 주의 깊게 듣고, 자신이 해야 할 일에 대해서 자세히 이해한다.<br>– 찬성, 반대의 입장을 가진 학생들은 각자의 입장으로 구성된 조에서 어떠한 근거를 제시하여 의견을 효과적으로 제시할 것인가에 의논하고 결정한다.<br>– 교사가 제시한 인터넷 사이트를 보고, 자신의 조가 조사할 부분과 연관되는 부분이 있는지 생각한다. | • 파워포인트<br>• 프로젝터 |
| [1차시 전개] 35분 | 자료 검색, 분석, 정리 (20분) | • 각 조별로 모여 과제를 수행하게 한다.<br>• 과제 수행 시, 교실을 돌아다니며 과제 진행 상황을 점검하고, 올바른 조사 수행 방안에 대해 조언해준다.<br>• 같은 조 내, 같은 입장의 조 간의 정보 공유를 통해 보다 다양한 자료를 접할 수 있게 하고, 이를 통해 주장을 뒷받침하는 근거가 풍성해 질 수 있도록 유도한다.<br>• 조원들이 자료 분석을 통한 충분한 토의와 논의의 과정을 통해 결론을 도출할 수 있도록 보조한다.<br>• 파워포인트를 이용하여 발표자료를 만들 때, 어떻게 하면 더 효과적인 발표가 될 수 있을지에 대하여 조언한다. | – 자료를 찾기 위해 데이터베이스와 인터넷을 이용한다.<br>– 검색한 자료 중 유용한 자료는 워드 프로그램에 복사하여 붙여 편집한다.<br>– 각자가 찾은 자료를 편집하여 다른 조원들의 자료와 공유, 보완, 수정하고, 같은 주제를 가진 다른 조와도 자료를 공유한다.<br>– 조원별로 검색한 자료를 모으고, 주제에 맞도록 정리한다.<br>– 통계적 수치가 있는 자료는 엑셀 등의 스프레드시트 프로그램을 사용하여 분석한다.<br>– 자료 분석을 통해 의견을 정리하고, 조원간의 토론과 의견 합의를 통해 결론을 도출한다.<br>– 주장을 뒷받침할 수 있는 합당하고 논리적인 근거를 자료 분석과 토의를 통해 도출한다. | • 워드 프로세서<br>• 엑셀<br>– 각 조의 학생들이 지정된 시간 내에 조직적으로 자료를 찾고 의견을 정리할 수 있도록 관심을 기울인다.<br>• 파워포인트 |

<table>
<tr><th rowspan="2">단계</th><th rowspan="2">학습 내용</th><th colspan="2">교수 - 학습활동</th><th rowspan="2">자료 및 유의점</th></tr>
<tr><th>교사의 발문과 조언</th><th>학생활동과 예상 반응</th></tr>
<tr><td></td><td>발표준비<br>(15분)</td><td>• 조 구성원 간의 역할 분담이 잘 이루어질 수 있도록 배려한다.</td><td>– 조원들은 발표 시 예상되는 반론과 문제점에 대해 스스로 자문해보고, 자료 보강과 논의를 거쳐 최종적인 주장과 근거의 내용을 확립한다.<br>– 주장할 내용과 근거를 토대로 하여 발표를 준비한다.<br>– 발표를 위한 파워포인트 자료를 만든다.<br>– 다른 학생들이 이해하기 쉽도록 불렛포인트로 작성한다.<br>– 파워포인트에 필요한 이미지는 포토샵 프로그램을 이용하여 편집한다.<br>– 조원 중 한 명은 생각을 정리하여 발표준비를 하고, 두 명은 토론 준비를 한다.<br>– Devil's advocate 활동을 통해 다른 조에서 제시할 가능성이 있는 반대 의견에 대해 발표자와 토론자는 미리 준비한다.</td><td>• 포토샵</td></tr>
<tr><td colspan="5">◆ 10분 휴식시간</td></tr>
<tr><td>[2차시] 전개 40분</td><td>조별 발표<br>(20분)</td><td>• ppt 파일 자료를 바탕으로 발표의 정리와 안내자 역할을 맡는다.<br>▹ 어수선한 반을 정리하고 발표 분위기를 조성한다.<br>▹ 미리 엑셀 파일로 작성한 조별 발표 평가서를 학생들에게 작성하도록 지침을 제공한다.<br>▹ 각 조의 발표를 들으면서 의문점과 반대의견, 질문 등을 적어 토론시간에 활용할 수 있도록 한다.<br>▹ 파워포인트 파일을 이용한 발표가 원활히 이루어질 수 있도록 컴퓨터와 프로젝터를 확인, 준비한다.</td><td>– 각 조는 1교시에 조사하고 만든 파워포인트 자료를 토대로 발표 준비를 한다.<br>– 각 조는 발표 전 최종 마무리 작업을 끝내고 파워포인트 파일을 인터넷 자료실에 올리거나 디스켓에 저장한다.<br>– 인터넷 자료실에서 조별 발표 평가서 파일을 다운로드 받아 작성 후, 과제 제출함에 올린다.<br>– 각 조의 발표자는 교실 앞으로 나아가 준비한 파워포인트 자료를 토대로 맡은 주제와 검색자료를 발표한다. 이 때 발표자 외의 조원 한 명은 파워포인트 파일을 열어 보여주는 역할을 맡는다.</td><td>• 파워포인트<br>• 프로젝터<br>• 조별 평가지<br>– 학생들이 파워포인트와 컴퓨터의 사용에 익숙한지, 시간의 효율적인 배분이 효과적으로 실행될 수 있는지 유념한다.<br>– 학생들에게 학습결과에 대한 적절한 평가로 만족감을 고양시키고 다음 학습을 위한 동기를 자극시킨다.</td></tr>
</table>

| 단계 | 학습 내용 | 교수 - 학습활동: 교사의 발문과 조언 | 교수 - 학습활동: 학생활동과 예상 반응 | 자료 및 유의점 |
|---|---|---|---|---|
| | | ▹ 각 조의 발표 동안에 다른 학생들이 집중하여 평가에 임할 수 있도록 주의를 준다.<br>▹ 각 조의 발표시간이 5분을 초과하지 않도록 주의를 준다.<br>▹ 조별 평가에 대한 구체적인 지침을 다시 한번 상기시킨다. 평가에는 파워포인트의 효과적인 이용과 내용의 충실성, 발표자의 능력이 포함된다.<br>• 학생들의 발표내용이 학습목표와 부합하는가, 학생들의 전반적인 이해에 도움이 되었는가에 대해 평가한다.<br>▹ 스프레드시트로 작성한 학생 결과 평가를 동시에 수행한다. | – 발표자들은 미리 대기하고 준비하여 시간의 낭비를 막는다. 각 발표자들이 준비를 할 동안 다른 학생들은 조별 평가를 정리하여 마무리한다.<br>– 발표가 진행되는 동안 학생들은 질문과 의문점을 작성한다.<br>– 조별 평가서를 마무리하여 정리한 후 자료실에 올린다.<br>– 선생님의 학습내용 정리를 듣고 자신들의 조사방향과 목표가 일치하는지의 여부를 가린다.<br>– 새로 얻은 정보는 기록하여 정리한다. | – 학생들은 스스로 탐구한 학습내용과 그 결과의 평가를 성찰한다. |
| | 학습내용 정리와 토론 (20분) | • 토론자의 올바른 역할과 기능을 수행할 수 있도록 사회자, 심사자, 질문자로서 보조한다.<br>▹ 각 조의 대표 2명씩, 총 8명의 대표 토론자를 교실 앞 무대 위로 초대한다.<br>▹ 토의 방식에 대한 구체적인 지침과 각자의 역할에 대해서 상세히 설명하여 오해가 없도록 한다.<br>▹ 교사는 사회자의 역할을 맡아 원활한 토론이 진행되도록 돕는다.<br>▹ 각 발표자가 자신의 입장을 제시할 수 있도록 시간을 분배한다.<br>▹ 교사도 발표 때 가졌던 의문사항들을 질문자로서 각 조의 대표자에게 질문한다.<br>▹ 적절한 언어사용과 부적절한 행위는 금하고, 합당하고 논리적인 근거에 의거한 토론이 진행되도록 한다. | – 프레젠테이션 발표자와 다른 조원 두 명이 토론자가 된다.<br>– 나머지 조원들은 자기 조 토론자의 뒤쪽으로 자리를 잡고 앉아 토론자를 도와준다. 발표 시 가졌던 의문사항들을 사회자에게 발언권을 얻어 질문한다.<br>– 같은 쪽 의견의 토론자는 서로의 정보를 공유하며 각자의 조 입장을 대변한다.<br>– 뒤의 조원들도 의견을 내고 싶을 때 언제든지 손을 들고 의견을 내며 토론자의 주장을 뒷받침한다.<br>– 서로의 의견과 주장에 합당한 근거와 자료를 들어가며 토의를 한다.<br>– 올바른 형식과 틀에 맞는 토의를 진행한다. 예의바른 토론 문화를 보여준다. | – 올바른 토의 분위기를 조성한다.<br>– 학생들이 자유롭게 의견을 발표할 수 있는 분위기를 조성한다.<br>– 교사의 토의평가는 주제 자체에 대한 옳고 그름을 판단하는 것이 아닌 토의내용의 적절성, 태도, 접근 방향, 조사내용의 논리성과 타당성을 바탕으로 한다. |

| 단계 | 학습 내용 | 교수 - 학습활동 | | 자료 및 유의점 |
|---|---|---|---|---|
| | | 교사의 발문과 조언 | 학생활동과 예상 반응 | |
| | | ▹ 학생들의 토론을 지도하되 자신의 주관적인 입장과 의견은 배제한다. | - 마지막 토의 5분 동안은 서로의 입장을 정리하여 발표한다.<br>- 나머지 학생들은 각 토론자들에게 자료 준비와 의견 보충 등의 도움을 준다.<br>- 토론자들의 의견과 주장이 합당한지 판단한다. | |
| 정리 10분 | 학습개념 정리 (4분) | • 오늘 학습한 내용과 주된 토론의 쟁점에 대해 정리한다.<br>▹ 학생들에게 문화의 제일성, 상대성에 대한 개념을 상기시킴.<br>▹ 오늘 탐구한 내용을 위의 개념과 연관 지어 정리<br>▹ 보충학습을 위해 학습 단원을 정리한 핸드아웃을 나눠준다. | - 단원의 학습 개념에 대해 교사가 제시한 파워포인트 자료를 보며 재정리한다. | • 파워포인트 자료<br>• 워드로 작성한 보충 학습용 핸드아웃<br>• 보고서 파일<br>• 자기평가지 |
| | 과제 제시 (6분) | • 미리 작성해 둔 보고서를 학생들이 다운로드받아, 조별로 작성해서 다음 시간에 제출하도록 한다.<br>• 자기평가지를 학생들이 다운로드받아 과제로 제출할 수 있도록 설명한다.<br>• 오늘의 학습에서 보여준 학생들의 태도에 관한 격려/개선점에 관해 언급한다. 다음 차시 수업에 대해 간단히 설명한다. | - 인터넷 자료실에서 보고서를 다운로드하여 조 구성원들과 함께 작성 후, 다음 시간에 제출한다.<br>- 인터넷 자료실에서 평가지를 다운로드하여 과제로 작성 후, 과제 제출함에 파일을 올린다.<br>- 조별 정리 | |

## 탐구문제

1. 본문에서 제시된 교수자중심의 교수학습지도안(세안)의 구성요소들을 충실하게 반영하여 한 차시 분량으로 수업을 계획해보시오. 수업계획 시 자신에게 익숙한 교과내용을 선정해야 하며 대상을 구체화하여 현실성 있게 지도안을 짜보시오.

2. 2절 내용 중 '학습자중심 교수학습지도안'에서 제시된 탐구학습 교수학습지도안 사례를 살펴보고, 그 외의 다른 형태(문제기반학습, 프로젝트기반학습, 목표기반시나리오)에 맞는 교수학습지도안을 개발해보라.

제12장

# 수업의 실행과 수업컨설팅

수업실행 능력은 교사가 우선적으로 갖추어야 하는 핵심적인 역량이다. 현장에서 교사들이 많이 활용되는 수업 실행 방식은 발표, 발문, 상호작용이 있다. 이는 교사의 강의와 질문, 토론의 형태로 이루어지는데 전통적 교수법인 강의법, 질의응답법, 토의법이 이에 상응한다. 교사의 수업능력 향상을 위해서는 다양한 노력이 필요한데 마이크로티칭과 수업컨설팅이 대표적이다. 마이크로티칭은 동료와 번갈아가며 미니 강의와 피드백을 행하는 과정에서 수업능력을 향상하고자 하는 자발적인 노력이며 수업컨설팅은 수업컨설턴트의 자문을 받아 자신의 수업을 평가하고 단점을 보완하고자 노력하는 활동이다. 수업컨설팅은 실제 수업현장으로 들어가 수업이 갖는 다양한 상황적 요인을 고려하여 교사들이 가진 수업문제를 진단하고 해결책을 찾고자 하는 현장중심의 접근 방법이다. 수업컨설팅을 통하여 교사들의 전문적인 활동인 수업의 질적 개선이 가능하며 학생들의 학습효과를 기대할 수 있다.

# 제1절
# 수업의 실행

수업에 대한 분석과 계획을 통해 수업이 설계되면 본격적으로 수업을 진행하게 된다. 일반적으로 교수학습지도안에 충실하게 수업이 이루어지지만 수업의 실제 진행은 계획한 것 이상으로 다양하고 다채로운 모습을 띄게 된다. 이를테면, 동일한 수업계획에, 동일한 교사의 강의라도 교실 상황에 따라 언어의 구사, 눈짓, 몸짓 등 비언어적 상호작용이 달라질 수밖에 없다. 그래서 수업의 실제 실행은 교사 개인의 개성과 능력에 따라 다양하게 이루어지게 된다. 이때 교사의 설명(강의)와 발문(질문) 방식, 학생들과의 상호작용(토론) 방식은 수업 실행에 있어서 차이를 가져오는 주요한 요소들이다.

## 1. 강의

### 1) 강의의 정의

강의는 두말할 것 없이 가장 오래 전부터 활용되는 수업 실행 기법으로서 오늘날에도 가장 널리 활용되고 있다. 강의는 지식이나 기능, 가치나 태도 등에 대해 교수자가 설명을 통하여 학습자에게 전달하는 설명의 한 형태이다. 강의는 대부분의 교실에서 이루어지며, 교수자가 어떤 특정한 가치나 태도를 고취하고자 할 때, 논쟁의 여지가 없는 사실적 정보나 개념들을 제한된 시간 내에 전달하고자 할 때, 전체 내용을 개괄할 경우, 복잡한 내용을 체계적으로 정리하여 설명하고자 할 때 많이 이용한다. 또, 학습자의 특성상 강의를 특별히 선호하는 경우도 있다. 이를테면 학습자가 모호함을 참지 못하는 경우나 순종형 학습자인 경우, 근심·걱정이 많은 학습자인 경우 강의를 통한 수업이 더욱 효과적이다(교육공학 용어사전, 2005).

### 2) 강의의 장·단점

강의는 교수자의 개인적 역량에 크게 좌우되며, 교수자의 준비와 학습자와의 상호작용 정도에 따라서 강의의 질이 크게 차이가 난다. 따라서 교수자는 강의를 하는 데 있어서 그 기법이 갖는 장·단점을 충분히 염두에 두고 진행해야 한다. 먼저, 수업 실행의 한 형태로서 강의의 장점은 다음과 같다.

- 다수를 상대로 한꺼번에 많은 지식과 정보를 전달할 수 있다.
- 교수자가 원하는 대로 진행되며, 시간 조정이 쉽다.
- 학습자에게 교수자의 생각을 직접적으로 주입시킬 수 있다.
- 특별히 교재나 교구를 필요로 하지 않기 때문에, 비교적 쉽고 비용이 적게 든다.

이런 장점에도 불구하고 강의의 한계는 학습자의 주의집중을 오래 유지할 수 없고 학습자가 지루해 하기 때문이다. 강의의 단점은 다음과 같다.

- 학습자를 수동적이고 지루하게 만들기 쉽다.
- 학습자의 학습의욕, 능력에 따라 이해도에 차이가 생긴다.
- 학습자 개개인의 강의내용 이해정도를 파악하기 어렵다.
- 교수자 화술의 우열에 따라 강의 효과가 좌우된다.

### 3) 강의의 유의점

이러한 점을 고려하여 효과적인 강의를 진행하려면 다음과 같은 점에 유의해야 한다.

### 학습자의 주의와 흥미를 끌 수 있는 내용으로 강의내용을 구성한다

강의중심 수업의 가장 큰 단점은 교수의 일방적인 지식전달이 될 가능성이 높다는 것이다. 그렇기 때문에 학습자가 상당한 학습의욕이나 문제의식을 갖고 있지 않다면 교육을 받는 자세가 소극적이고 수동적이게 될 우려가 많다. 학습자들이 강의에 귀를 기울일 수 있도록 학습자들의 수준에 맞는 흥미로운 주제로 강의내용을 구성할 필요가 있다.

### 학습자와의 상호작용에 노력해야 한다

교수자 중심의 일방적인 강의가 가지는 단점을 보완하기 위해서는 학습자의 의견이나 생각을 끌어낼 수 있는 적절한 질문을 준비하고 활용해야 한다. 예를 들면, 어떤 과제를 학습자 모두에게 질문형식으로 던지고 그 중 한두 명을 지명해서 대답을 요구하거나 전원에게 질문을 던진 후, 학생들을 5~6명 단위의 그룹으로 나누어 약 10분 정도 토의하도록 한 후, 의견을 말하도록 하는 방법도 있다. 이와 같이 질문을 삽입하는 것만으로도 학습자의 참여의식을 높이고 참여적인 분위기를 조성할 수 있다. 강의를 일방적으로 진행하지 말고 학습자와 상호작용하면서 쌍방향으로 진행하는 것이 중요하다.

### 집중 유지를 위해 적정하게 시간배분을 해야 한다

아무리 내용이 좋은 강의라 할지라도 한 시간 동안 가만히 앉아서 듣고만 있다면, 심리적, 육체적으로 상당히 피로를 느끼게 된다. 일반적으로 주의집중 시간은 약 20분 정도이다. 40~50분의 강의에서 집중을 유지하려면 15분 내지는 20분씩 끊어서 강의를 구성하는 것이 좋다. 어떤 주제에 대해 50분 동안 계속 강의하는 것보다 50분을 15분씩 3등분하여 강의를 구성하는 것이 효과적이다.

### 신체언어를 적당하게 활용해야 한다

강의 시에 학습자가 강의내용에 집중하는 것처럼 보이지만 학습자는 내용

외에도 그것을 전달하는 교수의 표정이나 몸짓 등 신체언어에 크게 영향을 받는다. 신체언어가 커뮤니케이션에 미치는 영향은 단순히 단어를 제시하거나 음성으로 전달하는 것에 비하여 매우 높다. 교수자가 단정한 자세로 강의하는 것도 중요하지만 이런 식으로는 학습자에게 적극적인 인상을 주지 못한다. 효과적인 강의를 위해서는 시각, 청각적인 자극을 적절하게 사용하는 것이 필요하다. 예를 들어, 강의 도중 강조하는 부분에 대해서 의식적으로 손가락을 이용하여 '첫째', '둘째' 하는 식으로 신체언어를 활용하고 소리에 억양을 두어 강의하는 것이 더욱 효과적이다.

**멀티미디어자료를 적극적으로 활용해야 한다**

강의를 하다보면 오로지 말하는 것에 치중하는 경우가 있는데 이 경우에 학습자의 청각만을 자극하게 되어 청각적인 피로를 불러올 수 있다. 따라서 음성 강의 외에 칠판, 멀티미디어 자료를 이용하거나, 표정, 태도, 동작 등에 변화를 주는 신체언어를 이용할 필요가 있다.

**강의내용을 숙지해서 자신의 말로 표현할 수 있어야 한다**

교수자가 강의내용을 철저히 숙지해서 자기 나름대로 이야기하지 못한다면 학생들 역시 배운 내용을 제대로 이해하기 어렵다. 교수자가 단순히 참고서적을 베껴서 적어놓고 그 내용을 충분히 파악하지 못한 채, 횡설수설하거나 강의안을 읽어버린다면 학생들은 그 강의로부터 무엇을 배웠는지 알 수 없게 된다.

## 2. 질문

질문이 없는 세상은 상상하기 어렵다. 질문은 우리 삶의 모든 영역에서 끊임없이 행해지는 언어생활의 한 형태이다. 우리는 설명하고 질문하고 확인하면서 상대방과 소통한다. 어린아이들은 세상에 대해 끊임없이 질문을 던지면서 세상을 배워나간다. 배움에는 질문이 필요하다. 수업에서 교사는 질문을 통해 배움을 촉진시키기 위해 노력한다. 수업에서 질문이란 무엇이며 어떤 역할을 하는지 살펴보자.

### 1) 질문의 목적과 중요성

대부분의 수업은 교사의 강의와 질문으로 구성되어 있으며 적절한 질문은 수업의 효과를 높이는데 매우 중요하다. 사전적 의미에서 질문이란 '알고자 하는 바를 얻기 위해 묻는 행위'이다. 그러나 수업에서 교사의 질문은 자신이 모르는 것을 알고자 하는 것이 아니라 학생들의 학습을 확인하거나 사고를 촉진하기 위해서 활용한다. 이런 의미에서 질문은 수업 실행 기법의 하나이다.

모든 교사는 수업 시 질문을 하고 학생들의 대답을 기대한다. 수업에서 교사가 하는 질문은 준비 없이 아무렇게나 던지는 것이 아니라 수업실행전략의 하나로서 목적을 가지고 있다. 질문은 학생들이 알고 있는 것을 단순히 확인하는 것에 그치지 않는다. 수업에서의 질문은 학생들이 주의를 집중하게 할 뿐만 아니라 동기를 부여하고 학생들의 생각을 확장, 심화시키는 확장적인 역할을 하며 이를 통해 다양한 지적 기능을 발달시키는데 도움을 준다, 더 나아가, 질문은 수업내용에 국한해서 이루어지지 않는다. 수업 상황은 다양한 관리적 요소를 포함하고 있기 때문에 수업 진행과정에서 이루어지는 질문은 수업내용을 포함해서 포괄적으로 이루어진다. 즉 수업을 운영하고 활동을 조정하며 분위기를 바꾸는데 질문은 중요한 역할을 한다. 예를 들면, '문제를 다 풀었나요?', '다른 각도에서 생각해볼까요?' 등과 같이 수업을 통제하거나 참여를 유도하는 역할을 하기도 한다. 질문의 역할과 목적에 대해 살펴보면 다음과 같다(Callahan, Clark, & Kellough, 1998; Cohen, Manion & Morrison, 1996).

- 사전지식의 확인: 학생들의 사전지식에 대해 묻고 수업 진행에 참고하기
- 학습동기 확인: 수업내용에 대해 학생들이 얼마나 관심이 있는지 학습동기에 대해 확인하기
- 수업 통제: 질문을 통해 긴장을 유지하고 수업진행을 관리, 통제하기
- 사고 촉진 및 집중 유지: 수업내용에 대해 비판적으로 검토하고 이해를 촉진하기
- 수업 참여 유도: 수업에서 주인의식을 갖도록 유도하기
- 학습내용 정리 및 연습: 배운 내용에 대해 정리하고 연습하도록 유도하기

### 2) 질문의 유형 및 분류

수업에서 질문은 다양한 형태를 띤다. 질문은 그 질문이 유발하는 응답의 형태를 따라 분류할 수 있고, Bloom의 인지적 수준^taxonomy of cognitive objextives^에 따라 분류할 수도 있다. 먼저 유발하고자 하는 응답의 형태에 따라 분류하는 경우 수렴적 질문(닫힌 질문)과 발산적 질문(열린 질문)으로 분류할 수 있다.

수렴적^convergent^ 질문이란 질문에 대한 응답의 수가 한정되어 있거나 특정한 대답을 요구하는 질문을 말한다. 이런 형태의 질문은 사실에 대한 지식이나 수리, 연산과 같은 단순한 지적 기능의 습득을 확인하기 위해 활용된다. 교사는 수렴적 질문을 통해 학생들이 배경지식에 대해 알 수 있고, 배운 내용에 대해 얼마나 잘 기억하고 있는지 확인할 수 있다. 수렴적 질문은 간단한 사실적 응답을 요구하고 있으므로 수업 내용을 복습하거나 정리할 때 많이 활용된다. 이때 학생들은 구체적이고 정확하게 답을 하도록 요구받는다.

수렴적 질문은 사실적 지식에 대한 기억과 낮은 수준의 사고를 요구하므로 이런 형태의 질문을 자주하게 되면 학생들이 깊이 사고하기보다는 즉각적인 응답에 치우쳐 단편적인 사고를 하도록 유도할 수 있다. 따라서 교사는

발산적divergent 질문을 준비할 필요가 있다. 발산적 질문이란 개방적이고 열린 형태의 질문으로 특정한 정답을 요구하기 보다는 창의적이고 개별적인 응답을 장려한다. 발산적 질문은 학생들에게 여러 가지 정답을 동시에 탐색할 것을 요구하기 때문에 다양하고 창의적인 사고가 길러질 수 있는 토양을 제공한다. 질문에 대한 정답을 찾는 것보다 찾는 과정을 더 중시하게 될 경우, 질문에 답하기 위해 생각하고 탐구하는 과정에서 문제해결 능력을 기룰 수 있다. 발산적 질문은 배움에 대한 열린 자세를 갖도록 하고 토론을 시작하거나 유지하는데 있어 중요한 역할을 한다.

Bloom의 인지적 행동목표에 따라 질문의 형태를 분류하면 다음과 같다.

- 지식: 기억하고 있는 사실이나 단편적인 지식에 대해 질문한다. 학생의 재인, 회상, 기억 등을 요구.
- 이해: 학생들이 배운 개념에 대해 자기 언어로 표현할 수 있는지 질문한다. 학생들에게 특정한 현상을 기술하거나 묘사하도록 요구.
- 적용: 배운 내용을 새로운 상황에 적용할 수 있는지 묻는다. 학생들이 원리나 개념을 적용하고 문제 해결할 수 있는지 요구.
- 분석: 배운 지식을 여러 가지 방식으로 구분하거나 세분화할 수 있는지 질문한다. 학생들에게 특정한 판단을 내린 이유를 묻거나 논리적으로 사고하는지 살펴보는 것.
- 종합: 여러 가지 측면을 살펴서 종합적으로 검토하여 각 사실들을 관련지을 수 있는지 질문한다. 학생들이 통합적으로 사고하고 전체적인 시각을 가지고 정리하도록 요구하는 것.
- 평가: 특정한 방안을 선택하고 그 이유를 제시하도록 질문한다. 학생들이 배운 것을 평가하고 판단하도록 요구하는 것.

### 3) '질문하기' 실행 전략

수업에서 교사는 다양한 질문을 통해 학생들의 흥미를 이끌어내고 수업에 참여를 유도한다. 유능한 교사는 수업 상황과 학생의 학습 수준에 맞추어 적절하게 질문할 줄 아는 교사이다. 수업 실행 시 교사들의 질문은 크게 정보 재생적 질문, 추론적 질문, 적용적 질문으로 구분할 수 있다(Minnis & Shrable, 1970). 이는 학생들과의 상호작용을 중심으로 질문을 유형화한 것으로 실제 교실에서 유용하게 활용할 수 있다. 먼저, 재생적 질문은 수업에서 가장 많이 활용하는 것으로 교사가 정보의 재생이나 열거, 단순 계산 등 이미 배운 지식을 진술하도록 요구하는 것이다. 추론적 질문은 학생들이 자신이 배운 지식을 바탕으로 인과관계를 따지거나 추론하여 결론을 도출하도록 요구하는 것이다. 적용적 질문은 이미 배운 내용을 새로운 상황에 적용하도록 요구할 때 하는 질문이다. 이러한 질문이 실제 수업에서 어떻게 발문되는지 살펴보자.

**재생적(정보의 회상) 질문**

- 사전학습 확인, 전시학습 회상을 위한 질문
  예) '지난 시간에 어디까지 배웠나요?', '지난 번에 배운 핵심내용이 무엇이었나요?'
- 탐구 및 의견 요구
  예) '다른 의견은 없나요?' '누가 옳다고 생각하나요?', '왜 그럴까요?', 'A와 B의 의견은 어떻게 다를까요?', '다르게 푸는 방법은 없나요?'
- 학생이 말하거나 답한 것에 대해 근거를 요구
  예) '어떤 방법으로 했나요?', '활용한 방법의 장단점은 무엇이죠?', '어떻게 해서 그런 결론을 내렸나요?', '왜 그렇게 생각하나요?'

- 유도 및 촉진

  예) '이 의견에 질문 있는 사람은 없나요?', '그래서 어떤 일이 일어났나요?'

- 학생의 진술을 다르게 표현하도록 요구

  예) '또 다른 말로 하면?', 'A와 관련지어 이야기하면 어떨까요?'

**추론적 질문**

학생들이 지식이나 정보 등을 비교, 대조, 분석, 종합해서 응답하도록 요구하는 질문이다. 앞의 재생적 질문이 학습한 내용을 알아보기 위해 단순한 지식과 사실, 방법과 원리를 재생하거나 열거하도록 요구하는 것이었다면 추론적 질문은 학습내용에 대해 심화된 이해를 위해 던지는 질문이다. 예를 들어, '이성계의 위화도회군은 정당한가'라는 질문은 다양한 정보를 찾아 상호 비교하고 분석하는 과정에서 해결되며 보는 사람의 관점에 따라 다양한 정답이 가능하다. 추론적 질문은 수업의 전개과정에서 수업을 이끌어가는 중요한 역할을 한다.

**적용적 질문**

지금까지 배운 것을 새로운 상황에 적용해 볼 수 있도록 던지는 질문이다. 새로운 사태에 배운 것을 적용하거나 가설을 설정하도록 함으로써 학생들의 확산적 사고의 형성을 돕는다. 예를 들어, '전기가 없었다면 인류의 생활은 어떻게 변했을까?'라는 질문을 통해 지금까지 배운 것을 바탕으로 가설을 설정하게 하거나, '토끼와 거북이 이야기가 계속되면 어떻게 끝을 맺을까'를 통해 새로운 상황 전개를 추론해보도록 유도하는 것이다. 주로 수업의 정리 단계나 과제 제시 등으로 사용한다.

### 4) 질문하기 지침과 유의점

수업에서 질문이 기대한 효과를 거두기 위해서는 무엇보다 허용적 분위기를 조성하는 것이 중요하다. 허용적인 분위기는 교사의 질문에 대해 학생들이 자신의 의견을 자유롭게 답할 수 있도록 한다. 학생들이 응답할 때 교사가 원하는 대답이 있어서 정답을 맞추어야 한다는 부담이 없어야 한다. 또한, 모든 대답은 진지하게 받아들여지고 자신의 의견이 존중받는다고 느끼는 것이 중요하다. 일반적으로 수업에서 학생들은 교사의 질문에 대해 정답만 짧게 응답하는 경향이 있기 때문에 보다 확산적 사고를 위해서는 교사가 학생의 응답에 대해 다시 질문을 하는 방식reflective toss을 사용할 수 있다. Carin(1997)은 좋은 질문을 위한 지침을 다음과 같이 열거하고 있다.

- '예', '아니오'로 답하는 질문은 피한다.
- 질문을 구성하는 단어들은 (학생의 이해를 고려해서) 신중하게 선택해야 한다.
- 단답형의 질문을 해야 할 경우, '왜?', '왜 그렇게 생각하지?'를 더한다.
- 사건과 사물을 변화시킬 수 있는 조건을 발견하도록 질문을 구성한다.
- 사물을 발견하거나 비교할 수 있도록 질문을 구성한다.
- 학생의 주의를 구체적인 사항에 집중하고자 할 경우 수렴적 질문을 이용한다.
- 가능한 한 발산적 질문을 많이 활용한다.
- 학생의 수준에 따라 질문을 다시 반복하거나 다른 방식으로 표현해본다.
- 학생들이 스스로 또는 다른 학생들에게 질문하도록 권장한다.

### 3. 토의

강의, 질의와 더불어 수업 실행을 구성하는 것 중 하나가 토론 및 토의이다. 토론 또는 토의(이하 토의)는 학습자와 학습자, 학습자와 교수자 간의 언어적인 상호작용에 의해 의견을 나누고 문제를 해결할 수 있도록 하는 적극적인 수업활동의 하나이다. 토의는 학습자 자신만으로는 해결할 수 없는 문제에 직면했을 때 서로 의견을 교환하고 집단 안에서 함께 생각하여 문제를 해결할 수 있도록 도와주는 방법으로 활용되고 있다. 토의는 민주적 태도의 함양, 상위 수준 사고능력의 촉진, 학습자중심의 자율적 학습 유도 등 많은 장점을 가지고 있다.

### 1) 토의의 장·단점

토의는 민주적 원리를 바탕으로 한 수업활동으로 가치가 높다. 다음은 토의를 수업에서 활용할 때의 장점이다.

- 학습자 개개인의 의견을 바탕으로 진행하기 때문에, 참여의식이 높고 태도가 능동적이다.
- 토의를 통해 집단활동의 기술을 배우고 민주적인 태도가 함양된다.
- 상호 의논을 통하여 다각적으로 사물을 보는 법, 사고방법을 배운다.
- 집단으로서의 결속력, 팀워크가 강화된다.

이러한 장점에도 불구하고 토의가 제대로 활용되지 않는다면 교육적 효과를 기대하기 어렵다. 토의는 주도자의 영향력에 의해 좌우되기도 하고 참여자의 성숙도에 따라 효과가 반감되기도 하는 등의 한계가 있다. 다음은 수업에서 토의 활동이 갖는 제한점이다.

- 다른 수업활동과 비교해서 준비 및 진행 단계에서 많은 시간이 소요되어 시간효율성이 요구되는 분야에 적용하기가 어렵다.
- 집단의 크기가 크면 원활한 토의가 이루어지기 어려워 많은 인원이 있는 학급에서 적용하기가 어렵다.
- 학생들의 능력 정도, 성숙 정도에 따라 논의하는 내용의 차이가 크다.
- 특정 학생의 영향력에 의하여 토의가 좌우될 우려가 있다.
- 일부 학생들의 경우 평가에 대한 불안감, 방관적 태도로 인하여 효과가 없을 수 있다.

## 2) 토의식 수업활동 단계

토의는 일반적으로 '토의과제(주제) 제시— (팀별) 토론활동 실시—마무리'의 과정을 거치게 된다. 수업에서 토의 활동을 진행할 경우 일반적으로 다음의 단계를 거친다.

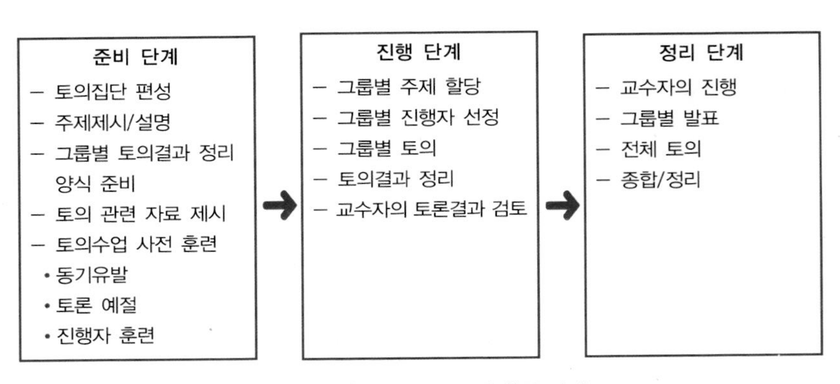


[그림 12-1] 일반적인 토의 활동 단계

### 준비단계

실제 토의가 이루어지기 이전의 활동으로 토의의 목적을 확인하고 주제를 선정하거나 이미 선정된 주제에 대해 이해하기 위한 활동이 포함된다. 토의의 목적은 수업의 목표와 맥을 같이 하는 것이어야 하며, 토의의 목표가 명확해지면 토의 주제를 선정한다. 물론 토의 주제를 선정함에 있어 학생들의 흥미를 고려하는 것이 중요하지만, 수업의 효율성을 위해 교수자가 토의 주제의 범위를 정하거나 주제를 제시하는 것도 가능하다.

이 단계에서는 토의와 관련된 자료를 얻을 수 있도록 도서관 위치나 웹사이트 주소와 같은 정보를 제공하는 것이 필요하다. 또한 활발한 토의를 위해 동기유발활동, 예절교육, 토의 진행자에 대한 사전교육 등이 필요하다. 한편 그룹별 토의결과를 정리하기 위한 방법을 제시하는 것도 이 단계에서 이루어진다.

## 토의 실시 단계

우선 그룹별 주제를 할당하고, 토의 진행자를 선발하는 활동이 이루어진다. 토의 주제는 그룹별로 각기 다른 주제가 할당될 수도 있고, 동일한 주제가 할당될 수도 있다. 토의 진행자와 더불어 필요에 따라서는 토의결과 정리를 전담하는 서기를 둘 수 있다. 토의 진행자가 선발되면 실제 토론이 시작되면서, 다양한 방법으로 토의가 이루어진다. 이때 교수자는 토의가 잘 진행되도록 돕는다.

## 토의 정리 단계

토의 정리는 주로 교수자에 의해 진행되며 각 그룹의 토의 활동을 종합적으로 평가한다. 이 단계에서는 그룹별 결과 발표를 통해 학습자들의 그룹 간 토의 활동을 비교하는 시간을 갖는다. 한편 그룹별 결과 발표에 대한 전체 토의가 이루어지고, 마지막으로 이러한 전체 토의 활동을 정리하면서 교과서의 학습목표와 토론주제와의 관련성을 찾고 토의의 가치를 다시 한 번 생각해보는 시간을 통해 토의식 수업을 정리하게 된다.

토의식 수업을 설계할 경우 교실 수업에서의 일반적인 절차와 비교하면 다음의 〈표 12-1〉과 같다.

〈표 12-1〉 토의식 수업의 단계와 절차

| 일반적인 수업 단계 | 토의식 수업 단계 및 내용 | |
|---|---|---|
| 도입 | • 선수 학습 수준 확인 및 동기유발활동<br>• 수업목표 확인 | |
| 전개 | 단계 | 내용 |
| | 토의<br>(도입) | 1. 토의 목적 확인<br>2. 토의 주제 제시<br>3. 토의 문제 파악 |
| | 토의<br>(전개) | 4. 관련 자료 탐색 및 이용<br>5. 그룹별 토의<br>6. 그룹별 발표 및 전체 토의 |
| | 토의<br>(정리) | 7. 정리<br>8. 평가 |
| 정리 | • 토의 활동 정리<br>• 토의 활동 평가<br>• 차시예고 | |

## 4. 수업에서 토의 활동 전개시 유의점

토의식으로 수업을 할 경우 그룹토의를 많이 활용하게 되는데 그룹토의를 할 경우 교수자가 유의해야 할 점은 아래와 같다.

### 1) 그룹으로 편성할 경우 인원수는 6명 내외로 한다

몇 사람이 모여서 토의를 할 때, 토의자가 5명이 넘으면 토의의 효율이 떨어진다. 이것은 한 사람당 발언회수나 의견을 집약하는 데 소요되는 시간 등을 감안해야 하기 때문이다. 따라서 그룹 편성을 할 때의 인원수는 한 그룹별로 약 5명 정도를 기준으로 하여 편성하는 것이 좋고, 부득이한 경우 한 그룹에 3명까지 편성할 수 있으며 최대 7명까지 하는 것이 좋다.

### 2) 그룹 구성원 전원에게 역할을 준다

토의를 할 때에는 구성원 각자의 역할을 정하도록 사전에 지시해 둔다. 역할은 그룹 리더(토의의 사회자 역), 서기 및 발표자(나머지 토의자 전원이 교대로 함) 등을 두고 필요한 경우, 논쟁자, 평가자를 두어 논쟁에 대비하도록 한다. 그룹 토의의 결과를 리더가 발표하도록 하는 경우가 많은데 이를 피하고 전원이 어떤 식으로든 참가할 수 있도록 구성원 전원에게 역할을 맡기는 것이 좋다.

### 3) 토의 주제 및 토의 시간을 명시해야 한다

일반적 그룹 토의에서는 때때로 토의내용이 주제에서 벗어나, 중요한 결론이 도출되지 못하고 시간이 경과되는 경향이 있다. 토의를 원래의 줄기에 되돌아오게 하는 수단으로 '토의 주제', '토의 종료 시간'을 눈에 잘 띄게 칠판에 적어두고, 각 그룹의 토의 상황을 교수자가 조정해나간다.

### 4) 발표에 대하여 즉각적이고 적절한 피드백을 제공한다

그룹 토의의 결과는 전체 발표의 자리에서 그룹별로 하게 되는데 이때 교수자의 피드백은 매우 중요하다. 토의결과에 대해서 교수자가 과연 어떻게 평가할 것인지 학생들이 매우 깊은 관심을 갖고 있기 때문이다.

### 5) 각 발표내용에 포함된 공통적인 사항을 강조한다

각 그룹의 발표내용은 토의 주제의 핵심이 되는 사항(해결책이나 해답)을 중심으로 하고, 공통된 내용을 강조하도록 한다. 또한, 토의결과에서 얻어진 결론을 교수자가 다시 한 번 정리하여 구성원 전원에게 피드백을 해준다. 이렇게 함으로써 토의의 목표가 어디에 있었는지 학생들이 파악할 수 있게 된다.

### 6) 상대적인 것, 서로 다른 내용을 거론한다

그룹 토의 과정에서 서로 다른 내용이나 매우 기발한 의견이 발표되는 경우가 있다. 이럴 때에는 놓치지 않고 거론하고 전체 토의거리로 써야 한다.

### 7) 학생들의 발표내용을 바탕으로 관련 지식이나 필요정보를 제공한다

토의 발표의 내용 중에는 학생들의 교육 요구나 화제거리가 되는 것이 많다. 그런 것들을 찾아내서 코멘트의 형식으로 필요한 지식이나 정보를 제공하고, 향후 강의 주제로 활용한다.

## 제 2 절
# 마이크로티칭과 수업컨설팅

## 1. 마이크로티칭

### 1) 마이크로티칭의 의의와 진행 과정

교사로서 좋은 수업을 진행하기 위해서는 적절한 설명과 발문을 통한 언어적 상호작용뿐만 아니라 얼굴표정, 몸짓 등 비언어적 의사소통 기술 역시 매우 중요하다. 교사의 수업활동의 대부분을 차지하는 것은 수업내용과 관련된 설명과 발문, 학생들과의 상호작용 등인데 이러한 의사소통 기술은 꾸준한 연습을 통하여 개발되며 경험이 쌓이면서 점차 향상된다. 교사의 수업행위는 일상적인 생활 속에서 자연스럽게 개발하기 어려우므로 의도적인 훈련과정을 통하여 발전시킬 필요가 있다.

교사로서 수업 능력 향상을 위한 노력은 예비교사 교육과정에서 다양한 방식으로 이루어지며 학교 현장실습을 통해 실제 현장에서 수업 역량을 기를 수 있도록 하고 있다. 특히, 마이크로티칭은 예비교사 혹은 교사들이 수업 역량을 향상시킬 수 있는 효과적인 방법 중 하나이다. 마이크로티칭은 실제 수업 상황에서 학생들을 가르치기 힘든 예비교사들의 수업경험을 향상시키기 위해 시작되었는데 예비교사가 수업을 설계하고 학생들 앞에서 말하기와 발문, 평가 기술들을 익힐 수 있도록 하였다(Koross, 2016).

마이크로티칭은 수업을 하는 시연자와 모의학생(동료학생 혹은 교사, 컨설턴트)으로 구성된 그룹을 기반으로 이루어지며 시연자가 모의수업을 한 후 곧바로 모의학생들로부터 피드백을 받는 방식으로 진행된다. 마이크로티칭은 참여자끼리 서로 번갈아가며 실제 수업시간보다 짧게 모의수업을 한 후 피드백을 주고받는다. 이때 수업을 비디오로 녹화하여 자신의 수업행위를 살펴볼 수 있도록 한다. 마이크로티칭은 참여자인 동료학생이나 교사가 번갈아가면서 시연하며 진행할 수도 있고, 수업컨설팅의 일환으로 수업컨설턴트와 같이 진행할 수도 있다. 시연자는 자신이 방금 시연한 수업을 비디오로 재생해보면서 자기 수업을 되돌아보고 개선방안에 대해 생각해본다. 이러한 과정을 통해 예비교사들은 수업에 대한 분석과 성찰 능력을 향상시킬 수 있으며 이에 따라 수업기술도 향상된다.

### 2) 마이크로티칭의 장·단점

마이크로티칭은 동료학생이나 교사, 컨설턴트로부터 자신의 모의수업에 피드백을 받아 자신의 장단점을 객관적으로 바라볼 수 있다는 장점이 있다. 그러나 동료와 하는 마이크로티칭의 경우 몇 가지 제한적인 측면이 있다. 먼저, 대부분의 피드백이 강의기술에 국한되어 내용이나 내용구성에 대한 부분에 대해서는 적절하게 논의가 이루어지기 어렵다. 내용영역은 교수자의 전문분야로 여겨져서 내용보다 가르치는 기술에 초점을 맞추어 피드백이 진행되기 때문이다. 둘째, 동료가 제시하는 수업스타일이나 수업기술에 대한 피드백을 자신의 개인적인 능력에 대한 평가로 인식하는 경우에도 효과가 떨어진다. 셋째, 마이크로티칭 자체가 10여 분 정도의 발표에 그치는 경우가 많아 평가하고 개선점을 찾아내는데 충분치 않다는 단점도 있다. 넷째, 동료들이 참가자의 10여 분 간에 걸친 발표를 듣고 즉석으로 피드백을 제공하게 되므로 피드백의 질이 높지 않을 수 있다는 단점도 있다. 마지막으로 참가자 간에 허용적인 분위기가 미처 조성되지 않은 상황인 경우, 직접적이고 진지한 피드백보다는 표면적이거나 형식적인 피드백에 그치게 된다는 단점도 있다.

### 3) 마이크로티칭의 효과를 위한 방안

마이크로티칭이 효과적이기 위해서는 사전에 치밀하게 준비할 필요가 있다. 즉흥적으로 발표하고 피드백을 주고받는 방식으로는 수업역량을 제대로 기를 수 없다. 마이크로티칭이 효과적이려면 먼저 수업분석과 수업컨설팅이라는 큰 틀에서 사전에 준비되고 진행되어야 한다. 강의자는 실제 수업에서와 마찬가지로 수업을 준비하고 사전에 교수학습지도안을 참가자나 수업컨설턴트에게 제공할 필요가 있다. 둘째로 수업에서 요구되는 여러 교수행위에 대한 분석도구와 체크리스트 등에 대해서 사전에 검토해서 자신의 수준과 장단점에 대해 미리 인식하고 수업행위에 임하는 것도 중요하다. 셋째, 이러한 사전 준비가 갖추어지면 실제 마이크로티칭을 실시하게 되는데 실제 강의와 같이 진지한 분위기를 조성하고 강의가 끝난 후에는 참여자들의 비판적 평가를 수용하는 허용적 분위기가 되도록 노력해야 한다.

마지막으로 마이크로티칭은 전문적인 수업컨설턴트의 도움을 받아 진행되면 더욱 효과적이다. 수업컨설턴트는 효과적인 수업분석 틀을 바탕으로 참가자의 장단점과 강의습관을 파악하고 개선의 방안을 제시하기 때문이다. 동료학생이나 교사의 경우 짧은 시간에 이루어지는 수업행위에 대해 즉흥적인 피드백을 많이 제공하게 되는 반면, 수업컨설턴트는 자신의 전문성을 바탕으로 참가자의 약점을 파악하여 효과적인 강의 개선방안과 장기적인 역량향상방안을 제시할 수 있다. 이하에서는 수업컨설팅과 수업분석, 수업컨설턴트의 역할에 대해 살펴본다.

## 2. 수업컨설팅의 개념과 특징

보통 컨설팅이란 전문가들이 일반인이나 특정 전문 분야에 종사하는 사람들을 대상으로 전문적인 조언을 제공하는 행위를 가리킨다. 이런 의미에서 수업컨설팅은 수업의 질적 개선이나 문제해결을 위해 수업전문가가 조언하거나 자문행위를 하는 것이다. 수업컨설팅과 유사한 용어로 '수업장학' 또는 '컨설팅장학' 등이 있다. 장학은 주로 교장, 교감, 장학사 등이 일반 교사를 '지도'하는 행위를 지칭하고 위계적인 특성을 보이나 컨설팅은 명칭 그대로 '지도'보다는 '상담'에 주안점을 두기 때문에 장학에 비해서 두 주체가 보다 평등하게 상호작용하는 것을 전제로 한다.[1)]

또 '학교경영컨설팅'이나 '학교컨설팅', '학습컨설팅' 등도 자주 쓰이고 있다. 학교경영컨설팅은 학교의 비전 설정, 인사관리, 조직설계, 조직활성화 등의 학교 조직 차원의 문제를 가지고 이루어지는 상담행위이므로 수업에 초점을 둔 수업컨설팅과 구분된다. 또, 학습컨설팅은 학습향상이나 행동변화를 원하는 개별 학생이나 교사의 요구에 대한 전문적인 도움이므로 수업 자체의 수준을 높이기 위한 교사의 요구에 대응하는 수업컨설팅과 구별할 수 있다. 학습컨설팅이 주로 학생의 내면을 치유하고 문제행동을 수정하는 치유적 활동에 국한되었다면 수업컨설팅은 학습환경과 수업전략을 수정해서 학생의 학습과 성취를 돕는 교육적 활동을 강조하고 있다. 한편, 학교컨설팅은 학교가 가지고 있는 문제를 진단하고 나아가 이런 문제를 해결하기 위해 필요한 처치에 대해 조언하는 활동이다. 이런 점에서 학교컨설팅은 포괄적인 개념이다. 학교가 가지는 문제에 학교경영, 수업, 학습을 모두 포함할 수 있기 때문이다.

수업컨설팅이 다른 컨설팅 또는 장학과 구별되는 특징은 다음과 같다.

첫째, 수업컨설팅은 수업 전반에 걸쳐 이루어지는 보다 종합적인 활동이다. 교수학습지도안 작성과 실행에 관한 컨설팅만을 수업컨설팅으로 간주하는 경향이 있으나 이는 좁은 의미의 컨설팅에 불과하다. 수업컨설팅은 교수학습지도안 작성 등 계획 수립뿐만 아니라 수업분석, 평가 및 제언으로 이루어진 일련의 과정을 통하여 실현된다.

---

1) 수업장학에서처럼 장학의 핵심이자 본질은 교사의 교수행위 변화를 위해 계획적, 공식적, 직접적으로 돕고, 교사와 학생 사이에 상호작용하는 교육과정을 잘 마련하도록 노력하며, 교육자료와 학습환경을 개선하는 것이다(주삼환, 2002). 그런데 우리나라에서는 장학이 본질에서 벗어나 행정적, 획일적, 관료적, 상투적으로 이루어지고 있다고 인식하는 교사들이 많다. 이런 상황에서 장학의 본질 회복을 위해 등장한 것이 컨설팅장학이다. 컨설팅장학의 목적은 교사의 전문성 개발을 통해 학교교육의 질을 높이는데 있다. 교사 전문성 개발의 일차적인 목적은 교육학 전반에 걸친 통합적 안목과 생활지도, 교과교육, 수업기술에서의 전문성을 향상시키는 것이다.

둘째, 수업컨설팅은 일회적이거나 일부 교사를 대상으로 진행되는 것이 아니라 장기계획 아래 학교단위로 이루어져야 효과적이다. 수업컨설팅이 신임교사, 수업에 자신이 없는 교사나 수업컨설팅 대회에 참가하고자 하는 교사들만을 대상으로 하거나, 실시하더라도 일회적인 행사로 그치고 만다면 실제 효과는 미미할 것이다.

셋째, 수업컨설팅은 교과내용보다 수업과정에 대한 전문적 평가를 수반한다. 수업컨설팅에 참여하는 컨설턴트는 교과나 주제내용에 대한 전문가라기보다 과정에 대한 전문가이다. 이런 점에서 수업컨설팅과 교과연수는 구별될 필요가 있다. 수업컨설팅을 통하여 교사들이 학생들의 학습 증진을 위해 자신의 수업행동을 수정하게 되는 것이다.

넷째, 수업컨설팅은 제공되는 수업과 학습자 특성 간의 잘못된 결합에 의한 학습 실패를 해결하는 것이다(Rosenfield, 1987). 수업컨설팅의 목적은 이러한 수업적 결합의 오류를 체계적으로 찾아내고 해결하는 것이다.

다섯째, 수업컨설팅은 현장 중심의 접근방법이다. 수업컨설턴트는 실제 수업현장에서 수업이 갖는 다양한 상황적 요인을 고려하여 교사들이 가진 수업문제를 체계적으로 진단하고 현장에서 실행 가능한 해결책을 교사와 함께 찾는 전문가이다(이상수 외, 2012).

여섯째, 수업컨설팅은 체제적 관점에서 수업을 바라보고 문제를 해결하고자 하는 체제적 문제해결 활동이다. 수업컨설팅은 체제적, 교육공학적 접근에 기초하여 수업을 분석하고 평가함으로써 문제의 진단과 처방, 평가를 꾀하는 전문적인 활동이다.

마지막으로, 수업컨설팅은 컨설턴트와 상담자, 즉 수업전문가와 교사의 협력적 문제해결 과정이다. 교사들의 수업 능력 향상은 교사 혼자만의 노력보다 동료 교사나 전문컨설턴트와의 협력에 의해 보다 효과적으로 이루어진다. 교사의 수업능력은 단지 교과내용지식이 있다고 향상되지 않는다. 실제 수업하는 과정에서 전문가의 도움과 피드백을 통하여 학생과의 관계형성 능력,

학생 수준에 맞는 언어 사용, 학생 수준의 동기유발 전략, 적응적 수업전략 및 평가활동 등을 배울 수 있는 것이다.

이상의 특징을 통하여 수업컨설팅을 정의하면 다음과 같다.

> 수업컨설팅은 수업장학 또는 학교컨설팅 등과 구분되는 개념이며 실제 수업현장으로 들어가 수업이 갖는 다양한 상황적 요인을 고려하여 교사들이 가진 수업문제를 체계적으로 진단하고 현장에서 실행 가능한 해결책을 교사와 수업컨설턴트가 함께 고민하고 실행하는 현장 중심의 접근방법이다(이상수 외, 2012).

## 3. 수업컨설팅 유형

수업컨설팅은 여러 가지 방법을 통하여 이루어진다. 수업컨설팅의 목적이 수업 전반에 걸친 분석과 개선에 있는 만큼 컨설턴트의 관점이나 강조하는 분야에 따라 다양한 형태의 컨설팅이 가능하다. 여기서는 교육학적 내용지식 PCK을 강조하는 모형과 교육공학적 입장에서 바라본 수업분석 도구 활용모형을 중심으로 설명하고자 한다.

### 1) PCK 기반 컨설팅 모형

PCK란 '특정 내용을 특정 학생들의 이해를 촉진할 수 있도록 가르치는 방법에 대한 교사의 지식'이며 교과내용에 고유한 교수법을 강조한다(Shulman, 1986). 내용과 무관한 방법, 단순한 내용지식 모두 교육적으로 유용하지 않은데 비해 PCK는 수업내용과 방법이 균형을 이룬 유용한 지식이다. PCK 기반의 수업설계는 '무엇을, 왜 배우는가?', '어디까지 배워야 하는가?', '어떻게 배워야 잘 이해하는가?', '무엇으로 배워야 잘 이해하는가?' 등 일련의 질문을 통하여 동기부여, 학습내용의 수준 결정, 활동방법, 교수학습 자료를 선정한다.

PCK 기반의 수업컨설팅은 PCK 방식의 수업설계에 기반한다(이화진 외, 2006). 컨설팅을 위한 준비단계에서는 컨설팅 받고자 하는 문제를 사전에 확인하고 컨설팅 계획에 대한 제안과 협약을 설정한다. 컨설팅 실행 단계에서 컨설턴트는 문제의 진단과 문제해결 실행계획을 수립한다. 이어서 문제해결단계를 거치면서 관찰과 분석을 통해 해결방안이 제시된다. 마지막으로 평가단계에서는 컨설팅 평가와 피드백, 컨설팅 보고서 작성으로 마무리 한다.

### 2) 수업분석 도구 활용모형

수업의 다양한 측면을 제대로 파악하기 위해서는 각 측면을 효과적으로 살펴볼 수 있는 분석도구를 개발, 활용할 필요가 있다. 이렇게 되면 자의적이거나 주관적인 컨설팅에서 데이터에 기반한 과학적이고 체계적인 컨설팅이 가능하게 된다. 이상수 외(2012)는 수업컨설팅에 활용할 수 있는 여러 수업분석 도구를 다음과 같이 제시하고 있다.

〈표 12-2〉 다양한 수업분석 도구

| 분석 영역 | 분석도구 | 접근 | 설명 |
|---|---|---|---|
| 수업전체 | 수업일관성 분석 | 관찰 | 수업목표, 수업내용, 학습자, 수업방법, 수업매체, 수업평가 간의 유기적 통합 정도 분석 |
| | 수업구성 분석 | 관찰 | 수업과정인 도입, 전개, 정리 단계의 조직성과 각 단계에 따른 세부적인 수업 전략의 효과성 분석 |
| | 수업명료성 분석 | 관찰 | 수업이 학습자들에게 쉽고 명확하게 전달되는지 분석 |
| 교수자 | 동기유발 전략 분석 | 관찰 | 학습동기 유발을 위해 교수자가 어떠한 전략을 활용하고 있는지를 파악하기 위해 주의집중, 관련성, 자신감, 만족감 등의 영역을 분석 |
| | 수업분위기 분석 | 관찰 | 교수자가 수업을 진행하는 다양한 행위(언어적/비언어적)에 따라 학습자가 수업에서 느낄 수 있는 정서를 온화함과 통제로 구분하여 분석 |

| 분석 영역 | 분석도구 | 접근 | 설명 |
|---|---|---|---|
| | 비언어적 소통 분석 | 관찰 | 교수자와 학습자 간에 효과적인 비언어적 소통이 이루어지는지 분석 |
| 수업매체 | 수업매체 설계 (프레젠테이션용/판서용) 분석 | 관찰 | 수업매체 중 가장 많이 활용되고 있는 프레젠테이션 자료와 판서 설계 전략을 중심으로 효과적·효율적·매력적인 설계를 하고 있는지 분석 |
| 학습자 | 학습기술 분석 | 설문 | 자기관리 기술, 수업참여 기술, 과제해결 기술, 읽기 기술, 쓰기 기술, 정보처리 기술 등의 학습기술 분석 |
| | 수업만족도 분석 | 설문 | 수업내용, 수업방법, 수업환경, 수업효과, 교수자의 전문성, 수업평가 등의 만족도 분석 |
| | 학습동기 분석 | 설문 | 학습자들이 수업에 대해서 얼마만큼의 동기가 있는지에 대해 내재적 및 외재적 동기, 자기효능감, 주의집중, 관련성, 자신감, 만족감의 일곱 가지 영역을 중심으로 분석 |
| | 과업집중도 분석 | 관찰 | 교실에 앉아 있는 학습자들의 좌석 배치에 따라 각 학습자들의 과업집중 경향성을 분석 |
| 교수자와 학습자 간의 상호작용 | 언어 상호작용 분석 | 관찰 | 교수자와 학습자 간 언어적 상호작용의 유형이나 패턴을 찾아 지시적 및 비지시적 형태의 수업유형을 분석 |
| | 시간관리 및 과업분산 분석 | 관찰 | 교수자가 주어진 수업시간을 효과적으로 활용하여 학습자들의 과업 집중도를 어느 정도 확보했는지 분석 |

이상수 외(2012)

여기서는 여러 분석도구 중에서 가장 핵심적인 수업 일관성 분석 도구에 대해 살펴보기로 한다. 수업에 대한 체제적 관점에서는 수업을 구성하는 각 요소들이 상호의존 관계에 있으며 서로 상호작용하는 가운데 수업 전체의 체제가 완성된다고 본다. 이때 수업이 제대로 이루어지려면 수업의 목표와 과정, 방법 및 평가 등 수업의 각 요소들이 일관성을 이루어야 한다. 다시 말해, 수업목표와 수업내용 간, 수업목표와 학습자 간, 수업목표와 수업방법

간, 수업목표와 수업매체 간, 수업목표와 수업평가 간의 일관성이 효과적으로 유지될 때 수업목표가 달성될 수 있다. 각각의 요소들에 대한 일관성의 준거와 내용은 다음과 같다(이상수 외, 2012).

〈표 12-3〉 수업 일관성 분석의 준거 및 판단

| 분석 준거 | 일관성 여부에 대한 판단 내용 | 하위 분석 |
|---|---|---|
| 수업목표와 수업내용 간 | • 수업이 끝난 후 학습자들이 수업목표에 기술된 수행을 할 수 있도록 학습내용이 구성되어 있는가?<br>• 수업내용이 수업목표를 달성하는 데 학습자들에게 필요한 지식과 기술 습득에 도움이 되는가? | • 필요한 정보나 지식제공<br>• 충분한 유의미한 학습경험<br>• 내용의 계열화 |
| 수업목표와 학습자 간 | • 수업목표가 학습자들의 요구와 관련성을 가지고 있는가?<br>• 수업이 학습자들에게 이해 가능한 것인가?<br>• 수업목표의 분량이 학습자들의 학습능력에 부합하는가?<br>• 학습자들의 이해발달과정에 따라 적응적인 수업이 이루어지는가? | • 학습자의 요구 반영제공<br>• 이해 가능한 난이도<br>• 적응적 수업<br>• 학습속도와 수업속도<br>• 학습 능력에 부합한 수업 분량 |
| 수업목표와 수업방법 간 | • 수업목표가 달성 가능한 수업방법을 사용하고 있는가?<br>• 수업목표 달성을 위한 충분한 학습경험을 제공하는가?<br>• 수업목표 달성을 위한 효과적인 전략인가? | • 적합한 수업모형의 적용<br>• 효과적인 수업기법의 적용 |
| 수업목표와 수업매체 간 | • 수업목표 달성을 위한 효과적인 수업내용 전달 방법인가?<br>• 수업매체가 수업목표 달성을 위한 수업내용을 효과적으로 표상하고 있는가? | • 필요한 정보나 지식제공<br>• 충분한 유의미한 학습경험<br>• 내용의 계열화 |
| 수업목표와 수업평가 간 | • 수업평가가 수업목표 달성 정도를 평가하고 있는가?<br>• 수업평가가 수업목표 달성을 효과적으로 평가하고 있는가? | • 필요한 정보나 지식제공<br>• 충분한 유의미한 학습경험<br>• 내용의 계열화 |

## 4. 수업컨설팅의 과정

수업컨설팅은 일정한 단계를 거쳐 이루어진다. 일반적으로 준비, 진단, 해결방안 구안 및 선택, 실행, 종료의 5단계를 거쳐 진행되지만 모든 수업컨설팅이 이를 따라야 하는 것은 아니다. 아래 그림과 같이 국내외에서 다양한 수업컨설팅 절차가 제언되었듯이 수업컨설팅의 유형이나 의뢰 과제의 성격에 따라 얼마든지 다양한 형태로 수정될 수 있다.

여기서는 한국교육과정평가원에서 제시된 수업컨설팅 실행 절차를 중심으로 서술하도록 한다(이화진 외, 2006). 이에 의하면 수업컨설팅 실행을 위한 주요 절차는 '사전분석 단계 → 수업참여, 진단 및 처방 단계 → 사후관리 단계'로 나누어진다.

### 1) 사전 분석

수업컨설팅 실행을 위해서는 사전에 준비해야 할 것들이 많다. 수업컨설팅 신청 및 접수, 의뢰자의 출발점 진단, 수업컨설팅 과제 추출 및 정교화, 수업컨설팅 계획 수립 등이 그것이다. 우선적으로 의뢰된 문제가 일정한 시간과 범위 내에서 가시적인 결과의 도출이 가능한지 여부를 확인해야 한다. 수업컨설팅은 대상이 개별 교사의 수업활동에 초점을 두고 진행되며 주어진 시간과 자원을 가지고 가능할 때 시작된다. 다음으로 '출발점 진단' 단계에서는 의뢰한 교사의 수업과 관련된 특성 및 수준을 파악하여 출발점을 진단한다. '수업컨설팅 과제 추출 및 정교화' 단계에서는 앞 단계에서 수집한 자료를 활용하여, 문제점을 분석하고 컨설팅의 과제를 정교화 한다. 사전 단계는 '수업컨설팅의 계획 수립' 단계로 마무리된다. 이 단계에서는 컨설팅 수준, 소통 방식, 개입의 정도와 전략 등을 결정한다. 수업컨설팅 계획 수립을 위한 구체적인 절차는 다음 6단계로 나누어진다.

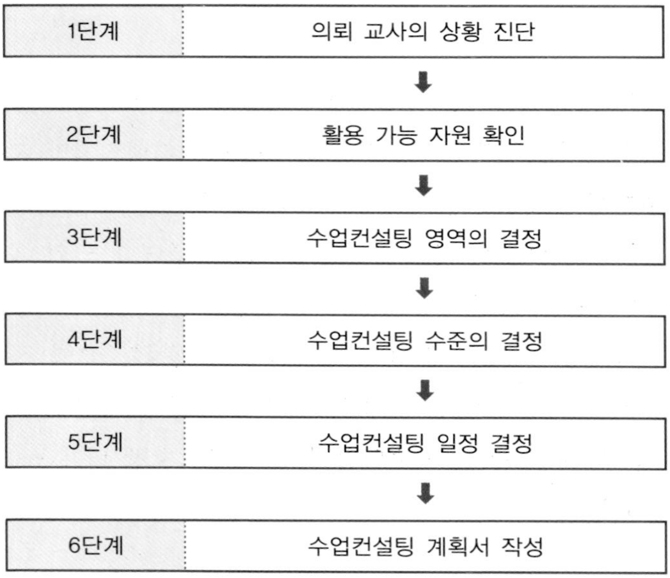

|  |  |
| --- | --- |
| 1단계 | 의뢰 교사의 상황 진단 |
| 2단계 | 활용 가능 자원 확인 |
| 3단계 | 수업컨설팅 영역의 결정 |
| 4단계 | 수업컨설팅 수준의 결정 |
| 5단계 | 수업컨설팅 일정 결정 |
| 6단계 | 수업컨설팅 계획서 작성 |

[그림 12-2] 수업컨설팅 계획수립을 위한 단계

### 2) 수업 참여, 진단 및 처방 단계

실제 교사의 수업에 참여하여 수업의 특징을 분석하고 진단, 처방하는 단계이다. 준비단계에서 도출된 취약점과 문제점에 대하여 핵심 질문과 관찰할 내용을 정하고 수업의 특징을 분석한다. 이때 수업의 여러 측면을 분석 도구를 활용하여 분석한다. 컨설턴트는 수업분석 도구로 부터 나온 결과를 바탕으로 수업분석협의회 자료, 교사들과의 면담자료, 교과교육 관련 이론적·실천적 배경 지식에 대한 문헌연구 등을 참고하여 종합적으로 의뢰자의 수업을 분석, 평가하고 문제점을 진단한다. 이를 통해 의뢰 교사 수업의 특징을 파악하여 개선하고 보완해야 할 영역을 진단하여 교사가 가장 어려움을 많이 겪고 있는 영역이나 지원이 가장 요구되는 영역에 대해 결정을 내릴 수 있다. 이를 토대로 수업 시 개선해야 할 점을 논의한 후, 이론적, 실천적 대처 방안과 구체적인 해결 대안을 제시한다.

이 단계에서 가능하다면 동료 교사와의 협의회를 활용하는 것이 바람직하다. 동료 교사와의 논의를 통하여 해당 수업에서 개선이 필요한 점을 파악하고, 진단된 개선 영역에 대하여 바람직한 수업사례를 참고할 수 있다면 보다 효과적인 컨설팅이 이루어진다. 이와 같이 동료와의 협의나 경력 교사의 수업 사례를 통한 구체적인 대안 제시는 의뢰 교사로 하여금 컨설팅을 통하여 진단, 처방된 내용을 쉽고 거부감 없이 받아들이게 한다. 동료 교사와의 수업컨설팅협의회의 활용방안과 절차는 다음과 같다.

① 정해진 영역에 대해 수업컨설팅을 의뢰한 교사의 수업 동영상을 촬영한다. 이때 의뢰 교사는 수업 성찰 일지를 작성하며 수업컨설팅 협의회 참석자들은 수업 동영상을 미리 본 후 협의회에 참석한다.
② 수업컨설팅 협의회에서 의뢰 교사는 작성한 수업 성찰일지를 제시하고 자신의 취약점과 문제점에 대해 정리하여 질문한다.
③ 수업컨설팅협의회 참석자들은 의뢰 교사의 성찰 일지 및 질문에 대해 논의하고 대안을 제시한다. 의뢰 교사는 컨설팅협의회 참여자에게 수업 전반에 관련된 질문을 하고 조언을 구할 수 있다.
④ 협의회의 결과물로 의뢰 교사의 문제점이나 취약점에 대해 구체적인 대안이 제시되어야 한다.

### 3) 사후 관리

수업컨설팅의 마무리 단계인 사후 관리의 핵심은 이루어진 컨설팅에 대한 성찰과 후속 수업컨설팅을 위한 데이터베이스를 구축하는 것이다. 수업컨설팅의 효과적인 마무리를 위해서는 수업컨설팅 전 과정에 대한 컨설턴트와 의뢰 교사의 성찰 과정이 필요하다. 컨설팅을 위한 수업분석은 정확했는지, 컨설팅 과정에서 의뢰 교사와 컨설턴트 간 래포rapport가 잘 형성되었는지, 컨설팅의 과정은 제대로 진행되었는지, 컨설팅결과 제시된 대안의 효과성 등에 대해 컨설턴트 자신의 성찰뿐만 아니라 의뢰 교사와 단위학교의 교장 등

관계자 간의 논의 과정을 거칠 필요가 있다. 또한 컨설팅의 효과가 일회적으로 끝나지 않고 효과가 지속되며 파급력을 갖기 위해서는 수업컨설팅 경험이 축적될 필요가 있다. 컨설턴트 개인 차원에서는 다양한 수업컨설팅 상황들을 모두 경험하기 어려우며, 컨설턴트의 개인적인 경험만으로는 의미 있는 일반화를 도출하기에 충분한 사례를 얻기 힘들다. 따라서 학교나 교육청 차원의 데이터베이스를 구축해서 컨설턴트들이 서로의 경험을 공유함으로써 다양한 수업컨설팅 상황에 효과적으로 대처할 수 있도록 해야 한다.

## 5. 수업컨설턴트의 자질 및 유의점

### 1) 수업컨설턴트의 자질

수업컨설턴트는 수업컨설팅이라는 전문적인 활동을 해낼 수 있도록 역량을 갖추지 않으면 안 된다. 수업컨설턴트가 지녀야 할 자질 및 역량은 다음과 같다(이화진 외, 2006).

첫째, 수업컨설턴트는 학교 현장에서 가르쳐 본 경험이 있어야 한다. 컨설턴트로서 역할을 하려면 교직에 대한 깊은 이해를 갖고 있어야 하기 때문에 컨설턴트는 교직경력을 통해 수업이나 학생지도와 관련하여 다양한 경험이 필요하다. 학교와 수업에 대해 자신만의 노하우와 데이터베이스를 갖추고 있는 역량 있는 사람이 컨설턴트 역할을 감당할 수 있다.

둘째, 수업컨설턴트에게는 연구자적 자질이 요구된다. 컨설팅 과정은 문제해결 과정이다. 문제를 해결하려면 문제의 인식과 자료의 취합 및 분석, 결론도출 등 연구과정이 요구된다. 따라서 컨설턴트 스스로 연구자적 자질을 지니고 있어야 하며, 컨설팅을 통해 의뢰자에게도 연구자적 자질을 길러줄 수 있다면 더욱 바람직할 것이다.

셋째, 수업컨설턴트는 자신의 경험에서 터득한 것을 의뢰자와 공유할 수 있어야 한다. 컨설턴트는 기본적으로 소통자여야 한다. 소통할 수 없다면 어떠한 좋은 해결책도 공유하기 어려울 것이다. 컨설턴트는 스스로 훌륭한 컨설턴트나 교사로 머무는 것이 아니라 교직경력에서 터득한 경험을 동료 교사와 충분히 공유하고 역할 모델이 될 수 있어야 한다.

넷째, 수업컨설턴트는 교육적 사안에 대한 반성과 논의 과정에서 이론과 실천을 연계하는 역할을 담당해야 한다. 컨설턴트는 의뢰자의 교수활동 실천이나 의사결정에 대하여 이론적 토대를 제공하는 역할을 맡아야 한다.

다섯째, 수업컨설턴트는 컨설팅 기술을 갖춘 것만으로는 충분치 않으며 의뢰자에게 정서적, 감정적인 안정감과 만족을 줄 수 있어야 한다. 컨설턴트는 효과적인 대인관계 기술을 가지고 있어야 하며 무엇보다 의사소통 능력, 친화력 등이 요구된다.

### 2) 수업컨설팅에서의 유의점

수업컨설턴트가 컨설팅을 수행할 때 유의해야 할 점은 다음과 같다.

첫째, 컨설턴트는 자신의 목표를 의뢰 교사에게 강요하지 말아야 한다. 수업컨설팅은 어디까지나 의뢰 교사의 자발성에 기인해야 하는 것이며 컨설턴트는 멘토나 코치로서의 역할에 그쳐야 한다. 모든 결정과 실행은 의뢰 교사 스스로 수행할 수 있도록 해야 한다.

둘째, 컨설턴트는 자신의 교육철학이나 교육적 관점을 의뢰 교사에게 강요하지 말아야 한다. 의뢰 교사와 컨설턴트의 관계는 수평적인 관계로 좀 더 나은 수업을 위해 개선을 도모하는 관계가 되어야 한다.

셋째, 컨설턴트로서 자신의 경험을 과장하거나 과도하게 일반화하지 말아야 한다. 오히려 수업컨설턴트는 자신의 다양하고 유익했던 경험을 되도록 객관적인 시각에서 조망하고 반성하여 실질적인 타산지석의 사례로 제공할 필요가 있다.

넷째, 컨설턴트는 의뢰 교사를 돕고 함께 고민해 나가는 동반자로서의 자세를 잃지 말아야 한다. 수업컨설팅은 의뢰 교사뿐만 아니라 컨설턴트 본인에게도 성장과정이라고 볼 수 있다. 수업컨설팅을 통하여 좋은 수업을 논의하고 실천해 가는 과정에서 컨설턴트와 의뢰 교사 모두 도움을 받게 된다. 따라서 양자가 함께 공유해가며 좋은 수업을 만들어가는 과정을 중시하고 결과를 소중하게 여기는 자세를 견지해야 한다.

## 탐구문제

1. 동일한 교수학습지도안으로 수업을 하더라도 교사의 개성과 능력에 따라 다양한 성과를 거두기 마련이다. 기계적으로 교수학습지도안을 따라 수업해서는 다양한 수업 상황에서 효과를 거두기 어렵고 교사 자신의 개성을 발휘할 수 없다. 계획과 실행은 수업의 성공을 위해 모두 중요하지만 실제로 수업을 진행하는 실행단계에서 교사의 개성과 능력을 발휘할 수 있도록 계획단계에서부터 배려할 필요가 있다. 그렇다면 교수학습지도안을 개발할 때, 어떻게 해야 수업실행단계에서 교사의 능력과 개성을 최대한 발휘할 수 있도록 계획을 짤 수 있는지 생각해보라.

2. 자신을 수업컨설턴트로 가정한 후 수업컨설팅 절차에 따라 실제로 컨설팅을 진행하고 보고서를 제출하시오. 이때 실제 수업에의 참여가 어려우면 동료학생들과 가상수업(마이크로티칭 등)을 하거나 수업동영상을 유튜브 등에서 다운받아 대신해도 무방함.

제13장

# 다양한 맥락에서의 교육공학

교육공학은 학교교육과 같은 정규교육 영역 이외의 다양한 맥락에서 매우 중요한 입지를 차지하고 있다. 제13장에서는 그중에서도 이미 1980년대부터 교수설계와 교수체제설계가 활발하게 적용되어 왔던 기업교육분야, 교수역량과 학습역량의 향상을 통한 대학혁신의 요구가 커지고 있는 대학교육분야, 그리고 평생학습시대의 도래로 그 역할이 커지고 있는 평생교육분야에서 교육공학이 어떤 역할을 하고 있는지를 살펴보고자 한다.

## 제 1 절
# 기업교육과 교육공학

기업교육은 기업과 교육, 두 단어의 합성어로서 기업의 성과 창출이라는 목적을 달성하기 위해 계획적으로 실시되는 조직 차원의 교육행위라고 정의할 수 있다. 기업 및 산업체, 또한 공공조직에서 교육훈련은 매우 중요한 이슈이며, 많은 기관들이 효율적이면서도 효과적인 교육훈련 프로그램을 제공하여 구성원들의 역량을 향상시키고 이를 통해 조직의 성과를 향상시키고자 한다. 최근에는 기업, 산업체, 정부기관 내의 인재개발부서 뿐만 아니라 기업과 공공조직을 대상으로 교육훈련 프로그램을 개발하고 보급하는 교육 컨설팅 회사도 증가하면서 기업교육을 담당해야 하는 전문인력에 대한 수요가 증가하고 있다. 본 절에서는 교육공학을 전공하는 학습자뿐만 아니라 학교교육 외의 분야에서 활동하고자 하는 학습자에게 기업교육에 관한 주요 개념과 이슈들을 소개하고자 한다.

### 1. 수행공학 모형

기업교육 맥락에서 교수설계는 성과향상을 목표로 하고 있다(Conn & Gitonga, 2004; Rossett & Tobias, 1999). 따라서 성과향상이라는 측면에서 기업교육 담당자는 교육적 문제가 아니라, 비즈니스적 문제를 해결해야 한다(Rosenberg, 1995). 이에 따라 수행공학Human Performance Technology 접근이 강조되면서 학습보다는 현장에서의 수행성과와 경영성과 문제해결을 위한 비교수적 해결책이 강조되었고, 이러한 현상은 교수설계의 원리와 절차에 대한 범위를 확장시키는 결과를 초래하였다(Reiser, 2007).

즉, 현장에서의 수행성과를 향상시키기 위해서는 교수적 수단 뿐만 아니라 비교수적 수단도 포함되어야 함을 강조하고 있는데, 여기서 수행향상performance improvement은 개인과 조직의 수행성과를 향상시키기 위한 일련의 해결책을 선정하고 설계하는 과정을 포함하고 있다(Hutchison & Stein, 1998; Langdon, Whiteside, & Mckenna, 1999; Sanders & Thiagarajan, 2001; Vadivelu & Klein, 2008; Van Tiem, Moseley, & Dessinger, 2001).

## ISPI의 수행공학 모형

수행성과 향상을 위한 방법을 다루는 모형들은 대부분 Gilbert(1996)의 행동공학 모형을 기반으로 하고 있는데, 이러한 모형들 중 가장 종합적이고 대표적인 모형은 '국제성과향상협회'ISPI, International Society for Perfomance Improvment가 제시한 수행공학Human Performance Technolgy 모형이다([그림 13-1] 참조). 이 모형은 수행성과 분석, 원인분석, 해결책 선정 및 설계, 실행과 변화관리, 그리고 평가 등 5개의 상호 관련된 요소로 구성되어 있다(Van Tiem, Moseley, & Dessinger, 2004).

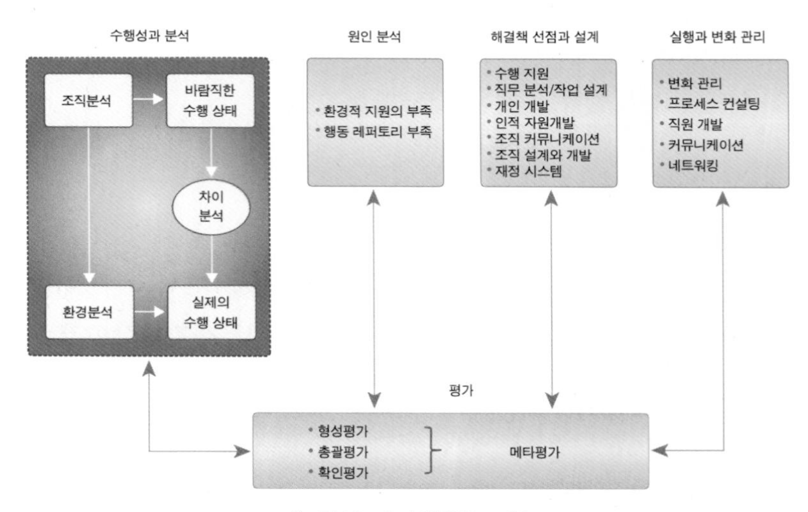


[그림 13-1] 수행공학 모형

Richey, R. C., Klein, J. D., & Tracey, M. W. (2012). 교수설계 지식기반(정재삼, 임규연, 김영수, 이현우 역). 서울 학지사.(원저 2011 출판). p. 309의 내용을 수정하여 사용하였음.

### 1) 수행성과 분석

수행성과 분석은 조직이 기대하는 구성원들의 바람직한 수행수준과 실제로 나타나고 있는 수행수준 간의 차이에 초점을 둔다. 이 단계에서 조직분석을 통해 수행성과와 관련한 문제가 발생하는 조직의 비전, 미션, 가치, 목표, 전략 등을 파악하고(Van Tiem et al., 2004), 이에 기초하여 조직환경, 근무환경, 업무환경, 구성원 등 환경분석을 통해 수행성과 문제와 관련된 요인들을 찾게 된다(Gilbert, 1996; Mager & Pipe, 1997).

### 2) 원인분석

수행성과 분석을 통해 바람직한 수행수준과 실제 수행수준 간의 차이가 분석되었다면 그 차이의 원인을 찾아야 한다. 따라서 수행공학 모형의 두 번째 단계는 규명된 수행성과의 차이와 이에 대한 적절한 해결책 간의 중요한 연결고리가 되는 원인분석이다. 원인분석은 수행과 관련한 문제의 원인은 무엇이고 왜 그러한 문제가 발생하였는지를 확인하는 과정이다(Gilbert, 1996). 이때 수행과 관련하여 잠재되어 있는 장애요인을 파악하는 것도 중요하다.

### 3) 해결책의 선정과 설계

기대수준과 수행성과의 차이가 생기는 원인을 찾은 후에는 그 차이를 줄이고 행동의 변화를 촉진하기 위한 해결책을 선정, 설계 및 개발해야 한다. 여기서 해결책이 반드시 교수적인 처방일 필요는 없다. 비교수적인 처방, 예를 들면 직무분석과 업무설계, 조직의 의사소통, 인적자원 정책 등이 포함될 수 있다. 선정된 해결책은 비용대비 효과적이고, 종합적이며, 체계적이어야 한다. 즉, 해결책은 수행문제로 인해 발생하는 비용보다 더 많이 예산을 절감하거나 더 많은 수익을 창출해야 하고, 조직의 전반적인 문제를 다루고 있어야 한다.

### 4) 실행과 변화관리

해결책이 선정되고 설계가 끝나면 이를 실행에 옮겨야 한다. 효과적으로 해결책을 실행하기 위해서는 커뮤니케이션, 네트워킹, 협력체제 구축, 인력개발 활동, 변화관리, 프로세스 컨설팅 등이 필요하다(Van Tiem et al., 2004). 새로운 해결책이 조직에 적용되는 과정에서 갈등과 저항을 최소화하기 위해서는 효과적인 커뮤니케이션, 네트워킹, 협력체제 구축이 필요하다. 인력개발 활동으로는 교육프로그램, 직무보조물, 멘토링과 같은 전략이 활용된다. 변화관리는 조직의 문화 및 구조와 관계가 있고 다양한 핵심 이해관계자 집단을 포함하기 때문에 어려운 과정이다. 변화관리를 위해 구성원에 대한 리더십 개발이나 해결책 실행에 관한 프로젝트 관리가 필요하다. 프로세스 컨설팅은 조직을 재구조화하거나 직무를 대대적으로 재설계하기 위한 것으로 중앙집권적 접근을 하게 된다. 프로세스 컨설팅은 조직 수준의 대규모 수행성과 문제를 다룰 때 이루어지게 된다(Van Tiem et al., 2004).

### 5) 평가

평가는 ISD 모형과 마찬가지로 수행공학 모형의 전체 단계에서 지속적으로 이루어진다. 이 단계에서는 형성평가, 총괄평가, 확인평가의 세 가지 유형과 이러한 평가에 대한 평가로서 메타평가를 포함한다. 형성평가는 수행성과 분석 중에 시작하여 원인분석, 해결책의 설계와 실행 중에도 지속된다. 총괄평가는 해결책이 실행된 후에 그 효과성을 판단하기 위해 시행된다. 확인평가는 해결책이 일정기간 실행된 후 그 효과를 판단하기 위해 지식 또는 기능의 현업전이, 조직에의 영향, 투자회수효과(ROI) 등을 측정하게 된다(Van Tiem et al., 2004).

### 수행공학 모형의 의의

수행공학 모형은 조직에서 수행과 관련한 문제를 진단하고 처방하는 체계화된 절차와 방법으로 교육공학이 지향하고 있는 처방적이라는 특성과 ISD의 구조와 사고의 틀을 잘 반영하고 있다. 수행공학 모형에서 문제해결을 위한 처방으로 교수적·비교수적 해결책 모두가 고려되는 것을 볼 때, 기업교육을 담당하는 교육공학자에게 요구되는 역할은 더 이상 교육 프로그램의 설계자로 한정되기 보다는 성과 컨설턴트로의 변화를 요구하고 있다(정재삼, 2006; Rosenberg, 1996).

## 2. 기업교육 분야의 평가 모형

수행공학 모형은 형성평가, 총괄평가, 확인평가를 포함한다. 확인평가는 형성평가와 총괄평가를 넘어서 교육훈련에서 배운 기능의 현업적용, 조직차원의 성과, 그리고 투자회수효과 등 해결책의 효과를 확인하는 평가라고 할 수 있다(Dessinger & Moseley, 2004). 기업관점에서 본다면 경영층의 입장에서는 형성평가와 총괄평가보다는 교육을 통한 조직 수준의 변화에 보다 더 관심이 높을 것이고 따라서 교수설계자는 경영층의 요구에 대한 책무성을 가져야 한다(Rothwell, 1996).

### Kirkpatrick의 4수준 평가 모형

수행향상을 위한 확인평가에서 대표적으로 활용되고 있는 모형으로는 Kirkpatrick의 4수준 평가 모형이 있다. Donald Kirkpatrick에 의해 제안된 4수준 평가 모형은 1959년에 논문을 통해 발표된 이후 지금까지도 교육프로그램의 효과를 결정하거나, 수행공학 전문가들이 교수적 및 비교수적 해결책의 성과를 평가하는 데 많이 활용하는 대표적인 평가 모형이다(Klein, 2002). Kirkpatrick의 모형은 평가의 4수준 즉, 반응[reaction] 평가, 학습[learning]

평가, 행동behavior 평가, 결과results 평가를 포함하고 있다. 이 모형은 2016년에 보다 쉽고 체계적으로 적용될 수 있도록 [그림 13-2]와 같이 수정된 모형이 제안되었다.

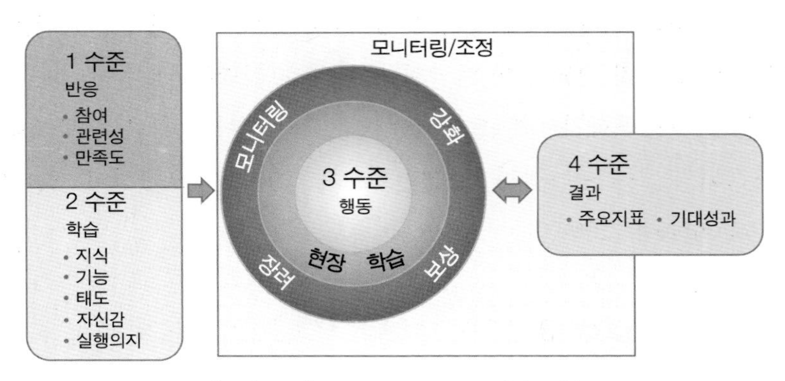


[그림 13-2] Kirkpatrick 4수준 평가 모형
Kirkpatrick J. D. & Kirkpatrick W. K. (2016). Kirkpatrick's four levels of training evaluation.

### 1) 반응 평가

반응 평가는 프로그램 또는 해결책에 대한 태도 및 인식과 관계되는 것으로 만족도, 참여도, 적합도의 세 영역으로 구성된다.

① 만족도: 교육 프로그램이 끝난 직후, 주로 설문조사나 인터뷰를 통해 교육내용, 교육방법, 교수자, 교수환경 등이 얼마나 만족스러웠는지 파악하는 것이다. 대학에서 학기말에 시행되는 강의평가와 유사하다.

② 참여도: 학습자가 학습경험에 적극적으로 참가하고 기여하는 정도로 학습자 개인의 책무성과 프로그램에 대한 관심도로 측정한다.

③ 적합도: 학습자가 교육 프로그램을 통해 배운 것을 활용하거나 적용할 수 있는 기회의 정도로, 아무리 훌륭한 교육 프로그램이라도 실제 업무에 적용할 수 없는 경우 낭비일 수 있다는 점에서 교육 프로그램의 가치에 있어서 중요하다.

이러한 반응 평가 결과를 통해 교수설계자는 프로그램의 개선점을 찾아 낼 수 있다는 장점이 있으나, 반응 평가가 학습자의 감정에 의존하고 있다는 점을 간과해서는 안 된다. Kirkpatrick(1996)은 반응 평가와 관련하여 학습이 일어나기 위해서는 학습자의 만족이 우선해야 한다는 점을 강조하면서도, 학습자의 만족도는 학습이 되기 위한 필요조건이지만 충분조건은 아니라는 점을 지적하고 있다. 반응 평가는 가장 쉽게 실행할 수 있어 대부분의 교육 프로그램의 평가에서 빠지지 않고 이루어지고 있으나, 프로그램의 효과를 입증하기에 충분한 평가는 아니다.

### 2) 학습 평가

2수준 학습 평가는 교육 프로그램 또는 해결책을 통해 참여자의 태도가 변화하거나 지식이나 기능의 향상이 이루어졌는지를 확인하는 것과 더불어 자신감과 몰입도를 포함한다.

① 지식, 기술, 태도: 지식은 학습자가 특정 정보를 아는 정도이고, 기술은 특정 직무 혹은 과제를 수행할 수 있는 정도를 의미한다. 태도는 학습자가 교육 프로그램을 통해 배운 것을 실행하는 것이 가치가 있다고 믿는 정도이다.

② 자신감: 학습자가 교육 프로그램을 통해 학습한 것을 할 수 있을 것이라고 생각하는 정도를 의미한다. 교육 중 학습자에게 자신감을 북돋워주면 기대하는 직무 수행 능력에 다가갈 수 있다.

③ 실행의지: 학습자가 학습하는 동안 배운 것을 자신의 업무에 적용하려는 정도로 학습한 것을 사용하거나 수행하기 위해 노력해야 한다는 학습자의 동기와 관련된다.

학습 평가는 교육 프로그램의 설계에서 학습목표와 관련시켜 고려해야 하는데, 학습목표가 지식의 습득인지, 혹은 기능의 향상인지, 혹은 태도의 변화인지에 따라 학습 평가의 내용과 방법이 달라진다. 예를 들어 지식의 습득은 주로 지필 평가 형식으로 이루어지지만, 기능의 향상이나 태도의 변화는 지필 평가 보다는 실제 수행을 통한 평가가 진행되어야 한다. 학습 평가는 사전-사후 검사 또는 통제 그룹을 사용하여 교육효과를 정확히 확인해 내려는 노력이 필요하다.

### 3) 행동 평가

3수준 행동 평가는 교육 프로그램 또는 해결책이 종료된 후 학습자가 직무에 복귀해서 학습한 것을 현업에 적용하는지를 평가하는 것이다. 그래서 기업에서는 현업적용도 평가라는 용어를 사용하기도 한다. 최근 들어서는 현업 적용이 조직성과와 직결된다는 측면에서 이런 3수준의 행동평가가 강조되고 있다. 행동 평가는 결정적 행동, 추진 요소, 현장 학습을 포함한다.

① 결정적 행동: 기대하는 결과에 가장 큰 영향을 미치는 직무에서 일관되게 수행되는 특정 행동을 의미한다. 조직의 성공을 달성하기 위해 가장 중요한 것으로 확인된 행동이다.

② 추진 요소: 현장에서 결정적 행동의 수행을 강화하고, 모니터링, 장려, 및 보상하는 프로세스와 시스템이다. 예를 들면, 코칭, 직무보조, 성과급 등이 있다. 추진 요소는 교육 프로그램을 통해 학습한 것을 현업으로 전이시키는데 핵심적인 역할을 한다.

③ 현장 학습: 교육 후 학습자가 자신의 성과를 향상시키기 위해 계속해서 학습을 하는 것을 의미한다.

행동 평가는 주로 관찰을 통해 이루어지는데, 동료 혹은 상사의 관찰을 통해 행동의 변화 정도를 측정하게 된다. 새롭게 제시된 모델에서는 직무 수행 중에 이루어지는 학습을 강조하면서 교육훈련 이후에 업무로의 전이에 대한 책임감을 높이고 지속적인 학습을 강조하고 있다 (Kirkpatrick & Kirkpatrick, 2016). 행동 평가와 관련해서는 평가 시점에 대한 판단이 중요하다. 너무 이른 시기에 평가가 이루어지면 아직 교육 프로그램의 효과가 현장에 나타나지 않을 수 있고, 오랜 시간이 지난 뒤에는 교육 프로그램 외에 다른 요인들에 의한 영향이 더 크게 나타나게 된다. 일반적으로 교육 프로그램이 종료되고 3개월에서 6개월 사이를 적절한 시점으로 보고 있으나 교육 프로그램 및 해결책에 따라 그 시기는 다를 수 있다.

#### 4) 결과 평가

4수준 결과 평가는 교육 프로그램 또는 해결책의 효과성을 확인하는 과정으로, 해결책이 실질적으로 조직 성과에 어떤 기여를 하였는지를 결정하는 것이다. 결과 평가는 주요 지표와 기대성과를 포함한다.

① 주요 지표: 고객 만족, 직무 몰입, 판매량, 비용 절감, 시장 점유율 등 기대 성과에 긍정적인 영향을 미칠 수 있는 중요한 일들이 일어나고 있음을 시사하는 지표들이다.

② 기대 성과: 조직의 입장에서 실제 성과를 의미한다. 예를 들면 고객만족도가 중요한 지표이기는 하지만 조직의 최종 목적은 고객을 만족시키는 것으로 끝나지 않으므로, 판매량, 시장점유율 등 해당 조직의 최종목표가 되는 성과가 평가되어야 한다.

### Kirkpatrick의 4수준 평가 모형의 의의

앞에서 살펴본 바와 같이 Kirkpatrick의 4수준 모형은 수준이 올라갈수록 실천하기 어려워지고 많은 노력이 필요하다. 그러나 조직의 경영층에게는 높은 수준의 평가가 보다 유의미한 정보를 제공하고 있다. 앞으로 기업교육을 담당하는 교육공학자가 자신의 역할의 중요성을 조직 내에서 부각시키기 위해서는 높은 수준의 평가를 실행하여 교육훈련 프로그램이 조직성과에 기여하는 정도를 입증할 수 있어야 한다.

## 3. 기업교육의 주요 교육방법

기업교육의 패러다임은 이미 학습중심의 지식전달형 교육훈련에서 구성원의 성과향상을 통한 조직의 성과창출에 관심을 두고 실천중심의 교육방법과 일터에서의 학습workplace learning and performance이 강조되고 있다. 이러한 경향을 반영하여 지금부터는 실천학습learning by doing형의 교육방법인 액션러닝action Learning과 일터에서의 학습을 위한 실천공동체CoP: Community of Practice에 대해 소개하고자 한다.

### 1) 액션러닝

액션러닝은 '소규모로 구성된 한 집단이 기업이 직면하고 있는 실질적인 문제를 해결하는 과정에서 학습이 이루어지며, 이를 통해 각 집단 구성원은 물론 조직 전체에 혜택이 돌아가도록 하는 일련의 과정이자 효과적인 프로그램'(Marquardt, 2004, p. 2)이라고 할 수 있다. 이 액션러닝은 창시자라고 할 수 있는 Revans(1982)의 '실천 없이 학습 없고 학습 없이는 실천도 없다'는 가치와 실천공동체를 주창한 Senge(1990)의 학습능력 즉, 학습하는 방법을 학습learng how to learn하는 능력의 중요성을 포괄하는 개념이다.

#### 액션러닝의 특징

액션러닝의 주요 특징은 다음과 같다(박수홍, 안영식, 정주영, 2010).

① 교육과 업무가 연계되어 함께 이루어진다는 점이다. 기존의 집합식 교육프로그램과는 달리 교육을 위해 업무현장을 떠나지 않아도 된다.

② 조직이 직면하고 있는 실제 문제를 기반으로 학습이 진행된다.
③ 그 문제와 관련하여 정보와 지식을 보유하고 있는 전문가가 조직 내에 존재한다.
④ 문제해결과 실천이 일원화된다는 점에서 일과 학습, 이론과 실제, 교육과 경영을 연결한 적시형 학습Just-in-time Learning의 대표적 유형이다.

〈표 13-1〉 액션러닝과 전통적 교육방법과의 차이 (유영만, 1995)

| 측면 | 액션러닝 | 전통적인 교육방법 |
|---|---|---|
| 패러다임 | 수요자 중심의 학습<br>(학습활동의 중요성) | 공급자 중심의 교수<br>(강사의 상대적 우월성) |
| 철학 | 문제 상황에 직면하고 있는 내부 구성원 모두가 전문가 | 문제 상황에 대한 전문적 지식을 가지고 있는 소수의 외부 전문가 |
| 이론과 실천 관계 | 이론과 실천의 통합 | 이론과 실천의 분리 |
| 교수-학습전략 | 참여식 | 주입식 |
| 적합한 영역 | 일반적 경영관리 능력 개발 | 전문적 지식 및 기술에 대한 집중적인 단기간 훈련 |
| 교육생의 역할 | 적극적 참여자 | 수동적 지식의 흡수자 |
| 강조점 | 현장 중시의 비구조적 문제 또는 기회의 해결 및 발견 | 현장과 관련이 적은 전통적인 내용 중시 |
| 교육과 경영의 관계 | 경영성과 기여도의 극대화<br>교육전략=경영전략 | 교육을 위한 교육<br>교육전략≠경영전략 |

유영만(1995)은 액션러닝과 기존 교육프로그램과의 차이를 패러다임, 교수-학습전략 등 여덟 가지 측면에서 구분하여 〈표 13-1〉과 같이 제시하고 있다. 액션러닝은 전통적인 교육방법과 비교했을 때 수요자 중심의 참여식 교육방법으로 이론과 실천의 통합을 통해 경영성과를 높일 수 있는 교육전략이라고 할 수 있다.

## 액션러닝의 구성요소와 절차

액션러닝의 구성요소는 [그림 13-3]과 같이 실제과제, 학습팀, 러닝코치, 학습의지, 실행의지, 질의 및 성찰 과정의 여섯 가지이다.

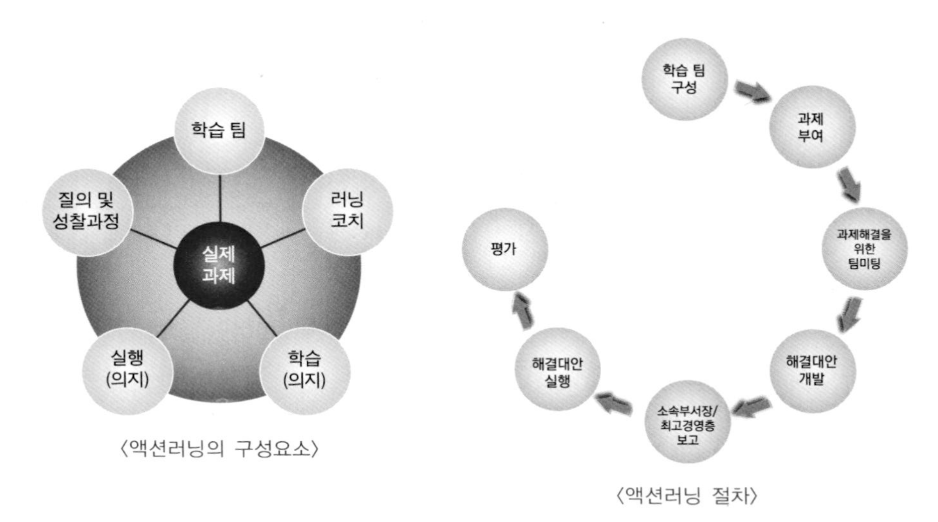


[그림 13-3] 액션러닝의 구성요소와 절차

한국액션러닝협회에서 제시한 액션러닝의 과정은 다음과 같다([그림 13-3] 참조).

① 4~8명으로 구성된 학습팀을 구성한다.

② 부서 또는 전사가 해결해야하는 중요하면서도 비구조화된 과제를 부여한다.

③ 해결대안을 개발하기 위해 여러 번의 팀 미팅을 진행한다. 이때 러닝 코치가 팀 미팅에 동참하여 과제해결에 대해 토론하고 성찰하는 과정을 촉진하게 된다.

④ 학습팀은 해결대안을 개발하고, 이에 대해 토론과 성찰의 과정을 통해 학습이 자연스럽게 이루어진다.

⑤ 해결대안이 개발되면 이를 소속부서장이나 혹은 최고 경영층에게 보고하고, 최고 경영층의 의사결정에 따라 실행에 옮기게 된다.
⑥ 실행에 대한 결과 평가를 통해 해결대안의 경영성과를 판단한다.

### 2) 실천공동체CoP: Community of Practice

기업교육의 관점에서 실천공동체는 동일한 문제나 주제에 관한 전문성과 열정을 공유하기 위해 지속적으로 상호작용하면서 해당 분야에서 자신의 지식과 전문성을 높이려고 하는 사람들의 모임으로 정의할 수 있다(Wenger, McDermott, & Snyder, 2002). 실천공동체는 영역, 공동체, 실천이라는 다음의 세 개 핵심요소로 구성된다.

① 영역domain: 구성원들의 공유된 관심사에 초점을 두고, 공동체의 가치와 목적을 제공한다.
② 공동체community: 학습의 사회적 조직이며, 이를 통해서 상호 존중, 호의, 신뢰 및 공동체 정체성이 밀접하게 관련되어 소속감을 촉진하는 대인 간 관계가 구축된다.
③ 실천practice: 지식을 가동하고, 비판적 성찰을 활성화하고, 사회적 정체성을 촉진하는 엔진이다. 실천은 '특정 영역에서 일련의 사회적으로 정의된 방법으로 어떤 일을 행하는 것을 보여준다: 활동, 의사소통, 문제해결, 수행과 책무성을 위한 기반을 창출하는 일련의 통상적인 접근법과 공유된 표준'(Wenger, McDermott, & Snyder, 2002, p. 38)이다.

구성원들이 자신의 지식을 구성할 수 있도록 암묵적이고 명시적인 지식과 경험을 공유하는 것은 구성원들에게 있어 중요하다. Lave와 Wenger(1991)는 이처럼 CoP에서 일어나는 학습을 초심자가 전문가와 상호작용하면서 공동체의 관습, 언어, 직무 등을 학습하면서 점진적으로 정규 구성원이 되어가는 것 즉, 공동체로의 사회화의 한 형태라고 제안한다.

기업에서 운영되는 CoP의 예는 [그림 13-4]와 같이 공동의 관심사를 갖는 직원들이 학습팀을 구성하고, 학습팀의 학습과정을 안내하고 도와주는 러닝코치로서 해당 분야의 전문가가 함께 참여한다. 또한 학습팀이 학습의 결과물로 산출하는 업무개선 혹은 사업 기획 등을 업무에 적용할 수 있도록 권한을 부여할 수 있는 경영층이 스폰서의 역할을 담당한다. 연수부서는 이러한 CoP의 과정이 원활히 이루어질 수 있도록 학습팀의 구성, 러닝코치 섭외, 스폰서 연결 등의 지원업무를 담당한다.

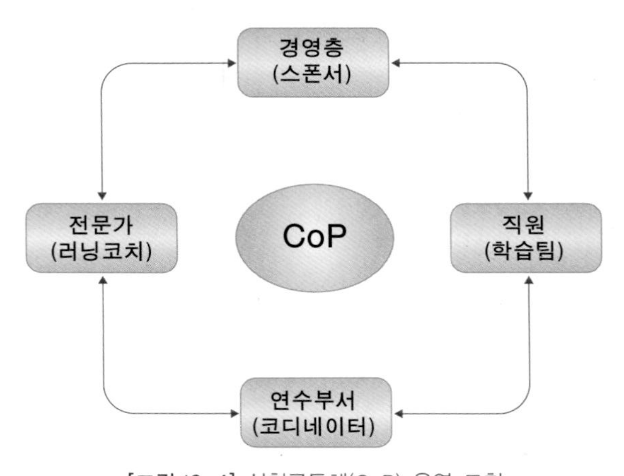


[그림 13-4] 실천공동체(CoP) 운영 모형

최근 들어서는 발전된 네트워크 기술을 활용하여 실천공동체의 모임 형식에 대한 제한이 자유로워지고 있다. 예를 들어, 기업들은 오프라인 모임을 중심으로 운영해 오던 CoP를 사내 인트라넷을 활용하여 온라인에서도 진행할 수 있도록 하여 물리적 거리의 한계를 극복하고 있다. 즉, 국내 각 지역뿐만 아니라 해외에서 근무하고 있는 직원들도 참여가 가능하고, 활동과정에서 생성되는 산출물들이 시스템에 자동으로 축적되고 있는 이점도 있다. 네트워크 기술을 활용해 구성원들 간의 연결성을 촉진시켜 유의미한 정보와 지식의 습득을 보다 용이하게 할 수 있게 되었다.

## 제 2 절
# 대학교육과 교육공학

사회, 정치, 경제, 문화를 포함하는 모든 분야에 막대한 영향을 미치는 4차 산업혁명으로 인해 사회가 요구하는 인재상에 변화가 일어나고 있다. 창의력, 통찰력, 문제해결력, 자기주도성, 사회성 등이 부각되는 것을 감안할 때 대학교육은 창의성을 촉진하는 교육, 통찰력 있는 사고를 배양하는 교육, 문제해결을 위한 맞춤형 학습의 요구에 부응하여 변화를 추구할 필요가 있다. 이에 따라 대학의 교육혁신 요구가 커지면서 미래를 준비하는 데 적합한 고등교육 콘텐츠와 혁신 교수법에 대한 고민이 커지고 있다. 이런 맥락에서 최신방법과 테크놀로지를 체제적이고 융합적으로 활용하는 교수학습 전략과 모형을 요구하게 되었고 학습의 디지털화^digital transformation of learning^는 시대가 요구하는 비판력과 분석 능력을 향상시키는 데 필연적으로 요구되는 전략으로 기대를 받고 있다(이인숙, 2018).

다양한 영역에서 이루어지고 있는 대학의 노력 중에서 특히 교육공학의 전문성을 발휘하고 있는 분야는 학습자중심과 학습접근성을 높이는 테크놀로지 기반의 콘텐츠 제공과 교수학습지원 업무를 담당하는 조직 서비스이다.

## 1. 학습접근성을 높이는 학습테크놀로지

### 1) 플립러닝^Flipped Learning^

고등교육 분야에서 학습자들의 자기주도적, 문제중심, 활동중심 교수학습을 지원하는 혁신 교수법으로서 문제기반학습(PBL), 플립러닝의 확산이 두드러지고 있다. 그 중에서 플립러닝은 PBL까지도 융합할 수 있는 '학습의 디지털화' 접근법으로서 최근에 부각되고 있다.

플립러닝은 '가르치는 활동이 집단공간에서 개인공간으로 이동하고, 그 결과로 집단공간인 교실에서 교수는 학생들이 사전강의에서 배운 개념을 적극적으로 분석, 성찰하고 창의적으로 활용할 수 있도록 개인 탐구, 협력 활동을 지원 해주는 교수 학습모형'이다(이인숙, 2018). 지금까지 운영된 고등교육분야 플립러닝의 사례에서 빈번히 발견되는 문제는 온라인 학습과 오프라인 활동의 유기적 연계성의 결여이다(이인숙, 2018; Butt, 2014; Strayer, 2012). 교실 밖과 교실 안의 학습요소들을 잘 융합하는 것은 교수자에게 추가적인 역량을 요구하므로, 대학기관 차원에서 교수의 수업준비, 수업운영, 추후활동에 관련된 과부하를 최소화할 수 있는 수업운영 모형을 개발하여 제공하는 것도 대학기관 차원의 전략일 것이다.

## 대학교육을 위한 '플립러닝 수업설계 및 운영 모형'

다음은 2018년도에 S대학에 제안한 '플립러닝 수업설계 및 운영 모형'(이인숙, 2018)이며, 교실수업 전, 교실수업, 그리고 교실수업 후의 활동에 계획할 때 참고하여 반영할 수 있는 요소들을 담고 있다.

〈표 13-2〉 교실수업 전의 수업활동 전략

| 학습활동 유형 | 주요 설계 원칙 |
|---|---|
| (필수)<br>사전강의 시청 | 목적: 교실수업에 활용한 이론 학습<br>- 미리 학습할 내용(동영상, 그림, 교재 등 수준에 맞게 재구성)<br>- 시청시간 3학점 기준 주당 20-30분 전후<br>- 1클립은 10분-15분 정도 단위로 잘라서 녹화(그러나 한 클립은 단위수업으로서 충분히 마무리 될 수 있는 내용을 담도록, 즉 너무 부분적인 내용에 그치지 말고 계획한 특정 하위 학습목표를 마무리할 수 있는 내용을 포함)<br>* 가능하다면 강의내용을 문자 captions로 제공(외국학생 등 소수자 배려) |

| 학습활동 유형 | 주요 설계 원칙 |
|---|---|
| (선택활동)<br>핵심 요약 | **목적: 알게 된 것과 모르는 것을 구분하기 위해**<br>- 알게 된 내용 요약하기<br>- 노트정리를 위한 기본틀/항목을 학생들에게 제공하는 것이 바람직함 |
| (선택활동)<br>질문거리 정리<br>사례분석 활동 | **목적: 알게 된 것과 모르는 것을 구분하기 위해**<br>- 필요하다면 학습자가 강의시청 후 질문거리를 만들어내는 활동 대신 교수자가 (교실수업 활동에 연계되는) 생각거리나 질문을 강의시청하기 전에 학습자에게 제시하고 강의를 시청하게 함<br>- 필요하다면 강의를 시청한 후에 교수자가 미리 만든 질문거리를 학습자에게 제시하고 생각해오게 함<br>- 필요하다면 질문거리 정리활동 대신 강의에서 제공한 개념이 제대로 적용된 사례와 잘못된 사례를 제공하고 판단해보고 교실수업에 오게 함 |
| (선택활동)<br>퀴즈참여 | **목적: 알게 된 것과 모르는 것을 구분하기 위해**<br>- 강의에서 제공한 개념을 학습했는지를 평가(3-5문제)<br>* 핵심요약, 질문거리정리나 사례분석을 충실히 진행했고 해당 주차의 학습목표 특성이 적절할 경우 개념 확인용 퀴즈는 생략 가능 |
| (선택활동)<br>질문 | **목적: 교실수업 참여 독려용으로 사용**<br>- 사전학습 시간이 과하지 않은 주에, 학습자들의 사전 질문이 있는 경우 SNS 등을 활용하여 질문을 미리 받아 수업 중에 활용함<br>- 질문에 대한 (교실수업 전에) 응답활동은 최소화하기(교수의 업무 과부화) |

사전학습의 준비와 운영 시 몇 가지 참고 사항은 다음과 같다.

첫째, 3학점 기준 60분 전후 활동으로 계획한다.

둘째, 제작 동영상 강의가 추세이나 적합성이나 상황에 따라서는 오디오형태의 강의, 아날로그형 강의노트, 인쇄형 자료도 가능하다.

셋째, 이미 인터넷에서 가용한 다양한 (강의) 동영상은 계획한 학습목표와 시청시간을 고려하여 편집이 필요하다.

넷째, 사전강의 시청은 필수 학습활동이며 다른 선택활동은 교과목의 특성, 해당 주차의 목표, 교수자의 선호도, 학습자의 특성, 가능한 교수지원 상황에 따라 한 개 이상을 선택적으로 활용할 수 있다.

다섯째, 퀴즈앱, 그리고 자동집계, 분석도구를 활동한다면 평가활동이 효율적일 것이다.

〈표 13-3〉 교실수업 및 사후 활동 전략

| | 단계 | 학습활동 유형 | 주요 설계 원칙 |
|---|---|---|---|
| 교실 수업중 | 도입 | (선택활동) 사전 퀴즈 | **목적: 교실수업 활동에 필요한 이론과 관련 지식을 상기하기 위해**<br>- 사전 강의의 내용을 이해하지 못했거나 잘못 이해한 내용을 확인하기<br>- 교실수업 전과 교실수업을 연계해주는 전략으로 가장 대표적인 교수전략임<br>- 수업전 퀴즈의 검토/해설 활동도 필요시 활용<br>- 핑퐁, 클리커, 소크라테스, Learning Catalytics와 같은 앱 활동 가능 |
| | | (선택활동) 미니강의 | **목적: 교실수업 활동에 필요한 이론과 관련 지식을 상기하기 위해**<br>- 수업을 본격적으로 시작하기 전에 사전강의 내용을 전체적으로 정리할 필요가 있을 경우<br>- 사전강의에 포함되지 않은 추가적 내용 설명이 필요한 경우 |
| | 전개 | 사전강의 내용(핵심 지식, 절차, 원리 등)을 활용, 적용하는 활동 | 본 수업 활동의 예<br>- 그룹토론<br>- 공개토론(symposium, panel discussion, roundtable 등)<br>- 시범/demo (절차, 원리작동 등의)<br>- 사례분석, 사례수정, 사례완성, 사례설계 활동<br>- 개별 문제풀이+그룹 검토 + 동료 가르치기<br>- 에세이/기획안/작문 활동 + 개별/팀별 교수자의 피드백 지도<br>- 동료 가르치기(peer teaching)<br>- 주제초청강사<br>- 역할극(role play)<br>- 게임(game)<br>- 현장견학<br>- (기획, 설계, 개발, 평가 등의 과정을 거치는) 프로젝트수행 (주로 학기 후반부에 여러 주를 걸쳐 진행 가능성이 높음)<br>- 미니강의 (교실수업중 활동을 통해 학습한 후, 관련하여 추가 학습이 필요한 내용이 있는 경우) |

| 단계 | 학습활동 유형 | 주요 설계 원칙 |
|---|---|---|
| 마무리 | (선택활동) 확인 퀴즈<br><br>혹은<br><br>마무리용 미니강의/ 요약정리 | - 필요시에 전개 단계 활동 후의 마무리 활동으로서의 퀴즈 활동<br>* 핑퐁, 클리커, 소크라테스, Learning Catalytics와 같은 앱 활용을 통한 효율성 높이기<br><br>- 필요시 수업내용을 종합적으로 요약, 정리 |
| 수업 후 | (선택활동) 우측의 다양한 활동 중 선택 | 다음 활동을 필요에 따라 선택적으로 활용 가능<br>- 교실수업 주요 주제에 대한 추가 토론이나 비평 활동<br>- 교실수업 중 마무리 하지 못한 활동 진행<br>- 소과제를 학생들이 진행하는 시간<br>- 교수가 학생에게 추가로 할 공지, 수업중 발생한 의문점에 대해 부연설명이나 피드백 제공 |

교실수업을 운영시 특히 교수자가 유념할 사항은 다음과 같다.

첫째, 사전강의 내용(핵심 지식, 절차, 원리 등)을 활용, 적용하도록 하는 전략이 중요하다.

둘째, 교수는 토론주제, 활동문제, 분석할 사례, 활동지, 프로젝트 개발, 평가지 등을 사전에 충실히 개발해야 한다.

셋째, 교수의 역할로서 학습활동 모니터링은 중요하다. 즉 팀별활동 관찰, 팀별 활동상황에 따라 사전강의에 포함되었던 내용과 연계한 설명 등을 염두에 두어야 한다.

넷째, 최대한 워크숍(workshop), 실습(hands-on)활동, 협력활동 등을 운영하도록 노력한다.

다섯째, 학습자가 수업활동에 몰입할 수 있는 동기유발 전략과 관련 교수자료를 활용하는 것이 중요하다. 팀 활동 시에는 개별 학습자가 적극적으로 참여하도록 유도하는 전략을 고려해야 한다.

## 플립러닝 운영을 위한 지원 서비스 확대

최근 각 대학의 교수학습지원센터 (CTL)은 교수자가 강의녹화 및 수업설계나 운영과 관련된 새로운 역량이 필요하여, 교수자의 부담이 가중되는 문제가 발생(Educuase, 2012)하므로 녹화시설, 녹화전문가 지원, 강의녹화 및 수업설계 교육, 콘텐츠제작 툴 등을 제공하고 있다.

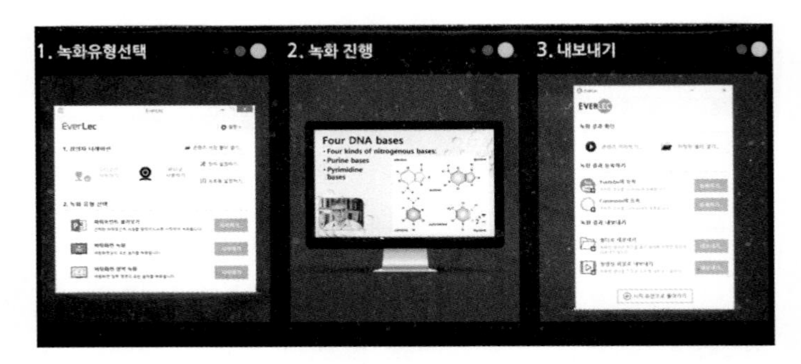


[그림 13-5] 플립러닝 강의제작도구의 예
http://support.xinics.com/support/index.php?mid=EverLec

[그림 13-6] 스튜디오에서 제작한 플립러닝 사전강의 사례

### 2) 대학 공개강의 서비스(KOCW, Korea OpenCourseWare)

교육부 출연기관인 한국교육학술정보원이 2007년 12월에 40개 대학의 150여 개 강의 콘텐츠에 대한 메타데이터 통합검색 서비스를 시작으로 시범사업을 시작하면서 확대 운영되고 있는 KOCW는 **'고등교육 교수학습자료 공동활용체제'**라는 다소 복잡하고 긴 공식 명칭을 가지고 있다 (http://www.kocw.net/). OCW(OpenCourseWare)는 '학습자들이 교육 및 학습 등에 활용할 수 있도록 공개적으로 제공되는 무료의 교수/학습자료'를 의미하는 데 한국의 대표적인 OCW로서 대학 공개강의(KOCW)는 국내 고등교육 이러닝 강의 동영상과 강의자료를 가장 많이 보유하고 있는 플랫폼으로 인정되고 있다.

[그림 13-7] KOCW 초기화면 및 모바일 서비스 화면

공개대학강의 서비스는 2019년 12월 기준 27,230편이며 (https://www.keris.or.kr/), 교수자의 교수학습 지원 및 이용자의 강의 콘텐츠 접근성·편의성을 위한 강의 클립(분절) 기능 개발로 학습자가 원하는 특정 강의 구간을 설정하여 저장 및 이용할 수 있다. 스마트폰, 태블릿PC 등 모바일을 통해서도 서비스를 제공하여 학습자의 접근성을 높여주고 있다.

KOCW는 기본적으로 대학이 제공하는 무료공개 강좌와 자료들이지만 수혜자는 대학생에 제한되는 것이 아니라 중고등학생, 퇴직자까지도 포함함으로써 '평생교육'의 역할을 하고 있다.

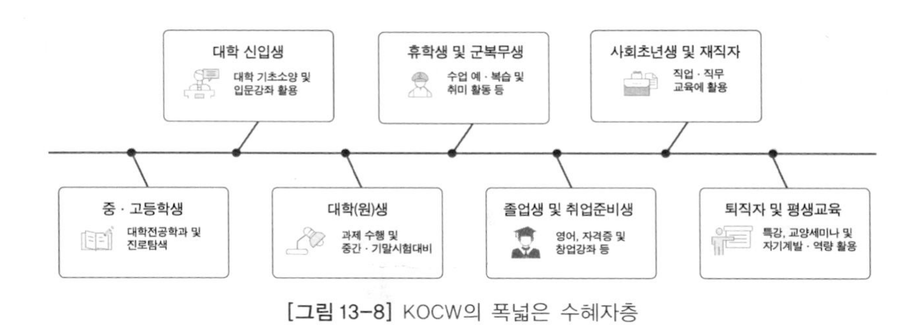


[그림 13-8] KOCW의 폭넓은 수혜자층

### 3) K-MOOC (http://www.kmooc.kr/)

한국형 온라인공개강좌(Korean Massive Open Online Course, K-MOOC) 사업은 '대학의 교수학습방법을 혁신'하고 '고등교육의 기회 균형을 실현'할 뿐 아니라, 평생학습 기반을 조성하여 일반 국민 대상의 열린 고등교육 체계를 마련하는 데 목적을 두고 있다. 2015년에 시작된 K-MOOC 사업은 10개의 무크선도대학에서 개발한 27개 강좌 운영을 시작으로 2018년에 이르면 무크선도대학 강좌, 묶음 강좌, 분야지정 강좌와 타 대학재정지원사업과 연계된 강좌, 기관 자체 재원 강좌 등 자율참여강좌를 포함하여 총 510개, 2019년에는 총 745개로 증가되어 제공되고 있다.

#### K-MOOC 제공 현황

현재 K-MOOC은 분야별 강좌, 묶음강좌, 학점은행과정으로 나뉘어 강좌 찾기가 가능하다([그림 13-9] 참조).

[그림 13-9] K-MOOC 초기 화면

[그림 13-10] KMOOC 분야별 강좌 검색 화면

K-MOOC 운영 개요

1) 교수학생 간 질의·응답, 토론, 퀴즈, 과제 피드백 등의 학습관리, 학습 커뮤니티 운영 등 교수-학습자 간, 학습자-학습자 간 양방향 학습, 강좌 운영 지원 인력인 교육조교TA : Teaching Assistant의 활용이 가능하다.
2) K-MOOC 참여대학을 중심으로 정규학점 인정을 확대하고 있다.
3) 학습자에게 적극적이고 지속적인 학습 유인가를 제공하기 위하여 다수의 대학이 K-MOOC 강좌를 학점인정 혹은 플립드러닝 강좌로 활용하고 있다.
4) 평생교육 차원에서 K-MOOC 강좌를 수강하면 학점은행제의 학점으로 인정받을 수 있다.
5) 공무원 및 교원 교육훈련용으로 활용을 확대하고 있다. 전국 초·중등 교원 직무연수 활용을 위해 K-MOOC 운영센터의 연수기관 지정, 플랫폼 교원연수 전용페이지 구성 등을 지원하고 있다.

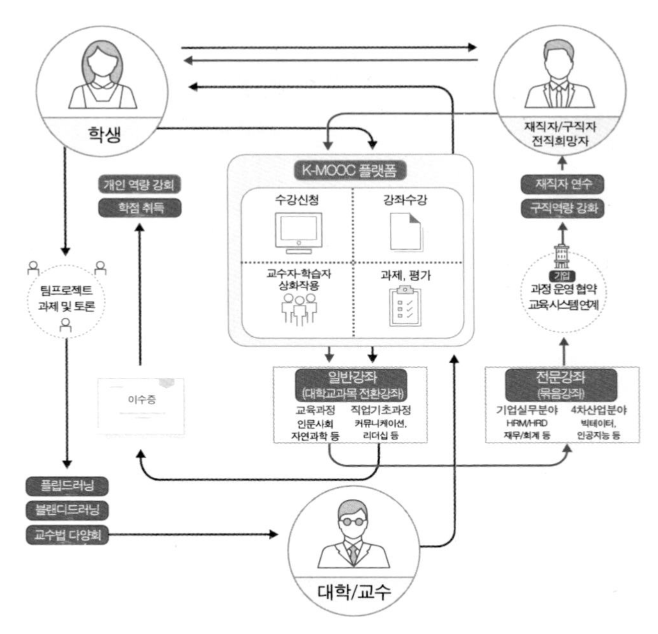


[그림 13-11] K-MOOC 사업의 운영 개요

## 2. 교수학습지원 전문조직

대학교육의 혁신에서 교수의 강의역량 향상과 학생들의 학습능력을 높이는 것은 무엇보다도 중요한 요인으로 주목받고 있다. 이를 달성하기 위해 교육공학의 역할이 중요하게 발휘될 수 있는 **교수학습지원 전문조직**의 설립과 운영이다.

일반적으로 CTL(Center for Teaching and Learning)으로 불리는 이 조직의 명칭은 국내의 경우 통일되기보다는 교수학습개발센터, 교수학습개발원, 교수학습지원센터, 교수학습센터, 교수학습연구원, 교육개발센터, 교육개발원 등 해당 대학이 지향하는 방향과 규모에 따라 약간의 차이가 있다.

아래 그림에서 잘 나타나 있듯이 각 대학의 교수학습지원 전문조직의 명칭은 상이하여도 기본적으로 크게 세 분야에서 대학 구성원들을 위한 서비스를 제공하고 있다.

첫째, 교수의 역량 강화를 위한 서비스

둘째, 학습자의 학습역량 강화를 위한 서비스

셋째, 교수-학습 혁신을 위한 테크놀로지 지원

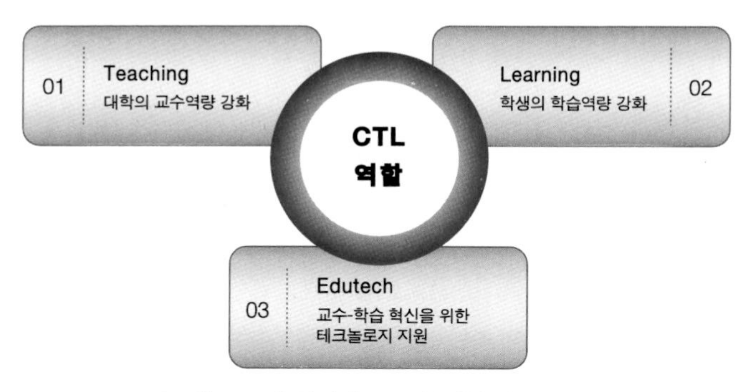


[그림 13-12] 상명대 CTL의 역할 제공 화면

**교수의 역량 강화를 위한 서비스:** 많은 대학들이 공통적으로 제공하고 있는 서비스는 다음을 포함한다.

- 강의 계획 및 교수법 특강/세미나/워크숍
- 교수를 위한 마이크로티칭(강의비디오 촬영, 자가진단, 전문가 피드백 제공)
- 교수학생 상호작용 활성화 수업지원
- 플립러닝 /PBL 지원
- 수업컨설팅
- 교수법 자료 제작 및 제공
- 교육역량진단
- 강의 질관리를 위한 강의진단 및 강의개선보고서, 강의평가개선지원 등

**학습자의 학습역량 강화를 위한 서비스:** 많은 대학들이 공통적으로 제공하고 있는 서비스는 다음을 포함한다.

- 학습법 특강, 워크숍
- 학습커뮤니티 지원
- 발표 클리닉
- 학습상담
- 학습법 자료 제작 및 제공
- 학습역량진단

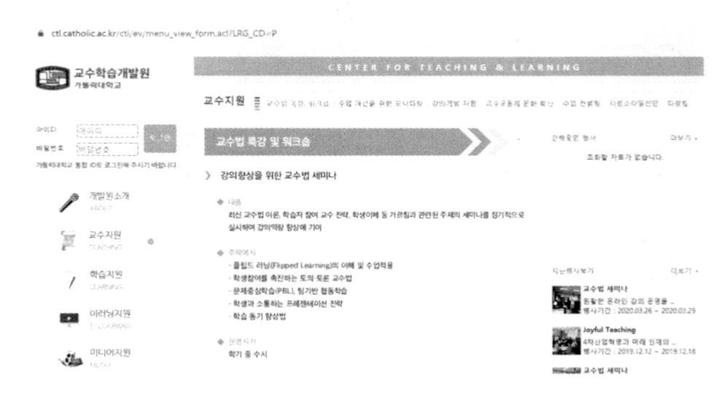


[그림 13-13] 가톨릭대학교 교수학습개발원 주요업무

**교수-학습 혁신을 위한 테크놀로지 지원:** 많은 대학들이 공통적으로 제공하고 있는 서비스는 다음을 포함한다.

- 이러닝 플랫폼 제공
- 촬영시설 제공
- 이러닝콘텐츠 제작 제공
- K-MOOC

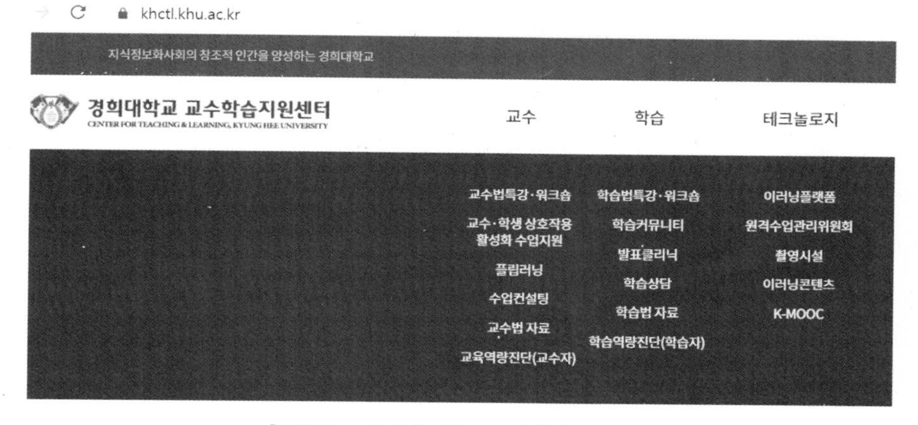


[그림 13-14] 경희대학교 교수학습지원센터

## 제 3 절
# 평생교육과 교육공학

정보와 기술의 변화 속도가 매우 빠른 현대 사회에서 전통적인 학교의 형식 교육만으로는 인간 생애전반에 걸친 배움의 요구를 충족시키기 어렵다. 지속적인 자기개발과 평생학습에 대한 요구가 높아짐에 따라 평생교육의 중요성이 부각되고 있으며, 평생교육에 있어 교육공학은 중요한 역할을 한다. 평생교육의 대표 기관인 박물관에서 이루어지는 디지털교육과 메이커스페이스에서 이루어지는 메이커 교육에서 학습자를 지원하는 데 어떻게 교육공학이 기여할 수 있는지 살펴본다.

## 1. 박물관 디지털교육

### 1) 박물관 디지털교육의 정의와 의의

박물관의 대표 기능은 작품 전시뿐만 아니라 관람객 교육을 포함하며, 국·공·사립 박물관, 미술관에서 어린이, 청소년부터 성인 대상의 전시 연계 교육이 활발하게 이루어지고 있다. 그 중에서도 디지털 테크놀로지를 이용한 박물관 디지털교육은 국내·외에서 빠르게 확산되고 있다. 미국에서 매해 기술의 교육적 활용에 대한 전망을 제시하는 '호라이즌 리포트'Horizon Report에 따르면 앞으로 박물관의 기능이 디지털기술을 활용하여 전시물과 상호작용하는 체험형 전시와 교육으로 발전할 것이라고 전망하였다(New Media Consortium, 2016). 국내 문화체육관광부는 박물관의 디지털교육에 대한 예산을 증액하고 국립중앙박물관 '실감체험관 조성사업'을 시작으로 국립중앙도서관, 국립현대

미술관, 국립민속박물관 등으로 확대하고 박물관이 상호작용에 기반한 유의미한 체험의 장이 될 수 있도록 투자하고 있다(문화체육관광부, 2019).

**박물관 디지털교육**은 학습자가 디지털기술을 활용하여 자기주도적으로 온라인과 오프라인에서 박물관의 전시물과 연계된 학습활동에 참여함으로써 지식, 기술, 태도를 함양하는 교육을 의미한다. 박물관 디지털교육은 온라인, 면대면, 온-오프라인 혼합 학습환경에서 학습자의 창의적 사고, 심미적 감성, 공동체 역량 등을 함양시킬 수 있다. 디지털기술은 학습자가 박물관에서 활동하고 참여하는 범위를 확장시키며 전시물과 풍부한 상호작용를 촉진하고 전시 맥락과 전시물에 대한 깊이 있는 이해를 지원한다(조영환 외, 2019).

### 2) 박물관 디지털교육 사례

대한민국 공립 박물관인 전쟁기념관의 '특명! 전쟁 역사 속 숨은 영웅을 찾아라'는 관람객이 스마트폰에 관련 앱을 설치하고 영웅을 찾는 테마를 선택하여 제시된 경로를 따라 박물관 곳곳의 전시물을 탐험하고 미션을 해결하며 목표를 달성하는 체험형 게임이다. 이 교육 프로그램에 사용된 기술로는 가상의 물체나 배경을 덧대어 나타나게 하는 증강현실[augmented reality], 단계별 미션게임을 제시하는 모바일 어플리케이션, 각종 센서와 카메라, 인터넷이 연결된 스마트패드 등이다([그림 13-16] 참고). 시카고미술관[The Art Institute of Chicago]은 관람객이 져니메이커[JourneyMaker]라는 모바일앱을 통해 원하는 주제대로 맞춤형 관람경로와 활동을 계획하고 결과물을 만드는 전시물 관련 스토리텔링과 체험형 학습을 제공한다. 호주박물관도 호주역사 속 탐험가에 대하여 웹사이트를 통해 공부하고 박물관을 방문하여 Trailblazers Kids라는 모바일앱과 근거리 무선통신 장치인 비콘[Beacon] 기술을 통해 학습자가 탐험가의 역할을 수행하며 박물관 곳곳에서 필요한 물건을 수집하는 과정에서 흥미롭게 전시물을 체험할 수 있게 하였다. 미국 클리브랜드미술관은 동작인식기술을 활용하여 손과 팔을 붓처럼 사용하여 독창적인 예술품을 만들고 'ArtLens Studio'를 이용하여 소장품의 이미지를 자유롭게 편집하여 디지털 콜라주를 만들어 창작품을 '#ArtLens'에 공유하도록 지원한다.

또한 첨단 디지털 기술 활용함으로써 박물관을 직접 방문하지 않고도 전시물을 감상할 수 있는 온라인 전시관을 운영하여 지역과 계층의 경계를 허물고 학습의 기회를 확장하여 박물관 교육의 공공성을 강화시킬 수 있다. 예를 들어, 영국의 자연사박물관의 경우, 가상현실로 구현된 'Hold the World' 가상전시관에 접속하여 가상 도슨트docent와 상호작용하며 개인 속도에 맞춰 전시물을 관찰, 탐구할 수 있다. 미국 스미소니언박물관의 'Learning Lab' 웹사이트는 전시물을 열린교육자료Open Educational Resources형태로 제공하여 학습자의 접근과 검색, 저장, 재구성, 탐구 학습을 지원한다.

**[그림 13-15]** 전쟁기념관 전쟁 역사 속 숨은 영웅을 찾아라 활동 사진 (전쟁기념관 블로그)

**[그림 13-16]** 클리브랜드미술관의 제스처인식기반 ArtLens

[그림 13-17] 영국 자연사박물관의 가상현실기반 인터랙티브체험

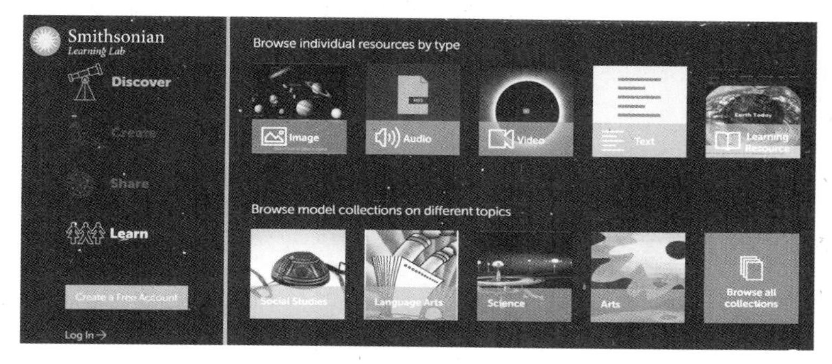


[그림 13-18] 스미소니언 러닝 랩

### 3) 박물관 디지털교육과 교육공학의 역할

박물관 방문자들의 학습경험과 박물관 교육환경을 설계하는 데 있어 교육공학 전문성에 대한 요구가 늘어나고 있다. 첨단기술의 도입만으로 학습효과를 기대할 수 없고 유의미한 학습경험으로 연결될 수 있도록 이론과 연구에 기반한 학습자중심의 전시연계 교수학습을 설계, 개발할 필요가 있기 때문이다(강인애, 임병노, 박정영, 2012).

이은배와 최서연(2020)은 박물관 디지털학습 설계원리를 도출하고 게이미피케이션 기반 박물관 디지털 학습 설계모형을 개발하였다. 이 모형은 구성주의(Hein,

2002), 맥락적 학습모형(Falk & Dierking, 2000), 자기결정성이론(Ryan & Deci, 2006)과 관람객과 교사의 요구를 반영하여 테크놀로지의 교육적 활용 관련 연구를 기반으로 개발된 것이다. 양연경(2014)은 박물관 교육에 에듀케이션과 엔터테인먼트를 혼합한 에듀테인먼트 모형을 발표하기도 하였다.

## 2. 메이커스페이스

### 1) 메이커스페이스의 개념

**메이커스페이스**Makerspaces의 개념은 '모든 연령대의 지역민이 디지털공간과 물리적 공간에서 아이디어를 탐색하고 정보와 기술을 공유하며 다양한 분야의 창작물을 만들어 내는 비형식 학습환경'으로 정의할 수 있다(Britton 2012; Dougherty 2012). 메이커스페이스는 유사한 개념으로 팹랩Fabrication Laboratory, 테크숍Tech Shops, 헤커스페이스Hackerspaces, 메이커 페어Maker Fairs 등으로도 불린다.

메이커스페이스를 이해하는 데 도움이 되는 다음과 같은 몇 가지 개념이 있다.

먼저, **메이커**Maker는 자신의 창의적인 아이디어를 실제로 구현하는 사람을 일컫는 말로서 인간은 도구, 악기, 집기, 음식 등 '만들기'를 원하는 본성을 가지고 있다는 'Homo Fabre'에 기원을 두고 있다.

둘째, **메이커 스페이스**Maker Space는 메이커들이 창작 활동을 할 수 있도록 지원하는 공간으로 개인이나 그룹 메이커들이 모여 서로의 아이디어를 공유하고 준비되어 있는 기계와 자원을 이용하여 시제품을 완성시켜 나가는 데 협력할 수 있다.

마지막으로, **메이커 운동**Maker Movement은 메이커들이 일상에서 창의적 만들기를 실천하고 자신의 경험과 지식을 공유하고 함께 발전시켜 나가려는 흐름을 말한다. 최근 창업과 시제품 제작에 대한 지원이 증가하면서 소규모 개인

제조창업이 확산되는 추세 역시 메이커 운동의 일부라고 할 수 있다. [그림 13-20]에서 보는 바와 같이 메이커운동에서 강조하는 만들라, 나누라, 주라, 배우라, 도구를 갖추라, 놀라, 참여하라, 후원하라, 변화하라를 모토로 하고 있다.

[그림 13-19] 메이커 운동의 정신
메이크올 웹사이트(makeall.com)

## 2) 메이커스페이스의 역사와 추세

**메이크 매거진 'Make:'** 2005년 집에서 취미로 만들 수 있는 여러 프로젝트를 소개하는 Do It Yourself 테크놀로지 매거진 '메이크 매거진(Make:)'이 창간되고 DIY 관련 정보와 노하우를 나누는 플랫폼(Instructables.com)이 생기면서 DIY 고수들이 모여 작품을 공유하기 시작했다. [그림 13-21]은 메이커 매거진의 표지를 보여준다.

[그림 13-20] 테크놀로지를 활용한 메이커 활동을 지원하는 잡지인 Make:

**메이커 페어:** 2006년 4월에는 캘리포니아에서 제1회 메이커 페어가 열리면서 '스스로 물건을 만들고 공유하고 나누자'라는 철학을 가진 새로운 제조업 운동, 메이커 운동이 탄생하게 된다. 메이커 페어는 미국을 넘어 전 세계 200여 개 도시에서 열리고 있다.

**Fab Lab:** 한편, MIT Media Lab은 첨단 디지털기술과 장비를 갖추고 다양한 관심을 가진 사람들이 모여 상상하는 것을 구현할 수 있는 Fab Lab을 가동하였다.

**국내 메이커스페이스 도입과 확산:** 2013년 미래창조과학부가 주최하고 한국과학창의재단이 주관하여 광진정보도서관과 목포공공도서관에 설치된 '무한상상실'의 시범 운영을 들 수 있다(장윤금, 김세훈, 전경선, 2019). 2020년 7월 기준 중소벤처기업부와 창업진흥원이 지원하는 메이크올 웹사이트(https://www.makeall.com/)에 등록된 정부 지원 메이커스페이스의 수가 300여 개를 훌쩍 넘어가며 공공기관, 공공 도서관, 초·중·고·대학교로 확산되고 있다.

《 i3Detroit 》

포드 자동차 생산지로 유명하던 미국 미시간주 디트로이트시에 자동차 생산 공장이 해외로 이전한 후 사람들은 일자리를 잃고 청소년들은 학교를 떠나 방황하던 1995년 한 교회가 지하실에 목재와 공구, 용접기, 디지털 음악이나 영화를 제작할 수 있는 컴퓨터와 장치들을 구비해 두고 지역주민들이 자신이 원하는 것을 직접 만들 수 있는 Do-It-Yourself(DIY) 공간을 제공하였다. 거리에서 방황하는 청소년과 실직자들이 모여 창작하고 협업하고 공유하는 평생학습의 장이 생긴 것이다.
현재 i3Detroit는 자원봉사자로만 운영되며 모든 연령대의 지역주민이 모여 도자기, 용접, 레이저 커팅 등의 강좌가 열리며, 예술과 기술이 조합된 세상에 단 하나뿐인 창작물을 만들며, 매년 전시회를 연다.

**[그림 13-21]** i3detoit 메이커스페이스에 열리는 활동사진과 전시회 초대장

i3detroit.org

### 2) 메이커 교육의 이론적 기반: Constructionism

Constructionism이론의 핵심은 창작의 과정과 결과를 다른 사람과 공유하면서 학습이 일어난다는 것이다(Paper & Harel, 1991). Constructionism은 학습자가 능동적으로 의미를 구성한다는 데 있어 Constructivism과 일맥상통하지만 Constructivism과 대조적으로 Constructionism은 '만들기 과정 자체에서 일어나는 배움'에 집중한다(Ackermann, 2001).

학습이 다른 사람과 환경과의 상호작용을 통해 일어난다는 사회적 구성주의(Vygotsky, 1978)에서 더 나아가 Bruner(1986)는 '배움'이란 '문화를 공유하는 공동체 활동'이라고 정의하였다. Constructionism은 창작물을 설계하고 구현하는 과정과 더불어 창작물에 대해 다른 사람과 소통하는 과정에 보다 집중하였다. 아이디어를 다른 사람이 이해할 수 있는 언어로 설명하고, 제작 절차 중의 의사결정, 어려움을 극복하는 과정을 소통하는 데 있어 개념을 표상화하고 과정을 절차화하고 전략을 세밀화하는 작업이 이루어지며 메이커가 창작하고 공유하고 대화하며 경험하는 학습 또한 정교화되는 것이다(Evard, 1996).

[그림 13-22] 시모어 페퍼트 교수

학습자는 공동체 내에서 통용되는 문화와 지식을 개별적으로 해석하며 새로운 의미를 창출하는 데 기여한다. 브루너의 관점에서 본다면 메이커스페이스에서 메이커들이 만들어내는 창작물은 그들의 '공동체의 정신과 가치'를 담고 있다. 아이디어는 세상에 대한 이해를 반영하고 그 아이디어를 구현시키는 것은 공동체에서 인정받은 문화를 반영하는 복합적 배움의 결과라고 본 것이다(Harel & Papert, 1991). [그림 13-22]에 보이는 미국 MIT대학 시모어 페퍼트 교수는 만들면서 배우는 구성주의를 강조하였다.

### 3) 평생학습의 장인 메이커스페이스와 교육공학의 역할

메이커스페이스의 주요 성과와 역할은 다음과 같다(Britton, 2012; Fourie & Meyer, 2015).

① 지역주민이 놀면서 탐구하는 활동play and exploration

② 비공식 학습informal learning

③ 지역주민들이 서로 가르치고 협업하는 기회

④ 지역주민의 파트너십 형성 및 네트워킹

⑤ 지식의 소비자뿐만 아니라 생산자prosumer: producer+consumer로서의 역할

⑥ 다양한 연령대 학습자에게 동기부여가 되는 효과적인 평생학습 방법

[그림 13-23] 조지아서던대학교 이노베이션 스튜디오

메이커 교육은 기존의 학습목표와 방법이 교수자에 의해 정해져있던 전통적 교육방식과 달리, 학습자 스스로 목표를 설정하고, 그것에 도달하기 위해 다양한 재료, 도구, 방법을 활용하면서 학습자 개인의 개별적 이야기를 담고 있는 결과물을 생산하는 방식(강인애, 윤혜진, 2017)으로서, 형식, 비형식 교육에 하나의 교육과정으로 안착하여 초중고.대학교부터 평생학습기관까지 확산되고 있다. 예를 들어, 미국 조지아서던대학교는 'Innovation Studio'를 만들어 학생 등 교내 구성원이 자유롭게 방문하여 3D 프린터, 로보틱스, 피지컬 컴퓨팅, 가상현실 체험, 컴퓨터 등 디지털 기기를 이용하여 게임, 시뮬레이션, 교육 프로그램 등을 창작할 수 있도록 지원하고, 개별 교과에서 메이커스페이스를 교과에 통합하여 수업할 수 있는 방법에 대한 컨설팅을 제공한다. 또한 초중고 교사와 도서관 관계자 등을 대상으로 '디지털매체와 학습' 관련 하계연수를 실시하며 첨단기술을 이용한 학습경험 설계와 디지털게임 개발을 지원하는 동시에 타 기관들이 메이커교육을 자체개발할 수 있도록 지원한다.

강인애, 윤혜진(2017)은 메이커 교육에서 5가지 평가요소로 Minds-on, Hands-on, Hearts-on, Social-on, Acts-on을 제안하였다([그림 13-24 참조]). 자기주도적인 탐색, 창작과 사회적 상호작용과 공유의 과정인 메이커

교육의 평가는 결과중심의 평가보다는 과정중심의 평가가 이루어져야 한다고 것을 전제로 하였다.

본 평가틀은 우리 사회에 산재한 다양한 문제에 대한 해결책을 제시할 수 있는 비판적 사고, 창의적 사고와 의사소통, 협업, 사회적 책임감, 도구의 활용 등 평생교육에서 요구하는 삶의 실천적 역량을 함양하는 과정에 대한 평가방법으로 학습목표와 활동, 평가의 체계적 연계를 보여준다.

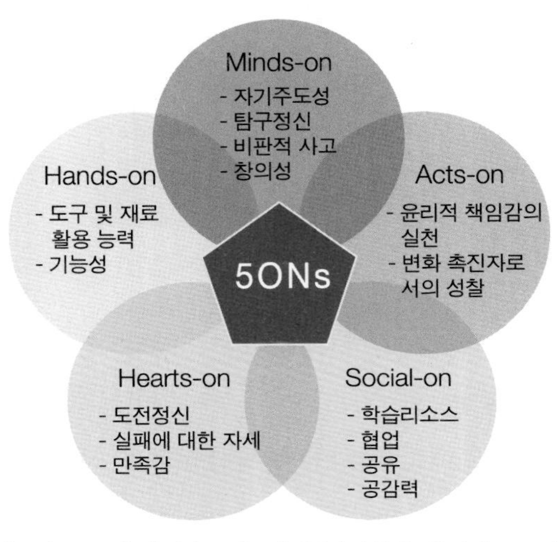


**[그림 13-24]** 메이커 교육 평가틀 (강인애, 윤지혜, 2017)

이와 같이 교육공학은 평생교육 영역에서도 체제적 교육프로그램 설계와 개발, 확산에 기여하고, 교육목표와 활동에 유기적으로 연계된 평가방법과 도구 개발, 테크놀로지 활용의 이론적 배경 마련과 효과 검증에 기여한다.

## 탐구문제

1. 인간수행공학(HPT) 모형과 제4장에서 다룬 교수체제설계 모형 중 ADDIE 모형을 비교분석하여 토론하시오.

2. 기업교육 분야에서 활동하고 있는 전문가와 면담을 통해 본 장에서 제시하고 있는 모형과 방법들이 어떻게 적용되고 있는지, 적용이 되지 않고 있다면 왜 그런지 알아보시오.

3. 대학의 플립러닝, KOCW, KMOOC 강좌 서비스를 한 개씩 정하여 체험해보고 장·단점을 정리하시오.

4. 대학의 교수학습지원센터 두 군데를 정하여 대학특성, 센터에서 제공하는 교수 서비스, 학습 서비스, 첨단테크놀로지 서비스 등의 측면에서 비교분석하고 각 센터의 특징, 장점, 단점 및 개선을 위한 제안점을 제시하시오.

5. 박물관에서 행해지고 있는 평생교육프로그램이 무엇이 있는지 조사하고 해당 프로그램을 더 효율적, 효과적으로 만들기 위해 어떤 테크놀로지를 어떻게 활용할 수 있을지 구상해보시오.

6. 메이커스페이스에서 60대 연령의 학습자들이 직접 촬영한 사진과 포토샵 프로그램을 이용하여 예술품을 만들 때 지원할 수 있는 메이커스페이스 활용 전략을 수립해보시오.

# 참고문헌


강명희, 김혜선, 이정민 (2011). 웹 기반 과학실험 시뮬레이션의 학습성과에 대한 학습몰입과 인지적실재감의 예측력 규명. 교육정보미디어연구, 17(1), 39-61.

강명희, 정재삼, 조일현, 이정민, 임규연, 소효정 (2017). 교육방법 및 교육공학 (3판). 교육과학사.

강인애, 김홍순 (2017). 메이커 교육(Maker education) 을 통한 메이커 정신(Maker mindset)의 가치 탐색. 한국콘텐츠학회논문지, 17(10), 250-267.

강인애, 윤혜진 2017). 메이커교육(Maker Education) 평가틀(Evaluation Framework) 탐색. 한국콘텐츠학회논문지, 17(11), 541-553.

교육공학용어사전 편찬위원회 (2005). 교육공학 용어사전. 서울: 교육과학사.

교육부 (2016). 배움을 즐기는 행복교육! 2015 개정 교육과정이 함께 하겠습니다.

교육부, 경기도교육청, 한국교육과정평가원 (2017), 과정을 중시하는 수행평가 어떻게 할까요?(초등)

교육부, 한국교육과정평가원, 한국창의재단 (2015). 문·이과 통합형 교육과정 개정을 위한 교과 교육과정. 연구책임자 1차 워크숍 자료집.

교육부, 한국교육정보원 (2017). 2017 교육정보화백서. 기타자료 PM-2017-6.

국가평생교육진흥원 (2017). 2016 글로벌 평생교육동향. PM2017-2.

권나영, 박선미, 신명선, 이지연 (2018). 예비교사를 위한 수업 이해와 설계. 인하대학교 출판부.

김경자, 곽상훈, 백남진, 송호현, 온정덕, 이승미, 한혜정, 허병훈, 홍은숙 (2015). 2015 개정 교육과정 총론시안 최종안 개발연구. 교육부·교육과정개정연구회 연구보고.

김경희, 이숙정, 김광재, 정일권, 박주연, 심재웅, 최세정, 전경란 (2018). 디지털미디어리터러시. 파주: 한울아카데미.

김남익, 전보애, 최정임 (2014). 대학에서의 거꾸로 학습 사례 설계 및 효과성 연구: 학습동기와 자아효능감을 중심으로. 교육공학연구, 30(3), 467-492.

김성열, 한유경, 정제영, 장수연, 김성주 (2017). 지능정보기술 맞춤형 교육서비스 지원방안 연구. 교육부 2017-27.

김성종, 김현진 (2012). 다중지능이론 기반 디지털 스토리텔링 학습환경의 바탕설계. 교육공학연구, 28(1), 29-51.

김정예 (1994). 한국 교육공학의 역사적 고찰. 박사학위논문, 이화여자대학교.

김지연 (2017). 알파고 사례 연구: 인공지능의 사회적 성격. 과학기술학연구, 17(1), 5-39.

김진하 (2016). 제 4 차 산업혁명 시대, 미래사회 변화에 대한 전략적 대응 방안 모색. KISTEP Inl, 15(47).

김효정 (2019). 4.0시대의 가상현실 활용 미술교육 프로그램이 청소년의 창의역량에 미치는 영향: 중학교, 고등학교 수업을 중심으로. , 23(2), 162-175.

김희필, 김영용, 김효심 (2008). 예비교사의 반성적 사고능력 강화를 위한 학습 포트폴리오 적용 프로그램의 효과. 한국실과교육학회지, 21(3), 257-276.

문화체육관광부 (2019). 박물관·미술관 진흥 중장기 계획 (2019~2023). (2020. 7. 20). https://www.mcst.go.kr/kor/s_notice/press/pressView.jsp?pSeq=17342

박기범 (2014). 디지털 시대의 시민성 탐색. 한국초등교육, 25(4), 33-46.

박기범 (2018). 디지털 시민성으로서 책임. 학습자중심교과교육연구, 18, 573-582.

박보람, 최윤정, 정나나, 조상연, 추병완 (2019). 초· 중학교 디지털 시민성 교육과정 개발. 초등도덕교육, 66, 243-277.

박성희, 배상확 (2008). 학습 포트폴리오를 적용한 대학생의 학습역량에 대한 사례 연구. 학습자중심교과교육연구, 8(2), 159-179.

박수홍, 안영식, 정주영 (2010). 체계적 액션러닝. 서울: 학지사.

박인우, 류지헌, 조상용, 손미현, 장재홍 (2017). 증강현실 (AR) 과 가상현실 (VR) 콘텐츠 이해 및 교육적 활용 방안. KERIS 이슈리포트, 한국교육학술정보원.

박형성, 백영균 (2009). 교육용 게임에서 맥락의 의미 고찰. 한국게임학회논문지, 9(4), 11-19.

반재천, 김한승, 박정, 이해선, 신미경, 유명한, 정상명, 여인경 (2018). 2015 개정 교육과정에 따른 교사별 과정중심평가 활성화를 위한 학생평가 모형 개발 연구. 교육부.

배영권, 박판우, 문교식, 유인환, 김우열, 이효녕, 신승기 (2018). 가상현실(VR)를 활용한 융합인재교육 프로그램 개발 및 만족도와 학습자의 태도 분석, 정보교육학회지, 22(5), 593-603.

백영균 (2010). 가상현실공간에서의 교수-학습. 서울: 학지사.

범원택, 김자영, 김남주 (2019). VR·AR을 활용한 실감형 교육 콘텐츠 정책동향 및 사례 분석. 이슈리포트 정보통신산업진흥원.

변영계, 김영환, 손미 (2001). 교육방법 및 교육공학. 서울: 학지사.

서진욱 (2012. 11. 25). “A대 경영 김교수님 ‘기말족보’ 공짜” 어디?, 머니투데이. (2020. 8. 2.) http://news.mt.co.kr/mtview.php?no=2012112503025727769&type=1&MS2

소셜미디어연구포럼 (2012). 소셜미디어의 이해. 서울: 미래인.

안정임 (2006). 디지털 격차와 디지털 리터러시: 수용자 복지 정책적 함의. 한국언론정보학보, 36, 78-108.

양연경 (2014). 뮤지엄 에듀테인먼트 스마트 콘텐츠 모델 연구. 한국과학예술융합학회, 17, 233- 233.

오홍석 (2004). 고등학교 화학 학습을 위한 웹 시뮬레이션 설계 및 적용: 원자모형을 중심으로. 미간행 석사논문. 공주대학교.

유영만 (1995). 지식경제시대의 학습조직: 한국기업의 학습조직 구축방안. 서울: 고도컨설팅 출판부.

이상수, 강정찬, 이유나, 오영범 (2012). 체계적인 수업분석을 통한 수업컨설팅. 서울: 학지사.

이승민, 이지연 (2017). 퀴즈를 활용한 이공계열의 플립드러닝 수업사례 연구. 교육정보미디어연구, 23(3), 397-431.

이은경, 박도영, 최인봉 (2014). 교육 빅데이터 관련 연구 동향. 한국컴퓨터정보학회 학술발표논문집, 22(2), 175-176.

이은배, 최서연 (2020). 박물관 디지털학습 설계를 위한 게이미피케이션 교수설계 모형 개발 연구. 교육정보미디어연구, 26(1), 237-259.

이인숙 (1996). 교육공학의 역할 재규명을 위한 연구. 교육학연구, 34(5), 487-504.

이인숙 (2000). 교육공학과 체제학: 지금까지를 돌아보고 앞으로를 내다보며. 교육공학연구, 16(3), 95-121.

이인숙 (2018). 대학 플립러닝을 위한 교수적 지원전략 탐색. *Asia-pacific Journal of Multimedia Services Convergent with Art, Humanities and Sociology*, 8(1), 401-408.

이인숙, 송기상, 이영민 (2006). 모바일 학습의 탐구. 서울: 문음사.

이인숙, 한승연, 임병노, 이지연, 이현우 (2014). 교육공학. 서울: 문음사.

이인재 (2012). 연재3. 표절과 올바른 인용. 대한피부미용학회지, 10(4), 739-745.

이지연 (2012). 학습자의 관점에서 바라본 대학수업에서의 과제표절. 교육공학연구, 28(4), 641-667.

이지연, 김사훈. (2010). 3차원 가상세계의 교육적 활용 연구의 국내, 외 연구동향 분석. 교육공학연구, 26(3), 159-179.

이지연, 김영환, 김영배 (2014). 학습자중심 플립드러닝 수업의 적용 사례. 교육공학연구, 30(2), 163-191.

이지연, 이상곤 (2008). 과제표절과 관련한 대학생의 디지털 정보원 활용 현황에 관한 조사연구. 열린교육연구, 16(3), 103-121.

이지연, 이은배, 강지혜 (2018). 인천 혁신미래교육 기반의 학교혁신 기본방안 연구. 인천광역시교육청 연구보고 2018-10.

이지연, 이은혜 (2013). 대학생의 과제수행에 영향을 미치는 요인. 교육방법연구, 25(1), 95-125.

이지은, 최정임, 장경원 (2017). 플립드 러닝 수업 컨설팅을 위한 수업분석 전략 탐색: 과목을 기반으로. 교육공학연구, 33(1), 137-171.

이혜선, 정윤희, 김상연. (2019). 텍스트 마이닝 기법을 활용한 국내 가상현실(VR) 연구와 교육적 활용 동향 분석. 학습자중심교과교육연구, 19(18): 311-338.

이화진 외 (2006). 수업컨설팅 지원 프로그램 및 교과별 내용 교수법(PCK) 개발 연구. 한국교육과정평가원 연구보고 RRI 2006-1.

임규연, 김영수, 이현우, 정재삼 (역). Merrill, M. D. 저 (2014). 교수의 으뜸원리. 학지사.

임정훈 (2016). 대학교육에서 플립러닝의 효과적 활용을 위한 교수학습전략 탐색: 사례 연구. 교육공학연구, 32(1), 165-199.

임정훈, 이삼성 (2003). 가상현실을 이용한 웹기반 수업과 학습자의 공간지각력이 학습에 미치는 영향, 한국컴퓨터교육학회지, 6(2), 95-105.

임정훈, 임병노, 최성희 (2003). 교실수업-사이버학습 연계의 커뮤니티 기반 교수학습 모형 개발 연구. 한국교육학술정보원.

장윤금, 김세훈, 전경선 (2019). 공공도서관 메이커스페이스 운영 현황 조사 연구. 한국문헌정보학회지, 53(3), 161-183.

전쟁기념관 (2016). 특명! 전쟁역사 속 숨은 영웅을 찾아라. (2020. 7. 9). https://m.blog.naver.com/war-muse/220794634014

정소윤 (2008). 육성 시뮬레이션 게임을 활용한 교육용 가상세계의 콘텐츠 연구. 디지털스토리텔링연구, 3, 54-76.

정애리 (2005). 디지털 미디어 액세스 개념의 확대와 범위의 재구조화를 중심으로. 방송연구, 60, 293-321.

정재삼 (2006). 수행공학의 이해(개정판). 서울: 교육과학사.

정재삼, 임규연, 김영수, 이현우 (역). Richey, R., Klein, J., & Tracy, M. 저 (2012). 교수설계 지식기반. 학지사.

정지영, 조광수, 최진해, 최준호 (2007). VR 콘텐츠의 사이버 멀미 유발 요인: 시점과 움직임의 효과에 대한 실험 연구, 한국콘텐츠학회논문지, 17(4), 200-208.

조병호 (2012). 소셜 미디어를 학습플랫폼으로 활용한 소셜 러닝. 한국정보전자통신기술학회 논문지, 5(4), 180-185.

조영환, 이은배, 이현경, 최서연, 함윤희 (2019). 박물관 디지털교육 동향 및 과제 조사. 서울: 국립중앙박물관.

조용개, 이은화 (2013). 러닝포트폴리오의 이해와 실제. 서울: 학지사.

조일현, 박연정 (2014). 학습 분석학 기반 대시보드의 설계와 적용. 교육정보미디어연구, 20(2), 191-216.

증강현실 탑재된 마법천자문 개정판 발간..."한자마법이 펼쳐진다" (2019. 1. 9.). 디지털타임즈. http://www.dt.co.kr/contents.html?article_no=2019010902109923813013

최문선, & 박형준 (2016). 대학생의 디지털 시민성에 영향을 주는 변인. 시민교육연구, 48(3), 211-237.

최미나, 노혜란, 김명숙 (2005). 대학교육에서의 e-교수학습 포트폴리오 개념적 프레임워 개발. 교육정보미디어연구, 11(2), 147-165.

한경훈, 김현택 (2011). 사이버멀미의 유발원인과 감소방법, 한국심리학회지, 23(2), 287-299.

한국교육공학회(편저) (2016). 교육공학탐구. 서울: 박영사.

한국교육학술정보원 (2014a). 교육정보화 글로벌 동향, 6월 2호. 대구: 한국교육학술정보원.

한국교육학술정보원 (2014b). 교육정보화 글로벌 동향, 4월 2호. 대구: 한국교육학술정보원.

한국교육학술정보원 (2018). 2018 교육정보화백서. 대구: 한국교육학술정보원.

한국액션러닝협회 (2009). Action Learning 전문코치 교수과정. 한국액션러닝협회.

한국정보화진흥원 (2013). 2012 新 디지털 격차 현황분석 및 제언: 2012 정보격차지수 및 실태조사 요약보고서. 서울: 한국정보화진흥원.

한국직업능력개발원 (2015). 사회정책을 위한 미래전망과 과제. 기본연구 2015-20.

한국콘텐츠진흥원 (2013). 2013 대한민국 게임백서. 나주: 한국콘텐츠진흥원.

한형종, 임철일, 한송이, 박진우 (2015). 대학 역전학습 온·오프라인 연계 설계전략에 관한 연구. 교육공학연구, 31(1), 1-38.

홍선주, 김인수, 김현진 (2009). 한자 학습을 위한 디지털 게임 중심 혼합학습의 교육효과성 검증 연구. 교육정보미디어연구, 15(4), 251-271.

황복선 (2014). 학습 포트포리오 체계의 적용이 교과목을 수강한 예비특수교사의 학습능력 인식변화에 미치는 영향. 특수교육, 13(1). 59-87.

황성근 (2008). 대학생의 글쓰기 윤리와 표절 문제. 사고와 표현, 1(1), 231-265.

Ackermann, E. (2001).Piaget's constructivism, Papert's constructionism: What's the difference? *Future of Learning Group Publication, 5*(3), 1-11. doi:10.1.1.132.4253.

Akcaoglu, M., & Lee, E. (2018). Using Facebook groups to support social presence in online learning. *Distance Education, 39*(3), 334-352.

Aldrich, C. (2004). *Simulations and the future of learning*. San Francisco: John Wiley & Sons, Inc.

Aldrich, C. (2009). *The complete guide to simulations & serious games*. San Francisco: John Wiley & Sons, Inc.

Alessi, S. M., & Trollip, S. R. (2001). *Multimedia for learning: Methods and development*. Boston, MA: Allyn & Bacon, Inc.

Allen, M. W., & Sites, R. (2012). *Leaving ADDIE for SAM: An agile model for developing the best learning experiences*. American Society for Training and Development.

Anderson, L. W., & Krathwohl, D. (Eds.) (2001). *A taxonomy for learning, teaching, and assessing: A revision of Bloom's taxonomy of educational objectives*. New York : Longman.

Anglin, G. J., Vaez, H., & Cunningham, K. L. (2004), Visual representations and learning: The role of static and animated graphics. In D. Jonassen, (Ed.), *Handbook of Research on Educational Communications and Technology*(2nd ed.), (pp. 865-879). Mahwah, NJ: Lawrence Erlbaum Associates, Publishers.

Barrows, H. S. (1994). *Practice-based learning*. IL: Southern Illinois University School of Medicine.

Beck, I. L., Sandora, C., Kucan, L., & Worthy, J. (1996). Questioning the Author. *The Elementary School Journal, 95*, 395-414.

Bergmann, J., & Sams, A. (2012). *Flip your classroom: Reach every student in every class every day.* International society for technology in education.

Bergmann, J., & Sams, R. (2014a). Flipped learning: Maximizing face time. *T+D*, 28–31.

Bergmann, J., & Sams, R. (2014b). Flipped learning: Gateway to student engagement. *Learning & Leading with Technology, 41*(7), 18–23.

Bergmann, J., Overmyer, J., & Wilie, B. (2012). T*he flipped class: Myths vs. reality*. The Daily Riff. http://www.thedailyriff.com/articles/the-flipped-class-conversation-689.php

Berlo, D. K. (1963). You are in the people business. *Audiovisual Instruction*, 8, 372–381.

Bloom, B. S. (1956). Taxonomy of educational objectives. *In Handbook I: Cognitive domain*. New York: David McKay.

Boyd., D. M., & Ellison, N. B.(2007). Social network sites: Definition, history, and scholarship. *Journal of Computer-Mediated Communication, 13*, 210–230.

Britton, L. & Considine, S. (2012). *The makings of maker spaces, Part 3: A fabulous home for cocreation*. New York, NY: Library Journal.

Bruner, J. S. (1966). *Toward a theory of instruction*. Cambridge, MA, Belnap Press.

Bruner, J. S. (1986). *Actual minds, possible minds*. Cambridge: Harvard University Press.

Burgoon, M., & Ruffner, M. (1978). *Human communication: A revision of approaching speech/communication*. USA: Holt, Rinehart and Winston.

Callahan, J. F., Clark, L. H., & Kellough, R. D. (1998). *Middle and secondary school students: Meeting the challenge. Teaching in the middle and secondary schools* (6th ed.), Frontin, NJ: Simon and Schuster Company.

Carin, A. A. (1997). *Teaching science through discovery* (8th ed.), Upper Saddle River: Merill Publishing Company.

Clark, R. C. (1994). Media will never influence learning. *Educational Technology Research and Development, 42*(2), 21–29.

Clark, R. C., & Lyons, C. (2004). *Graphics for learning*. San Francisco: Pfeiffer.

Clark, R. C., & Mayer, R. E. (2007). Using rich media wisely. In R. A. Reiser & Dempsey, J. V., *Trends and issues in instructional design and technology*(2nd ed.), (pp. 311–322). Upper Saddle River, NJ: Pearson Prentice Hall.

Clark, R. C., & Mayer, R. E. (2011). *E-learning and the science of instruction: Proven guidelines for consumers and designers of multimedia learning*(3rd ed.). Pfeiffer.

Clark, R. C., & Mayer, R. E. (2016). *e-learning and the science of instruction: Proven guidelines for consumers and designers of multimedia learning*(4th ed.). Hoboken, NJ: Wiley & Sons.

Cohen, L., Manion, L., & Morrison, K. (1996). *A Guide to teaching practice*(4th ed.), London & New York: Routledge.

Colaric, S., & Jonassen, D. (2001). Information equals knowledge, searching equals learning, and hy-perlinking is good instruction: Myths about learning from the World Wide Web. In C. D. Maddux, & D. L. Johnson (Eds.), *The web in higher education: Assessing the impact and fulfilling the potential* (pp. 159–169). New York: Haworth.

Collum, D., Christensen, R., Delicath, T., & Knezek, G. (2020, April). *Measuring changes in educator bias in a simulated learning environment*. Paper presented at Society for Information Technology & Teacher Education International Conference (pp. 496–502). Association for the Advancement of Computing in Education (AACE).

Conn, C. A., & Gitonga, J. (2004). The status of training and performance research in the AECT journals. *TechTrends, 48*(2), 16–21.

Cox, S., & Graham, C. R. (2009). Diagramming TPACK in practice: Using an elaborated model of the TPACK framework to analyze and depict teacher knowledge. *TechTrends, 53*(5), 60–69.

Curan, M. B. F. X. & Ribble, M.(2017), P–20 model of digital citizenship, *New Directions for Student Leadership, 153*, 35–46.

Dale, E. (1969). *Audiovisual methods in teaching*. New York: Holt.

Davies, R. S., Dean, D. L., & Ball, N. (2013). Flipping the classroom and instructional technology in-tegration in a college–level information systems spreadsheet course. *Educational Technology Research and Development, 61*(4), 563–580.

Dessinger, J. C., & Mosley, J. L. (2004). *Confirmative evaluation: Practical strategies for valuing con-tinuous improvement*. San Francisco: Pfeiffer.

Dick, W., & Carey, L (1978). *The systematic design of instruction*. Glenview, IL: Scott Foreman and Company.

Dick, W., & Carey, L. (1996). *The systematic design of instruction* (4th ed.). New York: Harper Collins.

Dick, W., Carey, L., & Carey, J. O. (2009). *The systematic design of instruction* (7th ed.). Upper Saddle River, NJ: Merrill.

Dougherty, D. (2012). The maker movement. *Innovations, 7*(3), 11–14.

Driscoll, M. P. (2005). *Psychology of learning for instruction* (3rd ed.). International Edition. Boston, MA: Pearson.

Dubois, D. D. (1993). *Competency–based performance improvement: A strategy for organizational change*. MA: HRD Press, Inc.

Dwyer, F. M. (1978). *Strategies for improving visual learning*. State College, PA: Learning Services.

EDUCAUSE, (2016). Top 10 IT Issues 2017. *EDUCAUSE review*, JANUARY/FEBRUARY.

Eggen, P. D., & Kauchak, D. P. (2001). *Strategies for teachers: Teaching content and thinking skills*. Boston: Allyn & Bacon.

Ellen, L., & Clark, R E. (2006). Setting the scene: Complexity and learning environments. In J. Elen & R. E. Clark (Eds.), *Handing complexity in learning environments: Theory and research* (pp. 1–12). Amsterdam: Elsevier.

Evard, M. (1996). A community of designers: Learning through exchanging questions and answers. In Resnick, M (Ed). *Constructionism in Practice: Rethinking the Roles of Technology in Learning*. Hillsdale, NJ: Lawrence Erlbaum Associates.

Falk, J. H., & Dierking, L. D. (2000). *Learning from museums*. Lanham, MD: Altamira Press.

Fleming, M., & Levie, W. H. (1993a). *Instructional message design: Principles from the behavioral and cognitive sciences*(2nd ed.). Englewood Cliffs, NJ: Educational Technology Publications.

Fleming, M., & Levie, W. H. (1993b). *Principles from the behavioral and cognitive sciences*. Englewood Cliffs, NJ: Educational Technology Publications.

Fogarty, K., & Belgrad, S. (1994). *The mindful school: The portfolio connection*. Arlington Heights, IL: Arlington Heights.

Fourie, I., & Meyer, A. (2015). What to make of makerspaces: Tools and DIY only or is there an inter-connected information resources space?" *Library Hi Tech, 33*(4), 519–525.

Frydenberg, M. (2013). Flipping excel. *Information Systems Education Journal, 11*, 63–73.

Gagné, R. M. (1972/2000). Domains of learning. *Interchange, 3*, 1–8. [Reprinted in R. C. Richey (Ed.), *The Legacy of Robert M. Gagné*. Syracuse, NY: ERIC Clearinghouse on Information & Technology]

Gagné, R. M., & Briggs, L. (1979). *Principles of instructional design* (2nd ed.). New York.

Gagné, R. M., Briggs, L J., & Wager, W. W. (1988). *Principle of instructional design* (3rd ed.). New York: Holt, Rinehart, & Winston.

Gagné, R., Briggs, L & Wager, W. (1992). *Principle of instructional design* (4th ed.) Fort Worth: TX, Jovanovich.

Gannod, G., Burge, J., & Helmick, M. (2008). *Using the inverted classroom to teach software engineering*. In 2008 ACM/IEEE 30th International Conference on Software Engineering (pp. 777–786). IEEE.

Gannod, G., Burge, J., & Helmick, M. (2008, May). *Using the inverted classroom to teach software engineering*. In 2008 ACM/IEEE 30th International Conference on Software Engineering (pp. 777–786). IEEE.

Gibert, T. F. (1996). *Engineering worthy performance*. Amherst, MA: HRD Press.

Gillani., B. (2003). *Learning theories and the design of e-learning environments*. University Press of America.

Graham, R. C., Burgoyne, N., Cantrell, P., Smith, L., St Clair, L., & Harris, R. (2009). Measuring the TPACK confidence of inservice science teachers. *TechTrends*, 53(5), 70–79.

Graham, W. (1994). Goal-Based Scenario and Business Training: A Conversation with Roger C. Schank, *Educational Technology, 39*(9), 27–29.

Gustafson, K. L., & Branch, R. M. (2007). What is Instructional Design? In R. A. Reiser & J. A. Dempsey (Eds.). *Trends and issues in instructional design and technology* (pp. 10–16). Upper Saddle River, NJ: Pearson/Merrill Prentic Hall.

Hamdan, N., McKnight, P., McKnight, K., & Arfstrom, K. M. (2013). *A white paper based on the literature review titled a review of flipped learning*. Flipped Learning Network. http://researchnetwork .pearson.com/wp-content/uploads/WhitePaper_FlippedLearning.pdf

Hannafin, M. J., Hannafin, K. M., Land, S. M., & Oliver, K. (1997). Grounded practice and the design of constructivist learning environments. *Educational Technology Research and Development*, 45(3), 101–117.

Harel, I. E., & Papert, S. E. (1991). *Constructionism*. Ablex Publishing.

Hays, R. T. (2005). *The effectiveness of instructional game: A literature review and discussion*. Technical report 2005-004. Orlando, FL: Naval Air Warfare Center, Training Systems Division.

Heath, R. L., & Bryant, J. (2000). *Human communication theory and research: Concepts, contexts, and challenges* (2nd ed.). Routledge.

Hein, G. E. (2002). *Learning in the museum*. London: Routledge.

Heinich, R., Molenda, M., & Russell, J. D. (1993). *Instructional media and the new technologies of instruction* (4th ed.). New York: Macmilan.

Hoban, C. F., Sr., Hoban, C. F., Jr., & Zissman, S. B. (1937). *Visualizing the curriculum*. New York: Dryden.

Hobbs, R. (2011). *Digital and media literacy education: Connecting culture and classroom*. Corwin Press.

Horton, W. (2011). *E-learning by design*. San Francisco, CA: Pfeiffer.

Howland, J., Jonassen, D. H., & Marra, R. M. (2012). *Meaningful learning with technology* (4th ed.). Boston, MA: Allyn & Bacon.

Hutchison, C. S., & Stein, F. (1998). A whole new world of interventions: The performance technologist as integrating generalist. *Performance Improvement*, 37(5), 18–25.

ISTE. (2016). *National educational technology standards for teachers*. https://www.iste.org/standards/for-students

Januszewski, A., & Molenda, M. (Eds.). (2008). *Educational technology*: A definition with commentary. New York: Lawrence Erlbaum Associates.

Johnson, D. W., & Johnson, R. (1996). *Meaningful and manageable Assessment through Cooperative Learning*. Edina, MN: Interaction Book Company.

Jonassen, D. H. (1995). Supporting communities of learner with technology: A vision for integrating technology with learning in schools. *Educational Technology, 35*(6). 60–63.

Jones, T. S., & Richey, R. C. (2000). Rapid prototyping methodology in action: A developmental study. *Educational Technology Research and Development, 48*(2), 63–80.

Karaman, M. K., & Özen, S. O. (2016). A survey of students' experiences on collaborative virtual learning activities based on five-stage model. *Journal of Educational Technology & Society, 19*(3), 247–259.

Keller, J. M. (1983). Motivational design of instruction. In C. M. Reigeluth (Ed.), *Instructional design theories and models: An overview of their current status*. Hilsdale, NJ: Lawrenc Erlbaum Associates.

Keller, J. M., & Suzuki, K. (1988). Application of the ARCS model to courseware design. *Instuctional designs for microcomputer courseware, 1*, 401–434.

Khan, B. H. (2005). *Managing e-learning: Design, delivery, implementation and evaluation*. Hershey, PA: Information Science Publishing.

Kirkpatrick, D. (1996). Great ideas revisited. *Training and Development*, 50, 54–59.

Kirkpatrick, D. L. (1959). Techniques for evaluation training programs. *Journal of the American Society of Training Directors, 13*, 21–26.

Kirkpatrick, J. D., & Kirkpatrick, W. K. (2016). *Kirkpatrick's four levels of training evaluation*. Association for Talent Development.

Klein, J. D. (2002). Empirical research on performance improvement. *Performance Improvement Quarterly, 15*, 99–110.

Knezek, G., Hopper, S. B., Christensen, R., Tyler–Wood, T., & Gibson, D. C. (2015). Assessing pedagogical balance in a simulated classroom environment. *Journal of Digital Learning in Teacher Education, 31*(4), 148–159.

Koross, R. (2016). Micro teaching an efficient technique for learning effective teaching skills: Pre–service teachers' perspective. *International Journal of Education and Multidisciplinary Studies, 4*(3), 289–299.

Langdon, D. G., Whiteside, K. S., & Mckenna, M. M. (1999). *Intervention resource guide: 50 performance improvement tools*. San Francisco: Jossey–Bass/Pfeiffer.

Lave, J., & Wenger, E. (1991). *Situated learning: Legitimate peripheral participation*. Cambridge university press.

Leem, J. H. (2016). Teaching and learning strategies for flipped learning in higher education: A case study. *Journal of Educational Technology, 32*(1), 165–199.

Leopold, T. (2017). *A professor built an AI teaching assistant for his courses — and it could shape the future of education*. Business Insider, https://www.businessinsider.com/a-professor-built-an-ai-teaching-assistant-for-his-courses-and-it-could-shape-the-future-of-education-2017-3?IR=T&fbclid=IwAR3KLq3mj_PmB4-60FN69gmFDLdrUJAtkDyQKSnDDP_T6zpY9yB1kDd8H_w

Lockwood, A. (2016). *How 3 teachers use Expeditions to enhance their students' natural curiosity*. GoogleKeyword. https://www.blog.google/topics/education/how-3-teachers-use-expeditions-to/

Lowenthal, P., Borup, J., West, R., & Archambault, L. (2020). Thinking Beyond Zoom: Using Asynchronous Video to Maintain Connection and Engagement During the COVID-19 Pandemic. *Journal of Technology and Teacher Education, 28*(2), 383-391.

Mager, R. F. (1984). *Preparing instructional objectives*(2nd ed.). Belmont, CA: Lake Publishing.

Mager, R., & Pipe, P. (1997). *Analyzing performance problems or you really oughta wanna*(3rd ed.). Atlanta, GA: Center for Effective Performance.

Marquardt, M. J. (2004). *Optimizing the power of action learning: Solving problems and building leaders in real time*. Palo Alto, CA: Davies-Black Publishing.

Mayer, R. E. (2020). *Multimedia learning* (3rd ed.). New York: Cambridge University Press

McCarthy, J. (2012). International design collaboration and mentoring for tertiary students through Facebook. *Australasian Journal of Educational Technology, 28*(5), 755-775.

Merrill, M. D. (2013). *First principles of instruction: Identifying and designing effective, efficient, and engaging instruction*. San Francisco: Pfeiffer.

Merrill, M. D., et al., (1981). Instructional design in transition, In F. H. Farley, and N. J. Gordon (eds.), *Psychology and education: The state of the union*. Berkeley, CA, McCutchan.

Meyer, R. E. (1992). *Thinking, problem solving, cognition* (2nd ed.). New York: Freeman.

Minnis, D. L., & Shrable, K. (1970). *Teachers manual:Improving questioning strategies*. Search Models Unlimited: San Anselmo, California.

Mishra, P., & Koehler, M. J. (2006). Technological Pedagogical Content Knowledge: A new framework for teacher knowledge. *Teachers College Record, 108*(6), 1017-1054.

Molenda, M., Pershing, J., & Reigeluth, C. (1996). Designing instructional system. In R. Craig(Ed.), *Training and development handbook* (4th ed.). New York: McGraw-Hill.

Mootee, I. (2013). *Design thinking for strategic innovation: What they can't teach you at Business or Design school*. John Wiley & Sons.

Morrison, G. R., Ross, S. M., Kalman, H. K., & Kemp, J. E. (2011). *Designing effective instruction* (6th ed.). Hoboken NJ: John Wiley & Sons, Inc.

Nass, C., & Brave, S. (2007). Wired for Speech: *How voice activates and advances the human-computer relationship*. MIT Press.

Neufeld, V., & Barrows, H. (1974). The McMaster philosophy: an approach to medical education. *Journal of Medical Education*, 49, 1040-1050.

Newby, T. J., Stepich, J. D., Lehman, J. D., & Russell, J. D. (2006). *Educational technology for teaching and learning* (3rd ed.). Upper Saddle River, NJ: Pearson Prentice Hall.

NMC(New Media Consortium) (2016). *Horizon Report Museum Edition.* https://www.nmc.org/publication/nmc-horizon-report-2016-museum-edition

NTIA(National Telecommunications and Information Administration) (2015). *Falling through the Net: A Survey of 'Have Nots' in Rural and Urban America*, Washington, DC: US Dep. Commerce.

OECD (2005). *The definition and selection of key competencies: Executive summary.* https://www.oecd.org/pisa/35070367.pdf

Papert, S., & Harel, I. (1991). Situating constructionism. In S. Papert & I. Harel (Eds.), *Constructionism*, 36, 1-11). Norwood, NJ: Ablex Publishing Corporation.

Partnership for 21st Century Skills. (2003). *Learning for the 21st century: A report and MILE guide for 21st century skills.* http://www.p21.org/storage/documents/P21_Report.pdf.

Pavid, K. (2018). *Explore the Museum's collection with Sir David Attenborough.* https://www.nhm.ac.uk/discover/news/2018/march/explore-the-museum-with-sir-david-attenborough.html

Pea, R. D. (1985). Beyond amplification: Using the computer to reorganize mental functioning. *Educational Psychologist, 20*(4), 167-182.

Pett, D. & Wilson, T. (1996). Color research and its application to the design of instructional materials. *Educational Technology Research & Development, 44*(3), 19-35.

Pettersson, R. (1993). *Visuals information*(2nd ed). Englewood Cliffs, NJ: Educational Technology Pub.

Prensky, M. (2001). *Digital game-based learning.* New York: McGraw-Hill.

Reigeluth, C. M. (1983). *Instructional design theories and models: An overview of their current status.* Hillsdale, NJ: Lawrence Erlbaum Associates.

Reigeluth, C. M., & Carr-Chellman, A. (2009). *Instructional design theories and models: Building a common knowledge base.* New York, NY: Routledge.

Reiser, R. A. (2007). A history of instructional design and technology. In R. A. Reiser &. V. Dempsey (Eds.), *Trends and issues in instructional design and technology* (2nd ed.) (pp. 17-34). Upper Saddle River, NJ: Pearson/Merrill Prentice Hall.

Revans, R. W. (1982). *The origins and growth of action learning.* Bromley, England: Chartwell-Bratt.

Richey, R. C., Klein, J. D., & Tracey, M. W. (2011). *The instructional design knowledge base.* New York: Routledge.

Rosenberg, M. J. (1996). Human performance technology. *In The ASTD training and development handbook*(4th ed.). New York: McGraw-Hill.

Rosenfield, S. (1987). *Instructional consultation.* New York: Erlbaum.

Rossett, A., & Tobias, C. (1999). A study of the journey from training to performance. *Performance Improvement Quarterly, 12*(3), 31-43.

Rothwell, W. J. (1996). Selecting and developing the professional HRD staff. *In The ASTD training and development handbook* (4th ed.). New York: McGraw-Hill

Ryan, R. M., & Deci, E. L. (2006). Self-regulation and the problem of human autonomy: Does psychology need choice, self-determination, and will? *Journal of Personality, 74*(6), 1557-1586.

Saettler, P. (1990). *The evolution of American educational technology*. Englewood, CO: Libraries Unlimited Inc.

Saettler, P. (1998). Antecedents, origins, and theoretical evolution of AECT. *TechTrends, 43*(1), 51-57

Sanders, E. S., & Thiagarajan, S. (2001). *Performance intervention maps*. Alexandria, AV: American Society for Training and Development.

Savery, J. R., & Duffy, T. M. (1995). Problem-based learning: An instructional model and its constructivist framework. In B. Wilson (Ed.), *Constructivist learning environments: Case studies in instructional design*(pp. 135-148). Englewood Cliffs, NJ: Educational Technology Publications.

Schwier, R. (1987). *Interactive video*. Englewood Cliffs, NJ: Educational Technology Publications.

Seels, B. B. & Richey, R. C. (1994). *Instructional technology: The definition and domains of the field*. Bloomington, IN: Association for Educational Communications and Technology.

Selwyn, N. (2004). Reconsidering political and polular understanding of the digital divide. *New Media & Society, 6*(3), 341-362.

Senge, P. (1990). *The Fifth discipline: The art and practice of organizational learning*. New York: Doubleday.

Shannon, C. & Schramm, W. (1964). *The mathematical theory of communication*. Urbana: University of Illinois Press.

Shannon, C. & Weaver, W. (1949). T*he mathematical theory of communication*. Urbana: University of Illinois Press.

Shulman, L. S. (1986). Those who understand: Knowledge growth in teaching. *Educational Researcher, 15*(2), 4-14.

Slavin, R (1987). Developmental and motivational perspective on cooperative learning: a reconciliation. *Child development, 58*, 1161-1167.

Smaldino, S. E., Lowther, D. L., & Russell, J. D. (2008). *Instructional technology and media for learning* (9th ed.). Upper Saddle River, NJ: Pearson Prentice Hall.

Smaldino, S. E., Lowther, D. L., Mims, C., & Russell, J. D. (2015). *Instructional technology and media for learning* (11th ed.). Pearson Education, Inc.

Smaldino, S. E., Russell, J. D., Heinich, R., & Molenda, M. (2005). *Instructional technology and media for learning* (8th ed.). Columbus, OH: Pearson Education, Inc.

Smith, P. L., & Ragan, T. J. (1999). *Instructional design*. New York: Wiley.

Smith, P. L., & Ragan, T. J. (2005). *Instructional design* (3rd ed.). Hoboken, NJ: John Wiley & Sons, Inc.

Stinson, J. E. & Milter, R. G. (1990). *Problem-based learning in business education: Curriculum design and implementation issues*. SanFrancisco: Jossey-Bass.

Strayer, J. F. (2012). How learning in an inverted classroom influences cooperation, innovation and task orientation. *Learning Environments Research, 15*(2), 171-193.

Sushil, J., Vijayalakshimi, A., Trent, J. (Eds.) (2003). *Proceedings of the 10th ACM Conference on Computer and Communications Security, CCS 2003*. Washington, DC.

Sweller, J. (1999). I*nstructional design in technical area*. Camberwell, Australia: ACER Press.

Tripp, S., & Bichelmeyer, B. (1990). Rapid Prototyping. *Educational Technology Research & Development, 38*(1). 31-44.

United Nations Educational, Scientific, and Cultural Organization. (2008). *Background paper: teacher training curricula for media and information literacy*. http://portal.unesco.org/ci/en/ev.php-URL_ID=27068&URL_DO=DO_TOPIC&URL_SECTION=201.html

Vadivelu, R., & Klein, J. D. (2008). A cross-cultural analysis of HPT. *Performance Improvement Quarterly, 20*(3), 147-165.

Van Tiem, D. M., Moseley, J. L., & Dessinger, J. C. (2001). *Performance improvement interventions: Enhancing people, process, and organizations through performance technology*. Silver Springs, MD: International Society for Performance Improvement.

Van Tiem, D. M., Moseley, J. L., & Dessinger, J. C. (2004). *Fundamentals of performance technology: A guide to improving people, process, and performance*(2nd ed.). Silver Springs, MD: International Society for Performance Improvement (http://www.ispi.org).

Vavoula, G., & Sharples, M. (2002). *KLeOS: Apersonal, mobile, knowledge and learning organisation system*. In the IEEE International Workshop on Mobile and Wireless Technologies in Education, Vaxjo, Sweden.

von Bertalanffy, L. (1968). *General system theory: foundations, development, applications*. New York: George Braziller.

Vygotsky, L. S. (1978). *Mind in society: The development of higher mental process*. Cambridge, MA: Harvard University Press.

Warter-Perez, N. & Dong, J. (2012, April). *Flipping the classroom: How to embed inquiry and design projects into a digital engineering lecture*. In Proceedings of ASEE/PSW Section Conference, Califonia, Polytechnic State University, San Luis Obispo.

Wenger, E., McDermott, R. A., & Snyder, W. (2002). *Cultivating communities of practice: A guide to managing knowledge*. Harvard Business Press.

Willows, D. H., & Houghton, H. A. (Eds.) (1987). T*he psychology of illustration*. New York: Springer.

World Economic Forum (2016). *The future of jobs: Employment, skills and workforce strategy for the fourth industrial revolution*. http://www3.weforum.org/docs/WEF_Future_of_Jobs.pdf

Zubizarreta, J. (2004). *The learning portfolio: Reflective practice for improving student learning*. Bolton, MA: Anker Publishing.

# 찾아보기

〈ㄷ〉



〈ㄹ〉



〈ㅁ〉

〈ㅂ〉



〈ㅅ〉

# 저자소개

## 이인숙

이화여자대학교 사범대학 시청각교육학과 졸업

미국 Indiana University, Ph.D. (Instructional Systems Technology 전공)

현재: 세종대학교 인문과학대학 교육학과 교수

주요경력: 한국교육개발원 연구원/DB손해보험주식회사 인력개발팀 차장/한국교육공학회 회장/한국기업교육학회 회장/한국교육정보미디어학회 IJEMT 편집위원장 역임

저서: 교육공학의 이론과 실제(문음사), e러닝: 사이버공간의 새로운 패러다임(문음사), 기업교육론(학지사), 모바일 학습의 탐구(문음사), 교육공학·교육방법(문음사), 교육공학(문음사)

이메일: inlee@sejong.ac.kr

## 한승연

이화여자대학교 사범대학 교육공학과 졸업
미국 University of Georgia, Ph.D. (Instructional Technology 전공)

현재: 한양사이버대학교 교육공학과 교수

주요경력: (현) 한국교육공학회·한국교육정보미디어학회·한국기업교육학회 이사

저서: 교육공학·교육방법(문음사), 교육공학(문음사), 온라인협력학습의 사례, 전략, 기법(문음사), Virtual Technologies(IGI Global), Online Learning Communities(Information Age), Preparing Teachers to Teach with Technology(Information Age)

이메일: synhan@hycu.ac.kr

## 임병노

서울대학교 사범대학 역사교육학과 졸업
미국 Indiana University, Ph.D. (Instructional Systems Technology 전공)

현재: 경희대학교 교육대학원 교수

주요경력: (현) 한국교육공학회·한국교육정보미디어학회 이사

(전) 한국교육정보미디어학회 회장, 한국교육정보미디어학회 편집장

저서: 내일의 교육학(경희대학교출판부), 교육공학·교육방법(문음사), 교육공학(문음사)

이메일: byunlim@khu.ac.kr

## 이지연

서울대학교 사범대학 교육학과 졸업
미국 Indiana University, Ph.D. (Instructional Systems Technology 전공)

현재: 인하대학교 사범대학 교육학과 교수

주요경력: (현)한국교육공학회 〈교육공학연구〉 편집위원장
(현)한국교육정보미디어학회 부회장
(전)미국 University of South Carolina 교육학과 조교수

저서: 예비교사를 위한 수업 이해와 설계(인하대학교 출판부), 교육공학(문음사), 교육공학의 원리와 적용(교육과학사)

이메일: leej@inha.ac.kr

## 이현우

한양대학교 공과대학 토목공학과 졸업
미국 Pennsylvania State University, Ph.D. (Instructional Systems 전공)

현재: 상명대학교 사범대학 교육학과 교수

주요경력: (현) 한국교육공학회·한국교육정보미디어학회·한국인력개발학회 이사
(전) 삼성물산 인재개발연구소

저서: 교육공학용어해설(학지사), 교수의 으뜸원리(학지사), 서비스러닝(박영story), 교육공학(문음사), 교수설계 지식기반(학지사), 교육공학: 통합적 접근과 학제적 관점(교육과학사)

이메일: hwl@smu.ac.kr

## 이은배

가톨릭대학교 영어영문학과 졸업
미국 University of Georgia, Ph.D. (Learning, Design, and Technology 전공)

현재: 가톨릭대학교 학부대학 조교수

주요경력: (현) 한국교육공학회, 한국교육정보미디어학회 이사
(전) 미국 Georgia Southern University 교육공학과 조교수
University of Illinois Global Campus 교수설계사
Florida International University 이러닝컨설턴트

저서: Learning, Design, and Technology: An International Compendium of Theory, Research, Practice and Policy(Springer), Handbook of Research on Educational Communications and Technology(Springer)

이메일: elee@catholic.ac.kr

학습자중심 수업을 위한

교육방법 및 교육공학

초판 1쇄 2020년 8월 28일
초판 2쇄 2024년 2월 25일

지은이 | 이인숙·한승연·임병노·이지연·이현우·이은배
펴낸이 | 장후녕
펴낸곳 | 문음사
주소 | 16914 경기도 용인시 기흥구 구성로 279번길 3-32
등록 | 가302-2003-00047호
전화 | 031-282-5875
팩스 | 031-624-5875
이메일 | moonumsa@moonumsa.co.kr
홈페이지 | www.moonumsa.co.kr

ISBN 978-89-8168-555-3 93370

파본된 책은 바꿔드립니다.

정가 23,000원